dtv

In seiner Villa in Tibur schreibt der sechzigjährige Kaiser Hadrian an seinen Adoptivenkel, den späteren Herrscher Marc Aurel. Was er dem siebzehnjährigen Jüngling mitteilt, gleicht einem reflexiven Selbstgespräch, ist ein Versuch des alternden Mannes, die wechselnden Masken und Gesichter des eigenen Ich zu erkunden: Hadrian wurde als Provinzler im westlichsten Teil des Reichs, in Spanien geboren. Der Eroberungswut seines Vorgängers Trajan setzt der musische und sensible Hadrian seine Friedenspolitik entgegen, die die segensreichsten Auswirkungen auf das Reich haben sollte. Zwei große Leidenschaften prägten diesen ungewöhnlichen Herrscher: die einfühlende Bewunderung griechischer Kunst und die Liebe zu dem bithynischen Knaben Antinous …
Ein Besuch der Villa Adriana bei Rom weckte in der zwanzigjährigen Marguerite Yourcenar den Plan, eine Biographie dieses Mannes zu verfassen. Als die fiktiven Erinnerungen in deutscher Sprache erschienen, schrieb Ludwig Curtius: »Man hat nur wenige Seiten … zu lesen, um von einem doppelten Zauber umfangen zu werden: von dem Zauber der großen Persönlichkeit des Kaisers und von dem Zauber der dichterischen Einfühlung der Verfasserin nicht nur in dessen persönliche, sondern in seine ganze weite antike Welt.«

Marguerite Yourcenar, am 8. Juni 1903 in Brüssel geboren, studierte in Frankreich, England und in der Schweiz und wurde Professorin für französische Literatur in New York. 1980 wurde sie als erste Frau in die Académie française gewählt. Sie starb am 18. Dezember 1987 in Maine/USA.

Marguerite Yourcenar

Ich zähmte die Wölfin

Die Erinnerungen des Kaisers Hadrian

Aus dem Französischen
von Fritz Jaffé

Mit einem Anhang
›Notizen zur Entstehung des Buches‹

Deutscher Taschenbuch Verlag

Von Marguerite Yourcenar
sind im Deutschen Taschenbuch Verlag erschienen:
Die schwarze Flamme (13079)
Der Fangschuß (13080)
Chenonceaux (13081)
Gedenkbilder (13082)
Lebensquellen (13083)
Liebesläufe (13084)
Mishima oder die Vision der Leere (13293)
Eine Münze in neun Händen (13418)
Alexis oder der vergebliche Kampf (19117)

Ungekürzte Ausgabe
September 1961
23. Auflage Dezember 2008
Deutscher Taschenbuch Verlag GmbH & Co. KG,
München
www.dtv.de
© 1974 Marguerite Yourcenar und Éditions Gallimard
Titel der französischen Originalausgabe:
›Mémoires d'Hadrian‹
(Erstveröffentlichung 1951 bei Librairie Plon)
© 1953 der deutschsprachigen Ausgabe:
Deutsche Verlags-Anstalt GmbH, Stuttgart
Umschlagkonzept: Balk & Brumshagen
Umschlagbild: Römisches Mosaik, 1. Jh.
(Erich Lessing/AKG, Berlin)
Gesamtherstellung: Druckerei C. H. Beck, Nördlingen
Gedruckt auf säurefreiem, chlorfrei gebleichtem Papier
Printed in Germany · ISBN 978-3-423-12476-8

Animula, vagula, blandula
Hospes comesque corporis,
Quae nunc abibis in loca
Pallidula, rigida, nudula,
Nec, ut soles, dabis iocos ...

P. Aelius Hadrianus, Imp.

Seele du, schweifende, zärtliche,
Leibes Gefährtin und Gast,
Nun führt ins düstere Reich
Fröstelnder Schatten dein Weg,
Und nie scherzest du fürder wie einst ...

Animula vagula blandula

Mein Marcus,
ich bin heute morgen zu Hermogenes gegangen, meinem
Arzt, der von einer längeren Reise in Asien wieder in die
Villa zurückgekehrt ist. Da die Untersuchung in nüchter-
nem Zustande vorgenommen werden sollte, hatte ich mich
in den frühen Morgenstunden eingefunden. Nachdem ich
mich des Mantels und der Tunika entledigt hatte, streckte
ich mich auf ein Bett hin. Einzelheiten, die dir ebenso
zuwider sein würden, wie sie es mir sind, erspare ich uns.
Was hätte es für einen Zweck, dir den alternden Körper
eines Mannes zu beschreiben, der sich damit abfinden
muß, an der Herzwassersucht zugrunde zu gehn! So begnüge ich mich damit, dir zu sagen, daß ich gemäß den
Anweisungen, die der Arzt gab, hustete, tief einatmete
und den Atem anhielt. Der rasche Fortgang, den das Übel
inzwischen genommen hat, machte auf Hermogenes sicht-
lichen Eindruck. Er schien geneigt, die Schuld daran dem
jungen Jollas beizumessen, der mich in seiner Abwesenheit pflegte. Es ist wahrlich nicht leicht, vor einem Arzt die
Menschenwürde zu bewahren, geschweige denn Kaiser zu
bleiben. Vor seinem wissenden Blick schrumpfte ich zu
einem bresthaften Häufchen zusammen, zu einem schad-
haften Gefäß für Blut und trübe Säfte. Zum ersten Male
enthüllte sich mir heute morgen mein Leib, dieser alte
Freund und treue Gefährte, den ich soviel besser kenne
als meine Seele, als ein tückisches Ungeheuer, das gegen
seinen Gebieter aufbegehren will. Geduld! Ich habe ihn
lieb, diesen meinen Leib. Er hat mir treu gedient auf
jegliche Weise, und ferne sei es von mir, ihm die notwendige Pflege zu mißgönnen. Aber anders als Hermogenes
es immer noch zu tun vorgibt, vertraue ich nicht mehr auf
die Heilkräfte der Kräuter und das Mengenverhältnis der
Salze, die er aus dem Orient mitgebracht hat. Der sonst

7

so gescheite Mann glaubt mich mit Redensarten trösten zu sollen, zu nichtssagend, als daß sie den Leichtgläubigsten täuschen könnten. Wohl weiß er, wie sehr ich diese Art von Betrug verabscheue, aber man ist schließlich nicht umsonst mehr als dreißig Jahre hindurch Arzt gewesen. So verzeihe ich denn dem ergebenen Diener seinen Versuch, mir meinen baldigen Tod zu verheimlichen. Hermogenes ist gelehrt, ja sogar weise, und weit redlicher, als Hofärzte gemeinhin zu sein pflegen. Ich werde also besser betreut werden als sonst ein Sterblicher. Aber die gesetzte Grenze überschreitet niemand. Meine geschwollenen Beine lassen mich während der langwierigen römischen Zeremonien im Stich, und ich ringe nach Luft. Ich bin ein Mann von sechzig Jahren.

Glaube mir, noch ist es nicht so weit, daß ich mich den Wahngebilden der Furcht hingebe, die ebenso töricht, dabei aber quälender sind als die, welche die Hoffnung uns vorgaukelt. Wenn ich mich schon irren soll, dann immer noch lieber im zuversichtlichen Sinne: dabei verliere ich auch nicht mehr, leide aber weniger. Der fatale Augenblick droht noch nicht unmittelbar hereinzubrechen, so nah er auch sein mag. Noch darf ich jede Nacht in der Hoffnung einschlafen, das Licht des neuen Tages zu sehen. Innerhalb der unübersehbaren Grenzen, von denen ich sprach, vermag ich das Gelände Zoll für Zoll zu verteidigen, vielleicht sogar hie und da ein wenig Boden zurückzugewinnen. Immerhin bin ich in das Alter eingetreten, in dem das Leben für den Menschen zur eingestandenen Niederlage wird. Es bedeutet nichts, wenn wir uns sagen, daß unsere Tage gezählt sind, denn so war es von je und so ist es noch heute für alles, was atmet. Je mehr aber die Krankheit fortschreitet, je mehr verringert sich die Ungewißheit über Ort, Zeit und Todesart, die uns das Ziel verbirgt, dem wir unablässig entgegengehn. Der erste beste kann im nächsten Augenblick sterben, aber der Kranke weiß genau, daß er in zehn Jahren nicht mehr leben wird. Mein Spielraum umfaßt nicht mehr Jahre, sondern nur noch Monate. Meine Aussichten, durch einen Dolchstoß oder durch einen Sturz vom Pferde zu enden, schwinden immer mehr; der Tod durch die Pest ist unwahrscheinlich geworden, Krebs und Aussatz können kaum noch Macht über mich gewinnen. Keine scotische Streitaxt wird mir an den Grenzen des Reiches den Schädel spalten und kein Partherpfeil die Brust durchbohren. Auch dürfte der Magier recht behalten, der mir einst prophezeit hat, daß ich nicht ertrinken würde: die Stürme haben die ihnen so oft gebotene Gelegenheit verschmäht. So werde ich an einem Erstickungsanfall sterben, hier in Tibur, vielleicht in Rom, höchstens in Neapel. Wird es der zehnte oder der hundertste Anfall sein, der mich dahinrafft? Nur darum handelt es sich noch. Wie der Reisende, der das Inselmeer durchschifft, die Uferlinie im Abenddunst aufleuchten sieht, sehe ich allmählich den Umriß meines Todes Gestalt annehmen.

Schon gleichen manche Gebiete meines Lebens den ausgeräumten Sälen des zu großen Palastes, den der verarmte Besitzer nicht mehr ganz bewohnt. Ich jage nicht mehr. Die Rehe in den etrurischen Bergen könnten fortan in Frieden äsen, wäre ich der einzige Störenfried, der sie bedroht. Von je unterhielt ich zur Diana der Wälder die launischen und leidenschaftlichen Beziehungen, die den Mann mit einer Geliebten verbinden. Dem Jüngling bot die Jagd auf den Keiler die erste Gelegenheit, seine Umsicht und seinen Mut zu bewähren; ich gab mich ihr mit solchem Feuer hin, daß dies Übermaß mir den Tadel Trajans eingetragen hat. Beim Halali in einer hispanischen Lichtung trat mir zum ersten Male der Tod vor Augen, das Leid der Kreatur wurde mir bewußt, aber auch die unheilvolle Lust, sie leiden zu sehen. Als Erwachsener erholte ich mich auf der Jagd von all den Händeln mit Gegnern, die mir bald zu schlau und bald zu blöd, bald zu gering und bald zu stark vorkamen. Der ausgewogene Kampf zwischen der menschlichen Klugheit und der List des Wildes dünkt mich ungleich sauberer als das Ränkespiel der Menschen untereinander. Als ich Kaiser wurde, erprobte ich bei den toskanischen Jagden den Mut und die Geistesgegenwart meiner Würdenträger; mehr als einen hohen Staatsbeamten habe ich dabei entlassen, mehr als einen ausgesucht. Später nahm ich die großen Treibjagden in Bithynien und Kappadocien zum Vorwand für triumphale Feste, die ich in Asiens herbstlichen Wäldern veranstaltete. Aber der Gefährte meiner letzten Jagden ist jung gestorben, und seitdem hat meine Freude an dieser heftigen Zerstreuung stark nachgelassen. Und dennoch genügt selbst hier in Tibur das Röhren eines Hirsches im Dickicht, um in mir den ältesten aller Triebe wachzurufen, jene Leidenschaft, kraft der ich mich ebenso als Gepard fühle wie als Kaiser. Wer weiß? Vielleicht bin ich nur deshalb mit Menschenblut so sparsam umgegangen, weil ich das der Tiere so reichlich vergießen durfte, obwohl ich sie im stillen oft den Menschen vorziehe. Wie dem auch sein mag, das Bild der wilden Tiere beschäftigt meine Seele mehr als das der Menschen, so daß ich des Abends immer an mich halten muß, um nicht meine Gäste mit endlosen Jagdgeschichten zu langweilen. Die Erinnerung an den Tag meiner Adoption durch Trajan hat gewiß ihren Reiz, aber auch der in Mauretanien zur Strecke gebrachten Löwen entsinne ich mich mit Vergnügen.

Noch schwerer fällt der Verzicht auf das Pferd. Ein Raubtier ist schließlich nur ein Gegner, ein Pferd aber ein Freund. Wenn ich mir meine Daseinsform hätte aussuchen dürfen, hätte ich die eines Kentauren gewählt. Meine Beziehungen zu Borysthenes waren von mathematischer Genauigkeit: er gehorchte mir wie seinem Gehirn und nicht wie seinem Meister. Habe ich ähnliches je bei einem Menschen erreicht? Freilich bringt eine so vollkommene Herrschaft für den Mann, der sie ausübt, auch Gefahren mit sich, doch war die Lust, beim Nehmen von Hindernissen das Unmögliche zu wagen, zu groß, um nicht eine ausgerenkte Schulter oder eine gebrochene

Rippe gern in Kauf zu nehmen. Mein Pferd ersetzte die unzähligen und doch so beiläufigen Bewertungen, die sich an Titel, Rang, Amt und Macht knüpfen, durch die Kenntnis meines rein menschlichen Gewichtes. Genau, genauer vielleicht als ich selber, kannte es den Punkt, an dem meine Kraft meinen Willen im Stich ließ. Das war Borysthenes, und seinem Nachfolger möchte ich die Last eines Kranken, dessen erschlaffte Muskeln ihm nicht mehr selbständig auf den Pferderücken verhelfen, nicht zumuten. Mein Adjutant Celer reitet das neue Tier auf der Straße nach Praeneste eben zu, und meine Erfahrung erlaubt mir, die Freude von Pferd und Reiter zu teilen. Ich verspüre mit Celer die Lust des Mannes, der sich mit verhängten Zügeln in Wind und Sonne tummelt, und wenn er vom Pferde springt, berühre ich den Boden mit ihm. Ähnlich geht es mir mit dem Schwimmen, das ich mir versagen muß, ohne doch vergessen zu können, wie dem Schwimmenden zumute ist, wenn ihn die Welle liebkost. So wenig wie ein Standbild vermag ich noch zu laufen, sei es auch eine kurze Strecke, und doch entsinne ich steinerner Caesar mich gern des tollen Dahinstürmens über Hispaniens dürre Hügel, jenes Spieles, das das Kind mit sich selbst bis zur Atemlosigkeit spielte. Wußte es doch, daß sein tadelloses Herz und seine gesunden Lungen rasch das Gleichgewicht wiedererlangen würden. Für den bescheidensten Athleten, der im Stadion den Langlauf übt, blieb mir ein Verständnis, das der Verstand allein nicht geben kann. So vermachte mir jede Fertigkeit, die mir eigen gewesen ist, den Besitz eines Wissens, das mich für einen Teil der verlorenen Freuden entschädigt. Zuweilen glaubte ich und glaube manchmal noch, daß es auf diese Weise möglich sein könnte, am Dasein aller teilzuhaben, und daß es erlaubt sei, in dieser Anteilnahme ein unveräußerliches Stück Unsterblichkeit zu erhaschen. In gewissen Augenblicken bemühte sich mein Verständnis, die Grenzen des Menschlichen zu überschreiten, es griff vom Schwimmer über auf die Woge. Das heißt dann freilich in die Zauberwelt der Träume eintreten, denn kein genaues Wissen leitet hierbei unsere Vorstellung.

Die Völlerei gehört zu den römischen Lastern, ich aber fand Genuß im Maßhalten. Hermogenes brauchte an meiner Diät nichts zu ändern, es sei denn die Ungeduld, die mich an jedem Ort und zu jeder Zeit eine beliebige Speise hinunterschlingen ließ, nur um dem Hunger so schnell wie möglich sein Recht zu nehmen. Natürlich würde es einem reichen Manne nicht anstehn, sich seiner Enthaltsamkeit zu rühmen: soweit ihm nicht vorübergehende Zustände wie Krieg oder Reisen Entbehrungen auferlegen, kennt er sie nur als Folge freiwilliger Entsagung. Sich bei festlichen Gelegenheiten vollzustopfen gilt als Vorrecht, Ehrgeiz und Stolz der Armen. Ich mochte den Duft gebratenen Fleisches und den Lärm der Feldküchen bei den Festen, die sich die Truppe leistete. Ihre Gelage sollten – sofern man sie Gelage nennen kann – das sein, was sie von je waren, eine herzhafte Entschädigung für die Kargheit des Alltags. Auch den Geruch des Gebackenen, der während der Saturnalien über den öffentlichen Plätzen dunstete, ertrug ich leidlich.

Dagegen flößten mir die großen Staatsbankette in Rom so starken Widerwillen ein, daß ich mir bei lebensgefährlichen Unternehmungen im Krieg oft zum Trost sagte, daß ich fortan wahrscheinlich wenigstens nie wieder zu essen brauchen würde. Verkenne mich bitte nicht, ich bin kein törichter Kostverächter. Eine Handlung, die wir zwei- bis dreimal täglich vornehmen, um uns am Leben zu erhalten, ist gewiß sorgfältiger Beachtung wert. Eine Frucht essen heißt einen schönen, lebenden, fremden Gegenstand sich einverleiben, der gleich uns von der Mutter Erde genährt und zur Reife gebracht wurde. Nie habe ich in ein Kommißbrot beißen können, ohne darüber zu staunen, daß dies grobe, schwere Gemengsel sich in uns zu Blut, Wärme, vielleicht sogar Heldenmut zu wandeln imstande ist. Ach, weshalb besitzt mein Geist selbst in den glücklichsten Augenblicken die verarbeitenden und angleichenden Fähigkeiten des Körpers nur in so unvollkommenem Maße?

Während der ausgedehnten Gelage in Rom kam es mir in den Sinn, wie verhältnismäßig frischen Ursprunges doch all dieser Aufwand bei uns eigentlich ist. Ich stellte mir vor, wie dies Volk von sparsamen Kleinbauern und rauhen Soldaten sich nach der Eroberung plötzlich über die asiatischen Kochstuben hermachte und ihre üppigen Erzeugnisse in sich hineinfraß. Unsere Römer füllten sich den Wanst mit Fettammern, gossen Ströme von Saucen hinunter und vergifteten sich mit Gewürzen. Apicius rühmt seine Speisenfolge, jene Reihe von sauren und süßen, schweren oder leichten Gängen, die den Reiz seiner Gastmähler ausmachen. Wenn doch wenigstens jeder dieser Gänge einzeln gereicht, auf nüchternen Magen genossen und von einem Feinschmecker mit gesunden Organen gewürdigt worden wäre! So aber, wie sie hier in Wirrwarr und Lärm durcheinander verabfolgt wurden, mußten sie in Mund und Magen der Gäste, die sie verzehrten, eine abscheuliche Unordnung anrichten. Bei solchem Verfahren, bei dem die einzelnen Speisen ihren Wert und ihre köstliche Eigenart einbüßen, kommen Duft und Geschmack nicht mehr zur Geltung. Früher strengte sich mein armer Lucius an, mir erlesene Gerichte zu bereiten. Seine Fasanenpastete mit ihrem fein ausgewogenen Zusatz an Schinken und Gewürzen verriet in ihrer Art so viel Künstlertum wie die Werke der Maler und Musiker. Und dennoch wäre mir das unverfälschte Fleisch des schönen Vogels lieber gewesen. Die Griechen verstanden sich noch ungleich besser auf dergleichen! Ihr geharzter Wein, ihr mit Sesam versetztes Brot, ihre am Strande auf schlichtem Rost schwarz gebratenen Fische, in denen beim Kauen hier und da ein Sandkorn knirschte, stillten so wundervoll den Hunger, ohne die einfachste unserer Freuden unnötig zu erschweren. Ich habe in den Kneipen des Phaleron und auf Ägina so frische Speisen genossen, daß sie mir, ungeachtet der schmutzigen Finger des Kellners, göttlich rein vorkamen, so bescheiden und doch so ausreichend, daß sie in der denkbar gedrängtesten Form ein Lebenselixier spendeten. Auch das am Abend nach der Jagd abgekochte Fleisch hat gleichsam etwas Geweihtes an sich. Es führte den Geist zurück in die Vorzeit, zum wilden Ursprung der Völker. Der Wein weiht ein in die vulkanischen Geheimnisse des Bodens und in seine unsichtbaren mineralischen Schätze. Ein Becher Samos, in der Mittagsglut unter der Sonne getrunken oder auch an einem Winterabend in einem Zustand der Erschlaffung, der es uns erlaubt, im Zwerchfell alsbald die Wärme zu verspüren und ihr Rinnen durch die Adern, dies Gefühl grenzt an das Überirdische, es ist fast zu groß für einen Sterblichen. Ich empfinde es nicht so stark, wenn ich einen der mit Zahlen bezeichneten Keller Roms verlasse, wo mir zudem die Wichtigtuerei der großen Weinkenner auf die Nerven geht. Das noch heiligere Wasser, das wir an der Quelle schöpfen, durchrieselt uns mit dem verborgenen Salz der Erde und mit dem Regen des Himmels. Sogar das Wasser ist ein Labsal, das sich ein Kranker wie ich nur noch mit Maßen gönnen darf. Und dennoch will ich seine farblose Frische noch in der Todesstunde auf den Lippen fühlen, sei es auch untermischt mit den letzten bittren Tränken des Arztes.

Auf der Philosophenschule, wo es Brauch ist, jede Art der Lebensführung einmal kennenzulernen, habe ich mich kurze Zeit des Fleischgenusses enthalten. Später sah ich in Asien, wie indische Gymnosophen unter dem Zelt des Chosroes sich abwandten, wenn die dampfenden Lammbraten und zerlegten Gazellen gereicht wurden. Aber dieser Verzicht, der deiner jugendlichen Sittenstrenge zusagen mag, erheischt noch mehr Umstände als die wahllose Prasserei. Er würde uns, die wir durch unsere Stellung zur Geselligkeit verpflichtet sind, zu sehr von den Menschen trennen. Lieber verspeise ich mein ganzes Leben hindurch Mastgänse und Perlhühner, als daß ich mir bei jeder Mahlzeit ein betontes Asketentum nachsagen lasse. Es kostet mich schon einige Mühe, meine Gäste mit Hilfe von getrockneten Früchten oder eines langsam geleerten Bechers darüber hinwegzutäuschen, daß die von meinem Küchenmeister bereiteten Gerichte mehr ihnen zugedacht waren als mir selber oder daß meine Begierde danach vor der ihrigen zu erlöschen pflegte. Ein Herrscher genießt in diesen Dingen nicht dieselbe Bewegungsfreiheit wie ein Philosoph. Er darf nicht in allzuvielen Punkten vom gemeinen Brauch abweichen, und die Götter wissen, daß ich vielfach davon abwich, so sehr ich mir auch einbildete, daß es nicht jedem und nicht zu sehr auffiel.

Die Bedenken der Gymnosophen, ihr Schauder vor blutigem Fleisch hätten auf mich mehr Eindruck gemacht, wenn ich mich nicht hätte fragen müssen, worin sich der Schmerz des gemähten Halmes von dem des geschlachteten Schafes schließlich unterscheide. Unser Mitgefühl mit dem getöteten Tier beruht doch vornehmlich darauf, daß das Schmerzempfinden bei Mensch und Tier von der gleichen bekannten Art ist. Doch habe ich mich zu gewissen Zeiten, anläßlich der vorgeschriebenen Fasten zum Beispiel, mit den Vorteilen vertraut gemacht, die die verschiedenen Formen der Enthaltsamkeit bieten, und auch mit ihren Gefahren. Ich kenne jenen Zustand selbstverhängter Erschöpfung, bei dem das Bewußtsein sich verflüchtigt und der eines Teiles seiner Last ledig gewordene Leib fähig wird, in einen Bereich einzugehen, für den er nicht geschaffen ist, in eine Entrückung, die die kühle Schwerelosigkeit des Todes vorwegnimmt. Diese Übungen gestatteten mir bisweilen, mit dem Gedanken der fortschreitenden Selbstertötung zu spielen, mit dem Tod durch Entkräftung, den so manche Philosophen sich erkoren haben, jener Ausschweifung in umgekehrter Richtung, die bis zur Aufhebung des leiblichen Daseins getrieben wird. Doch widerstrebte es mir stets, mich einer Lehre völlig zu verschreiben, und ich hätte mich nie davon abbringen lassen, wegen irgendwelcher Skrupel mich an Schlachtfleisch zu sättigen, wenn mich die Lust dazu angewandelt hätte oder wenn andere Nahrung schwer zu beschaffen gewesen wäre.

Zyniker und Moralisten sind sich darüber einig, daß sie die Wonnen der Liebe unter die groben Vergnügungen einreihen, etwa zwischen den Freuden des Bechers und denen der Tafel, wobei sie die Liebe obendrein für weniger unentbehrlich halten, da man auch ohne sie auskommen könne. Bei einem Moralisten bin ich auf alles gefaßt, daß aber der Zyniker so irren kann, wundert mich. Vielleicht fürchten beide den Dämon in ihrer Brust, vielleicht suchen sie ihm zu widerstehen, vielleicht aber geben sie sich ihm auch hemmungslos hin und suchen zugleich den Rang der Liebe herabzusetzen, um ihr dadurch die furchtbare Gewalt zu nehmen, der sie zu erliegen drohen, und sie ihres Geheimnisses zu entkleiden, in dessen Irrgarten sie sich nicht zurechtfinden. Ich für meine Person werde an die Gleichsetzung der Liebe mit den rein körperlichen Freuden (sofern es solche überhaupt gibt) erst dann glauben, wenn ich einen Freßsack vor seinem Lieblingsgericht so vor Verzückung schluchzen höre wie einen Liebenden, der sich über einen jungen Nacken neigt. Von allen unseren Spielen ist die Liebe das einzige, das die Seele in ihrem Gleichmaß erschüttert, das einzige auch, bei dem der Spieler sich der Lust des Leibes blind überläßt. Der Trinker braucht nicht unbedingt seinen Verstand auszuschalten, aber der Verliebte, der den seinigen bewahrt, leistet seinem Gott nicht bis zum Ziel Gefolgschaft. Überall sonst sind Mäßigung und Ausschweifung Sachen dessen, der sie übt: vom Sonderfall des Diogenes abgesehen, den seine Selbstbescheidung zu Notbehelfen greifen läßt, gesellt im Bereich der Sinnenlust jeder Schritt, den wir tun, uns dem Partner und zwingt uns unter das Joch der Wahl. Ich weiß kein anderes Gebiet, auf dem der Mensch sich aus so schlichten und zugleich so triftigen Gründen entschließt, wo der gewählte Gegenstand so unerbittlich genau nach der

Summe der Wonnen gewogen wird, die er spendet, und wo der Wahrheitssucher so sichere Aussicht hat, die menschliche Natur in ihrer Nacktheit bloßzulegen. Wenn ich mir all das vor Augen halte, diese Hüllenlosigkeit, die mit der des Todes wetteifert, diese Demut, die soviel tiefer ist als die des geschlagenen Feindes oder selbst des Betenden, staune ich jedesmal, wie das kunstvolle Gebäude der Weigerungen und Zusagen, der armseligen Zugeständnisse und kurzbeinigen Lügen immer aufs neue zu erstehen vermag. Der leidenschaftliche, ständig erneuerte Vergleich zwischen meiner Lust und der des Partners knüpft schier unzerreißbare Bande – und doch lösen sie sich so leicht. Mir schien dies hintergründige Spiel, das von der Liebe zum Leib zur Liebe zum Menschen fortschreitet, fesselnd genug, um ihm einen Teil meines Lebens zu widmen. Die Worte trügen, das Wort Liebeslust enthält Einheiten von sehr verschiedener Bedeutung. Es umfaßt Sanftheit und Lauheit wie auch jähe Gewalt, ja sogar den schrillen Todesschrei. Die unanständige Bemerkung des Posidonius vom Aneinanderreiben zweier Fleischteilchen, die ich dich mit kindlichem Eifer in deine Schultafel ritzen sah, wird dem Wesen der Liebe ebensowenig gerecht, wie die mit dem Finger gezupfte Saite das unendliche Wunder der Töne ausschöpft. Posidonius beleidigt damit nicht sowohl die Wollust als eben das Fleisch, jenes Werkzeug aus Blut, Muskel und Haut, eine rote Wolke, deren Geist der zuckende Blitz ist.

Ich muß gestehen, daß der Verstand dem Wunder der Liebe gegenüber versagt. Das Fleisch, das uns am eigenen Leibe so wenig kümmert, daß wir es nur des Waschens, der Ernährung, des möglichen Schutzes vor Schmerzen für wert halten, flößt uns ein leidenschaftliches Bedürfnis nach Zärtlichkeit ein, nur weil es von einem anderen Ich beseelt ist und gewisse Züge aufweist, über deren Schönheit die Ansichten der zuständigsten Kenner oft auseinandergehn. Hier bleibt die menschliche Logik im Hintertreffen, wie auch gegenüber der Offenbarung der Mysterien. Die volkstümliche Überlieferung ist auf der richtigen Spur, wenn sie die Liebe als eine Art von Einweihung ansieht, als einen Grenzfall zwischen Rätsel und Heiligtum. Auch darin ähnelt die Erfahrung der Sinnlichkeit dem Mysterienkult, daß dem Nichteingeweihten die erste Ausübung mehr oder weniger wie ein erschreckender Ritus erscheint. So sehr und auf so anstößige Weise unterscheidet sie sich vom vertrauten Tun des Schlafens, Essens und Trinkens, daß sie leicht zum Gegenstand des Scherzes, der Scham oder der Furcht werden kann. Wie der Tanz der Mänaden oder der Rausch der Korybanten reißt uns die Liebe fort in eine andere Welt, zu der wir sonst keinen Zutritt haben und in der wir ratlos stehn, sobald die Glut erlosch. Die Erkenntnisse über das Leben, die mir sich mitteilten, als ich wie ein Gekreuzigter ans Kreuz an den geliebten Leib geheftet war, beginnen in der Erinnerung zu verblassen. Ich vergesse sie kraft des Gesetzes, das dem Genesenen die geheimnisvollen Offenbarungen seiner Krankheit wieder verhüllt, das den entlassenen Sträfling seine Marter und den ernüchterten Triumphator seinen Ruhm vergessen läßt.

Einst träumte ich davon, ein System der Erkenntnis durch die Liebe zu entwerfen, eine Lehre von der gegenseitigen Berührung, die die Würde des Partners in dem Einblick suchen sollte, die er dem Ich in eine andere Welt gewährt. Diese Philosophie würde die Wollust als vollendete und gleichzeitig sehr besondere Form der Annäherung an den anderen verstehen, als ein Mittel mehr, um zur Kenntnis dessen zu gelangen, was über uns selbst hinausgreift. Schon bei völlig unsinnlichen Begegnungen ist es doch die körperliche Berührung, die ein Gefühl auslöst oder auch verstärkt: die etwas widrige Hand der Alten, die eine Bittschrift überreicht, die feuchte Stirn meines Vaters auf dem Totenbett, die Wunde des Soldaten, die ich auswasche. Auch die geistigen Beziehungen zwischen den Menschen werden durch körperliche Botschaften übermittelt: der plötzlich aufleuchtende Blick des Militärtribunen, dem man am Morgen vor der Schlacht die Lage erklärt, der unpersönliche Gruß des Untergebenen, der in Habacht stehenbleibt, wenn wir vorübergehn, das erfreute Lächeln des Sklaven, dem ich für eine Dienstleistung danke oder, angesichts der geschenkten griechischen Kamee, das abschätzende Mienenspiel des alten Freundes. Im Verhältnis zu den meisten Geschöpfen genügen die oberflächlichsten Beziehungen, wenn sie uns nicht schon zuviel werden. Es ist unbestreitbar, so erstaunlich es sein mag, daß diese Beziehungen sich einer einzigen Person gegenüber verdichten und so vervielfältigen, daß sie dies Wesen ganz umspinnen und jeden Teil seines Leibes für uns die sprechende Bedeutung gewinnen lassen, die ein Antlitz ausstrahlt. Anstatt uns höchstens zu erzürnen, zu gefallen oder zu langweilen, klingt ein Geschöpf in uns wie eine Melodie, die wir nicht loswerden, wird zum Rätsel, das uns unablässig beschäftigt, dringt von den Außenbezirken unserer Welt vor bis in den Kern, wird uns schließlich unentbehrlicher als wir selbst. Ich aber stehe nicht an, darin weit mehr eine Durchdringung des Fleisches durch den Geist als eine Laune des Fleisches zu sehn.

Eine solche Auffassung von der Liebe könnte sehr wohl zur Laufbahn des Verführers verlocken. Wenn ich sie ausschlug, so deshalb, weil ich glaubte, andres, Besseres zu tun zu haben. Wenn die Begabung fehlt, dem macht die Rolle des Verführers viel Mühe und Kopfzerbrechen. Die Fähigkeit zum Schlagen von Brücken, die unnütz werden, sobald das Ufer erreicht ist, all diese sich ewig gleichbleibenden Kunstgriffe ermüdeten mich. Die Kunst des großen Verführers, der ständig den Gegenstand wechselt, erheischt eine Unbekümmertheit, die ich nicht besitze. Ich bin öfter verlassen worden, als daß ich verließ, und habe niemals verstanden, wie man eines geliebten Wesens überdrüssig werden kann. Wie wenig läßt sich doch unser Verlangen, eine Liebe zu begreifen, sie in ihrem Werden und selbst in ihrem Welken zu beobachten, mit einer Häufung derartiger Vorgänge in Einklang bringen! Ich glaubte einst, daß ein gewisser Schönheitssinn mir die Tugend ersetzen und mich gegen allzu grobe Anfechtungen feien könnte. Aber das war ein Irrtum. Der Schönheitssucher sieht sein goldenes Äderchen überall, selbst im unedelsten Gestein. Je mehr er sich mit zweifelhaften, angeschmutzten oder beschädigten Kunstwerken einläßt, je mehr wird seine Sammelwut sich mit gemeiner Töpferware abfinden müssen. Eine hohe Stellung bedeutet für einen Mann von Geschmack ein noch größeres Hindernis, denn der Mächtige ist der Schmeichelei ausgesetzt. Und der Gedanke, daß ein Wesen, so gering es sein mag, sich mir gegenüber verstellen könnte, erfüllt mich mit Verachtung, ja mit Abscheu. Unter diesen Unzuträglichkeiten, die mein Rang mit sich brachte, litt ich, wie nur ein Bettler unter seiner Armut. Fast hätte ich mich dazu verstanden, mir einzureden, daß, wer Liebe zu erzwingen vermag, sie auch einflößt. Aber das wäre der erste Schritt zum Selbstbetrug und zur Selbstverachtung.

So abgestandene Verführungskünste könnten zur offenen Bejahung der Ausschweifung reizen, wenn nicht auch hier die Lüge lauerte. Ich würde kaum anstehen, der berufsmäßigen Liebe den Rang einer Kunst einzuräumen, doch sind mir schon die Barbiere und Masseure ärgerlich – es gibt nichts Grobschlächtigeres als diese unsere Helfershelfer. Das verständnisinnige Augenzwinkern des Gastwirtes, der mir seinen besten Wein bringt, den er also anderen vorenthält, reichte, als ich jung war, aus, um mir das römische Lebemannsdasein zu verleiden. Ich vertrage es nicht, daß eine Kreatur meinen Wünschen vorauseilt und mir das, was sie für meine Wahl hält, mit plumpem Diensteifer aufdrängt. Das törichte und verzerrte Spiegelbild meiner selbst, das ein menschliches Hirn in solchen Augenblicken darbietet, ist nur allzusehr angetan, jeden noch so traurigen Verzicht zu rechtfertigen. Wenn die Legende nichts an den Tollheiten eines

Nero und den ausgeklügelten Vergnügungen eines Tiberius übertreibt, müssen diese großmächtigen Genießer recht stumpfe Sinne gehabt haben, um sich eines so umständlichen Triebwerkes zu bedienen, und eine unnachahmliche Menschenverachtung, um zu dulden, daß man sie so zum besten hielt und ausnutzte. Und dennoch schulde ich es mehr dem Glück als einer gegen Versuchungen gefeiten Tugend, daß ich so rohen Freuden im großen ganzen wenigstens abhold bleiben durfte. Ich könnte ihnen jetzt, wo ich vergreise, wieder verfallen, wie einer beliebigen Verirrung oder Schwäche. Doch werden mich meine Krankheit und die Nähe des Todes vor der eintönigen Wiederholung des schon Getanen bewahren, die nur dem Herleiern einer auswendig gelernten Rolle gleichen könnte.

Von den Freuden, die ich allmählich misse, ist der Schlaf eine der herrlichsten und dabei einfachsten. Ein Mann, der auf seinem weichen Kissen nur wenig und unruhig schläft, hat volle Muße, über diese Wohltat nachzusinnen. Ich gebe zu, daß der vollkommenste Schlaf als ein Zubehör der Liebe zu betrachten ist, eine wohlbedachte Ruhe, die zwei Leiber erfaßt. Jetzt aber denke ich an das besondere Geheimnis des um seiner selbst willen genossenen Schlummers, um den allabendlichen, unerläßlichen, verwegenen Tauchsprung des nackten und wehrlosen Menschen in einen Ozean, in dem andere Farben und Gewichte gelten, in dem unser Atem anders geht und in dem uns die Toten begegnen. Das beruhigende ist, daß wir wieder herauskommen, und zwar so, wie wir waren, denn ein seltsames Verbot verwehrt uns, den genauen Inhalt unserer Träume mitzunehmen. Es beruhigt uns auch, daß der Schlaf uns von der Müdigkeit heilt, doch tut er es durch den rücksichtslosesten aller Eingriffe, indem er uns nämlich aufhören läßt, zu sein. Die Kunst des Genießens besteht hier, wie auch sonst, darin, daß wir uns bewußt dieser beseligenden Bewußtlosigkeit hinzugeben wissen, daß wir es auf uns nehmen, leichter, schwerer oder unklarer zu sein, als wir sind. Auf das wunderliche Volk der Träume möchte ich später zurück- kommen. Vorher will ich über gewisse Eigenheiten des ungetrübten Schlummers und des Erwachens sprechen, die an den Tod und die Wiedererstehung gemahnen. So suche ich mir die Empfindung jenes abgrundtiefen Schla- fes der Jugend ins Gedächtnis zurückzurufen, wo man angekleidet über seinen Büchern, urplötzlich der Mathe- matik oder dem Recht entrückt, so tief in einen Zustand ungenutzter Kraftfülle einging, daß man durch die ge- schlossenen Lider hindurch gleichsam den Sinn des Seins einsog. Ich denke an den jähen Schlaf auf bloßer Erde, aus dem mich an den Abenden nach anstrengender Jagd das Gekläff der Rüden oder das Gezerre ihrer Pfoten weckte. Die Versunkenheit war so tief, daß es mich nicht gewundert hätte, wenn ich als ein anderer aufgewacht wäre. In das Staunen darüber, daß ich nach einem uner- bittlichen Gesetz von so weit her jedesmal in die engen Grenzen menschlicher Möglichkeiten, die mein Ich um- schreiben, zurückverwiesen wurde, mischte sich oft Trauer. Worin bestehen denn die unterschiedlichen Merkmale, auf die wir so viel Wert legen, wenn sie dem entrückten Schläfer so wenig gelten? Auf einen flüchtigen Augenblick war es mir fast bewußt vergönnt, ein unge- prägtes, durch keine Vergangenheit vorgeformtes Dasein zu erwittern, ehe ich ungern in Hadrians Haut zurück- schlüpfte.

Auch das Alter, auch die Krankheit haben ihre Wun- der, und auch sie empfangen im Schlaf ihre Bestätigung. Vor etwa einem Jahre erlebte ich nach einem arbeitsrei- chen Tag in Rom eine jener Erholungspausen, bei denen die Erschöpfung der Kräfte das gleiche, oder vielmehr ein anderes Wunder wirkte als einst die unausgeschöpfte Kraft. Ich komme nur noch selten in die Stadt und suche dann soviel wie möglich zu erledigen. Der Tag, von dem ich spreche, war übervoll gewesen an leidigen Geschäf- ten. Auf eine Sitzung im Senat war eine Gerichtssitzung gefolgt, an die sich eine endlose Erörterung mit einem der Quästoren anschloß. Dann kam unter strömendem Regen eine religiöse Feier, die ich nicht abkürzen konnte. Ich hatte mein möglichstes getan, um diese verschiedenen Obliegenheiten so eng zusammenzudrängen, daß für unvorhergesehene Belästigungen und Huldigungen kein Raum blieb. Meine Heimkehr zu Pferde war einer meiner letzten Ritte. Matt und abgespannt kam ich in der Villa an und fror so, wie man nur friert, wenn das in den Adern erstarrende Blut den Dienst versagt. Celer und Chabrias bemühten sich um mich, doch kann die Fürsorge auch dann lästigfallen, wenn sie gut gemeint ist. Ich trank ein paar Schluck eines heißen Getränkes, das ich mir selber braue, nicht etwa aus Argwohn, wie man vermuten könnte, sondern weil ich mir so den Luxus des Alleinseins leisten kann. Dann ging ich zu Bett, aber der Schlaf schien mir ebenso unerreichbar wie die Jugend und die Gesundheit. Endlich schlummerte ich ein. Die Sanduhr zeigte, daß ich kaum eine Stunde geschlafen hatte. In meinem Alter bedeutet ein kurzer Augenblick völliger Betäubung soviel wie früher ein Schlaf, währenddessen die Nachtgestirne kommen und gehn; mein Zeitmaß ist auf kleine Einheiten zusammengeschrumpft. Doch hatte die Stunde genügt, um das bescheidene und doch überraschende Wunder zustande zu bringen: warmes Blut durchpulste meine Hände, Herz und Lunge nahmen mit leidlich gutem Willen ihre Tätigkeit wieder auf, das Leben rieselte in spärlichem, aber doch sicherem Fluß. Der Schlaf hatte in so kurzer Zeit meine Leistungen mit der gleichen Unparteilichkeit belohnt, die er auch bewiesen hätte, um mich von irgendwelchen Ausschweifungen wiederherzustellen. Die Göttlichkeit dieses großen Kraftspenders liegt nämlich darin, daß er dem Schläfer seine Wohltaten ohne Ansehen der Person angedeihen läßt, so wie es dem heilenden Wasser gleichgültig ist, wer sich an seinem Quell labt.

Wenn wir auf einen Vorgang, der ein gutes Drittel unseres Lebens in Anspruch nimmt, so wenig achten, so deshalb, weil es einer gewissen Bescheidenheit bedarf, um seine Wohltaten zu schätzen. Im Schlafe sind Caligula und Aristides gleichwertig; ich entäußere mich meiner eitlen und gewichtigen Vorrechte und unterscheide mich nicht mehr von dem schwarzen Türhüter, der auf meiner Schwelle schnarcht. Was ist die Schlaflosigkeit anders als der eigensinnige Vorsatz unseres Verstandes, weiterhin Gedanken zu formen, seine Weigerung, abzudanken vor der göttlichen Torheit der geschlossenen Augen oder vor dem weisen Wahnsinn der Träume? Der Schlaflose sperrt sich, wie ich seit Monaten nur allzu genau weiß, mehr oder weniger dagegen, sich dem Strom des Geschehens anzuvertrauen. Der Schlaf ein Bruder des Todes ... Isokrates irrt, sein Satz ist eine rhetorische Übertreibung. Der Tod, der mir langsam vertraut wird, birgt andere Geheimnisse, die unserem gegenwärtigen Menschendasein noch fremder sind. Und doch schlingen sich diese Mysterien der Abwesenheit und des Vergessens so eng ineinander, daß wir wohl ahnen, wie irgendwo die weiße und die dunkle Quelle ineinanderfließen. Nie sah ich Menschen, die ich liebte, gerne schlafen, denn ich fühlte, daß sie sich von mir erholten und mich flohen. Jeder Mensch schämt sich seines Gesichtes, solange er schlaftrunken ist. Wie oft habe ich, wenn ich mich früh erhob, um zu arbeiten, selber die zerknitterten Kissen und die durcheinander geratenen Decken geordnet, diese zweideutigen Zeugnisse unserer Begegnung mit dem Nichts, die uns beweisen, daß wir in jeder Nacht schon nicht mehr sind ...

Nach und nach ist dieser Brief, den ich anfing, um dich von der Verschlimmerung meines Leidens zu unterrichten, zur Ablenkung eines Mannes geworden, der nicht mehr genug Spannkraft aufbringt, um sich eingehend mit den Staatsgeschäften zu befassen, zur niedergelegten Betrachtung eines Kranken, der seinen Erinnerungen Audienz gewährt. Ich habe noch mehr vor: in mir reift der Plan, dir meinen Lebenslauf zu schildern. Jawohl, ich habe im letzten Jahr einen amtlichen Bericht über meine Taten verfaßt, und Phlegon, mein Sekretär, hat ihn mit seinem Namen gezeichnet. Ich habe darin so wenig gelogen wie möglich; allerdings nötigte die Rücksicht auf das öffentliche Wohl und den Anstand mich hie und da, gewisse Angelegenheiten ein wenig zurechtzubiegen. Die Wahrheit, die ich im folgenden darstelle, ist kaum anstößig, jedenfalls nicht über das Maß hinaus, in dem jede Wahrheit Anstoß erregt. Ich erwarte nicht, daß du mit deinen siebzehn Jahren viel davon begreifst. Dennoch liegt mir daran, dich zu unterrichten und sogar zu überraschen. Die Lehrer, die ich dir aussuchte, haben dir jene strenge, überwachte, vielleicht etwas zu behütete Erziehung gegeben, von der ich mir trotz allem für dich und für den Staat viel verspreche. Als Gegengewicht biete ich dir hier einen Bericht, der frei von vorgefaßten Meinungen und Grundsätzen allein auf den Erfahrungen des Mannes beruht, der ich bin. Zu welchen Schlüssen ich in seinem Verlauf gelangen werde, weiß ich nicht. Doch benötige ich diese Abrechnung, um mich zu erklären, vielleicht mit mir ins Gericht zu gehen, mich mindestens aber besser zu ergründen, bevor ich sterbe.

Gleich jedem anderen stehen mir nur drei Mittel zur Verfügung, um einen Maßstab zu gewinnen: das Studium seiner selbst, das schwierigste und gefährlichste, aber auch fruchtbarste Verfahren; die Beobachtung der Menschen, die es verstehen, uns ihre Geheimnisse zu verbergen oder uns weizumachen, daß sie welche haben, und endlich die Bücher mit den ihnen eigentümlichen Sichtfehlern. Ich habe so gut wie alles gelesen, was unsere Historiker, unsere Dichter, sogar unsere Erzähler geschrieben haben, obwohl die letzteren im Rufe der Leichtfertigkeit stehen. Vielleicht schulde ich ihnen mehr an Wissen, als ich den wechselnden Erfahrungen meines Lebens verdanke. Das geschriebene Wort lehrte mich, der menschlichen Stimme zu lauschen, etwa wie die großen steinernen Gebärden der Standbilder mich die menschliche Bewegung schätzen ließen. Später hellte mir dann das Leben den Sinn der Bücher auf.

Sie lügen, auch wenn sie noch so aufrichtig sein wollen. Die minderwertigen unter ihnen geben aus ihrer sprachlichen Ohnmacht, es richtig zu umschreiben, ein flaches, armseliges Bild vom wirklichen Leben; ein Lucanus beschwert es mit einer Erhabenheit, die ihm nicht innewohnt. Andere, wie Petronius, fassen es wieder zu leicht auf; sie machen daraus einen hohlen Ball, der sich gut fängt und dann wieder in ein All sonder Schwere zurückhüpft. Die Poeten führen uns in eine größere und schönere Welt als die, die uns beschieden ist; folglich ist sie für uns unbewohnbar. Die Philosophen unterwerfen die Wirklichkeit, um sie zu deuten, einem ähnlichen Gestaltwechsel, wie Feuer und Schmelztiegel sie der Materie aufzwingen. Nichts von dem, was wir kannten, blieb in diesen Kristallen zurück, nichts lebt in dieser Asche fort. Die Geschichtsschreiber muten uns ihre vollständigen Systeme zu, in die sie die Vergangenheit gliedern. Aber die Kette von Ursachen und Wirkungen, die sie schmieden, greift zu schön ineinander, als daß das fließende Leben sie jemals ersonnen hätte. Die Historiker formen den geduldigen Stoff, doch selbst ein Plutarch begreift noch keinen Alexander. Die Erdichter milesischer Märchen vollends machen es kaum anders als der Metzger, der seine von Fliegen umschwirrten Fleischstücke auf der Bank feilbietet. Sowenig ich in einer Welt ohne Bücher leben möchte, sowenig werde ich in ihnen die Wirklichkeit suchen, weil ich weiß, daß die ganze Wirklichkeit darin nicht Raum hat.

Die unmittelbare Beobachtung des Menschen liefert noch weniger zuverlässige Ergebnisse. Beschränkt sie sich doch gemeinhin auf jene Feststellungen niederer Art, von denen das Übelwollen zehrt. Rang, Beruf und andere Lebensverhältnisse engen das Gesichtsfeld des Forschers ein. Die Möglichkeiten, die mein Sklave hat, um sich ein Bild von mir zu machen, sind andre als die meinigen ihm gegenüber; eng begrenzt sind sie in beiden Fällen. Der alte Euphorion reicht mir seit zwanzig Jahren Ölfläschchen und Schwamm. Ich kenne ihn nur von dieser Verrichtung her, wie er mich nur beim Baden kennt, und jeder Versuch des Kaisers wie des Sklaven, mehr über den anderen zu erfahren, würde nach peinlicher Neugierde schmecken. Fast alles, was wir voneinander wissen, kommt aus zweiter Hand. Wenn jemand ein Geständnis ablegt, hält er schon die Rechtfertigung bereit, er spricht in eigener Sache. Man wirft mir vor, daß ich gern die römischen Polizeiberichte lese: ich tue es, weil ich darin immer neue Überraschungen finde. Gleichgültig, ob es sich um Leute handelt, die mir befreundet oder verdächtig, unbekannt oder vertraut sind, sie verblüffen mich stets aufs neue, und ihre Tollheiten dienen den meinigen zur Entschuldigung. Nie werde ich müde, den Bekleideten mit dem Nackten zu vergleichen. Und doch vermehren diese so einfältig ausführlichen Berichte nur den Haufen meiner Akten, ohne mir zu einem endgültigen Urteil zu verhelfen. Die Tatsache, daß ein äußerlich so untadliger Beamter dies oder jenes verbrochen hat, lehrt nicht ihn besser kennen. Höchstens, daß ich fortan zwei Bilder vor Augen habe: das des Beamten, wie er sich gibt, und das geheime seiner Missetat.

Wie steht es nun um die Selbstbeobachtung? Ich zwinge mich wohl dazu, sei es auch nur, um über das Individuum, mit dem ich bis an das Ende meiner Tage zusammengesperrt bin, ins reine zu kommen. Freilich genügt ein sechzigjähriger vertrauter Umgang durchaus nicht, um Fehlerquellen auszuschließen. Im Grunde ist meine Kenntnis meiner selbst ungehoben, geheim, unausgesprochen wie eine Mitschuld. Suche ich aber Abstand zu nehmen, friert sie ein wie ein Rechenexempel, und ich strenge meine Vernunft an, um von weitem mein Dasein zu begreifen, das dann sofort zum Dasein eines Fremden wird. Das eine Verfahren erheischt Selbstvertiefung, das andere Selbstentäußerung, und beides ist schwierig. Aus Trägheit suche ich diese Methode durch behelfsmäßige Mittelchen zu ersetzen, wie jedermann das tut, durch eine Vorstellung von meinem Leben, die von dem Bilde beeinflußt wird, das die Öffentlichkeit sich davon macht, durch fertige, folglich schiefe Urteile, dem Modell gleich, dem ein ungeschickter Schneider mühselig den Stoff verpaßt, den wir ihm bringen. Meine Ausrüstung ist daher nicht von einheitlicher Güte, doch verfüge ich über keine andere. Mit diesen mehr oder weniger stumpfen Werkzeugen zimmere ich mir, so gut es gehen will, ein Bild dessen zurecht, was ich für mein Menschenschicksal halte. Dabei erschrecke ich immer wieder darüber, wie gestaltlos sich mein Leben bei näherer Betrachtung ausnimmt. Das Dasein der Heroen, von denen die Sage spricht, war einfach: es schnellte stracks ins Ziel wie ein Pfeil. Auch die meisten Menschen lieben es, ihr Leben auf einen kurzen Nenner zu bringen, manchmal prahlend, manchmal jammernd, noch öfter in Form einer Anklage. Die Erinnerung leiht sich dazu her, ihnen eine klare handfeste Vergangenheit vorzutäuschen. Mein Leben kann ich nicht so leicht in feste Formen gießen. Wie das oft geht, läßt es sich besser durch das, was ich nicht war, umschreiben, als umgekehrt: ein guter Soldat, aber kein großer Feldherr, ein Kunstliebhaber, aber nicht der Künstler, für den sich der sterbende Nero gehalten hat, manches Verbrechens fähig, doch mit keinem belastet. Es fällt mir ein, daß nichts einen großen Mann so kennzeichnet wie seine extremste Haltung, von der nicht abzugehen er sein Leben lang heldenhaft genug war. Männer dieser Art sind unsere Pole oder unsere Antipoden. Nun habe ich nacheinander all diese Höhepunkte erreicht, ohne sie behaupten zu können; stets ließ das Leben mich wieder abgleiten. Aber auch einer still in der Mitte ruhenden Schwerkraft kann ich mich nicht rühmen wie der brave Landmann oder der Lastträger.

Gleich einer Gebirgsgegend scheint sich die Landschaft meines Lebens aus mannigfachem Gestein aufzubauen. Da bin ich, so wie ich geworden bin, zusammengesetzt aus meinen natürlichen Anlagen und erworbener Bildung. An manchen Stellen tritt das Unabänderliche zutage wie hartes Urgestein, überall hat der Zufall der Erdrutsche seine Trümmer gesät. Vergebens durchspähe ich meine Lebenslandschaft, um einen Plan zu entdecken, eine Ader von Gold oder auch nur von Blei, der ich folgen kann, oder dem unterirdischen Lauf eines Flusses. Vergebens, denn ein solcher Plan wäre künstlich, eine Augentäuschung, die das Gedächtnis narrt. Bisweilen glaube ich in einer Begegnung, einer Weissagung, einer bestimmten Reihe von Tatsachen etwas wie Fügung zu erkennen, doch weisen zuviel Straßen in die Leere und zu viele Posten ergeben keine Summe. Wohl vermag ich in all dem Wirrwarr eine bestimmte Persönlichkeit zu unterscheiden, aber ihre Form scheint meist durch den äußeren Druck der Umstände geprägt, ihre Züge verschwimmen gleich denen eines Antlitzes, das sich im Wasser spiegelt. Ich gehöre nicht zu den Leuten, die glauben machen, daß ihre Taten ihnen nicht ähneln. Das müssen sie wohl, bleiben sie doch mein einziger Maßstab und das einzige Mittel, um mein Bild in der Erinnerung festzuhalten. Der Zustand des Todes unterscheidet sich von dem des Lebens wahrscheinlich dadurch, daß er dem Menschen keine Möglichkeit mehr gewährt, sich durch sein Tun zu wandeln. Gleichwohl klafft zwischen dem, was ich bin, und dem, was ich tat, ein unermeßlicher Abgrund. Schon daß ich stets das Bedürfnis fühle, meine Taten zu wägen, zu deuten und mir zu vergegenwärtigen, beweist es. Arbeiten, denen ich nur kurze Zeit oblag, sind naturgemäß unwichtig, aber auch Geschäfte, denen ich mein Leben widmete, bedeuten nicht viel mehr. So scheint es mir jetzt, wo ich schreibe, kaum noch von Belang zu sein, daß ich Kaiser bin. Mein Leben besteht zudem zu drei Vierteln nicht aus Taten, die sich erfassen lassen. Die große Masse meiner Launen, meiner Wünsche, selbst meiner Pläne verdämmert im Ungefähr wie Nebeldunst. Sogar der greifbare, durch Tatsachen belegte Rest hebt sich schwerlich deutlicher ab, denn wirr wie Traumgesichte zogen die Begebnisse dahin. Ich habe meine eigene Zeitrechnung, die nichts mit der zu tun hat, die mit der Gründung Roms beginnt, und auch nichts mit den Olympiaden. Fünfzehn Jahre unter den Waffen zählen weniger als ein Morgen in Athen, und manchen, mit dem ich mein Leben lang verkehren mußte, werde ich im Hades nicht wiedererkennen. Auch die Ordnung des Raumes ist aufgehoben: Ägypten und Tempe bleiben mir nahe, und nicht immer bin ich in Tibur, wenn ich in Tibur bin. Manchmal dünkt mich mein Leben so nichtig wie das des ersten besten, so nichtssagend, daß es kaum der Betrachtung, geschweige denn der Niederschrift lohnt. Manchmal erscheint es mir wieder einzig und eben darum unnütz, da es sich nicht auf das taugliche Maß des allgemeinen Verständnisses bringen läßt. Mein Ich spottet der Erklärung. Weder meine Fehler noch meine Vorzüge bieten dazu eine Handhabe, eher schon das Glück, das ich gemacht habe, aber auch dies nur streckenweise, ohne großen Zusammenhang und vor allem ohne zureichende Begründung.

Nun widerstrebt es dem menschlichen Geiste, sich als Geschenk des Zufalls zu bekennen. Er sehnt sich danach, mehr zu sein als Wurf eines Glücksspieles, das kein Gott leitet. So geht ein Teil auch des bescheidensten Lebens mit dem Grübeln über Ursprung und Sinn des Daseins dahin. In meiner Ratlosigkeit nahm ich manchmal zu den Künsten der Magier meine Zuflucht, um dem Übersinnlichen das Geheimnis zu entreißen, das mein Verstand nicht preisgab. Wo die feinsten Berechnungen sich als falsch erweisen und sogar die Weisen mit ihrer Weisheit zu Ende sind, kann man es niemandem verübeln, daß er auf das zufällige Gezwitscher der Vögel achtet oder auf die ferne Gegenschrift der Gestirne.

Varius multiplex multiformis

Mein Großvater Marullinus glaubte an die Sterne. Der hochgewachsene, von den Jahren ausgedörrte Greis brachte mir die gleiche nüchterne, beinahe stumme Zuneigung entgegen wie den Tieren seines Gutes, seinen Ländereien und seiner Sammlung von Meteorsteinen. Er entstammte einer langen Reihe von Ahnen, die unter den Scipionen in Spanien Fuß gefaßt hatten. Senatorischen Ranges, war er der dritte, dem diese Würde eignete. Vorher hatte meine Familie dem Ritterstand angehört. Der Großvater hatte unter Titus eine bescheidene Rolle im öffentlichen Leben gespielt. Als Provinziale verstand er kein Griechisch und sprach Latein mit dem harten Akzent, den er mir vererbte und der in Rom Heiterkeit erregte. Dennoch war er nicht ungebildet; nach seinem Tode fand man eine mit mathematischen Instrumenten und Büchern gefüllte Truhe, die er seit vielen Jahren nicht angerührt hatte. Er verfügte über jenes halb gelehrte, halb bäuerliche Wissen, jenes Gemisch aus engen Vorurteilen und überkommenem Weistum, das für den alten Cato so bezeichnend war. Aber Cato war sein Leben lang der Mann des römischen Senats und der Punischen Kriege, der sprechende Vertreter des harten Roms der Republik. Die eiserne Härte des Marullinus wurzelte in noch tieferen Gründen. Er war der Mann des Stammes, die Verkörperung jener sakralen, einigermaßen unheimlichen Welt, auf deren Spuren ich später wieder bei unseren etruskischen Totenbeschwörern stieß. Stets ging er barhäuptig, wie auch ich es zum Verdruß der Römer tat, und die Hornhaut seiner Sohlen ersetzte ihm die Sandalen. In der Kleidung unterschied er sich für gewöhnlich kaum von den einfachen Bauern. Er galt als Zauberer, die Dorfleute mieden seinen Blick. Daß er über das Getier eine seltsame Macht ausübte, kann ich bezeugen: ich selbst habe gesehen, wie er den alten Kopf mit zarter Vorsicht über ein Vipernnest neigte und wie seine knotigen Finger vor einer Eidechse eine Art von Tanz vollführten. In den Sommernächten gingen wir beide auf einen kahlen Hügel, um den Himmel zu beobachten. Vom Zählen der Sternschnuppen ermüdet, schlief ich meist in einer Furche ein. Er aber blieb sitzen und folgte mit unmerklicher Bewegung des erhobenen Hauptes dem Lauf der Gestirne. Er muß um die Lehren des Philolaos und des Hipparch gewußt haben, auch um die des Aristarch von Samos, den ich später vorzog, doch kümmerte er sich nicht mehr darum. Die Sterne galten ihm als flammende Körper, als Gegenstände wie die Steine oder die langsam kriechenden Käfer, die er auch befragte, Bestandteile eines magischen Alls, das auch den Willen der Götter, das Wirken der Dämonen und das uns Menschen vorbehaltene Geschick einschloß. In einer dieser Nächte rüttelte er mich wach und verhieß mir mit der mürrischen Kürze, in der er mit seinen Bauern über den Stand der Ernte zu sprechen pflegte, die Herrschaft über die Welt. Bedenklich geworden, holte er dann von dem Rebholzfeuer, das wir der Kälte wegen unterhielten, ein Stück Glut und suchte in meiner dicken Kinderhand nach einer Bestätigung des himmlischen Zeichens. Für Großvater war die Welt aus einem Guß, das Bild der Hand entsprach dem Bild der Sterne. Da jedes Kind sich alles erhofft, überraschte mich seine Eröffnung weniger, als man meinen sollte. Ich glaube aber, daß er über jenem Stumpfsinn, der das Greisenalter befällt, seine Weissagung bald vergaß. Eines Morgens fand man ihn in dem Kastanienwäldchen an der Grenze seines Besitzes, schon erstarrt und von Raubvögeln angefressen. Bevor er starb, hatte er versucht, mich seine Kunst zu lehren – freilich ohne Erfolg, da meine Neugierde die Ergebnisse vorwegnahm, ohne sich bei den heiklen, ein wenig widrigen Einzelheiten dieser Wissenschaft aufzuhalten. Doch die Vorliebe für gewisse fragwürdige Untersuchungen verblieb mir nur allzusehr.

Mein Vater, Aelius Afer Hadrianus, war ein Ausbund an Tugend. Nie hatte seine Stimme im Senat gegolten, sein Leben verstrich in ruhmloser Verwaltungstätigkeit. Im Gegensatz zum allgemeinen Brauch hatte er sich in seinem afrikanischen Amt nicht bereichert. Daheim in Italica, unserem hispanischen Municipium, mühte er sich damit ab, örtliche Händel zu schlichten. Ohne Ehrgeiz und ohne Sinn für die Freuden des Lebens widmete er sich wie viele seinesgleichen dem Kleinkram, auf den er sich im Ruhestand verlegt hatte, mit krankhaftem Eifer. Mir selber ist die löbliche Neigung zu allzu peinlicher Genauigkeit nicht ganz fremd. Der Vater hatte auf Grund seiner Erfahrungen keine sehr hohe Meinung von den Menschen, und dies sein Vorurteil machte vor dem Kind, das ich noch war, nicht halt. Mein Aufstieg, den er nicht erleben sollte, hätte nicht den geringsten Eindruck auf ihn gemacht, der Familienstolz war zu groß, als daß man mir zugestanden hätte, daß meine Erfolge dies Erbe mehrten. Ich war zwölf Jahre alt, als der verbrauchte Mann von uns ging. Meine Mutter zog sich auf Lebenszeit in strenge Witwenschaft zurück; ich habe sie seit dem Tage, an dem ich auf den Ruf meines Vormundes hin nach Rom abreiste, nicht wiedergesehen. Ihr länglich geschnittenes, hispanisches Gesicht mit dem sanften, etwas schwermütigen Ausdruck blieb mir in Erinnerung, die durch die Wachsbüste an der Ahnenwand oft aufgefrischt wird. Sie hatte die kleinen, engbeschuhten Füße der Mädchen von Gades, und der sich in den Hüften wiegende Gang der Tänzerinnen jener Gegend war auch der untadligen Matrone eigen.

Wie irrig ist doch die Vorstellung, daß ein Mensch oder eine Familie unbedingt an den Gedanken oder Begebenheiten der Epoche teilhaben müssen, in der sie leben! Obwohl mein Großvater während des Aufstandes gegen Nero dem Galba eine Nacht Obdach gewährt hatte, erreichte uns in unserem spanischen Winkel der Wellenschlag der römischen Wirren so gut wie nicht. Man lebte dem Andenken eines Fabius Hadrianus, den die Karthager bei der Belagerung von Utica lebend verbrannt hatten, und eines weiteren Fabius, der dem Mithridates auf den kleinasiatischen Straßen nachgesetzt war, ruhmlose Helden, deren Namen nur noch die Archive aufbewahren. Mein Vater las keinen der zeitgenössischen Schriftsteller, sogar Lukan und Seneca waren ihm fremd, obwohl sie gleich uns aus Spanien stammten. Mein gelehrter Großonkel Aelius begnügte sich mit der Lektüre der bekanntesten Dichter aus der Zeit des Augustus. Diese Verachtung der Moden ersparte meiner Familie manche Geschmacksverirrung; ihr hatte sie es zu danken, daß sie von allem Schwulst verschont blieb. Der Hellenismus und der Orient wurden, soweit man überhaupt um sie wußte, mit gerunzelter Stirn abgelehnt; auf der ganzen Halbinsel dürfte es keine einzige griechische Statue gegeben haben. Die Sparsamkeit ging mit dem Reichtum Hand in Hand, eine fast pomphafte Feierlichkeit unterbrach bei großen Gelegenheiten den ländlich schlichten Alltag. Meine Schwester Paulina war schweigsam und in sich gekehrt; sie hat in jungen Jahren einen alten Mann geheiratet. Strenge Redlichkeit war ebenso selbstverständlich wie strenge Behandlung der Sklaven. Man war auf nichts neugierig, man dachte nur an das, woran ein römischer Bürger denken soll. All diese Tugenden, sofern es Tugenden waren, hab' ich vertan.

Die offizielle Annahme verlangt, daß ein römischer Kaiser in Rom zur Welt komme, ich bin aber in Italica geboren. Dies kleine steinige Dorf sollte ich später mit so vielen fernen Ländern vertauschen. Die Fiktion hat ihr Gutes: sie beweist den Vorrang der geistigen Entscheidung vor dem Ungefähr des Geschehens. Der wirkliche Geburtsort ist der, wo der Mensch zum ersten Male seiner selbst bewußt wird. Meine ersten Heimstätten waren Bücher, weniger die Schulen, denen man in Spanien den provinziellen Schlendrian anmerkte. In Rom vermittelte die Schule des Terentius Scaurus nur mäßige Kenntnisse der Philosophie und Literatur. Um so besser bereitete sie auf die Wechselfälle des Schicksals vor, denn die Lehrer behandelten ihre Zöglinge so, wie ich mich schämen würde, irgend jemand zu behandeln. In den engen Grenzen seines Faches befangen, verachtete jeder den Kollegen, dessen ebenso enges Wissen ein anderes Gebiet anging. Diese Pedanten zankten sich heiser, doch verdanke ich ihren Rangstreitigkeiten, Ränken und Verleumdungen eine Vorahnung dessen, was ich später in jeder Gesellschaft, in der ich lebte, antreffen sollte. Dennoch habe ich manche meiner Lehrer geliebt und den Reiz der festen und zugleich dehnbaren Beziehung, die Meister und Schüler verbindet, wohl verspürt. Oft bestrickte mich die verschleierte Stimme des Meisters wie Sang der Sirenen, wenn er dem Knaben die Pforte zu neuen Gedanken auftat oder den Sinn für die Schönheit eines Kunstwerkes weckte. Sokrates hieß der große Verführer und nicht Alkibiades.

Vielleicht sind die Methoden der Grammatiker und Rhetoriker doch weniger töricht, als es mir vorkam, solange ich ihnen ausgeliefert war. Mit ihrem Gemisch aus erdachter Regel und vorgefundenem Brauch gibt die Grammatik dem Geist des Jünglings einen Vorgeschmack der Rechtswissenschaft und der Morallehre, kurz aller Systeme, die der Mensch sich schuf, um einen gesetzlichen Ausdruck für seine natürlichen Erfahrungen zu finden. Die rhetorischen Übungen begeisterten mich vollends. Bald sprachen wir wie Xerxes, bald wie Themistokles, nacheinander spielten wir Octavian und Antonius, und ich fühlte mich zum Proteus werden. Ich lernte mich in die Gedanken anderer hineinzudenken und begriff, wie ein jeder nach seinem eigenen inneren Gesetz handelt, lebt und stirbt. Noch hinreißender war die Wirkung der Poesie, so berauschend, daß ich mich frage, ob der Rausch der ersten Liebe ihr gleichkommt. Ich wandelte mich, und selbst das Mysterium des eigenen Todes wird mir das Jenseits nicht besser erhellen als die Offenbarung

Vergils. Später zog ich den rauhen Ennius vor, der dem heiligen Ursprung der Rasse so nahe ist, und die wissende Bitterkeit des Lukrez. Hesiod in seiner kargen Demut sagte mir mehr zu als Homers großherzige Fülle. Mir gefielen vor allem die dunklen, schwer verständlichen Dichter, die dem grübelnden Verstand am meisten zu schaffen machten, und unter ihnen wieder die jüngsten und die ältesten; die einen, weil sie mir neue Wege bahnen, die anderen, weil sie mich auf verlorene Spuren setzen. Damals, auf der Schulbank, ergötzte ich mich freilich mehr an der Dichtkunst, die zu den Sinnen sprach, am geglätteten Metall eines Horaz und an Ovids liebenswürdiger Fleischlichkeit. Scaurus brachte mich zur Verzweiflung, als er mir mitteilte, daß ich nie ein großer Dichter werden würde: es fehle an Begabung und auch an Fleiß. Ich wähnte lange, daß er sich geirrt habe; irgendwo habe ich einen oder zwei Bände Liebesgedichte versteckt, die meist dem Catull nachgeahmt sind. Aber es macht mir fortan wenig aus, ob meine eigenen Erzeugnisse etwas taugen oder nicht.

Ich werde es dem Scaurus ewig danken, daß er mich früh zum Studium des Griechischen anhielt. Ich war noch ein Kind, als ich zum ersten Male versuchte, diese Buchstaben eines unbekannten Alphabets nachzumalen. Damit begann meine Heimatlosigkeit, ich hatte das Gefühl, vor eine verantwortungsvolle und doch unfreiwillige Wahl gestellt zu sein, wie auch die Liebe sie fordert. Ich liebte die griechische Sprache wegen der Biegsamkeit ihres wohlgeformten Körpers und ihres Reichtums, bei dem jedes Wort seine unmittelbare Beziehung zur Wirklichkeit bekundet. Ich liebte sie auch deswegen, weil das, was am besten gesagt worden ist, auf griechisch gesagt ist. Ich weiß, daß es andere Sprachen gibt, aber sie sind entweder versteinert oder halb ungeboren. Ägyptische Priester zeigten mir ihre Sinnbilder. Das sind mehr Zeichen als Worte, uralte Versuche, die Welt nach Begriffen zu ordnen, doch weht daraus der Grabeshauch einer erloschenen Rasse. Während des jüdischen Krieges hat Rabbi Joschua mir Stellen aus den heiligen Texten dieses Sektierervolkes erklärt, das so von seinem Gott besessen ist, daß es darüber alles Menschliche vergißt. Bei der Truppe habe ich mich mit der Sprache der keltischen Hilfsvölker vertraut gemacht und gewisse Lieder in Erinnerung behalten... Doch betrachte ich diese barbarischen Mundarten mehr als Vorratskammern für die menschliche Sprache; ihr Wert besteht höchstens in dem, was sie wahrscheinlich in Zukunft zu sagen haben werden. Umgekehrt hat das Griechische schon alle Schätze der Erfahrung hinter sich, das Wissen um den Menschen und um das Gemeinwesen. Von den ionischen Tyrannen bis zu den athenischen Volksrednern, von der Sittenstrenge eines Agesilaos bis zu den Ausschweifungen eines Dionysos, vom Verrat des Damaratos bis zur Treue des Philopömen ist alles, was einer von uns tun könnte, um seinen Mitmenschen zu schaden oder zu nützen, zum mindesten einmal schon von einem Griechen getan worden. Ebenso steht es um unsere Wahlfreiheit: vom Zynismus zum Idealismus, von der Zweifelsucht eines Pyrrhon bis zu den frommen Träumen des Pythagoras sind alle Möglichkeiten erschöpft, ist unsere Zustimmung ebenso vorgebildet wie unsere Absage; für unsere Tugenden wie für unsere Laster gibt es griechische Vorbilder. Nichts kommt der Schönheit lateinischer Grabschriften gleich. Wenige in den Stein gegrabene Worte fassen in unpersönlicher Größe zusammen, was die Welt von uns wissen muß. Ich habe das Reich auf lateinisch regiert, und auf lateinisch soll meine Grabschrift in die Mauer meines Mausoleums am Tiberufer gemeißelt werden. Aber gedacht und gelebt habe ich auf griechisch.

Ich war sechzehn Jahre alt, als meine Lehrzeit bei der Siebenten Legion ablief. Sie lag damals in den Pyrenäen, in einer rauhen Gegend des diesseitigen Spaniens, das sehr verschieden ist vom Süden, in dem ich groß geworden war. Acilius Attianus, mein Vormund, hielt es für gut, auf diese Monate angestrengten Dienstes und wilder Jagden zum Ausgleich eine Periode des Studiums folgen zu lassen. Auf den Rat des Scaurus hin schickte er mich nach Athen zu dem Sophisten Isaios, einem glänzenden Geist von ungewöhnlicher Wendigkeit. Sofort verfiel ich dem Zauber Athens. Dem scheuen, ein wenig linkischen Jüngling ging das Herz auf in der freien Luft, bei diesen lebendigen Gesprächen, bei diesen Spaziergängen im rosigen Abendlicht, bei dieser Freude am Wort wie am Genuß. Ich beschäftigte mich mit der Mathematik und den schönen Künsten, auch hatte ich Gelegenheit, an einem medizinischen Kursus bei Leotychides teilzunehmen. Die Heilkunde hätte mir zugesagt, da ich viel von der Auffassung in ihm verspürte, die ich mir zur Richtschnur für die Erfüllung meiner Kaiserpflicht nehmen wollte. So begeisterte ich mich für eine Wissenschaft, die uns zu nahe ist, um nicht Irrtümern unterworfen zu sein, aber doch immer aus der Begegnung mit dem Unbedingten und der Nacktheit neue Wahrheit schöpft. Leotychides hatte ein treffliches Verfahren zum Einrenken von Brüchen erfunden; er packte die Dinge unmittelbar an. Eines Abends gingen wir am Strand entlang. Der vielseitig Bewanderte suchte den Bau der Muscheln und die Zusammensetzung des Meeresauswurfes zu ergründen, doch fehlten ihm die Mittel hierzu, so daß er mit Sehnsucht an Alexandria zurückdachte, wo er in seiner Jugend gelernt hatte, an die großen Laboratorien und Seziersäle, an den Wettstreit der Meinungen und Experimente. Am Beispiel dieses scharfen Denkers lernte ich, mich an die Tatsachen zu halten und nicht an Worte, mich nicht auf Formeln zu verlassen und mehr zu beobachten als zu urteilen. Dem herben Griechen verdanke ich meinen methodischen Sinn.

Entgegen der landläufigen Legende habe ich die Jugend nie sonderlich geliebt, am wenigsten die eigene. Recht betrachtet, scheint mir dies so gepriesene Lebensalter meist dunkel und ungestalt, unruhig und unfertig. Gewiß habe ich bewundernswerte Ausnahmen von dieser Regel kennengelernt – du, mein Marcus, bist hierfür das leuchtendste Beispiel. Was mich betrifft, so war ich schon mit zwanzig Jahren ungefähr der, der ich heute bin, nur ohne feste Form. Nicht alles an mir war schlecht, doch alles konnte zum Schlechten ausschlagen; das Gute oder das Bessere hielten das Schlimmste fern. Nicht ohne zu erröten, denke ich an meine Unkenntnis einer Welt, die ich zu kennen glaubte, an meine Ungeduld als an eine Art leichtfertigem Ehrgeiz und grober Lebensgier. Darf ich es gestehn? Inmitten meines arbeitsreichen Lebens in Athen, in dem die Vergnügungen ihren angemessenen Platz hatten, sehnte ich mich, ich will nicht sagen nach Rom, aber doch nach der Stätte, wo die Fäden des Weltgeschehens sich knüpfen und lösen, nach dem Knirschen der Rollen und Riemen, die das große Triebwerk der Macht in Gang setzt. Die Zeit Domitians ging zur Neige, mein Vetter Trajan, der sich am Rhein mit Ruhm bedeckt hatte, war als großer Mann in der Leute Mund, der hispanische Clan begann sich in Rom festzusetzen. Verglichen mit dieser Welt der Tat, dünkte mir die geliebte griechische Provinz im Dunst verstaubter Gestrigkeit dahinzudämmern; ich empfand die politische Gleichgültigkeit der Hellenen als ein recht schmähliches Versagen.

Mein Streben nach Macht und meine Sucht nach dem Reichtum, der so oft hierzu die Vorstufe ist, ließen sich kaum noch unterdrücken. Ich dürstete nach Ruhm, sofern man den Kitzel, der uns treibt, von uns reden zu machen, mit diesem schönen Namen bezeichnen kann. Die Ahnung, daß das in mancher Hinsicht minder bedachte Rom durch die Vertrautheit mit den großen Geschäften, die es von seinen Bürgern, und namentlich denen von vornehmer Abkunft, verlangt, den Griechen überlegen war, spielte dunkel mit hinein. Es kam mit mir dahin, daß ich mir von der belanglosesten Unterhaltung über die Getreideeinfuhr aus Ägypten mehr für meine staatsmännische Schulung versprach als von Platons ganzer ›Politeia‹. Schon einige Jahre vorher hatte ich als junger, militärisch disziplinierter Römer mir eingebildet, mehr von den Soldaten des Leonidas oder von Pindars Wettkämpfern zu verstehen als meine Lehrer. So vertauschte ich das trockene, lichte Athen mit einer Stadt, wo in schwere Togen gehüllte Männer gegen den Februarwind ankämpfen, wo ohne Anmut geliebt und gefestet wird, wo aber auch die geringste Entscheidung das Schicksal eines Teils der Welt angeht. Nur in Rom konnte ein junger, nicht allzu unbegabter Mann aus der Provinz den groben Ehrgeiz, der ihn zunächst stachelte, allmählich dadurch loswerden, daß er ihn befriedigte; nur hier konnte er lernen, sich an seinen Aufgaben zu messen, zu befehlen und, was am Ende vielleicht weniger nichtig sein dürfte, zu dienen.

Die Art und Weise, in der die ehrenwerten Emporkömmlinge aus dem Mittelstand sich unter Ausnutzung des bevorstehenden Regierungswechsels zur Macht aufschwangen, war durchaus nicht schön. Die Biedermänner gewannen das Spiel mit Hilfe recht fragwürdiger Mittel. Der Senat kreiste Domitian dadurch immer enger ein, daß er die Verwaltung mehr und mehr in die Hände seiner Günstlinge spielte. Vielleicht waren die neuen Männer, mit denen meine Familienbeziehungen mich verbanden, nicht gar so verschieden von denen, deren Stellen sie jetzt einnahmen. Nur hatte ihr Ruf unter der Ausübung der Gewalt vorderhand noch nicht so stark gelitten. Ihre Vettern und Neffen aus der Provinz erhofften sich zum mindesten kleinere Pöstchen; immerhin erwartete man von ihnen eine einwandfreie Verwaltung. Ich wurde zum Richter bei dem Gericht ernannt, das sich mit Erbschaftsstreitigkeiten zu befassen hatte. Von dieser bescheidenen Warte aus wohnte ich dem letzten Akt des Kampfes auf Tod und Leben bei, der zwischen Domitian und Rom ausgefochten wurde. Der Kaiser konnte sich in der Stadt nur noch durch Hinrichtungen halten, die sein Ende beschleunigten, das ganze Heer hatte sich verschworen, ihn zu beseitigen. Ich verstand nicht viel von diesem Kampf, der soviel gnadenloser war als das, was man im Amphitheater sehen konnte. So begnügte ich mich, für den schon vom Tode gezeichneten Tyrannen die etwas überhebliche Verachtung des angehenden Philosophen aufzubringen. Im übrigen befolgte ich den weisen Rat des Attianus: ich versah meinen Dienst und kümmerte mich wenig um Politik.

Da ich vom Rechte nichts verstand, unterschied sich mein erstes Dienstjahr kaum von meiner Studienzeit. Glücklicherweise hatte ich Neratius Priscus, der sich meiner annahm, zum Kollegen. Er ist bis zu seinem Tode mein Rechtsberater und mein Freund geblieben. Dieser Mann gehörte zu der seltenen Art von Menschen, die ihr Fach so von Grund auf beherrschen, daß sie es gleichsam von innen heraus, von einem dem Laien unerreichbaren Standpunkt aus, durchleuchten, ohne doch das Gefühl für seinen begrenzten Wert innerhalb der allgemeinen Ordnung und damit den menschlichen Maßstab zu verlieren. Neratius, dem die gesetzliche Praxis geläufiger war als irgendeinem seiner Zeitgenossen, hat sich gegen nützliche Neuerungen nie gesträubt. Seiner Mitwirkung verdanke ich die Reformen, die ich später einführen konnte. Andere Aufgaben harrten. Ich hatte meine provinzielle Aussprache beibehalten, so daß meine erste Rede vor Gericht Gelächter erregte. Ich nützte meinen Verkehr mit Schauspielern aus, den mir allerdings meine Familie recht verübelte. Der Sprechunterricht, den ich mir geben ließ, wurde auf Monate zu meiner anstrengendsten, aber auch liebsten Beschäftigung und außerdem zum bestgehüteten Geheimnis meines Lebens. In diesen schwierigen Jahren hatte sogar die Ausschweifung etwas von einem Studium an sich. Ich versuchte mich im Gehaben der jugendlichen Lebewelt Roms anzupassen, was mir aber nie vollkommen gelingen wollte. Ein Minderwertigkeitsgefühl, das in einem Alter verständlich ist, wo der rein körperliche Mut sich in anderer Richtung betätigt, schränkte mein Selbstvertrauen auf diesem Gebiet erheblich ein; die Hoffnung, den anderen zu gleichen, stachelte mich übermäßig an, soweit sie mich nicht abstumpfte.

Ich war nicht sehr beliebt und gab auch wenig Anlaß dazu. Gewisse Züge meines Wesens, so die Neigung zu den Künsten, die dem Schüler in Athen wohl anstanden und dem späteren Kaiser nicht verdacht werden konnten, schadeten dem Offizier und dem Beamten auf den untersten Stufen der Hierarchie. Über mein Hellenentum wurde um so mehr gelächelt, als ich es bald zur Schau trug, bald ungeschickt zu bemänteln suchte: im Senat nannte man mich den griechischen Studenten. Allmählich kam ich zu meiner Legende, zu jenem eigentümlich schillernden Widerschein, der sich halb aus unseren Taten, halb aus dem, was der große Haufen darüber denkt, bildet. Prozessierende Ehrenmänner schickten mir ihre Frauen zu, wenn sie erfahren hatten, daß ich mit der Gattin eines Senators ein Verhältnis unterhielt, ihre Söhne, wenn meine Leidenschaft für einen jungen Mimen stadtbekannt geworden war. Solche Leute durch Gleichgültigkeit zu enttäuschen war mir höchste Wonne. Gewisse arme Schächer suchten mein Wohlwollen dadurch zu gewinnen, daß sie mich in literarische Gespräche verwickelten. Aber ich lernte doch in meinem mittelmäßigen Beruf viel, was meinem Verhalten bei den kaiserlichen Gerichtssitzungen zugute kommen sollte: für die kurze Dauer der Sitzung jedem ganz zur Verfügung stehen, so tun, als sei in diesem Augenblick nur dieser Bankier, nur dieser Veteran, nur diese Witwe auf der Welt, für all diese untereinander so verschiedenen, wenn auch durch Stand und Klasse geprägten Personen die artige Aufmerksamkeit aufzubringen, die man in seinen glücklichsten Augenblicken sich selber zuwendet, um alsbald zu sehen, wie sie beinah unweigerlich diese Freundlichkeit ausnutzen, um sich zu blähen wie der Frosch in der Fabel, und schließlich wirklich einige Zeit opfern, um ihre Angelegenheit zu prüfen. Es ging zu wie im Sprechzimmer eines

Arztes. Da schwärte alter Haß, Lügen brachen auf, und ein ganzer Aussatz an Gemeinheit trat zutage. Männer klagten gegen ihre Frauen, Väter gegen ihre Kinder, Seitenlinien gegen die gesamte Verwandtschaft. Was mir je an Achtung vor der Einrichtung der Familie geblieben war, und das war wenig genug, kam mir abhanden.

Ich verachte die Menschen nicht. Täte ich es, so hätte ich weder ein Recht noch einen Grund, sie regieren zu wollen. Ich weiß, wie eitel, unwissend, habgierig und kleinmütig sie sind. Dafür sind sie zu allem fähig, um sich durchzusetzen, um sich zur Geltung zu bringen, sogar vor sich selbst, oder einfach um der Not zu entgehen. Ich weiß es, ich bin ebenso, wenigstens zeitweise, oder hätte doch ebenso werden können. Die Unterschiede, die ich zwischen mir und andern sehe, sind zu geringfügig, als daß sie in der großen Endsumme zählten. Auch das düsterste Menschenbild hat sein Glanzlicht: der Mörder da spielt meisterhaft die Flöte, der Fronvogt, der seine Sklaven blutig peitscht, ehrt vielleicht Vater und Mutter, und der Schwachsinnige würde mit mir sein letztes Stück Brot teilen. Es ist unser Fehler, daß wir von den Menschen gerade die Vorzüge verlangen, die sie nicht haben, anstatt die, die sie haben, zu entwickeln. Für das Ausfindigmachen dieser guten Anlagen gilt ungefähr das gleiche, was ich vorhin von der Schönheitssuche sagte. Ich habe sehr viel edlere und vollkommenere Menschen gekannt, als ich einer bin, wie zum Beispiel deinen Vater Antonius; mir sind auch nicht wenige echte Helden begegnet, und, was mehr ist, sogar einige Weise. Doch vermißte ich bei den meisten Menschen die Ausdauer im Guten ebenso wie im Schlechten. Ihr Mißtrauen und ihre mehr oder weniger freundliche Gleichgültigkeit wichen überraschend, ja beschämend schnell der Dankbarkeit und der Achtung, die freilich ebensowenig andauerten. Aber sogar ihre Selbstsucht ließ sich nutzbar machen. Ich wundere mich, daß so wenige mich haßten. Ich habe nur zwei oder drei erbitterte Feinde gehabt, an deren Feindschaft ich, wie das

43

gewöhnlich ist, nicht ganz unschuldig war. Etliche haben mich geliebt. Sie schenkten mir mehr, als ich zu erwarten oder auch nur zu hoffen berechtigt war: ihren Opfertod oder manchmal sogar ihr Leben. Und der Gott, den sie in sich tragen, offenbart sich oft erst, wenn sie sterben.

Nur in einem Punkt erhebe ich mich über den Durchschnitt der Menschen: ich bin freier und zugleich gebundener, als die meisten sich zu sein getrauen. Fast alle verkennen ihren Anspruch auf Freiheit wie ihre Verpflichtung zur Gebundenheit, sie verfluchen ihre Ketten oder rühmen sich ihrer. Andererseits vertrödeln sie ihre Mußestunden und wollen sich auch nicht in das leichteste Joch schicken. Mir ging es immer mehr um die Freiheit als um die Macht, um die Macht nur, weil sie bis zu einem gewissen Grade frei macht. Nicht die Philosophie der Freiheit kümmerte mich – sie war mir immer langweilig –, sondern die Kunst, sie auszuüben. Nach dem Scharnier suchte ich, das Wille und Schicksal verbindet, nach dem idealen Punkt, wo die Disziplin die Anlage fördert, statt sie zu hemmen. Es handelt sich hier, wohlgemerkt, nicht um den starren Eigensinn des Stoikers, dessen Einfluß du überschätzen magst. Es handelt sich nicht um ein unfruchtbares Wollen oder Nichtwollen, das das Wesen dieser unserer leibhaftigen und gegenständlichen Welt außer acht läßt. Mir träumte von einer natürlichen Bereitschaft, von einer biegsamen, geschmeidigen Anpassungsfähigkeit. Das Leben schien mir wie ein Pferd, mit dessen Bewegung man mitgeht, aber erst, nachdem man es, so gut man kann, zugeritten hat. Die geistige Entscheidung, die auch den Leib nach sich zieht, soll langsam und unmerklich getroffen werden. So strebte ich danach, den reinen Zustand der Freiheit oder auch Ergebenheit stufenweise zu erreichen. Hierbei half mir die Gymnastik, und auch die Dialektik schadete nicht. Zunächst suchte ich mir die einfache Freiheit des Ausspannens, die freien Augenblicke, zu sichern. Sie gehören zu jeder geregelten Lebensführung, und wer sie sich nicht zu schaffen weiß,

lebt verkehrt. Ich ging einen Schritt weiter. Ich dachte
mir eine Freiheit des Nebeneinanders aus, die zwei
Handlungen zur gleichen Zeit ermöglichte. Nach Caesars
Vorbild lernte ich, mehrere Texte gleichzeitig zu diktieren oder zu sprechen und dabei weiterzulesen. Ich fand
das Mittel, die schwerste Aufgabe vollkommen zu lösen,
ohne davon ganz in Anspruch genommen zu werden; oft
versuchte ich sogar, vom körperlichen Druck der Müdigkeit ganz freizukommen. Außerdem sicherte ich mir die
Freiheit, abzuwechseln. Alle Empfindungen, Gedanken
und Geschäfte mußten es sich gefallen lassen, jederzeit
unterbrochen und wieder aufgenommen zu werden. Meine Gewißheit, daß ich sie wie Sklaven fortschicken und
zurückrufen konnte, nahm ihnen jeden Schein der Tyrannei und mir das Gefühl der Knechtschaft. Mehr noch: ich
ordnete mein gesamtes Tagewerk einem Leitgedanken
unter, an dem ich festhielt. Alles, was mich davon hätte
abbringen können, alle anderen Pläne, Einfälle und Begebenheiten, rankte sich um diesen Gedanken wie die Rebe
um den Säulenschaft. Umgekehrt zerlegte ich oft in kleine Teile: jeder Gedanke, jedes Ereignis wurde zerbrochen und in eine Anzahl kleiner, handlicher Einheiten
aufgeteilt. So lösten sich schwerwiegende Entschlüsse in
einen Staub von winzigen Entscheidungen auf, die, nacheinander getroffen, sich auseinander ergaben und mühelos zum folgerichtigen Schluß führten.

Am zähesten rang ich um die Freiheit zur inneren Bereitschaft, die so schwer zu erreichen ist. Ich erzog mich
dazu, den Zustand, in dem ich mich befand, zu bejahen.
In den Jahren der Dienstbarkeit verbitterte meine abhän-
gige Lage mich nicht, sobald ich mich dazu aufraffte,
meinen Dienst als nützlich anzusehen. Ich war mit dem,
was ich besaß, so zufrieden, als ob ich es mir ausgesucht
hätte, nur versuchte ich, es ganz zu besitzen und nach
Kräften zu genießen. Die lästigsten Arbeiten gingen
leicht vonstatten, wenn es mir beliebte, an ihnen Gefallen
zu finden. Sobald ein Ding mir widerwärtig war, machte

ich es zum Gegenstand meiner Forschung und zwang mich dadurch, ihm Freude abzugewinnen. Wenn ich in unvorhergesehene Gefahr geraten war, in einen Hinterhalt oder einen Sturm auf dem Meere, bemühte ich mich, den Zufall zu feiern, nachdem die notwendigen Maßnahmen getroffen waren, oder das unverhoffte Erlebnis auszukosten, und alsbald fügten sich Hinterhalt oder Sturm wie von ungefähr in meine Pläne ein. Selbst im tiefsten Unglück erkannte ich den Augenblick, wo die Erschöpfung ihm einen Teil seines Schreckens nahm, oder ich machte es mir dadurch botmäßig, daß ich hinnahm, es hinnehmen zu müssen. Ich weiß nicht, ob ich körperliche Qualen, wie meine Krankheit sie mir wohl noch zumuten wird, auf die Dauer mit dem Gleichmut eines Thraseas zu ertragen imstande bin, aber der Trost, daß ich mich, ist es einmal so weit, mit meinen Klagen abfinden werde, ist mir gewiß. Diese sorgsam abgestimmte Zusammensetzung aus Vorsicht und Wagemut, Gelassenheit und Auflehnung, aus äußerstem Anspruch und leisem Nachgeben hat mich schließlich so weit gebracht, daß ich mich selbst hinnehme.

Auf die Dauer hätte mich das Leben in Rom ausgelaugt und verderbt. So war die Rückkehr zur Armee meine Rettung, und die Reise dorthin beglückte mich. Ich war zum Tribunen der Adiutrix befördert worden, der Zweiten Legion. Dort an der oberen Donau verbrachte ich in völliger Zurückgezogenheit regnerische Herbstmonate. Nur ein gerade erschienener Band des Plutarch leistete mir Gesellschaft. Im November wurde ich zur Fünften Makedonischen Legion versetzt, die – wie noch heute – im Mündungsgebiet des gleichen Stromes lag, am Rande der Moesia Inferior. Der Schnee, der die Straßen sperrte, machte ein Fortkommen zu Lande unmöglich. Also schiffte ich mich in Pola ein. Unterwegs hatte ich kaum Zeit, Athen, wo ich gelebt hatte und später noch einmal leben sollte, kurz wiederzusehen. Über die Nachricht von der Ermordung Domitians, die mich kurz nach meinem Eintreffen im Lager erreichte, wunderte sich niemand, und alles freute sich. Bald darauf wurde Trajan von Nerva adoptiert, aber das hohe Alter des neuen Kaisers machte einen neuen Thronwechsel zur Frage von Monaten. Die Eroberungspolitik, die mein Vetter plante, die Umgruppierungen, die vorgenommen wurden, und die sich fühlbar verschärfende Manneszucht hielten die Truppe in Atem. Die Legionen längs der Donau arbeiteten wie frisch geölte Kriegsmaschinen. Nichts erinnerte hier an das schlafende Heer, das ich in Spanien erlebt hatte, und, wichtiger noch, die Aufmerksamkeit der Armee wurde nicht mehr durch Machtkämpfe in Rom abgelenkt. Die Truppe konnte sich der Außenpolitik des Reiches zuwenden, sie bestand nicht mehr aus jenem Liktorenhaufen, der bereit gewesen war, jeden Beliebigen zu umjubeln oder umzubringen. Die weitsichtigeren Offiziere bemühten sich, die Neuordnung, die vor sich ging, als Teil einer größeren Planung zu begreifen und sich mit einer Zukunft zu befassen, die nicht nur sie allein anging. Diese Entwicklung führte in der ersten Zeit zu den üblichen kindlichen Deutungsversuchen; ebenso müßige wie törichte Planskizzen verunstalteten des Abends die Tischplatten. Die römische Vaterlandsliebe, der unerschütterliche Glaube an Roms Herrschaft und Weltsendung äußerten sich bei diesen Berufssoldaten in rohen Formen, die ich noch nicht gewohnt war. Hier an den Grenzen, wo es wenigstens zeitweilig auf Geschicklichkeit angekommen wäre, um sich gewisse Stammesfürsten geneigt zu machen, siegte die militärische Willkür über jede staatsmännische Einsicht. Zwangsarbeiten und Beitreibungen führten zu Mißbräuchen, die als selbstverständlich galten. Dank der ewigen Uneinigkeit der Barbaren blieb jedoch die Lage im Nordosten im ganzen so günstig, wie sie nur sein konnte; ich möchte sogar bezweifeln, daß die Kriege seither daran etwas gebessert haben. Wir erlitten durch die Grenzscharmützel nur unbeträchtliche Verluste, beängstigend war höchstens, daß sie nie aufhörten, doch hatte dieser ständige Alarmzustand immerhin das Gute, daß er den soldatischen Geist wachhielt. Gleichwohl war ich davon überzeugt, daß ein geringerer Aufwand an Kosten genügt hätte, manche feindliche Fürsten zur Unterwerfung zu bewegen und andere zu gewinnen. Ich beschloß daher, mich dieser Aufgabe, die ganz außer acht gelassen wurde, zu widmen.

Hierzu trieb mich auch meine Freude am Reisen, ich besuchte die Barbaren gern. Das große Land zwischen den Mündungen von Donau und Dnjepr, jenes Dreieck, von dem ich zwei Seiten erkundet habe, gehört für uns Anwohner des Inneren Meeres, die an die scharfgeschnittene und trockene Landschaft der Hügel und Vorgebirge gewöhnt sind, zu den merkwürdigsten Teilen der Welt. Dort lernte ich die Göttin Erde anbeten, wie wir hier die Göttin Roma anbeten; ich meine damit nicht so sehr Ceres, als eine weit ältere Gottheit, älter sogar als der Ackerbau. Unser griechischer und lateinischer Boden, der durch das Gerippe seiner Felsen gehalten wird, gemahnt an die knappe Eleganz des männlichen Körpers, während das Land der Skythen von der etwas schweren Üppigkeit eines liegenden Frauenleibes war. Die Ebene hörte erst am Horizont auf. Das Wunder der Ströme ließ mich immer aufs neue staunen; das weite, leere Land schien ihnen ein einziges Bett zu sein. Unsere Flüsse sind kurz, man weiß sich überall der Quelle nahe. Hier aber schleppte der ungeheure Lauf, der in einem Wirrwarr von unsteten Wattenmeeren endete, das Erdreich unbekannter Länder mit sich und das Eis unbewohnbarer Gegenden. So rauh eine spanische Hochfläche auch sein mag, hier hatte ich es zum ersten Male mit dem richtigen Winter zu tun, der bei uns nur mehr oder weniger kurz einkehrt, während er sich dort viele Monate hindurch niederläßt. Man ahnt, wie er oben, weiter im Norden, unwandelbar bleibt, ohne Anfang und Ende. Am Abend, als ich im Lager ankam, war die Donau eine unendliche Straße aus erst rotem, dann bläulichem Eis, das durch die nagenden Strömungen wie von tiefen Wagenspuren gefurcht war. Wir schützten uns mit Pelzen vor der Kälte. Die Gegenwart dieses unpersönlichen und gleichsam körperlosen Feindes erregte die Nerven und stählte die Kräfte: man mußte auf die Körperwärme bedacht sein, wie man anderswo darauf bedacht ist, ruhig Blut zu bewahren. An den Tagen, an denen der Schnee auf der Steppe die spärlichen Landmale eingedeckt hatte, galoppierte man in einer Welt des reinen Raumes über reinen Atomstaub dahin. Der Frost verlieh den weichsten Dingen eine erhabene Härte, dem geringsten Gegenstand eine unirdische Klarheit, ein abgebrochenes Schilfrohr wurde zur kristallenen Flöte. Assar, mein kaukasischer Führer, schmolz in der Dämmerung Eis, um die Pferde damit zu tränken. Die Tiere waren uns ein ausgezeichneter Vorwand, um mit den Barbaren anzuknüpfen, denn aus dem Pferdehandel ergab sich eine Art von Freundschaft mit endlosem Geschwätz, aus Reiterkunststückchen eine gewisse gegenseitige Achtung. Des Abends beleuchteten die Flammen des Biwaks die seltsamen Sprünge der schmalhüftigen Tänzer und ihre klirrenden Goldreifen.

Im Frühling, wenn die Schneeschmelze mir erlaubte, mich tiefer ins Innere zu wagen, kam es wohl vor, daß ich dem westlichen Horizont, wo irgendwo die Sonne über Rom unterging, und dem Süden mit seinen bekannten Meeren und Inseln den Rücken kehrte. Dann träumte ich davon, nach Norden und Osten vorzudringen, bis hinter die Bastionen des Kaukasus, ins fernste Asien. Was für Wetterverhältnisse, welche Tierwelt, was für Menschenrassen ich dort wohl vorgefunden hätte, was für Reiche, die von uns nichts wissen oder uns höchstens von ein paar Waren her kennen, die ihnen durch eine lange Kette von Händlern übermittelt werden, so wie uns der indische Pfeffer oder das Stückchen Bernstein, das von der baltischen Küste kommt. In <u>Odessos</u> schenkte mir ein Kaufmann, der von einer mehrjährigen Reise heimge kehrt war, einen grünen, fast durchsichtigen Stein aus einem Stoffe, der in einem ungeheuren Reiche, dessen Grenzen er gestreift hatte, heilig gehalten wird. Leider war der Mann so ganz auf seinen Gewinn erpicht gewesen, daß er nicht daran gedacht hatte, sich über die Götter und Gebräuche dieses Landes zu unterrichten. Die Gemme mutete mich fremdartig an, als sei sie vom Himmel gefallen wie ein Meteor. Wir wissen von der Form der Erde noch wenig, und ich verstehe nicht, wie man es bei dieser Unkenntnis beläßt. Schon heute beneide ich die Forscher, denen es einst gelingen wird, die von Eratosthenes so genau berechneten zweihundertfünfzigtausend griechischen Stadien zurückzulegen, deren Durchmessung an den Ausgangspunkt zurückführt. Ich dachte daran, immer weiter ostwärts zu gehen, ganz einfach der Fährte zu folgen, in die unsere Heerstraße sich verlief. Der Gedanke berauschte mich ... ganz allein, ohne Habe, frei von den Pflichten des Ranges wie von den Gütern der Kultur, neuen Menschen die Stirn zu bieten und nie erlebten Überraschungen ... Das war freilich nicht mehr als ein kurzer Traum. Die ersehnte Freiheit schimmerte im Glanz des Unerreichbaren – bald wäre ich, hätte ich sie mir genommen, zurückgekehrt zu allem, worauf ich hätte verzichten müssen. Nirgends wäre mir anders zumute gewesen als einem Römer, der Rom vermißt; die Nabelschnur des Schicksals band mich an die Stadt. Wahrscheinlich wußte ich mich sogar damals, als kleiner Militärtribun, dem Reich noch enger verbunden, als ich es als Kaiser war, so wie der Handknöchel geringeren Spielraum hat als das Hirn. Ich habe ihn gleichwohl geträumt, den ungeheuerlichen Traum, der unsere auf die lateinische Erde begrenzten Altvorderen schaudern gemacht hätte. Und daß er mir für einen kurzen Augenblick aufdämmerte, trennt mich für immer von ihnen.

Trajan war bei seinen Truppen in der Germania Inferior. Die Donauarmee entsandte mich, den neuen Erben des

Reiches zu beglückwünschen. Ich war drei Tagereisen
von Köln entfernt, mitten in Gallien, als abends im
Marschquartier der Tod Nervas verkündigt wurde. Es
reizte mich, dem Vetter persönlich die Nachricht von
seinem Regierungsantritt zu überbringen. So sprengte ich *Augusta*
auf der Reichsstraße dahin, und erst in Trier, wo mein *Treveris*
Schwager Servianus als Statthalter residierte, machte ich
halt. Wir aßen zur Nacht miteinander; sein schwacher
Kopf war von Kaiserträumen vernebelt. Um mir zu schaden oder doch zu verhindern, daß ich mich beliebt machte, suchte er mir zuvorzukommen und hetzte einen Kurier los. Zwei Stunden darauf wurde ich an einer Furt
überfallen; unsere Pferde wurden getötet, meine Ordonnanz wurde verwundet. Doch gelang es uns, uns eines
unserer Angreifer zu bemächtigen, eines ehemaligen
Sklaven meines Schwagers, der alles gestand. Servianus
hatte außer acht gelassen, daß es nicht leicht ist, einem
entschlossenen Mann seinen Weg zu verlegen, es sei denn
um den Preis des Mordes, vor dem seine Feigheit zurück-
schreckte. Ich mußte mehrere römische Meilen zu Fuß
machen, ehe ich einen Bauern traf, der mir sein Pferd
verkaufte. Noch in der gleichen Nacht war ich in Köln
und schlug den Kurier meines Schwagers um mehrere
Runden. Das Abenteuer hatte den Erfolg, daß mich das
Heer um so wärmer empfing. Der Kaiser behielt mich als
Tribun der Zweiten Legion Fidelis bei sich zurück.

Er hatte die Nachricht mit bewundernswerter Gelassenheit entgegengenommen, hatte auch längst damit gerechnet, und an seinen Plänen änderte sich nichts. Er
blieb, was er immer gewesen und bis an sein Ende bleiben
sollte, ein Armeeführer. Sein Verdienst lag darin, daß er
es verstand, seine rein militärische Auffassung von Zucht
auf die staatliche Ordnung zu übertragen. Dieser Gedanke bestimmte, wenigstens zu Beginn, alle seine Maßnahmen, auch seine Eroberungspläne. Trajan war ein kaiser-
licher Soldat, doch mitnichten ein Soldatenkaiser. Er
lebte weiter, wie er gelebt hatte, ohne betonte Bescheiden-

heit, ohne Hochmut. Während die Armee feierte, ging er an seine neuen Pflichten wie an einen Teil der gewohnten Arbeit und machte im Kreise der Freunde aus seiner Befriedigung kein Hehl.

Zu mir hatte er wenig Vertrauen. Er war mein Vetter, vierundzwanzig Jahre älter als ich und seit dem Tode meines Vaters mein Mitvormund. Diese Familienobliegenheiten versah er mit etwas hinterwäldlerischem Ernst. Er war bereit, das Unmögliche zu tun, um mich zu fördern, soweit er mich für würdig hielt, aber auch mich unnachsichtiger zu behandeln als irgendwen, wenn ich es verdiente. Meine Jugendsünden hatten ihn in einer Weise empört, die nicht ganz ungerechtfertigt war, so heftig aber nur in der Familie vorkommt. Weit mehr als meine Seitensprünge verdachte er mir meine Schulden, während ihn gewisse andere Züge meines Wesens beängstigten. Da er nur mäßig gebildet war, hatte er vor Philosophen und Gelehrten eine rührende Achtung. Aber große Philosophen von fern bewundern ist eine Sache, und einen zu schöngeistigen jungen Leutnant um sich zu dulden eine andere. Da er nicht wußte, wie es um meine Grundsätze stand und wo meine Hemmungen anfingen, dachte er, ich hätte weder das eine noch das andere, sei also meinen Trieben wehrlos preisgegeben. Glücklicherweise war ich gescheit genug, meinen Dienst nicht zu vernachlässigen. So beruhigte ihn mein Ruf als Soldat, doch war ich nicht mehr für ihn als ein aussichtsreicher junger Tribun, auf den man ein Auge haben mußte.

Ein Zwischenfall privater Natur wäre mir fast zum Unheil geworden. Ich vergaffte mich in ein schönes Gesicht. Meine Leidenschaft galt einem jungen Manne, der auch dem Kaiser aufgefallen war. Die Gefahr erhöhte den Reiz des Abenteuers. Einer von Trajans Sekretären, ein gewisser Gallus, der es sich seit geraumer Zeit angelegen sein ließ, den Kaiser über meine Schulden auf dem laufenden zu halten, zeigte uns bei ihm an. Er entrüstete sich gewaltig, so daß ich große Unannehmlichkeiten hatte. Gemeinsame Freunde warnten Trajan davor, mir die Sache nachzutragen, womit er sich ja nur lächerlich gemacht hätte. Auf Grund ihrer Vorstellungen kam es zu einer zunächst von beiden Seiten nicht ehrlichen Aussöhnung, die mich tiefer demütigte, als es die kaiserlichen Wutausbrüche vorher getan hatten. Ich muß gestehen, daß ich Gallus glühend haßte. Viele Jahre später wurde er der Fälschung öffentlicher Dokumente überführt, und meine Rache schmeckte süß.

Im Jahr darauf wurde zum erstenmal gegen die Daker gezogen. Obwohl ich aus Neigung und Überzeugung stets gegen die Kriegspartei gewesen war, hätte ich kein Mann oder weit mehr als ein solcher sein müssen, um mich durch Trajans große Pläne nicht mitreißen zu lassen. Im ganzen und aus der Rückschau betrachtet, zählen diese Kriegsjahre zu meiner glücklichsten Zeit. Der Anfang war hart oder kam mich doch so an. Da ich mir noch nicht Trajans volles Wohlwollen erworben hatte, bekleidete ich nur untergeordnete Stellungen, aber ich kannte das Land und wußte mich nützlich. Doch Winter für Winter und Gefecht für Gefecht fühlte ich unmerklich in mir die Einwände gegen die Politik des Kaisers wachsen. Noch hatte ich weder die Pflicht noch auch das Recht, sie laut vorzubringen; im übrigen hätte niemand auf mich gehört. In meiner Befehlsstelle fünften oder zehnten Ranges kannte ich die Truppe, mit der ich lebte, um so besser, auch erfreute ich mich einer gewissen Handlungsfreiheit, vor allem einer Unbefangenheit den Vorgängen gegenüber, die man sich schwerlich noch leisten kann, wenn man an die Macht gelangt ist. Meine Trümpfe bestanden in meiner Vorliebe für das rauhe Land und in meiner Neigung zu allen selbstauferlegten, vorübergehenden Arten von Verzicht und Entsagung. Ich war wohl der einzige unter den jungen Offizieren, der sich nicht nach Rom sehnte. Je länger sich die Kriegsjahre in Schmutz und Schnee hinzogen, desto stärker traten alle diese Vorteile ins helle Licht.

Ich lebte während dieser Zeit in einem Zustand ungewöhnlicher Erregung. Zum Teil war sie auf den Einfluß einer kleinen Gruppe von Kameraden zurückzuführen, die aus ihren asiatischen Garnisonen seltsame Götter mitgebracht hatten. Der Kult des Mithras, damals noch weniger verbreitet als seit den Partherkriegen, zog mich für kurze Zeit in seinen Bann. Mich bestach sein Geist der Askese, der den Bogen des Willens hart spannte, und jene Besessenheit von Todesgedanken, jene blutige Mystik, die unser rauhes Soldatenhandwerk aus seiner Nichtigkeit zur Weltanschauung erhob. An sich widersprach ja nichts so meinen Ansichten über den Krieg als eben dieser Kult. Doch übten die barbarischen Bräuche, die seine Bekenner auf Tod und Leben aneinanderketten, auf mich jungen Mann, der, von der Gegenwart wenig befriedigt und der Zukunft ungewiß, für neue Götter empfänglich war, einen eigenen Zauber aus. In einem schilfgedeckten Holzturm am Ufer der Donau empfing ich die Weihen, wobei mein Waffengefährte Marcius Turbo als Bürge amtierte. Ich erinnere mich, wie die Last des sich im Todeskampf wälzenden Stieres beinahe die Bretter der Dielung, unter der ich mich aufhielt, um mich von dem Blut netzen zu lassen, durchbrochen hätte. In späteren Zeiten verkannte ich die Gefahren nicht, die solche nahezu geheimen Gesellschaften für einen schwächlich regierten Staat bilden können, und schritt gegen sie ein, doch gebe ich zu, daß ihre Mitglieder vor dem Feinde eine fast übernatürliche Tapferkeit bewiesen. Jeder von uns glaubte, den engen Grenzen seiner menschlichen Bedingtheit entrückt zu sein. Jeder fühlte sich gleichzeitig eins mit sich und mit dem Gegner, wie der Gott, von dem niemand zu sagen weiß, ob er in tierischer Gestalt stirbt oder in menschlicher Gestalt tötet. Diese wunderlichen Vorstellungen, vor denen mir heute mitunter graut, vertrugen sich übrigens nicht schlecht mit Heraklits Lehre von der Gleichheit von Bogen und Ziel. Damals halfen sie mir über vieles hinweg. Gleich verschiedenen Lichtbündeln der gleichen Sonne wuchsen Sieg und Niederlage zur höheren Einheit zusammen. Ich schlug leichteren Herzens ein auf die dakischen Krieger, die der Huf meines Pferdes zertrat, oder auf die sarmatischen Reiter, deren Tier sich Brust an Brust gegen das meine bäumte, je mehr ich sie als mir gleich empfand. Wie wenig hätte sich doch mein entblößter Leichnam auf dem verlassenen Blachfeld von einem der ihren unterschieden! Auch der dumpfe Prall des letzten Schwerthiebes wäre der gleiche gewesen. Ich bekenne dir hier absonderliche Gedanken; sie gehören zu den großen Geheimnissen meines Lebens, und nie wieder empfand ich später die eigentümliche Trunkenheit ganz so wieder, die ich zu jener Zeit empfand.

Eine Reihe von Taten, die vielleicht bei einem einfachen Soldaten unbemerkt geblieben wären, trug mir in Rom ein gewisses Ansehen und bei der Truppe eine Art von Ruhm ein. Zum größten Teil waren übrigens diese sogenannten Heldentaten nichts als überflüssige Prahlereien, deren ich mich heute schäme. Nachträglich wurde mir klar, wieviel niedere Gefallsucht und Lust, um jeden Preis von sich reden zu machen, sich in den heiligen Zustand der Verzückung mischte, von dem ich eben sprach. So setzte ich an einem Herbsttage über die vom Regen geschwollene Donau in der schweren Rüstung eines batavischen Soldaten; wenn das eine Waffentat war, so hatte jedenfalls mein Pferd daran mehr Verdienst als ich. Doch lehrte mich diese Zeit heldischer Torheiten, zwischen den verschiedenen Arten des Mutes zu unterscheiden. Der, den ich immer besitzen möchte, müßte kalt, gleichgültig und frei von Erregung sein, gelassen wie der Gleichmut eines Gottes. Daß ich es bis dahin gebracht habe, bilde ich mir nicht ein. Die Nachahmung, deren ich mich später bediente, war in meinen schlechten Tagen nichts als leichtfertige Lebensverachtung, in den guten nichts als Pflichtgefühl. Dauerte aber die Gefahr an, wichen Lebensverachtung wie Pflichtgefühl gar bald jener tollen Lust, mit der der Mensch sich dem Schicksal blindlings anvertraut. Das Alter, in dem ich damals war, hielt diesen Taumel wach. Kein lebenstrunkenes Geschöpf glaubt an den Tod: er ist nicht wirklich, jede Gebärde straft ihn Lügen. Erleidet man ihn gleichwohl, so wahrscheinlich unbewußt wie einen Stoß oder Krampf. Ich lächle bitter, wenn ich mir sage, daß heute einer von zweien meiner Gedanken sich auf mein Ende richtet, als bedürfe es so großer Umstände, um diesen verbrauchten Leib an das Unvermeidliche zu gewöhnen. Damals setzte ein junger Mann, der an einigen Jahren weniger viel verloren hätte, jeden Tag seine Zukunft freudig aufs Spiel.

Leicht könnte man das Vorausgehende zur Geschichte eines zu geistigen Soldaten zurechtstutzen, der für seine Schriften gut Wetter machen will. Doch wäre diese vereinfachende Auffassung irrig. In mir herrschten abwechselnd verschiedene Charaktere, doch keiner lange, der eben gestürzte Tyrann kam bald wieder an die Reihe. Mein Inneres beherbergte den peinlich auf Disziplin haltenden Vorgesetzten, der aber alle Entbehrungen mit seinen Soldaten frohen Mutes teilt; den Liebeshörigen, der für einen Augenblick der Wonne sein Leben gibt; den überheblichen Leutnant, der im Zelt beim Lampenschein über seinen Karten sitzt und im Kreis der Freunde seiner Unzufriedenheit mit dem Gang der Dinge freien Lauf läßt; den künftigen Staatsmann. Nicht zu vergessen den Augendiener, der sich, um nicht zu mißfallen, an der kaiserlichen Tafel betrinkt; den eitlen Gecken, der mit unausstehlicher Selbstsicherheit auf jede Frage eine Antwort weiß; den Schönredner, der eines guten Witzes halber den besten Freund opfert, den Soldaten, der seinen Gladiatorendienst mit stumpfsinniger Pünktlichkeit versieht. Und auch jene leere, gesichtslose Persönlichkeit, die, von der Historie unvermeldet, doch ebenso mein Ich ist wie all die anderen Ichs, den geistesabwesend auf ein Feldbett hingestreckten Körper, den ein Duft betäubt, ein Hauch erregt, wenn er mit halbem Ohr dem fernen Summen irgendwelcher Bienen lauscht. Schließlich meldete sich aber ein neuer Ankömmling, der Spielleiter, der seine Truppe kannte. Ich kam diesen meinen Schauspielern auf die Schliche, ließ sie nach Bedarf auftreten und abtreten, schnitt ihnen die unangebrachte Gegenrede ab und räumte mit den groben Wirkungen auf. Auch meinen Hang, selber das Wort zu führen, lernte ich zügeln. Allmählich reifte ich an meinen Taten.

Meine militärischen Erfolge hätten mir die Mißgunst eines weniger großen Mannes zuziehen können, als Trajan einer war. Aber der Mut war die einzige Sprache, die er unmittelbar verstand und deren Worte ihm zu Herzen gingen. Endlich erkannte er mich als seinen Helfer an, fast als Sohn, und nichts, was später geschah, konnte uns einander ganz entfremden. Dafür bemühte ich mich, meine Bedenken gegen seine Ansichten zum Schweigen zu bringen oder wenigstens zeitweilig zu vergessen. Die Größe, die Trajan als Heerführer bewies, half mir, meine Vorbehalte einzudämmen. Ich hatte von je Freude daran gehabt, einem tüchtigen Fachmann bei der Arbeit zuzuschauen, und der Kaiser war auf seinem Gebiet unvergleichlich geschickt. An der Spitze der Legion Minerva, der ruhmreichsten von allen, wurde ich damit beauftragt, die letzten Befestigungen des Feindes in der Gegend des Eisernen Tores zu zerstören. Ich schloß die Zitadelle von Sarmizegetusa ein und betrat im Gefolge des Kaisers den unterirdischen Saal, wo die Würdenträger des Königs Decebalus sich bei einem letzten Gelage vergiftet hatten. Trajan befahl mir, die Stätte dieser seltsamen Totenversammlung in Brand zu stecken. Am Abend streifte er mir auf dem Schlachtfeld den Diamantring, den er von Nerva hatte und der mehr oder weniger als Unterpfand der Thronanwartschaft angesehen wurde, an den Finger. In dieser Nacht schlief ich zufrieden ein.

Meine angehende Volkstümlichkeit erfüllte mich während meines zweiten Aufenthaltes in Rom mit einem Behagen, das ich in sehr viel höherem Maße in meinen glücklichsten Jahren wiedererleben sollte. Trajan hatte mir zwei Millionen Sesterzen gegeben, um sie ins Volk zu streuen. Das genügte natürlich nicht, doch verwaltete ich jetzt mein nicht unbeträchtliches Vermögen selber und wurde die Geldsorgen los. Meine unvornehme Furcht, zu mißfallen, hatte ich mir größtenteils abgewöhnt. Eine Narbe am Kinn lieferte mir den Vorwand, den kurzen Bart des griechischen Philosophen zu tragen. Die Zeit der Armbänder und der Düfte war vorüber; ich befleißigte mich einer Schlichtheit in der Kleidung, die ich als Kaiser noch mehr betonte, wobei es wenig verschlägt, daß auch diese Einfachheit Pose war. Langsam gewöhnte ich mich an den Verzicht um seiner selbst willen und an jenen Gegensatz, der mir so lieb werden sollte, zwischen kostbaren Steinen und den schmucklosen Händen des Sammlers. Um bei der Kleidung zu bleiben: im Jahre meines Volkstribunates ereignete sich ein Zwischenfall, an den kühne Voraussagen sich knüpften. Ich hatte bei sehr schlechtem Wetter öffentlich zu sprechen und meinen Mantel aus dicker gallischer Wolle verloren. Gezwungen, meine Rede nur mit einer Toga bekleidet zu halten, in deren Falten das Wasser sich sammelte wie in einer Traufe, fuhr ich mir dauernd mit der Hand über die Stirn, um das Wasser fortzuwischen, das mir in die Augen lief. Nun ist es aber in Rom ein Vorrecht des Kaisers, sich den Schnupfen holen zu dürfen, er hat nämlich bei jedem Wetter in der Toga zu erscheinen. Von diesem Tage an glaubten die Trödlerin an der Ecke und der Melonenverkäufer an mein Glück.

Man spricht oft von den Träumen der Jugend. Man vergißt nur zu oft ihre Berechnungen. Auch das sind Träume und nicht weniger tolle als die anderen. Ich war nicht der einzige, der sie in dieser Zeit der römischen Feste hegte: die ganze Armee wetteiferte in der Jagd nach Ehren. Recht leichten Herzens bequemte ich mich zur Rolle des Strebers, die ich nie auf längere Dauer zu spielen vermochte und nie ohne den ständigen Zuspruch eines Einbläsers. Ich brachte es über mich, das langweilige Amt eines Kurators der Akten im Senat mit tunlicher Gewissenhaftigkeit zu versehen, und hielt mich für jeden nützlichen Zweck bereit. Die sehr bündige Sprechweise des Kaisers genügte in Rom nicht, so wirksam sie bei der Truppe sein mochte. Die Kaiserin, deren literarische Neigungen sich mit den meinigen trafen, überredete ihn, daß er sich seine Ansprachen von mir entwerfen ließ. Das war der erste Dienst, den Plotina mir erwiesen hat. Ich bewährte mich um so mehr, als mir diese Art von Gefälligkeiten nicht neu war. Im etwas heiklen Anfang meiner Laufbahn hatte ich oft für Senatoren, denen es an Gedanken fehlte und an Wendungen gebrach, Reden verfertigt, die sie schließlich selbst verfaßt zu haben glaubten. Bei der Arbeit für Trajan empfand ich zudem eine Genugtuung, ähnlich der, die ich als Jüngling bei meinen rhetorischen Übungen empfunden hatte: in meinem Zimmer studierte ich vor dem Spiegel, wie ich bei meinen Reden wirkte, und fühlte mich als Kaiser. Und tatsächlich lernte ich es zu sein. Dreistigkeiten, deren ich mich nicht für fähig gehalten hätte, fielen mir leicht, da sie ein anderer zu vertreten hatte. Das einfache, aber wenig durchgearbeitete und darum oft unklar vorgetragene Gedankengut des Kaisers wurde mir vertraut; ich glaubte, es besser zu meistern als er selber. Es machte mir Spaß, den soldatischen Stil des Herrschers nachzuäffen und ihn im Senat Kraftausdrücke brauchen zu hören, die von mir stammten. Gelegentlich, wenn Trajan das Zimmer hütete, mußte ich sogar selber diese Reden verlesen, die er gar nicht mehr überprüfte. Meine nunmehr tadellose Aussprache machte dem Unterricht des tragischen Darstellers Olympos alle Ehre.

Obwohl diese Obliegenheiten mir den vertrauten Umgang mit dem Kaiser sicherten, ja sogar seine Wertschätzung, blieb es doch bei der alten Abneigung. Sie war im Augenblick hinter der Freude zurückgetreten, die ein gealterter Monarch daran hat, zu erleben, wie ein junger

Mann seines Blutes eine Laufbahn antritt, die er in gelindem Dünkel ganz einfach als Fortsetzung des eigenen Werkes zu betrachten beliebt. Aber vielleicht war seine Begeisterung für mich auf dem Schlachtfeld von Sarmizegetusa nur deshalb so plötzlich übergeschäumt, weil sie dichte Schichten des Mißtrauens zu durchdringen gehabt hatte. Ich glaube, daß mehr zwischen uns stand als eine Gehässigkeit, die nur auf einem mühsam beigelegten Zwist, auf Unterschieden im Temperament oder auf dem Geisteszustand eines alternden Mannes beruht hätte. Der Kaiser haßte von Natur Untergebene, die ihm unentbehrlich waren. Es wäre ihm sicherlich lieber gewesen, wenn mein dienstlicher Eifer hier und da etwas zu wünschen übriggelassen hätte; daß ich in dieser Hinsicht einwandfrei war, schien ihm nicht ganz geheuer. Das zeigte sich, als die Kaiserin mein Fortkommen durch eine Ehe mit Trajans Großnichte zu fördern unternahm. Er widersetzte sich diesem Plan hartnäckig, wobei er auf meinen Mangel an häuslichen Tugenden verwies, die Jugend des Mädchens vorschützte und sogar meine früheren Schulden erwähnte. Die Kaiserin ließ freilich nicht locker, und ich selbst fing Feuer, Sabina war in diesem Alter keineswegs reizlos. Diese unglückselige Ehe, die nur durch meine ständige Abwesenheit gemildert wurde, ist dann zu einer solchen Quelle von Widerwärtigkeiten geworden, daß ich mir heute kaum noch vorstellen kann, welchen Triumph sie für meinen achtundzwanzigjährigen Ehrgeiz einst bedeutete.

Nun gehörte ich mehr denn je zur Familie und lebte mit ihr. Aber abgesehen von Plotina und ihrem schönen Gesicht mißfiel mir alles. An der kaiserlichen Tafel wimmelte es von spanischen Vettern und allerhand provinzieller Sippschaft, denselben Leuten, denen ich später als Gästen meiner Frau begegnen sollte, wenn ich einmal nach Rom kam. Da sie beim ersten Augenblick auf mich wirkten, als seien sie hundertjährig, kamen sie mir später nie sehr gealtert vor; sie strahlten den ranzigen Duft einer abgestandenen Bauernschlauheit und zähflüssigen Weisheit aus. Der Kaiser hatte fast sein ganzes Leben bei der Truppe verbracht, er kannte daher Rom sehr viel weniger gut als ich. Er war von dem Willen beseelt, die hervorragendsten Kräfte, die die Stadt ihm bot oder die ihm empfohlen wurden, an sich zu ziehen. An der Lauterkeit der Männer, die seine offizielle Umgebung bildeten, war nicht zu zweifeln, doch fehlte ihrer Bildung die Feinheit, und ihre Allerweltsphilosophie ging den Dingen nicht auf den Grund. Ich konnte der etwas schwerfälligen Leutseligkeit eines Plinius nie Geschmack abgewinnen, und aus der starren Größe des Tacitus sprach mir die rückschrittliche Weltanschauung eines Republikaners, der bei Caesars Tode stehengeblieben war. Die nicht amtliche Umgebung war so erschreckend gewöhnlich, daß ich kaum Gefahr lief, mich durch näheren Umgang mit ihr irgendwelchen Verwicklungen auszusetzen. All diese Leute behandelte ich mit ausgesuchter Höflichkeit. Unterwürfig gegen den einen, zwanglos freundlich mit anderen, machte ich mich mit jedem gemein, wenn es not tat, und achtete darauf, die Absicht nicht merken zu lassen. Jetzt kam mir meine Wendigkeit zustatten, ich wechselte je nach Bedarf die Ansicht und schillerte in allen Farben. Bei einem Schauspieler war ich in die Lehre gegangen; hier bedurfte es eines Seiltänzers.

Man begann sich über meinen Ehebruch mit verschiedenen Frauen des römischen Patriziates aufzuhalten. Zwei oder drei dieser beanstandeten Beziehungen haben bis zu Beginn meines Prinzipates angedauert. Die reichlich zügellosen Römer haben für die Liebschaften ihrer Herrscher nie großes Verständnis gehabt; Antonius und später Titus wußten ein Lied davon zu singen. Meine Abenteuer waren freilich von bescheidener Art. Auch vermag ich nicht einzusehen, wie ein Mann, den Kurtisanen ekeln und der seiner Ehe überdrüssig wird, sich mit dem anderen Geschlecht sonst vertraut machen soll. Meine Gegner, voran der abscheuliche Servianus, der sich seinen Altersvorsprung von dreißig Jahren zunutze machte, um seine Spitzeltätigkeit erzieherisch zu tarnen, behaupteten, daß der Umgang mit den Frauen mir die politischen Geheimnisse der Männer erschlösse und daß die vertraulichen Mitteilungen meiner Geliebten für mich wertvoller gewesen seien als Polizeiberichte. Wirklich zog jedes Verhältnis von einiger Dauer unweigerlich die Freundschaft mit einem mehr oder minder wunderlichen, jedenfalls aber blinden Ehegatten nach sich, doch hatte ich daran meist keine Freude und nur selten Nutzen davon. Ich muß sogar gestehen, daß gewisse Alkovengeheimnisse, die mir die Damen zwischen zwei Zärtlichkeiten ins Ohr flüsterten, eher mein Mitgefühl mit ihren ach so hintergangenen Ehemännern weckten.

Wenn die Frauen schön waren, gewannen diese Beziehungen einen eigenen Reiz. Ich lernte die Schönheit der Marmorbilder am lebenden Vorbild begreifen; so studierte ich Kunst. Nun erst verstand ich die Venus von Knidos und Leda, wie sie unter der Last des Schwanes erschauert. Ich lebte in der Welt des Tibull und Properz mit ihrer süßen Schwermut und leicht gekünstelten Leidenschaft. Über diesen Szenenfolgen von verstohlenen Küssen, flatternden Schärpen, auf der Treppe vergessenen Kränzen und raunendem Abschied im Morgengrauen lag ein zarter, aber betörender Zauber, gleich dem Klang einer phrygischen Weise.

Ich wußte so gut wie nichts von diesen Frauen. Was sie von ihrem Leben erzählten, war flüchtig wie ein Kuß zwischen Tür und Angel, und ihre Liebe, von der sie immer sprachen, schien mir leicht zu wiegen, gleich einem ihrer Blumengewinde oder einem modischen Schmuckstück, ein zerbrechliches und kostspieliges Nichts. Ich hatte den Verdacht, als legten sie ihre Leidenschaft an wie eine Halsspange, mit der roten Schminke, die sie auftrugen. Sie wußten über mein Leben ebensowenig und versuchten auch gar nicht, es kennenzulernen.

Die schiefen Vorstellungen, die sie sich davon machten, waren ihnen lieber, weil sie ihrem Wesen entsprachen. Ich sah schließlich ein, daß der Geist des Spiels diese ständige Maske erheischte, die Übertreibung, die bald geheuchelte, bald verheimlichte Lust, die verlogenen Geständnisse und die wie beim Tanz gestellten Begegnungen. Sogar im Zerwürfnis erwartete man von mir die vorbedachte Antwort, worauf die Schöne unter Tränen die Hände rang wie auf der Bühne.

Oft dachte ich mir, daß der echte Liebhaber ebenso am Tempel und an den Kleinigkeiten des Kultes hängen müsse wie an der Göttin. Er hat seine Freude an den hennaroten Fingernägeln, an den in die Haut verriebenen Narden, an all den tausend Künsten, die die Schönheit des Idols steigern, wenn nicht überhaupt ausmachen. Wie verschieden waren doch diese Kunstgebilde von den mächtigen Weibern der Barbaren oder von unseren schweren, ernsten Bäuerinnen! Wie Venus dem Schaum des hellenischen Meeres, war ihre Schönheit dem heißen Bade entstiegen, dem Farbbad des Haarkräuslers und dem Prunk des Gemaches. Ihr Duft erinnerte an die fiebrigen Nächte von Antiochia und an den erregenden Hauch des römischen Morgens, ihr Bild war nicht zu trennen von den großen Namen, die sie trugen, und von dem Aufwand, inmitten dessen sie als letztes, unüberbietbares Kleinod den eigenen, nackten, doch niemals ungeschmückten Leib darboten. Ich aber lechzte nach mehr, nach der menschlichen Kreatur ohne Zutaten, ganz bloß und mit sich allein, so wie sie doch sein muß, wenn sie leidet, nach dem Tode des neugeborenen Kindleins oder wenn der Spiegel im Gesicht die erste Runzel zeigt. Sobald ein Mensch liest oder nachdenkt oder rechnet, gehört er der Gattung an und nicht dem Geschlecht, ja er wächst in großen Augenblicken sogar über das Menschliche hinaus. Die Geliebten, die ich hatte, gaben sich nur als Frauen; was ich an Geist oder Seele in ihnen suchte, zerstob mir wie dahinwehender Duft.

Doch etwas mehr mußte wohl daran sein. Versteckt hinter dem Vorhang wie eine Dramenfigur, die auf ihr Stichwort lauert, horchte ich auf die Geräusche fremder Häuslichkeit, auf den Klang, den das Gerede der Frauen annahm, auf einen Zornesschrei oder ein Auflachen, kurz auf alles, was plötzlich schwieg, wenn meine Gegenwart bemerkt wurde. Die Kinder, die Kleider, die Geldsorgen mußten, wenn ich nicht da war, eine Bedeutung gewinnen, die man mir verhehlte. Auch der betrogene und verlachte Gemahl wurde dann wichtig, vielleicht begehrte man ihn sogar. Wenn ich die Frauen, die ich liebte, mit den verdrießlichen Matronen in meiner Familie verglich, die in ihren Wirtschaftssorgen und in der Pflege der Ahnenbüsten aufgingen, fragte ich mich oft, ob diese kühlen Hausfrauen nicht vielleicht auch in verborgener Laube einen Liebhaber umarmten oder ob meine so zugänglichen Schönheiten nicht nur auf meinen Aufbruch warteten, um in ihrem unterbrochenen Gezänk mit der Wirtschafterin fortzufahren. Ich suchte, so gut es ging, diese beiden Arten von Frauen ineinander zu verschmelzen.

Im letzten Jahre, bald nach der Verschwörung, bei der Servianus umkam, suchte mich eine meiner ehemaligen Freundinnen in der Villa auf, um ihren Schwiegersohn anzuzeigen. Ich weiß nicht mehr, wessen sie ihn bezichtigt hat und ob schwiegermütterlicher Haß oder der Wunsch, mir nützlich zu sein, den Schritt verursachte. Aber das Gespräch gab mir zu denken: wie seinerzeit vor dem Erbschaftsgericht war von Testamenten, von unsauberen Machenschaften zwischen Verwandten, von unvernünftigen Heiraten und von unglücklichen Ehen die Rede. Wieder hatte ich den engen Umkreis vor Augen, in dem Frauen leben, ihren handfesten Wirklichkeitssinn und ihren Himmel, der so grau ist, wenn ihn die Liebe nicht mehr vergoldet. Mit ihrem spitzen Ton und einer gewissen herben Aufrichtigkeit erinnerte die Besucherin ein wenig an meine ärgerliche Sabina. Ihr Gesicht war gedunsen und in die Breite gegangen, als wäre die Zeit

mit harter Hand wieder und wieder über eine weiche
Wachsmaske gefahren; was ich einst für kurze Zeit als
Schönheit anzusehen beliebt hatte, war nur die gebrechli-
che Blüte eines kurzen Frühlings gewesen. Doch immer
noch spielte um diesen welken Mund ein zages Lächeln,
der Wunsch, zu gefallen, hatte nicht abgedankt. Aber in
meinem Herzen war die Erinnerung an altes Glück erlo-
schen, wenn sie je bestanden haben sollte. Was blieb, war
ein Austausch von freundlichen Worten mit einem Geschöpf, das gleich mir von Alter und Krankheit gezeichnet war, derselbe etwas gequälte gute Wille, den ich für
eine ältliche Base aus Spanien aufgebracht hätte oder für
eine weitläufige Verwandte, die aus der Gallia Narbonensis nach Rom gekommen wäre.

Ich bemühe mich, mich zu erinnern. Gleich dem spie-
lenden Kinde hasche ich nach Rauchkringeln und schillernden Seifenblasen. Aber man vergißt so schnell ... Das
Leben lagerte so schwere Last über all diesen leichten
Liebesgeschichten ab, daß mir das Gefühl für ihren Reiz
wohl verlorenging. Vor allem leugne ich gerne, daß sie
mich je leiden gemacht haben. Und dennoch gab es wenigstens eine Frau, mit der ich unaussprechlich glücklich
gewesen bin. Ihr schmaler gerundeter Leib glich dem
Schilfrohr, sie übertraf alle Nebenbuhlerinnen an Zart-
heit und Kraft, an Zärtlichkeit und Härte. Stets war mir
das seidige Gewoge der Haare teuer, doch sind die Haar-
trachten unserer meisten Frauen wie Türme oder Irrgärten, wie Barken oder Schlangennester. Die ihrige verstand sich dazu, zu sein, was ich liebe: eine Traube in der
Ernte oder ein Vogelfittich. Auf dem Rücken liegend,
den kleinen, stolzen Kopf an mich gelehnt, sprach sie mit
entzückender Schamlosigkeit von ihren Liebschaften. Ich
wußte um Dutzende ihrer Liebhaber und war nur ein
Figurant mehr, der keine Treue verlangte. Die genaue
Zahl hätte sie selbst nicht zu nennen vermocht. Jetzt war
sie in einen Tänzer namens Bathyll verliebt, dessen
Schönheit wahrlich ein Freibrief war für jede Tollheit;

wenn sie in meinen Armen seinen Namen schluchzte, durfte sie aus meiner Zustimmung neuen Mut schöpfen. Es gab Zeiten, in denen wir gemeinsam viel gelacht haben. Sie ist jung gestorben, auf einer ungesunden Insel, wohin die Familie sie wegen einer Scheidung verbannt hatte, die Ärgernis erregte. Ich freute mich um ihretwillen, da ihr vor dem Altern graute, und doch empfinden wir dies Gefühl nie bei Menschen, die wir wirklich geliebt haben. Sie war stets in ungeheuren Geldschwierigkeiten. Einmal bat sie mich darum, ihr hunderttausend Sesterzen zu leihen, die ich ihr am Tage darauf brachte. Sie setzte sich auf die Erde, als wollte sie Knöchelchen spielen, und leerte den Sack aus. Dann machte das zierliche, scharfgeschnittene Figürchen sich daran, die gleißenden Haufen auszugleichen. Wie allen Verschwendern galten ihr die dahinrollenden Goldstücke mehr als klingende Münze mit einem Caesarenhaupt. Für sie war dies Gold magisch belebt, geprägt durch eine Chimäre, die die Züge des Tänzers Bathyll trug. Sie war allein mit sich, als ob ich nicht mehr auf der Welt wäre. Unbekümmert um ihre Schönheit, runzelte sie die Stirn, ganz in ihre schwierige Berechnung versunken. So saß sie, fast häßlich anzuschauen, auf der bloßen Erde und zählte mit kindlichem Schmollen an ihren Fingern wieder und wieder die Summen ab. Nie ist sie mir so allerliebst vorgekommen.

Die Nachricht von den Sarmateneinfällen traf in Rom ein, während Trajan seinen Triumph über die Daker feierte. Dies lange aufgeschobene Fest dauerte schon acht Tage. Man hatte fast ein Jahr dazu gebraucht, um sich die wilden Tiere aus Asien und Afrika zu beschaffen, die man in der Arena umbringen wollte. Das Blut von zwölftausend hingeschlachteten Raubtieren und von zehntausend kaltblütig gemordeten Gladiatoren machte Rom zum Schindanger. An diesem Abend hielt ich mich mit Marcius Turbo bei Attianus auf der Terrasse auf; die erleuchtete Stadt wirkte in ihrer ausgelassenen Heiterkeit abstoßend. Der schwere Feldzug, der Marcius und mich vier Jahre unserer Jugend gekostet hatte, war für den Pöbel nichts als ein Vorwand zu weinseligen Gelagen, ein roher Triumph aus zweiter Hand. Es wäre jedoch schwerlich geraten gewesen, das Volk darüber aufzuklären, daß der so laut gepriesene Sieg nicht endgültig war, da ein neuer Feind die Grenzen bedrohte. Der Kaiser, der schon im Banne seiner asiatischen Pläne stand, wollte über die Lage im Nordosten, die er lieber ein für allemal geregelt ansah, möglichst wenig hören. So versuchte man diesen ersten Sarmatenkrieg lediglich als Strafexpedition hinzustellen. Ich wurde in der Eigenschaft eines Prokonsuls in Pannonien und mit den Vollmachten eines Oberbefehlshabers entsandt.

Der Krieg dauerte elf Monate. Es war entsetzlich. Ich glaube noch heute, daß die Vernichtung der Daker berechtigt war, da kein Staatsoberhaupt eine wohlgeordnete feindliche Macht gern vor seinen Toren duldet. Doch hatte das Reich des Decebalus durch seinen Zusammenbruch einen leeren Raum geschaffen, in den jetzt die Sarmaten einbrachen. Aus dem Nichts auftauchende Banden ergossen sich in ein Land, das, von uns jahrelang verheert, unseren schwachen Streitkräften keinen Stützpunkt mehr bot. Die neuen Feinde mehrten sich wie die Würmer im Aas unseres dakischen Triumphes. Dabei hatten unsere jüngsten Siege die Manneszucht dermaßen untergraben, daß bis zu den Vorposten etwas von der groben Sorglosigkeit der römischen Feste zu spüren war. Nicht wenige Offiziere hielten eine sinnlose Unterschätzung der Gefahr für angebracht. Weit vorgeschoben in einer Gegend, wo nur der Lauf der alten Reichsgrenze wirklich bekannt war, verließen sie sich für künftige Siege auf die Überlegenheit unserer Ausrüstung, die ich täglich durch Verluste und Verschleiß dahinschwinden sah, und auf Verstärkungen, mit deren Eintreffen ich nicht rechnen konnte. Wußte ich doch, daß alle verfügbaren Kräfte fortan auf Asien angesetzt waren.

Eine weitere Gefahr machte sich bemerkbar. Das Land war vier Jahre lang durch unsere Beitreibungen ausgesaugt worden. Ich hatte seit dem ersten Dakerkrieg beobachtet, wie auf jede dem Feinde glorreich entrissene Viehherde ungezählte Mengen an Rindern und Schafen kamen, die man einfach den Einwohnern wegnahm. Wenn das so weiterging, konnte der Zeitpunkt nicht fern sein, wo der bäuerlichen Bevölkerung der Sieg der Barbaren als das kleinere Übel erscheinen mußte. Als weniger allgemeine, aber um so aufreizendere Plage kamen die Plünderungen hinzu, die sich die Soldateska auf eigene Faust herausnahm. Da ich volkstümlich genug war, um der Truppe die härtesten Einschränkungen zumuten zu dürfen, machte ich die Bedürfnislosigkeit zu einer Regel, der ich mich selbst beugte. So ersann ich den Kult der *Disciplina Augusta*, den es mir später über die ganze Armee auszubreiten gelang. Die Nörgler und Streber, die mir die Aufgabe erschwerten, schickte ich nach Rom und ließ dafür geschulte Arbeiter kommen, an denen Mangel herrschte. Die Verteidigungsstellungen, die wir im Rausch unserer Siege völlig vernachlässigt hatten, mußten instand gesetzt werden. Dafür gab ich Stützpunkte, deren neuer Ausbau die Kosten nicht zu lohnen schien, endgültig auf. Fest eingenistet in der Unordnung, die jede Nachkriegszeit mit sich bringt, maßten die Zivilbeamten sich eine mehr oder weniger unbeaufsichtigte Selbständigkeit an, die ihnen jede Erpressung gegen die Bevölkerung und jeden Verrat gegen das Reich ermöglichte. Aus dieser Richtung sah ich in ungewisser Zukunft die Gefahr künftiger Aufstände und Abfallbewegungen drohen. Wir werden diesem Unglück sowenig entgehen, wie man dem Tod entgeht, doch hängt es von uns ab, ob wir es noch um Jahrhunderte bannen können oder nicht. Ich jagte die ungetreuen Beamten fort, ließ die schlimmsten hinrichten, kurz ich zeigte, wie unerbittlich ich sein konnte.

Ein nebliger Herbst und ein kalter Winter folgten auf einen feuchten Sommer. Ich brauchte meine medizinischen Kenntnisse zunächst nur, um mich selbst zu pflegen. Dies Grenzerleben machte mich allmählich den Sarmaten ähnlich, und mein kurzgeschnittener griechischer Philosophenbart glich dem eines barbarischen Häuptlings. Alles, was ich schon während der Dakerkriege erlebt hatte, erlebte ich nun bis zum Überdruß wieder. Der Feind verbrannte seine Gefangenen bei lebendigem Leibe. Auch wir töteten die unsrigen, da uns die Transportmittel fehlten, um sie auf Sklavenmärkte nach Rom oder Asien zu schicken, und von den Pfählen unserer Palisadenschanzen starrten die abgeschnittenen Häupter. Der Feind marterte seine Geiseln; mehrere meiner Freunde gingen auf diese Weise zugrunde. Einer von ihnen, der sich auf blutenden Beinen zu uns ins Lager schleppte, war so entstellt, daß ich mich nie wieder seines unversehrten Antlitzes entsinnen konnte. Der Winter begann seine Opfer zu fordern. Berittene Patrouillen froren im Eise fest oder wurden vom angeschwollenen Strom verschlungen. In den Zelten röchelten Sterbende, denen der Husten die Lungen zerriß, Halberfrorene lagen da mit blutigen Armstümpfen.

Wunder an gutem Willen geschahen rings um mich. Die kleine, festgefügte Truppe, die ich befehligte, war tapfer in der höchsten Form, der einzigen, die ich noch gelten lasse, dem festen Willen, zu dienen. Der sarmatische Überläufer, den ich zum Dolmetscher gemacht hatte, setzte sein Leben aufs Spiel, als er zu seinem Stamm zurückging, um ihn aufzuwiegeln. Es gelang. Ich konnte mit diesem Stamm verhandeln, und seine Leute kämpften fortan vor unseren Vorposten, die sie entlasteten. Handstreiche, die an sich unvorsichtig sein mochten, aber geschickt durchgeführt waren, bewiesen den Feinden, was es auf sich hatte, mit Rom anzubinden. Ein sarmatischer Häuptling folgte dem Beispiel des Decebalus: bei seinen erwürgten Frauen und einem gräßlichen Bündel, das die Kinder enthielt, lag er tot in seinem Zelt aus Filz. An diesem Tage begriff mein Widerwille gegen sinnlose Vergeudung die Barbaren mit ein, es war mir leid um diese Toten, die Rom hätte zähmen und eines Tages als Verbündete gegen noch wildere Haufen verwenden können. Unsere führerlosen Angreifer zerstoben dahin, woher sie gekommen waren, in jene unbekannten Weiten, aus denen wohl noch andere Stürme hervorbrechen würden. Der Krieg war nicht aus, ich mußte ihn wieder aufnehmen, und erst einige Monate nach meinem Regierungsantritt konnte ich ihn beenden. Für einige Zeit war wenigstens an dieser Grenze wieder Ordnung. Reich an Ehren kehrte ich nach Rom heim. Aber ich war gealtert.

Auch das Jahr meines ersten Konsulates war ein Kampfjahr. Es verging im heimlichen, aber zäh geführten Kampf für den Frieden. Ich führte ihn nicht allein. Eine ähnliche Wandlung war bereits vor meiner Rückkehr nach Rom bei Männern wie Licinius Sura, Attianus und Turbo eingetreten. Es war, als hätten meine Freunde trotz der strengen Zurückhaltung, die ich mir in meinen Briefen auferlegt hatte, meine Meinung begriffen. Das Auf und Ab meines Geschickes hatte mich bis dahin nur ihretwegen gekümmert, Zweifel und Sorgen, die ich leichten Herzens getragen hatte, bedrückten mich, sobald ich gezwungen war, sie ihnen vorzuenthalten oder auch einzugestehen. Ich verargte es ihrer Teilnahme, daß sie sich mehr Gedanken um mich machten als ich selber. Sie verkannten über den äußeren Zeichen meiner Erregung den inneren Gleichmut eines Wesens, das jede Heimsuchung übersteht, weil es nichts ganz ernst nimmt. Doch war es nicht mehr an der Zeit, auf mich selbst zu achten oder auch mich ganz außer acht zu lassen. Eben deshalb, weil meine Ansicht allmählich an Boden gewann, trat meine Person in den Hintergrund. Es kam nur darauf an, daß jemand die Eroberungspolitik bekämpfte, ihre Folgen überdachte, ihr Ende vorbereitete und, soweit möglich, daranging, den angerichteten Schaden gutzumachen.
Mein Kommando an der Grenze hatte mir den Sieg von

einer Seite gezeigt, von der keine Trajanssäule kündet. In der inneren Verwaltung glückte es mir jetzt, ein Aktenmaterial gegen die Kriegspartei zusammenzutragen, schwerwiegender als Beweise, die ich an der Front hätte sammeln können. Der Stamm der Legionen wie der Prätorianergarde setzte sich ausschließlich aus italienischen Mannschaften zusammen, so daß die fernen Feldzüge vom Mark eines schon an sich menschenarmen Landes zehrten. Auch wer nicht fiel, war im Grunde für das eigentliche Vaterland verloren, da man ihn ja zwangsweise auf neuerobertem Land ansiedelte. Sogar in der Provinz rief unser Rekrutierungssystem um diese Zeit ernste Unruhen hervor. Eine Reise, die ich bald darauf nach Spanien unternahm, um die Lage in den Kupferbergwerken meiner Familie nachzuprüfen, überzeugte mich von der Verwirrung, die der Krieg auf allen Gebieten der Wirtschaft angerichtet hatte. Ich mußte zugeben, daß die Geschäftsleute in Rom, die sich an mich gewandt hatten, mit ihren Beschwerden recht hatten. Nun war ich nicht leichtgläubig genug, um etwa zu wähnen, daß es stets von uns allein abhängen könnte, jeden Krieg zu vermeiden. Doch ließ ich nur den Verteidigungskrieg gelten, wozu ein Heer genügt hätte, das gelernt hatte, die Ordnung an den Grenzen aufrechtzuerhalten, wo es not tat an verbesserten, vor allem aber an gesicherten Grenzen. Dagegen fürchtete ich jede Vergrößerung des riesigen Reichsorganismus wie ein krankhaftes Gewächs, einen Krebs oder ein Ödem, an denen man stirbt.

Keiner dieser Gedanken hätte dem Kaiser vorgetragen werden dürfen. Er war an jenem Kreuzweg angekommen, wo der Mensch kraft eines geheimnisvollen Gesetzes, das ihm vorschreibt, sich zugrunde zu richten oder über sich hinauszuwachsen, seinem Dämon folgt oder seinem Genius. War die während seines Prinzipates vollbrachte Leistung im ganzen großartig, so ließ sich doch nicht verkennen, daß alle Friedenstaten, die seine besten Ratgeber ihm eingegeben hatten – seine baulichen Planungen wie seine Rechtsreform –, für Trajan von je weniger galten als ein einziger Sieg. Ein Taumel der Verschwendung war über den für den eigenen Bedarf so vorbildlich sparsamen Mann gekommen. Der den Tiefen der Donau entrissene Königsschatz der Barbaren, die fünfmalhunderttausend Goldbarren des Decebalus, hatte gerade gereicht, um die Nebenkosten des Friedens zu bestreiten, die Spenden an das Volk, die Schenkungen für das Heer, von denen ich meinen Teil erhielt, den sinnlosen Aufwand für die Spiele und schließlich auch die ersten Ausgaben für das große militärische Vorhaben in Asien. Der ungesunde Reichtum täuschte über den wirklichen Stand der Finanzen hinweg, denn der Krieg fraß, was der Krieg gebracht hatte.

Hierüber starb Licinius Sura. Da er der freimütigste unter den privaten Ratgebern des Kaisers gewesen war, kam sein Tod für uns einer verlorenen Schlacht gleich. Stets hatte er mir seine väterliche Fürsorge angedeihen lassen; seit einigen Jahren reichten die schwachen Kräfte, die dem Kranken verblieben, nicht mehr aus, um für Ziele zu arbeiten, die der persönliche Ehrgeiz setzt; sie genügten immer noch dazu, einem Mann zu dienen, dessen Ansichten er für vernünftig hielt. Die Eroberung Arabiens war gegen seinen Rat erfolgt; hätte er gelebt, wäre er der einzige gewesen, der dem Staat die ungeheuerlichen Mühen und Lasten des Partherkrieges zu ersparen vermocht hätte.

Der vom Fieber Zermürbte erläuterte mir in schlaflosen Nächten Pläne, an deren Gelingen ihm mehr lag als an der Spanne, um die die Überanstrengung sein Dasein kürzte. An seinem Krankenlager durchlebte ich im voraus und bis in die letzte verwaltungsmäßige Einzelheit hinein gewisse künftige Phasen meiner Regierung. Obwohl der Sterbende fühlte, daß mit ihm die Staatskunst in diesem Regime ihren letzten Hort verlor, kam kein Wort des Vorwurfes gegen den Kaiser über seine Lippen. Hätte er zwei oder drei Jahre länger gelebt, hätten sich vielleicht gewisse Winkelzüge, die mit meinem Machtantritt verbunden gewesen sind, erübrigt; er hätte den Kaiser dahin gebracht, mich rechtzeitig und in aller Öffentlichkeit zu adoptieren. Die letzten Worte des Staatsmannes, der mir seine Aufgabe vermachte, betrachtete ich als meine geistige Belehnung mit der Kaiserwürde.

Wenn die Zahl meiner Anhänger wuchs, wurde die meiner Gegner nicht geringer. Mein gefährlichster Widersacher war Lusius Quietus, ein halber Maure, dessen numidische Schwadronen im zweiten Dakerfeldzug eine Rolle gespielt hatten und der heftig zum Krieg in Asien drängte. Er war mir widerwärtig in seinem barbarischen Prunk, mit dem anmaßenden Geflatter seiner weißen Schleier, dem falschen, überheblichen Blick und der gnadenlosen Grausamkeit gegen Besiegte. Wenn die Führer der Militärpartei sich auch in inneren Fehden gegenseitig aufrieben, so festigten doch die, die sich behaupteten, ihre Macht um so mehr, und ihr Haß war mir gewiß. Da aber die ganze Zivilverwaltung mehr und mehr in meiner Hand zusammenlief, seit der Kaiser sich ausschließlich mit seinen kriegerischen Plänen beschäftigte, war meine Stellung zum Glück so gut wie unangreifbar geworden. Die Freunde, die mich durch ihre Fähigkeiten oder Erfahrungen hätten ersetzen können, unterordneten sich mir mit vornehmer Bescheidenheit. Neratius Priscus, dem der Kaiser vertraute, vergrub sich Jahr für Jahr mehr in sein juristisches Sonderfach. Attianus richtete sein Leben so ein, daß er mir nützlich sein konnte, und Plotina half mir dadurch, daß sie meinen Standpunkt vorsichtig billigte.

Ein Jahr vor Kriegsausbruch wurde ich zum Statthalter in Syrien und bald darauf zum Legaten beim Heere ernannt. Da ich beauftragt war, unsere rückwärtigen Linien zu besichtigen und herzurichten, wurde ich zum Schalthebel eines Unternehmens, das ich für unsinnig hielt. Nach einigem Zögern nahm ich mein Kommando an. Es ausschlagen hätte bedeutet, sich den Weg zur Macht zu einer Zeit zu verbauen, wo es mir mehr denn je auf sie ankam. Es hätte mir auch die einzige Aussicht genommen, einen mäßigenden Einfluß auszuüben.

In diesen letzten Jahren vor der großen Zeitenwende faßte ich einen Entschluß, der mich in den Augen meiner Widersacher für immer als leichtfertig erscheinen ließ, was übrigens nebenbei von mir beabsichtigt war: ich verlebte einige Monate in Griechenland. Die Politik hatte, scheinbar wenigstens, mit dieser Reise nichts zu tun. Es handelte sich um einen Vergnügungsausflug, der auch der Ergänzung meines Wissens dienen sollte. Ich brachte außer einigen ziselierten Bechern Bücher heim, die ich mit Plotina teilte. Von allen meinen öffentlichen Ehren empfing ich die, an der ich mich am herzlichsten freute: ich wurde Archont von Athen. Ich gönnte mir ein paar Monate freundlicher Muße und leichter Arbeit, wandelte im Frühling über die mit Anemonen besäten Hänge der Hügel und pflog stillen Umgang mit dem weißen Marmor. In Chäronea, wohin ich gefahren war, um den Freundesbünden der Heiligen Schar eine Träne nachzuweinen, war ich zwei Tage bei Plutarch zu Gaste. Ich hatte ja selber meine Heilige Schar gehabt, doch ging es mir, wie es mir oft geht: mein eigenes Erleben sprach mir weniger zu Herzen als der geschichtliche Vorgang. Ich jagte in Arkadien und betete in Delphi. In Sparta brachten mir die Hirten am Ufer des Eurotas eine uralte Flötenweise bei, die wie Vogelgezwitscher war. Bei Megara gerieten wir in eine Bauernhochzeit, die die ganze Nacht dauerte. Wir tanzten mit den Leuten, was die Sitte uns im steifen Rom untersagt hätte.

Die Spuren der römischen Missetaten waren noch überall sichtbar, in Korinth die von Mummius geschleiften Mauern und in vielen Heiligtümern da, wo die Bilder der Gottheit gestanden hatten, leere Plätze, die von Neros schändlichem Raubzug zeugten. In einer Mischung aus vergrübelter Anmut, heller Geistigkeit und verhaltener Lebenslust lebte das verarmte Hellas weiter. Nichts hatte sich seit der Zeit geändert, da der Schüler des Rhetors Isaios zum ersten Male diesen Duft von heißem Honig, von Salz und von Harz eingesogen hatte, und nichts seit Jahrhunderten. Der Sand in den Palästen war blond wie ehemals, und wenn kein Sokrates und kein Phidias ihn mehr betraten, so glichen doch die Jünglinge, die sich dort übten, noch immer dem herrlichen Charmides. Manchmal kam mir der Gedanke, daß der hellenische Geist von den Voraussetzungen, die ihm sein Genius bot, nicht ganz zum folgerichtigen Schluß vorgedrungen sei. Die große Ernte ist nie eingebracht worden, und was etwa die Sonne an reifen Ähren dem Schnitter unter die Sense gab, ist nichts im Vergleich zur eleusinischen Verheißung, die dieses schöne Land in seinem Boden birgt. Selbst bei den wilden Sarmaten hatte ich Vasen von griechischem Schnitt gefunden und einen Spiegel mit einem Bild des Apollo, als läge ein ferner Abglanz von Hellas wie zage Wintersonne über dem Schnee. So hielt ich es ebensowenig für unmöglich, die Barbaren zu hellenisieren wie attischen Geist nach Rom zu verpflanzen und allmählich über die Welt die einzige Kultur zu verbreiten, die sich je von der Unform und vom Unbeweglichen losgesagt hat, die uns die Methode durch Begriffe bestimmte und für die Politik wie für die Liebe eine wissenschaftliche Lehre fand. Ich verargte den Griechen die leichte Geringschätzung nicht, die ich auch dann noch wahrnahm, wenn sie mir begeistert huldigten. Bedachte ich, daß ich es an Pfiffigkeit mit keinem Seemann aus Ägina aufnehmen konnte und an Lebensklugheit mit keiner Kräutlerin auf der Agora, begriff ich diese Verachtung und nahm an der etwas herablassenden Willfährigkeit des stolzen Volkes keinen Anstoß. Damit räumte ich der ganzen Nation der Griechen ein Vorrecht ein, das ich immer da gern gewährte, wo ich liebte. Um aber den Hellenen Zeit zu lassen, ihr Werk fortzuführen und zu vollenden, bedürfte es noch einiger Jahrhunderte jener ungestörten Muße und ungehemmten Schaffensfreude, die nur der Friede verbürgt. Da wir uns nun einmal als seine Herren aufspielten, zählte Griechenland auf uns auch als seine Beschützer. So nahm ich mir vor, über der entwaffneten Gottheit zu wachen.

Ich verwaltete meine Statthalterschaft ein Jahr, als Trajan nach Antiochia kam. Er wollte die letzten Vorbereitungen für den armenischen Feldzug, der den Partherkrieg einleiten sollte, überwachen. Wie stets begleitete ihn Plotina, außerdem Matidia, meine nachsichtige Schwiegermutter, die ihm seit Jahren ins Hauptquartier folgte, wo sie die Intendanturgeschäfte leitete. Meine alten Feinde Celsus, Palma und Nigrinus saßen noch immer im kaiserlichen Rat und beherrschten den Armeestab. Alle diese Leute drängten sich im kaiserlichen Vorzimmer zusammen. Die Hofintrigen lebten neu auf, in Erwartung des ersten großen Würfelfalles versuchte noch jeder schnell sein kleines Glück.

Unmittelbar darauf marschierte das Heer nach Norden. Mit ihm entfernte sich der Schwarm der Großwürdenträger, Glücksritter und Nichtstuer. Der Kaiser und sein Gefolge machten in Kommagene halt, wo mehrere Tage hindurch triumphale Feste gefeiert wurden. Die kleinen Könige des Orients, die sich in Satala eingefunden hatten, überboten einander in Treueschwüren, auf die ich an Trajans Stelle keine Häuser gebaut hätte. Im Verlaufe eines völlig friedensmäßigen Vormarsches besetzte mein gefährlicher Nebenbuhler Lusius Quietus die Ufer des Wansees in den armenischen Bergen. Das von den Parthern geräumte nördliche Zwischenstromland war ohne Schwertstreich in unsere Hand gefallen. Abgar, König von Osroëne, unterwarf sich in seiner Hauptstadt Edessa. Der Kaiser kehrte nach Antiochia zurück, wo er Winterquartier bezog. Er hatte den Angriff auf das eigentliche Partherreich auf das Frühjahr verschoben, war aber fest entschlossen, sich auf Friedensverhandlungen nicht einzulassen. Alles war bisher planmäßig verlaufen, und die

Freude, sich endlich in das so lange hinausgezögerte Abenteuer stürzen zu dürfen, verklärte den Vierundsechzigjährigen mit jugendlichem Glanze.

Ich sah trübe in die Zukunft. Juden und Araber waren gegen den Krieg, in der Provinz murrten die großen Grundbesitzer über die Kosten, die die Durchmärsche verursachten, und die Städte seufzten unter der Last der neuen Steuern. Bald nach der Rückkehr des Kaisers brach wie ein Vorbote schweren Unheils ein Erdbeben über uns herein, das mitten in einer Dezembernacht ein ganzes Viertel von Antiochia niederlegte. Trajan, der von einem stürzenden Balken getroffen war, half trotz der erlittenen Quetschung tapfer bei der Bergung der Verwundeten. Als aber der syrische Pöbel nach einem Sündenbock schrie, beging der sonst so duldsame Kaiser den Fehler, eine Anzahl von Christen umbringen zu lassen. Ich liebe diese Sekte nicht, muß aber sagen, daß der Anblick der gepeitschten Greise und hingemordeten Kinder, ein düsteres Schrecknis in diesem grauen Winter, nicht dazu angetan war, die ohnehin erregten Gemüter zu beruhigen. Da es an Geld fehlte, um die angerichteten Schäden sofort zu beheben, lagerten Tausende von Obdachlosen auf den Plätzen. Auf meinen Besichtigungsreisen erfuhr ich von einer dumpfen Unzufriedenheit und einem glimmenden Haß im Volk, von denen die Würdenträger im Kaiserpalast sich nichts träumen ließen. Inmitten der Trümmer arbeitete Trajan unbeirrt an den Vorbereitungen für den kommenden Krieg weiter. Für die Flöße und Schnellbrücken über den Tigris mußte ein ganzer Wald abgeholzt werden. Mit heller Freude hatte der Kaiser die neuen Ehrentitel entgegengenommen, mit denen der Senat ihn überhäufte; jetzt eilte es ihm, mit Asien fertig zu werden, um im Triumph in Rom einziehen zu können. Die geringste Verzögerung rief Wutausbrüche hervor, die ihn wie ein Krampf schüttelten.

Der Mann, der mit ungeduldigen Schritten die weiten Säle des alten Seleukidenpalastes durchmaß, die ich, ach so ungern! ihm zu Ehren mit Lobsprüchen und dakischen Trophäen ausgeschmückt hatte, war nicht mehr der gleiche, der mich vor nun zwanzig Jahren in Köln empfangen hatte. Mit den Jahren waren auch seine Vorzüge entartet. Seine etwas derbe Leutseligkeit, hinter der sich früher echte Güte verborgen hatte, war zur gewöhnlichen Manier geworden, seine Entschlossenheit zum Eigensinn. Seine Gabe für das Nächstliegende und Durchführbare hatte sich in geistige Trägheit verwandelt. Die ritterliche Achtung, die er der Kaiserin entgegengebracht hatte, und die etwas bärbeißige Zärtlichkeit, die er seiner Nichte Matidia zu bezeugen pflegte, hatten einer greisenhaften Hörigkeit diesen Frauen gegenüber Platz gemacht, deren Rat er gleichwohl immer mehr in den Wind schlug. Krito, sein Arzt, war wegen seiner Leberschmerzen in Sorge, er selber achtete nicht darauf. Von je wenig wählerisch in seinen Vergnügungen, sank er in dieser Hinsicht immer tiefer. Daß der Kaiser sich mit jungen Leuten, die ihm gefielen, Orgien hingab, wie sie die Kaserne kennt, mochte wenig ausmachen. Schlimmer war, daß der übermäßige Genuß des Weines, den er nicht vertrug, eine Hofgesellschaft, die immer mehr von zweideutigen Freigelassenen gegängelt wurde, instand setzte, alle meine Gespräche mit ihm anzuhören und meinen Widersachern zu hinterbringen. Bei Tage sah ich den Kaiser nur während der Stabsbesprechungen, wo ich keine Gelegenheit hatte, meine Ansicht offen zu äußern. Jedem Beisammensein unter vier Augen wich er aus, wobei der Wein den wenig findigen Mann stets zu neuen, plumpen Ausflüchten ermunterte. Entgegen seiner einstigen Zurückhaltung legte er jetzt Wert auf meine Anwesenheit bei seinen Bacchanalen. Der Lärm, das Gelächter, die albernen Späße seiner Jünglinge boten ihm willkommenen Anlaß, mir zu bedeuten, daß für ernste Dinge im Augenblick keine Zeit sei. Er lauerte darauf, mich benebelt zu sehen, bis sich der Saal rings drehte und die Köpfe der von den Barbaren erlegten Auerochsen mich von den Wänden anzugrinsen schienen. Krug um Krug kreiste, hier und da schrillte durch das Gegröle weinseliger Lieder das freche Kichern eines hübschen Pagen. Abgedichtet hinter den Mauern einer vielleicht zur Hälfte gespielten Trunkenheit, stützte der Kaiser seine immer zittrigere Hand auf den Tisch, während seine Träume in die Ferne schweiften, weithin über die Straßen des Orients.

Unglücklicherweise waren es schöne Träume. Wie glichen sie doch denen, die mich einst gelockt hatten, jenseits des Kaukasus die unbekannte Weite zu suchen! Der Zauber, dem der gealterte Kaiser sich nachtwandlerisch hingab, hatte schon einen Alexander bestrickt. Zwar hatte der Makedonier diesen Traum zum großen Teil verwirklicht, war darüber aber auch mit dreißig Jahren gestorben. Daß diese kühnen Pläne im Grunde auf vernünftigen Erwägungen beruhten, erhöhte nur ihre Gefährlichkeit. Wie stets sprach ein Überfluß an sachlichen Gründen für den Aberwitz und drängte zur Ausführung des Unausführbaren. Schien es doch angebracht, die asiatische Frage, die uns seit Jahrhunderten beschäftigte, ein für allemal zu lösen. Unser Warenaustausch mit Indien und dem geheimnisvollen Seidenland dahinter lag ausschließlich in den Händen der arabischen Reeder und jüdischen Kaufleute, die in den Häfen und auf den Straßen der Parther Zollfreiheit genossen. Gelang es uns, das weite, ungewiß verfließende Reich der Arsakiden zu erobern, grenzten wir unmittelbar an diese gesegneten Länder am Rande der Welt, und das endlich geeinte Asien wurde zur neuen römischen Provinz. Vom Hafen von Alexandria aus lief unser einziger Handelsweg nach Indien, der nicht vom guten Willen der Parther abhing. Dafür hatten wir es auch ständig hier mit den Forderungen und Treibereien der Judenschaft zu tun. Ein erfolgreicher Heereszug Trajans hätte es uns ermöglicht, den unruhigen ägyptischen Hafen künftig beiseite zu lassen. Und doch haben mir all diese Gründe nie recht eingeleuchtet. Vernünftige Handelsverträge wären mehr nach meinem Sinn gewesen, schon schwebte mir der Gedanke vor, den ich später ausführen sollte, als ich Antinoë gründete, nämlich in der Gegend des Roten Meeres eine weitere griechische Niederlassung zu schaffen, die uns Alexandria entbehrlicher machte. Allmählich begann ich mich in den verwickelten asiatischen Zuständen zurechtzufinden. Mit einem Ausrottungskrieg, wie er in Dakien geglückt war, war es in diesem Erdteil mit seinem mannigfachen, tiefgründigen Leben, der zudem über so gewaltigen Reichtum gebot, wahrlich nicht getan. Jenseits des Euphrat lauerte auf uns die trügerische Welt gefährlicher Sinnestäuschungen, wo der Fuß im Sand versinkt und die Wege ins Nichts sich verlaufen. Der geringste Rückschlag hätte eine Erschütterung unseres Ansehens zur Folge gehabt, aus der unsägliches Unheil entstehen konnte. So waren wir nicht nur gezwungen zu siegen, sondern fort und fort zu siegen, bis unsere Kraft versagte. Der Versuch war ja schon einmal gemacht worden: mit Grauen dachte ich an das Haupt des Crassus, das schmählich von Hand zu Hand geflogen war, bei jener Aufführung der ›Bacchantinnen‹ des Euripides, die der Barbarenkönig, stolz auf seine hellenische Bildung, am Abend seines Sieges über Rom veranstaltet hatte. Wenn Trajan davon träumte, diese alte Niederlage zu rächen, so kam es mir mehr darauf an, daß sie sich nicht wiederholte. Ich sah die Zukunft ziemlich deutlich voraus, was nicht so schwer ist, wenn man sich in großen Zügen über die Gegenwart klar ist. Nutzlose Siege würden unsere von den entblößten Grenzen fortgezogenen Truppen zu tief nach Asien hineinlocken. Der sterbende Kaiser würde eitlen Ruhm ernten, uns Überlebenden aber es überlassen, das Unglück auszubaden und den Knäuel der entstandenen Schwierigkeiten zu entwirren.

Wie recht hatte doch Caesar, als er lieber der Erste in einem Dorf sein wollte als der Zweite in Rom. Nicht aus Ehrgeiz und Ruhmsucht, sondern weil dem Zweiten nur die Wahl bleibt zwischen einem mißlichen Gehorsam und einem mißlichen Ungehorsam oder auch der noch schlimmeren Gefahr einer Mischung aus beiden. Ich aber war nicht einmal der Zweite in Rom. Auch auf dem Sprunge, seinen gewagten Feldzug anzutreten, hatte der Kaiser noch keinen Nachfolger bestimmt, so daß jeder Schritt vorwärts die Aussichten irgendwelcher Armeeführer verbesserte; Trajan mit seinem einfachen Gemüt wollte mir rätselhafter scheinen als ich mir selbst. Beruhigend war freilich seine Grobheit: der unwirsche Kaiser behandelte mich wie einen Sohn. Dennoch war ich manchmal darauf gefaßt, von Palma ausgestochen oder von Quietus beseitigt zu werden, sobald man etwa glauben sollte, mich entbehren zu können. Ich war machtlos. Es gelang mir nicht einmal, den einflußreichen Vorstehern des Sanhedrins von Antiochia eine Audienz zu verschaffen, die die Machenschaften der jüdischen Hetzer ebenso fürchteten wie wir und den Kaiser über ihre Glaubensgenossen aufgeklärt hätten. Ebensowenig kam mein Freund Latinius Alexander, der als Abkömmling eines alten anatolischen Königsgeschlechtes durch Name und Besitz große Geltung besaß, zu Worte. Plinius, der vier Jahre vorher nach Bithynien geschickt worden war, war dort gestorben, ohne Gelegenheit gehabt zu haben, den Kaiser über den genauen Stand der Finanzen und über die Stimmung zu unterrichten, gesetzt, seine unheilbare Neigung zur Schönfärberei hätte dies zugelassen. Die Geheimberichte des lykischen Kaufmanns Opramoas, der die asiatischen Verhältnisse genau kannte, wurden von Palma lächerlich gemacht. Die Freigelassenen nutzten den morgendlichen Katzenjammer, der der abendlichen Trunkenheit folgte, dazu aus, mich vom kaiserlichen Gemach fernzuhalten. Trajans Ordonnanz Phoedimus, ein zufällig anständiger, dafür aber verbohrter und gegen mich eingenommener Bursche, verwehrte mir zweimal den Eintritt. Wogegen der ehemalige Konsul Celsus, mein Feind, sich einmal des Abends mit Trajan zu einer Besprechung einschloß, die stundenlang währte, so daß ich mich schon für verloren hielt. Ich nahm meine Verbündeten, wo ich konnte, bestach frühere Sklaven, die ich lieber auf die Galeeren geschickt hätte, und liebkoste recht garstige Lärvlein. Der Diamant des Nerva sprühte kein Feuer mehr.

In dieser Lage erbarmte sich meiner der beste meiner guten Geister. Ich kannte die Kaiserin Plotina seit zwanzig Jahren. Wir kamen aus der gleichen Umgebung und waren etwa gleichaltrig. Ich hatte mitangesehen, wie sie sich still in ein Dasein fügte, das an Abhängigkeit dem meinigen ähnelte, dabei aber nicht einmal für die Zukunft Aussichten bot.

Sie hatte mir von jeher in schwierigen Zeiten beigestanden, leichthin, so als wüßte sie nicht, daß sie es tat. Aber erst jetzt in den schlimmen Tagen von Antiochien wurde mir ihre Gegenwart unentbehrlich, wie späterhin ihre Wertschätzung, deren ich mich bis zu ihrem Tode erfreute. Die weiße Gestalt in der so schlichten Gewandung war mir vertraut geworden, ihr Schweigen und ihr gemessenes Wort, das immer nur Antwort war, die klarste, die sich denken ließ. Ihr Bild paßte gut in den Rahmen dieses Palastes, der älter war als alle römische Herrlichkeit; die Kaiserin aus jungem Geschlecht gab den Seleukiden an Vornehmheit nichts nach. Wir waren uns fast in allem einig. Beide liebten wir es, die Seele bald reich zu entfalten, bald bar jeden Schmuckes zu lassen und den Geist an jedem Prüfstein zu wetzen. Plotina neigte zur Philosophie des Epikur, diesem engen, aber sauberen Bett, in das auch ich oft den Geist zur Ruhe senkte. Das Rätsel der Gottheit, das mich quälte, beunruhigte sie nicht, ebenso war ihr meine leidenschaftliche Lust am Fleische fremd. Sie war keusch, weil sie es verschmähte, das Leben leicht zu nehmen, großmütig mehr aus Überzeugung als von Natur, voll weisen Mißtrauens, aber doch bereit, einen Freund so wie er war hinzunehmen, mit allen seinen Fehlern. Die einmal getroffene Wahl verpflichtete sie ganz, sie ging in der Freundschaft auf wie ich nur in der Liebe. Sie kannte mich besser als irgendwer, und ich offenbarte ihr, was ich sonst sorgsam verhehlte, selbst heimliche Niedertracht. Gern möchte ich glauben, daß auch sie mir nur wenig verschwiegen hat. Die leibliche Gemeinschaft, die nie zwischen uns bestand, wurde durch diesen Austausch zweier eng verbundener Seelen aufgewogen.

Unser Einvernehmen bedurfte keiner Aussprache und keiner Erörterung, die Tatsachen genügten. Sie beobachtete mein Tun und Lassen schärfer als ich. Auf ihrer glatten Stirn unter den schweren Flechten, die die Mode vorschrieb, lag eine richterliche Majestät. In ihrer Erinnerung blieb die geringste Einzelheit haften, und nie geschah es, daß sie zu lange zögerte oder sich zu rasch entschloß, wie es bei mir vorkam. Im Augenblick fand sie meine verborgensten Gegner heraus und schätzte meine Anhänger mit kühler Sachlichkeit ab. So waren wir miteinander verschworen, doch nicht das geübteste Ohr hätte das leiseste Wort der Abrede hören können. Nie beging sie in meinem Beisein den groben Fehler, über den Kaiser zu klagen, noch auch den feineren, ihn zu entschuldigen oder herauszustreichen. Attianus, der aus Rom eingetroffen war, beteiligte sich an unseren Gesprächen, die oft die Nacht hindurch währten. Plotina schien keine Müdigkeit zu kennen, sie war so widerstandsfähig, wie sie zart war. Es war ihr geglückt, meinen einstigen Vormund zum persönlichen Berater des Kaisers machen zu lassen und dadurch meinen Gegner Celsus auszuschalten. Da mich der Argwohn Trajans oder der Mangel an Ersatz auf meinem Etappenposten in Antiochien festhalten würde, mußte ich mich auf meine Freunde verlassen, um zu erfahren, was die amtlichen Berichte nicht brachten. Sollte es zum Schlimmsten kommen, würden sie dafür sorgen, daß ein Teil des Heeres sich um mich scharte. Und meine Gegner hatten fortan mit dem gichtkranken alten Mann zu rechnen, der nur ins Hauptquartier ging, um mir zu dienen, und mit einer Frau, die nicht anstand, sich eine soldatische Ausdauer zuzumuten.

Ich sah zu, wie sie aufbrachen, der Kaiser zu Pferde, in marmorner Gelassenheit, die schicksalsergebenen Frauen in ihren Sänften, die Prätorianergarde und, als Vortrab, die numidischen Spähtrupps des bedrohlichen Lusius Quietus. Das Heer, das längs des Euphrats überwintert hatte, setzte sich in Marsch, der Partherkrieg hatte begonnen. Die ersten Meldungen waren überwältigend: Babylon genommen, der Tigris überschritten, Ktesiphon gefallen. Wie immer, wurde die staunenswerte Tüchtigkeit des Kaisers aller Hindernisse Herr. Der Fürst des arabischen Teilstaates Charakene huldigte ihm und öffnete damit den römischen Flottillen den ganzen Lauf des Tigris. Der Kaiser schiffte sich nach Charax ein, tief im Persischen Golf, er erreichte die Gestade des Märchenlandes. Ich unterdrückte meine immerwährenden Bedenken, denn wer zu früh recht hat, hat unrecht. Mehr als das, ich wurde an mir selbst irre. War ich nicht gemeiner Scheelsucht verfallen, die uns hindert, den anerkennen zu wollen, den wir zu gut zu kennen glauben? Hatte ich nicht außer acht gelassen, daß es auch Sterblichen vergönnt sein kann, die Marksteine des Schicksals zu versetzen und den Lauf der Dinge zu ändern? Ich hatte den Genius des Kaisers beleidigt. So dachte ich und verzehrte mich auf meinem Posten vor Ungeduld. War es mir verhängt, untätig abseits zu stehn, während das Unmögliche möglich wurde? Da die Weisheit nur selten unser Teil ist, wünschte ich Narr, wieder mein Kettenhemd aus den Sarmatenkriegen anlegen zu dürfen und auf Verwendung Plotinas zum Heere versetzt zu werden. Ich neidete dem geringsten Legionär den Staub der asiatischen Straßen und den klirrenden Anprall der persischen Treffen. Diesmal erkannte der Senat dem Kaiser das Recht zu, so oft er wollte Triumphe zu feiern auf Lebenszeit. Ich selber tat, was sich schickte, ordnete Dankesfeste an und erstieg den Mons Cassius, um dort zu opfern.

Mit einem Schlage flammte der Feuerbrand, der im ganzen Orient glimmte, lichterloh auf. In Seleukia weigerten sich die jüdischen Händler, Steuern zu zahlen, Kyrene empörte sich, und die Orientalen fielen über die Griechen her. Religiöse Eiferer aus Jerusalem schnitten uns die Straße ab, auf der das Getreide von Ägypten kam. Auf Cypern bemächtigte sich der jüdische Pöbel der Griechen und Römer und zwang sie, einander in der Arena umzubringen. Mir gelang es, die Ordnung in Syrien aufrechtzuerhalten, doch entging mir weder das verkniffene Lächeln um die dicken Lippen der Kameltreiber noch die düstere Glut in den Augen der Bettler, die auf den Stufen der Synagogen saßen. Überall schwelte ein Haß, den wir im Grunde nicht verdienten. Juden und Araber hatten von Anfang an gegen einen Krieg gemeinsame Sache gemacht, der ihren Handel zu vernichten drohte, doch war er für Israel obendrein Anlaß, gegen eine Gesellschaft aufzustehn, von der sein religiöser Wahn, seine absonderlichen Riten und die Starrheit seines Gottes es abschlossen. Der Kaiser, der von Babylon herbeigeeilt kam, beauftragte Quietus damit, die aufständischen Städte zu züchtigen. So wurden Kyrene, Edessa, Seleukia, die großen hellenischen Metropolen des Ostens, den Flammen preisgegeben, zur Strafe für Verschwörungen, die beim Halt in den Karawansereien angezettelt oder auch im Judenviertel ausgeheckt worden waren. Als ich später diese Städte vor ihrem Wiederaufbau besuchte, wandelte ich trübsinnig durch zerstörte Säulengänge zwischen den zerbrochenen Standbildern dahin. Chosroes, der Großkönig, der die Unruhestifter besoldete, ging sofort zum Gegenangriff über. Abgar empörte sich und zog in sein eingeäschertes Edessa ein; unsere armenischen Verbündeten, auf die sich Trajan fest verlassen hatte, hielten es mit den arsakidischen Satrapen. Plötzlich befand sich der Kaiser inmitten eines ungeheuren Schlachtfeldes, das es nach allen Seiten zu behaupten galt.

Er verlor den Winter mit der Belagerung von Hatra,

einem schier uneinnehmbaren Felsennest in der Wüste, das uns tausend Tote kostete. Sein persönlicher Mut wurde zum strategischen Starrsinn: er litt nicht, daß irgend etwas aufgegeben wurde. Ich wußte von Plotina, daß sich Trajan, ungeachtet eines warnenden Schlaganfalles, immer noch weigerte, seinen Nachfolger zu benennen. Sollte dieser Schüler des großen Alexander seinerseits in irgendeinem Winkel Asiens dem Fieber erliegen, konnte zum Krieg nach außen das weitere Unheil eines Bürgerkrieges kommen. Dann wäre ein Kampf auf Tod und Leben zwischen meinen Parteigängern und denen des Celsus oder Palma entbrannt. Die lockere Verbindung zwischen dem Kaiser und mir wurde nur durch die numidischen Banden meines Todfeindes gehalten; jetzt versiegten die Nachrichten fast ganz. Damals ließ ich mir zum erstenmal von meinem Arzt die Stelle des Herzens mit roter Tinte auf der Brust bezeichnen, um, wenn es zum Äußersten kam, nicht lebend in die Hände des Quietus zu fallen. Zu meiner sonstigen Arbeit trat nun die schwierige Aufgabe, die Inseln und die angrenzenden Provinzen in Schach zu halten, doch waren die Mühen des Tages nichts im Vergleich zu den schlaflosen Nächten. Alle Sorgen des Reiches stürmten auf mich ein, aber die Sorge um mich selbst wog schwerer. Ich wollte an die Macht. Ich wollte sie, um meine Pläne durchzusetzen, meine Mittel auszuproben und Frieden zu schließen. Ich wollte sie vor allem, um, ehe ich sterbe, der sein zu können, der ich bin.

Ich war bald vierzig Jahre alt. Starb ich damals, blieb nichts von mir als ein Name in der Reihe von hohen Beamten und eine griechische Inschrift zu Ehren des Archonten von Athen. Jedesmal, wenn ich seither einen Mann vom Schauplatz abtreten sah, dessen Erfolge und Mißerfolge die Öffentlichkeit richtig einzuschätzen meinte, erinnerte ich mich dieser Zeit, wo ich nur vor den eigenen Augen bestand und vielleicht vor denen einzelner Freunde, die oft an mir zweifeln mochten, wie auch ich oft an mir zweifelte. Ich sah ein, wie wenige Menschen sich vollenden, bevor sie sterben, und wie bitter es sein muß, sein Werk jäh abgebrochen zu sehen. Die Furcht vor einem um seine Frucht betrogenen Leben wurde zur Besessenheit, die alle Gedanken auf diesem Punkt festnagelte. Um meine Machtgier war es nicht anders bestellt als um den Liebeswahn, der den Befallenen daran hindert, zu schlafen, zu essen, zu denken, ja selbst zu lieben, ehe er nicht das, was er will, erreicht hat. Die dringendsten Aufgaben dünkten mich nichtig, solange es mir versagt blieb, eigene Entscheidungen zu treffen, die die Zukunft gestalteten; um Geschmack daran zu finden, nützlich zu werden, mußte ich sicher sein, daß ich herrschen dürfte. Der Palast zu Antiochia, wo ich wenige Jahre später in einem Rausch des Glückes leben sollte, war mir nur ein Kerker, vielleicht der Kerker eines Todgeweihten. Ich ließ heimlich bei den Orakeln anfragen, bei Jupiter Ammon, in Delphi und beim Zeus Dolichenos. Ich ließ Zauberer kommen, ja ich verschmähte es nicht, mir aus dem Gefängnis von Antiochia einen zum Kreuzestod verurteilten Missetäter holen zu lassen, dem ein Magier in meinem Beisein die Kehle durchschnitt, hoffend, daß die zwischen Tod und Leben schwebende Seele mir die Zukunft offenbaren würde. Der Unglückliche entging so einer längeren Todesqual, aber meine Fragen blieben unbeantwortet. Des Nachts tastete ich mich längs der noch vom Erdbeben her rissigen Wände von Nische zu Nische und von Fenster zu Fenster. Ich kritzelte astrologische Ziffern auf den Stern der Fliesen und befragte die flimmernden Sterne. Aber die Zeichen der Zukunft wollten auf Erden gelesen werden.

Endlich hob der Kaiser die Belagerung von Hatra auf und ging über den Euphrat zurück, den er nie hätte überschreiten dürfen. Der bittere Rückzug wurde durch die sengende Hitze, die einsetzte, und durch das Nachdrängen der parthischen Bogenschützen noch qualvoller. An einem schwülen Maiabend ging ich längs des Orontes vor die Stadt, um die kleine, von Fieber, Sorge und Mattigkeit geplagte Schar einzuholen, den kranken Kaiser, Attianus und die Frauen. Obwohl er sich kaum auf dem Pferde halten konnte, bestand Trajan darauf, bis an die Schwelle des Palastes zu reiten. Der sonst so Lebensvolle wirkte durch den nahenden Tod veränderter, als gemeinhin ein Mensch zu werden pflegt.

Krito und Matidia halfen ihm über die Stufen, legten ihn auf sein Bett und hielten an seinem Lager Wacht. Attianus und Plotina berichteten Einzelheiten aus dem Feldzug, die in ihren kurzen Mitteilungen nicht enthalten gewesen waren. Eine davon ging mir so nahe, daß sie mir fortan zum Sinnbild wurde und mich traf wie selbst erlebtes Geschick. Kaum in Charax angekommen, hatte der müde Kaiser sich an den Strand gesetzt und in die träge Flut des Golfes gestarrt. Nicht daß er schon am Siege gezweifelt hätte, doch wehte ihn hier zum ersten Male der Schauer der Unendlichkeit an, eine Ahnung des Todes und der Grenzen, die unser aller Streben gesetzt sind. Tränen rannen über die gefurchten Wangen des Mannes, dem niemand zugetraut hatte, daß er je weinen könnte. Der Imperator, der die römischen Adler bis an dies vorher unerforschte Gestade vorgetragen hatte, erkannte, daß er das so heiß ersehnte Meer nie befahren würde. Indien, Baktrien und der ferne Orient sollten für ihn Traumgebilde bleiben, die nun zerrannen, und ihre bunten Namen leerer Schall. Jedesmal, wenn mir mein Schicksal ein Halt zurief, mußte ich der Tränen gedenken, die ein alter Mann eines Abends am fernen Gestade geweint hat, der dort vielleicht zum ersten Male seinem nackten Ich ins Antlitz sah.

Am nächsten Tage stieg ich zum Kaiser hinauf. Ein Gefühl kindlicher Rührung übermannte mich. Der Mann, der stets seine Ehre darangesetzt hatte, so zu leben wie irgendein Soldat seines Heeres, starb recht einsam. Auf sein Lager hingestreckt, spann er weiter an großartigen Plänen, auf die niemand mehr hörte. Wie immer, vergröberte seine trockene, abgehackte Sprechweise das, was er sagen wollte. Mit Mühe die Worte bildend, sprach er von dem Triumphzug, der ihn in Rom erwartete; er leugnete die Niederlage, wie er den Tod leugnete. Zwei Tage darauf erlitt er einen neuen Anfall, so daß ich meine sorgenvolle Beratung mit Attianus und Plotina wieder aufnahm. In kluger Voraussicht hatte die Kaiserin durchgesetzt, daß meinem alten Freund die mächtige Stellung des Polizeipräfekten übertragen wurde, was den Oberbefehl über die kaiserliche Garde einschloß. Matidia, die nicht aus dem Zimmer des Kranken wich, war wie weiches Wachs in den Händen der Kaiserin und uns von je gewogen. Doch niemand wagte es, den Kaiser daran zu erinnern, daß die Frage der Nachfolge noch immer offenblieb. Vielleicht hatte er wie einst Alexander beschlossen, selbst keinen Thronerben zu ernennen, vielleicht war er auch der Partei des Quietus gegenüber Verpflichtungen eingegangen, von denen nur er wußte. Oder er scheute sich ganz einfach, den Tod ins Auge zu fassen, wie ja auch in den bürgerlichen Familien mancher Greis stirbt, ohne sein Testament gemacht zu haben. Sie schrecken davor nicht so sehr zurück, weil sie bis zur letzten Stunde sich an Schätze klammern, die schon den müden Händen entgleiten, als darum, weil sie sich nicht bei lebendigem Leibe überleben wollen, weil sie die Ohnmacht fürchten, die nicht mehr verheißen und nicht mehr drohen kann, nichts mehr entscheiden und niemanden überraschen.

Trajan dauerte mich, weil ich zu anders war, als daß ich der gefügige Vollstrecker seines Willens und Vollender seines Werkes hätte sein können, nach dem die meisten Machthaber auf ihrem Totenbett so verzweifelt suchen. Doch gab es in seiner Umgebung weit und breit keinen Staatsmann, so daß ich der einzige war, den er wählen konnte, ohne seine Pflicht als großer Herrscher zu verletzen. Der Vorgesetzte, der nach dem dienstlichen Personalakt zu werten gewohnt war, konnte nicht gut anders, als mich zu bestellen. Langsam besserte sich sein Zustand so, daß er das Zimmer verlassen durfte. Er sprach von einem neuen Feldzug, an den er wohl selbst nicht mehr glaubte. Endlich gelang es seinem Arzte Krito, der die Hitze der Hundstage fürchtete, ihn zu überreden, daß er sich nach Rom einschiffte. Am Abend vor der Abfahrt ließ er mich an Bord kommen und ernannte mich zum stellvertretenden Oberbefehlshaber. So weit ging er. Aber das Wichtigste unterblieb.

Entgegen den erhaltenen Weisungen begann ich heimlich mit Chosroes zu verhandeln. Ich verließ mich darauf, daß ich dem Kaiser kaum noch Rechenschaft abzulegen haben würde. Nicht ganz zehn Tage später wurde meine Nachtruhe durch die Ankunft eines Meldeläufers gestört, in dem ich einen Vertrauensmann Plotinas erkannte. Er überbrachte zwei Botschaften. Aus der ersten, amtlichen, erfuhr ich, daß Trajan, der den Wellengang nicht mehr hatte ertragen können, in Selinunt in Kilikien an Land geschafft worden sei, wo er im Hause eines Kaufmanns schwer daniederlag. In einem zweiten, vertraulichen Brief zeigte mir Plotina seinen Tod an, den sie so lange wie möglich geheimzuhalten versprach, damit ich den Vorteil genösse, als erster darum zu wissen. Nachdem ich alles getan hatte, um mich der syrischen Garnisonen zu versichern, reiste ich nach Selinunt ab. Kaum war ich unterwegs, als mir ein zweiter Kurier amtlich das Ableben des Kaisers meldete. Sein Testament, das mich zum Nachfolger bestimmte, war eben zu treuen Händen nach Rom gesandt worden. Alles, was ich in den letzten Jahren erträumt, erwogen, erörtert oder verschwiegen hatte, schrumpfte so zu zwei griechischen Zeilen zusammen, die eine feste Frauenhand in zierlichen Lettern geschrieben hatte. Attianus, der an der Schiffslände von Selinunt auf mich wartete, grüßte mich als erster mit dem Kaisertitel.

In diesem Zwischenraum zwischen der Landung des Kranken und dem Augenblick seines Todes fällt eine Kette von Ereignissen, die wiederherzustellen mir nie gelingen wird, so sehr sich auch mein Schicksal darauf gründet. Obwohl die wenigen Tage, die Attianus mit den Frauen in diesem Kaufmannshaus zubrachte, über mein Leben entschieden haben, wird es mir damit ewig so gehn, wie es mir später mit einem gewissen Nachmittag am Nil gehen sollte, über den ich auch nie etwas erfahren werde, eben deshalb, weil es mir darauf ankommt, alles zu erfahren. Der letzte Eckensteher in Rom macht sich sein Bild von diesen meinen Schicksalsstunden, über die ich am wenigsten weiß. Meine Widersacher bezichtigten Plotina, den Todeskampf des Kaisers dazu ausgenutzt zu haben, daß sie den Sterbenden zwang, die Worte zu schreiben, die mir die Macht vererbten. Noch plumpere Verleumder malten die Szene aus: ein dicht verhängtes Himmelbett und, beim ungewissen Schein der Öllampe, der Arzt Krito, wie er mit der nachgeahmten Stimme des Toten Trajans letzten Willen diktiert. Man hat betont, daß die Ordonnanz Phoedimus, der mich haßte und dessen Schweigen meine Freunde durch kein Geld erkaufen konnten, sehr zur rechten Zeit am Tage nach dem Ableben seines Herrn an einem hitzigen Fieber starb. In diesen Bildern voll Trug und Nötigung ist etwas, was die Einbildung des Volkes anspricht, selbst meine eigene. Der Gedanke wäre mir durchaus nicht unlieb, daß eine kleine Gruppe von Ehrenmännern sich meinetwegen bis zum Verbrechen verstiegen hätte oder daß die Kaiserin in ihrer Ergebenheit so weit gegangen wäre. Sie kannte die Gefahren, denen eine mangelnde Entscheidung den Staat ausgesetzt hätte. Ich halte genug von ihr, um ihr zuzutrauen, daß sie es auf sich genommen hätte, zu einer Täuschung ihre Zuflucht zu nehmen, wenn der gesunde Menschenverstand, das öffentliche Wohl und die Freundestreue es erforderten. Zwar habe ich das von meinen Gegnern so heftig angefochtene Dokument später in Händen gehalten, doch vermag ich mich weder für noch gegen die Echtheit dieses Diktates auszusprechen. Gewiß wäre mir die Annahme lieber, daß Trajan selber vor dem

Tode seine persönlichen Vorurteile überwunden und das Reich dem vermacht hätte, den er alles in allem für den Würdigsten hielt. Doch kann ich mir nicht verhehlen, daß es mir in diesem Falle mehr auf das Ergebnis ankam als auf die Mittel. Die Hauptsache bleibt, daß der, der zur Macht gelangt war, hinterher durch ihre Ausübung bewies, daß er sie verdiente.

Die feierliche Beisetzung blieb für Rom vorgesehen. Einstweilen wurde der Leichnam bald nach meinem Eintreffen am Strand verbrannt. Nur wenige wohnten der schlichten Feier bei, die im Morgengrauen abgehalten wurde, ein letzter Akt in der Reihe treuer Dienste, die die Frauen dem Trajan sein Leben lang erwiesen haben. Matidia weinte, Plotinas Züge verschwammen in der flimmernden Luft um den Scheiterhaufen. Fern, in sich gekehrt und leicht vom Fieber mitgenommen, hüllte sich die Kaiserin wie immer in ihre lautere Undurchdringlichkeit. Attianus und Krito wachten darüber, daß die Reste ausbrannten, wie es sich gehört. Die dünne Rauchfahne verschwebte im bleichen Dunst des schattenlosen Morgens. Keiner meiner Freunde kam auf die Vorfälle zurück, die sich kurz vor dem Hinscheiden des Kaisers begeben hatten. Offenbar hieß Schweigen ihre Losung; die meinige war, keine verfänglichen Fragen zu stellen.

Am gleichen Tage stach die Kaiserin-Witwe mit den Ihrigen in See nach Rom. Geleitet vom Jubel der Legionen, die längs des Weges aufmarschiert waren, kehrte ich nach Antiochia zurück. Nun, da Furcht und Ehrgeiz wie ein Alpdruck hinter mir lagen, überkam mich große Ruhe. Ich war für jeden Fall entschlossen gewesen, meine Anwartschaft auf den Thron bis zum Äußersten zu verteidigen, die Adoption enthob mich des Kampfes. Da mir um mein eigenes Schicksal nicht mehr bangte, konnte ich wieder an das der Allgemeinheit denken.

Tellus stabilita

Mein Schicksal war in Ordnung gekommen, nicht so das
Reich. Die Welt, deren Erbe ich antrat, glich einem Mann
in der Blüte der Jahre, der, obschon der Arzt ihm un-
merkliche Zeichen des Verfalls ansah, noch bei bester
Kraft war, eben aber eine schwere Krankheit überstanden
hatte. Die Unterhandlungen mit den Parthern wurden
wieder aufgenommen, diesmal öffentlich. Ich ließ überall
aussprengen, daß Trajan selber vor seinem Tode mich
damit beauftragt hätte. Mit einem Strich schrieb ich alle
gefährlichen Eroberungen ab, nicht nur Mesopotamien,
das wir nicht behaupten konnten, sondern auch das entle-
gene Armenien, das ich nur als Vasallenstaat behielt.
Schwierigkeiten, die eine Friedenskonferenz Jahre hindurch beschäftigt hätten, wenn den Beteiligten daran gelegen gewesen wäre, die Sache in die Länge zu ziehen,
beseitigte ich durch Vermittlung des Kaufmanns Opramoas, der das Ohr der Satrapen hatte. Ich bemühte mich,
den Verhandlungen einen Schwung zu geben, den andere
erst auf dem Schlachtfeld entwickeln: ich erzwang den
Frieden. Da für die Perser nichts dringlicher war, als wieder ihre Handelsstraßen zwischen Indien und uns zu öffnen, wünschte ihn mein Partner vielleicht noch sehnli-
cher. Wenige Monate nach der großen Störung sah ich zu
meiner Freude, wie die Kamelreihen längs des Orontes
sich aufs neue zu Karawanen formten. Die Oasen füllten
sich mit Händlern, die beim Schein der Kochfeuer die
letzten Nachrichten besprachen. Allmorgendlich ver-
frachteten sie zugleich mit ihren Waren eine unsichtbare
Last von Sitten, Gedanken und Gebräuchen, die unser
waren und den Erdkreis sicherer durchdrangen als mar-
schierende Legionen. Der große Leib der Welt wurde
wieder vom Umlauf des Goldes durchblutet und von jenen geistigen Gütern, die so leise wandern wie die Le-

bensluft durch die Adern. Der Puls der Erde begann neu zu schlagen.

Auch das Fieber der Unruhen legte sich. In Ägypten war es so heftig gewesen, daß man bäuerliche Milizen hatte ausheben müssen, bevor unsere Verstärkungen kamen. Ich befahl meinem Waffengefährten Marcius Turbo, die Ordnung wiederherzustellen, was ihm mit umsichtiger Tatkraft gelang. Doch die Ordnung auf der Straße befriedigte mich nicht recht, ich hätte sie gern auch in den Gemütern wiederhergestellt, oder richtiger, dort zum ersten Male einkehren sehn. So wandte ich eine volle Woche daran, in Pelusium zwischen Griechen und Juden, diesen ewig Unvereinbaren, Frieden zu stiften. Nichts von allem, was ich gern aufgesucht hätte, bekam ich zu sehen, weder die Ufer des Nils noch das Museum von Alexandria, noch die Standbilder im Tempel, kaum, daß ich für die liebenswürdigen Laster von Kanopos eine Nacht erübrigte. Sechs endlose Tage verstrichen im kochenden Bottich des Gerichtssaales, der durch lange, im Luftzug rasselnde Metallvorhänge gegen die Hitze abgedeckt war. Nachts knisterten riesige Stechmücken im Brand der Fackeln.

Den Griechen versuchte ich klarzumachen, daß sie nicht immer die Weiseren waren, den Juden, daß sie die Reinheit nicht gepachtet hatten. Die Spottlieder, mit denen die Hellenen minderer Sorte ihre Gegner kränkten, waren nicht weniger verwerflich als die albernen Verwünschungen, in denen die Judenschaft sich gefiel. Stets hatte es diesen Rassen, die jahrhundertelang nebeneinander lebten, an der Neugierde gefehlt, einander kennenzulernen, und an dem Anstand, einander zu dulden. Die erschöpften Parteien, die sich erst spät abends zurückzogen, fanden mich schon bei Morgengrauen wieder auf meinem Sitz, bemüht, durch einen Misthaufen von falschen Bezichtigungen durchzufinden. Oft handelte es sich bei den erdolchten Leichen, die mir als Beweisstücke gebracht wurden, um friedlich in ihrem Bett Entschlummerte, die man den Einbalsamierern entwendet hatte. Aber jeder gestiftete Frieden war ein Sieg, fragwürdig, wie der Sieg immer ist, und jeder geschlichtete Streit ein Präzedenzfall, eine Gewähr für die Zukunft. Ich machte mir wenig daraus, daß es nur zu einer äußerlichen, aufgenötigten und vermutlich zeitweiligen Verständigung kam. Wußte ich doch, daß »gut und böse« Gewohnheitssache sind, und wie lange das Zeitweilige dauern, wie das Äußerliche nach innen sickern kann. Mit der Zeit wird die Maske zum Antlitz. Da der Haß, die Dummheit und der Wahn bleibende Wirkungen ausüben, vermochte ich nicht einzusehen, weshalb nicht der Klarheit, der Gerechtigkeit und dem Wohlwollen ein gleiches glücken sollte. Die Ordnung an den Grenzen war wertlos, wenn ich nicht den jüdischen Trödler und den griechischen Metzger dahin brachte, miteinander auszukommen.

Der Friede war mein Ziel, doch so wenig mein Idol, daß ich selbst den Ausdruck Ideal als übertrieben ablehnen müßte. Ich hatte daran gedacht, meiner Abneigung gegen Eroberungen so weit nachzugeben, daß ich selbst auf Dakien verzichtete. Ich hätte es auch getan, wenn ich vernünftigerweise mit der Politik meines Vorgängers laut hätte brechen dürfen. Da ich das nicht konnte, hielt ich es für richtiger, die vor meiner Regierung eingebrachten und schon von der Historie verzeichneten Gewinne so klug wie möglich zu nutzen. Der treffliche Julius Bassus, erster Statthalter der neu eingerichteten Provinz, war über der ruhmlosen Aufgabe, ein angeblich unterworfenes Gebiet immer aufs neue zu befrieden, in den Sielen gestorben. Da ich sein Los um so mehr zu würdigen verstand, als es mir während meines Jahres an der Sarmatengrenze beinahe ebenso gegangen wäre, ehrte ich sein Andenken durch eine Beisetzung in Rom, wie sie sonst den Kaisern vorbehalten bleibt. In dieser Ehrung eines treuen, weit abseits geopferten Dieners lag mein letzter leiser Einspruch gegen die Eroberungspolitik. Weil es in meiner Macht stand, damit ein Ende zu machen, brauchte ich sie nicht öffentlich anzuprangern.

Dagegen empfahl sich in Mauretanien, wo die Sendlinge des Lusius Quietus Unruhe stifteten, ein bewaffnetes Einschreiten, das jedoch meine Anwesenheit vorderhand nicht erforderte. Ähnlich stand es in Britannien, wo die Caledonier den durch den Einsatz der Truppen in Asien geschwächten Grenzschutz bedrängten. Solange die Regelung der römischen Angelegenheiten mir die langwierige Reise verbot, übernahm Julius Severus den Oberbefehl. Mehr lag mir freilich daran, den noch immer nicht beendeten Krieg gegen die Sarmaten persönlich durchzufechten und endlich mit genügenden Kräften den Raubzügen der Barbaren zu steuern. Wie immer, weigerte ich mich auch hierbei, mich einem Schema zu fügen. Wenn Verhandlungen nicht fruchteten, war mir der Krieg als Mittel zum Frieden recht, so wie der Arzt zum Brenneisen greift, nachdem seine Kräutlein versagt haben. Die menschlichen Beziehungen sind zu verwickelt, als daß meine friedliche Regierungszeit des Krieges ganz hätte entraten können. Genauso kennt ja auch das Leben jedes großen Kriegsmannes, ob er will oder nicht, seine friedlichen Zwischenspiele.

Bevor ich zur Bereinigung der sarmatischen Wirren nach Norden zog, sah ich Quietus wieder. Der Henker von Kyrene war noch immer furchterregend. Als erste Maßnahme hatte ich die Auflösung seiner numidischen Aufklärungshorden verfügt, doch beließ ich ihm seinen Sitz im Senate, seinen Rang im regulären Heere und sein unermeßliches Sandreich gegen Sonnenuntergang, das er nach Belieben als Sprungbrett oder als Zuflucht nutzen konnte. Bei einer Jagd in Mysien, zu der er mich geladen hatte, hatte er mitten im Walde einen kleinen Unfall für mich vorbereitet, und zwar so fein, daß ich mit etwas weniger Glück und Geschicklichkeit ums Leben gekommen wäre. Ich hielt es für besser, mir nichts anmerken zu lassen, gute Miene zu zeigen und zu warten. Bald darauf ersah ich aus einem chiffrierten Eilbrief meines früheren Vormundes, der mich in der Moesia Inferior gerade zu dem Zeitpunkt erreichte, wo die Waffenstreckung der sarmatischen Fürsten mir die Heimkehr nach Italien gestattet hätte, daß Quietus, der schon in Rom war, sich dort mit Palma besprochen hatte. Unsere Widersacher bauten ihre Stellungen aus und ordneten ihre Streitkräfte. Solange wir diese beiden Männer gegen uns hatten, konnte es keine Ruhe geben. So bat ich denn Attianus, rasch zu handeln, und der alte Mann schlug zu wie der Blitz. Er überschritt seine Vollmachten und befreite mich so im Handumdrehen von allen erklärten Gegnern, die ich noch hatte. Am gleichen Tage, im Abstand von wenigen Stunden, wurde Celsus in Baiae erledigt, Palma in seiner Villa in Terracina, Nigrinus in Faventia auf der Schwelle seines Sommerhauses. Quietus kam auf dem Trittbrett seines Wagens um, als er von einer Verschwörersitzung außerhalb von Rom eben in die Stadt zurückfahren wollte. Eine Welle des Schreckens ging über Rom. Servianus, mein uralter Schwager, der sich scheinbar mit seinem Geschick abgefunden hatte, im stillen aber gierig nach etwaigen Fehlern spähte, die ich machen konnte, muß eine Freude empfunden haben, die sicherlich zu den süßesten Wonnen seines Lebens gezählt hat. Alle finsteren Gerüchte, die über mich umliefen, fanden wieder Glauben.

Auf dem Deck des Schiffes, das mich heim nach Italien brachte, nahm ich diese Nachrichten entgegen. Ich war verzweifelt. Gewiß ist man immer froh, wenn man seiner Feinde ledig wird, aber mein Vormund hatte die Nachwirkungen seiner Tat mit greisenhafter Gleichgültigkeit außer acht gelassen. Er hatte nicht bedacht, daß ich unter dem Fluch dieser Morde noch manches Jahrzehnt leben mußte. Ich dachte an Octavians Proskriptionen, die das Andenken des Augustus für immer befleckt hatten, und an Neros erste Verbrechen, denen so viele folgen sollten. Ich entsann mich der letzten Jahre Domitians, der, ein mittelmäßiger Tropf und nicht schlimmer als andere auch, durch die Furcht, die er erregte und ausstand, zum Unmenschen wurde, bis er wie ein wildes Tier in seinem Palaste erschlagen wurde. Schon war ich nicht mehr Herr über mein öffentliches Gebaren: in die erste Zeile der Inschrift, die von meinen Staatsakten sprach, hatte ein fremder Meißel Worte eingegraben, die ich nicht mehr auslöschen konnte. Nie würde der Senat, diese große Körperschaft, die bei aller Schwäche in der Verfolgung stark wird, es mir verzeihen, daß vier seiner Mitglieder in meinem Namen ohne weiteres umgebracht worden waren. Drei Verschwörer und ein blutgieriges Scheusal waren zu Märtyrern geworden. Ich bestellte Attianus nach Brundisium, um ihn zur Rechenschaft zu ziehen.

Er wartete auf mich dicht beim Hafen, in einem Zimmer der nach Osten schauenden Herberge, in der Vergil gestorben ist. Da ihn ein Gichtanfall plagte, hinkte er, als er mir an die Schwelle entgegenkam. Sobald wir allein waren, brach ich in Vorwürfe aus. Ich hatte mir vorgenommen, einwandfrei, ja vorbildlich zu regieren. Durch seine Schuld begann meine Regierung mit vier Hinrichtungen, von denen nur eine notwendig gewesen wäre, und zwar ohne daß die gesetzlichen Formen gewahrt worden waren. Dieser Mißbrauch der Gewalt würde mir um so mehr verdacht werden, als ich entschlossen sei, mich künftig milde und gerecht zu erzeigen. Man würde ihn als Beweis dafür ansehn, daß meine sogenannten Tugenden nichts als Masken seien, und mein Ruf als Tyrann war für alle Zeiten fertig. Schließlich war mir ja auch der Hang zur Grausamkeit nicht fremder als irgendein anderes menschliches Gebrechen, ich berief mich auf den Gemeinplatz, daß eine Untat die andere nach sich zieht, und verschmähte das Bild der Bestie nicht, die einmal Blut geleckt hat. Schon gehe ein alter Freund, auf dessen Treue ich fest gebaut hätte, seine eigenen Wege, weil er glaube, sich dies ungestraft herausnehmen zu dürfen. Unter dem Vorwand, mir zu dienen, habe er eine persönliche Rechnung mit Nigrinus und Palma beglichen, mein Friedenswerk gefährdet und mir die denkbar schwärzeste Heimkehr bereitet.

Der alte Mann bat, sich setzen zu dürfen, und legte das verbundene Bein auf einen Hocker. Im Sprechen breitete ich ihm eine Decke über den kranken Fuß. Mit dem Lächeln des Lehrers, der zuhört, wie sein Schüler mit dem Hersagen einer schwierigen Stelle leidlich ins reine kommt, ließ er mich ausreden. Als ich fertig war, fragte er mich seelenruhig, was ich denn mit den Feinden des Reiches anzufangen gedacht hätte. Wenn nötig, könne bewiesen werden, daß diese vier Männer meinen Tod planten, daran gelegen war ihnen jedenfalls. Jeder Regierungswechsel erfordere derartige Säuberungen; er habe diese da auf sich genommen, damit meine Hände unbefleckt blieben. Sollte die öffentliche Meinung wirklich auf einer Sühne bestehen, so sei nichts leichter, als ihn seines Postens als Polizeipräfekt zu entheben. Mit dieser Maßnahme habe er gerechnet und rate mir, sie zu ergreifen. Falls das nicht genügen sollte, um den Senat zu besänftigen, sei er auch mit der Strafe der Verbannung einverstanden.

Attianus war mein Vormund gewesen und mein treuer Helfer. An ihn hatte ich mich in jungen Jahren wenden müssen, wenn ich in Geldverlegenheit war, und zu jeder Zeit, wenn ich guten Rat brauchte. Jetzt aber betrachtete ich zum ersten Male dies alte Gesicht mit den sorgfältig ausrasierten Hängebacken und die knotigen Hände, die auf dem Griff eines Stockes aus Ebenholz ruhten. Ich wußte um die Dinge, die in seinem glücklichen Leben von Bedeutung waren, seine Frau, die er liebte und deren zarte Gesundheit Pflege erforderte, die verheirateten Töchter und ihre Kinder, für die er den gleichen bescheidenen, aber zähen Ehrgeiz hegte, den er für sich selbst gehabt hatte. Da war ferner seine Freude an gutem Essen und seine ausgesprochene Vorliebe für griechische Gemmen und junge Tänzerinnen. Seit dreißig Jahren war es seine Hauptsorge gewesen, erst mich in seine

Obhut zu nehmen und dann mir zu dienen, er hatte mir den Vorrang vor allem eingeräumt, was er sonst liebte.

Für mich, dem bisher höchstens ein künftiges Bild meiner selbst wichtiger geschienen hatte als die eigene werte Person, hatte diese Ergebenheit eines Menschen für den anderen etwas Wundersames, Rätselhaftes. Niemand ist einer solchen Aufopferung würdig, und noch heute kann ich sie mir nicht erklären. Ich folgte seinem Rat und enthob ihn seines Postens. Sein dünnes Lächeln zeigte, daß er beim Wort genommen werden wollte. Er wußte, daß keine unzeitige Rücksicht auf einen alten Freund jemals meine Entschlüsse beeinträchtigen würde. Der gewiegte Politiker, der er war, hätte eine andere Haltung auch weder gewünscht noch gebilligt. Die Ungnade, in die er fiel, war zudem nicht allzu schwer zu ertragen. Nachdem er einige Monate kaltgestellt worden war, konnte ich ihm einen Sitz im Senat verschaffen, und eine größere Ehre konnte dem Mann aus dem Ritterstande nicht widerfahren. Als reicher Patrizier, im Genuß eines Einflusses, den er seiner umfassenden Kenntnis der römischen Gesellschaft und der Staatsgeschäfte verdankte, verlebte er ein gemächliches Alter und sah mich in seiner Villa in den Albanerbergen oft zu Gaste. Immerhin hatte ich, wie weiland Alexander am Abend vor der Schlacht, vor meiner Heimkehr nach Rom der Göttin der Furcht geopfert, denn manchmal rechne ich Attianus zu meinen Opfern.

Attianus hatte recht, das jungfräuliche Gold der Ehrerbietung vor dem Herrscher war noch zu weich, als daß es schon des Zusatzes der Furcht hätte entraten können. Genau wie bei dem gefälschten Testament ging es bei der Ermordung der vier Senatoren so, daß die rechtschaffenen Leute an meine Mitschuld nicht glaubten, während die Zyniker davon überzeugt waren, mich aber um so mehr respektierten. Rom beruhigte sich, sobald es merkte, daß es damit sein Bewenden hatte, und über der Erleichterung, nichts mehr fürchten zu müssen, vergaß man die Toten schnell. Man staunte über meine Milde, die man für wohlbedacht hielt, für einen allmorgendlichen Sieg über eine Härte, die anzuwenden ebenso in meiner Macht gestanden hätte. Man lobte mich wegen meiner Schlichtheit, weil man darin Berechnung sehn wollte. Wenn Trajan die meisten landläufigen Tugenden besessen hatte, so erregten die meinigen mehr Aufsehen: es fehlte wenig daran, daß man klug verschleierte Laster dahinter witterte. Ich hatte mich nicht geändert, doch das, was man einst verspottet hatte, wurde jetzt gepriesen. Die ausgesuchte Höflichkeit, die mir von allen Flegeln früher als Schwäche, wenn nicht als Feigheit ausgelegt worden war, galt jetzt als blanke, glänzende Außenschale der Kraft. Man hob meine Leutseligkeit in den Himmel, meine Geduld mit Bittstellern, die häufigen Besuche, die ich den Kranken in den Militärhospitalen abstattete, und meinen zwanglosen Verkehr mit den heimgekehrten Veteranen. Genauso hatte ich aber mein Leben lang meine Diener und die Bauern auf meinen Gütern behandelt. Jeder von uns hat mehr gute Eigenschaften, als man gemeinhin annimmt, aber erst der Erfolg setzt sie ins Licht. Welch Armutszeugnis stellt sich doch das Menschengeschlecht aus, wenn es sich darüber wundert, daß ein Herr über die Welt kein träger Tropf, kein eingebildeter Laffe und kein Wüterich ist!

Ich hatte alle Titel ausgeschlagen. Im ersten Monat meiner Regierung hatte der Senat mich ohne mein Wissen mit jener Reihe ehrender Namen geschmückt, die wie Fransen eines Halstuches vom Nacken mancher Kaiser herabhängen. Dacicus, Parthicus, Germanicus: Trajan hatte diese hellen Fanfarentöne geliebt, die an die Marschmusik persischer Regimenter gemahnen, weil sie in seinem Herzen widerhallten; mich ließen sie kalt oder ärgerten mich. Mit alledem brach ich, versagte mir sogar einstweilen den hehren Titel eines Vaters des Vaterlandes, den Augustus erst in seinen späteren Jahren angenommen hat und den ich noch nicht zu verdienen meinte. Auch des Triumphes enthielt ich mich nach einem Kriege, in dem ich mich nur dadurch ausgezeichnet hatte, daß ich ihn beendete. Wer diese Verzichte als Bescheidenheit deuten wollte, irrte ebenso wie jene, die mir dabei Stolz vorwarfen. Ich dachte weniger an die Wirkung auf andere als an den eigenen Vorteil. Mein Ansehen sollte persönlich erworben sein, mir auf die Haut geschrieben, leicht meßbar mit genauen Begriffen, wie Geist, Charakterstärke und vollbrachten Taten. Titel mochten später dazukommen, sehr andere Titel als Beglaubigung anderer, heimlicherer Siege, die ich noch nicht errungen hatte. Zunächst hatte ich genug damit zu tun, so gut wie möglich zum Hadrian zu werden oder es zu sein.

Man bezichtigt mich, Rom nicht zu lieben. Wie schön war doch die Stadt mit den engen Gassen, den überladenen Foren und den Ziegeln, deren Farbe an die Haut alter Leute erinnerte, in diesen zwei Jahren, in denen der Staat und ich einander betasteten! Das Wiedersehen nach dem Aufenthalt in Griechenland und im Orient gab Rom einen fremdartigen Zauber, den der geborene Römer, der dort aufwächst, nicht empfindet. Gern gewöhnte ich mich wieder an die feuchten, rußigen Winter, an die afrikanischen Sommer, deren Glut nur die Wasserkünste von Tibur und die Seen im Albanergebirge linderten, an dies noch so ländliche Volk, in das freilich die Jagd nach Erwerb, der Ehrgeiz und der Zufall der Eroberungen nach und nach alle Rassen der Welt einstreute, den tätowierten Neger, den behaarten Germanen, den schlanken Griechen und den beleibten Sohn des Orients. Ich streifte meine Empfindsamkeit ab, ging in die öffentlichen Bäder, sogar in den Zeiten des Andranges, und lernte die Kampfspiele ertragen, die mir bisher nur als wüste Vergeudung erschienen waren. Zwar hatte ich meine Ansicht nicht geändert: nach wie vor haßte ich die Schlächtereien, bei denen das Tier rettungslos verloren ist, doch begriff ich allmählich ihren kultischen Wert, die tragisch reinigende Wirkung, die sie auf die Masse ausübten. So wollte ich denn, daß diese Feste denen unter Trajan an Glanz nicht nachstehen, sie aber durch mehr Kunst und bessere Ordnung übertreffen sollten. Ich brachte es über mich, am sicheren Schwertstoß der Gladiatoren Geschmack zu gewinnen, bestand aber darauf, daß niemand gegen seinen Willen zu diesem Beruf gezwungen wurde. Ich lernte von der Höhe der Kaiserloge hinab mit der Menge durch die Stimme der Ankünder zu verhandeln, ihr nur mit einer Schonung Schweigen zu gebieten, die sie mir hundertfach lohnte, ihr nichts zu gewähren als das, was sie vernünftigerweise erwarten durfte, und nichts zu versagen, ohne meine Weigerung zu begründen. Nie nahm ich Bücher in meine Loge mit, wie du das tust, denn die Menschen nehmen es übel, wenn man ihre Vergnügungen mißachtet. Mochte das Schauspiel mich anwidern, die Selbstüberwindung, die es mich kostete, mir nichts anmerken zu lassen, war mir dienlicher als die Lektüre des Epiktet.

Beruht die Sittlichkeit auf einer Übereinkunft, die man mit sich selbst trifft, so ist die Sitte eine öffentliche Angelegenheit. Ein merkliches Sichgehenlassen ist mir immer als Bekundung schlechter Sitte erschienen. Ich verbot die gemischten Bäder, in denen es ständig zu Raufereien gekommen war, und ließ das große, kostbare Tafelgeschirr, das der gefräßige Vitellius sich hatte anfertigen lassen, zugunsten des Staatsärars einschmelzen. Da unsere ersten Kaiser sich den häßlichen Ruf von Erbschleichern zugezogen hatten, machte ich es mir zur Regel, weder für den Staat noch für mich irgendein Vermächtnis anzunehmen, auf das leibliche Erben ein Anrecht geltend machen konnten. Ich war bestrebt, die ungeheure Zahl der Sklaven im kaiserlichen Haushalt zu vermindern und der Unverschämtheit zu steuern, mit der diese sich den besten Bürgern gleichsetzten, ja sie einschüchterten. Als einer meiner Leute zu einem Senator frech geworden war, ließ ich ihm Backenstreiche geben. Mein Haß gegen alle Unordnung ging so weit, daß ich überschuldete Verschwender öffentlich im Zirkus geißeln ließ. Damit die Unterschiede gewahrt blieben, bestand ich darauf, daß in der Stadt die Toga und das Senatorengewand mit dem Purpurstreifen angelegt wurden. Diese Gewänder mögen unbequem sein, auch ich trage sie nur, wenn ich in Rom bin, doch Würde bringt Bürde. Ich erhob mich, wenn ich empfing, ich stand während der Audienzen aufrecht, um die Lässigkeit des Sitzens oder Liegens zu vermeiden. Ich schränkte die protzigen Gespanne ein, die unsere Straßen versperrten, diesen Auswuchs einer Hast, die sich selbst im Wege ist. Jeder Fußgänger kommt schneller voran als die Hunderte von Wagen, die sich hintereinander an den Kehren der Via Sacra stauen. Bei meinen Besuchen ließ ich mich in der Sänfte bis in das Innere der Wohnungen tragen, um den Herrn des Hauses der lästigen Pflicht zu entheben, mich bei schlechtem Wetter draußen zu erwarten und wieder hinauszugeleiten.

Ich fand zu den Meinigen zurück! Meine Schwester Paulina hatte ich immer gerne gemocht, und sogar Servianus kam mir weniger unleidlich vor als ehedem. Meine Schwiegermutter Matidia, die aus dem Osten die Anzeichen einer tödlichen Krankheit mitgebracht hatte, suchte ich über ihre Leiden durch einfache Feste hinwegzutrösten, bei denen der Matrone mit dem kindlichen Mädchenherzen ein Schluck Wein guttat. Daß meine Frau sich in einem ihrer Anfälle von Verärgerung aufs Land zurückgezogen hatte, tat diesen Familienfesten keinen Abbruch. Von allen mir bekannten Wesen gefiel ich wohl keinem weniger als ihr, habe mich allerdings in dieser Hinsicht auch nicht sehr angestrengt. Häufig verkehrte ich in dem kleinen Hause, in dem die Kaiserin-Witwe sich den gediegenen Freuden der Betrachtung und des Studiums hingab. Wieder war Plotinas schönes Schweigen um mich. Unmerklich schwand sie dahin. Ihr Garten, ihre lichten Räume wurden immer mehr zum Gehege einer Muse, zum Tempelbezirk einer schon verewigten Kaiserin. Ihre Freundschaft stellte zwar weiterhin Anforderungen; Plotina hat kaum je einen unbilligen Anspruch erhoben.

Ich sah die Freunde wieder und lernte die schöne Freude kennen, nach langer Abwesenheit neu zu urteilen und neu beurteilt zu werden. Victor Voconius, einst Gefährte meiner Vergnügungen und literarischen Arbeiten, war gestorben, und ich verfaßte eine Gedenkrede. Die Leute lächelten, als ich unter seinen Tugenden die Keuschheit erwähnte. Seine eigenen Gedichte schienen mich ebenso Lügen zu strafen wie Testylis mit den honiggelben Locken, den Victor seine süße Qual genannt hatte und der beim Leichenbegängnis erschien. Doch war meine Lüge weniger grob, als es scheinen mag, denn jede mit Geschmack genossene Lust hatte für mich etwas Züchtiges.

Ich sorgte für Rom, wie man ein Haus bestellt, das der Herr jederzeit verlassen kann, ohne daß seine Abwesenheit schadet. Neue Mitarbeiter bewährten sich, und versöhnte Widersacher speisten auf dem Palatin gemeinsam mit den Freunden aus schweren Zeiten. Neratius Priscus entwarf bei Tisch seine gesetzgeberischen Pläne, und der Architekt Apollodor erläuterte seine Grundrisse. Der schwerreiche Ceionius Commodus, Sprößling eines etruskischen Hauses von fast königlichem Rang, der sich in den Weinen ebenso auskannte wie in den Menschen, beriet mich für die nächste Senatssitzung.

Sein achtzehnjähriger Sohn Lucius Ceionius brachte in diese ernsten Feste den lachenden Charme eines jungen Prinzen. Seine liebenswürdigen Grillen hatte er schon damals: die Vorliebe für ausgefallene Gerichte, mit denen er seine Freunde bewirtete, einen erlesenen Geschmack in der Anordnung des Blumenschmuckes, einen tollen Hang zum Glücksspiel und zu Maskenfesten. Sein Vergil war Martial, dessen schlüpfrige Gedichte er mit reizender Frechheit aufsagte. Ich ließ mich zu Versprechungen hinreißen, die mir später recht lästig werden sollten. Dieser tanzende junge Faun hat mich sechs Monate in Anspruch genommen.

Im Laufe der Jahre habe ich Lucius so oft aus den Augen verloren und wieder getroffen, daß ich befürchten muß, von ihm ein aus so vielen Teilen zusammengesetztes Bild im Gedächtnis zu haben, daß es keiner Phase seines kurzen Daseins wirklich entspricht.

Der ein wenig anmaßende arbiter elegantiarum, der angehende Redner, der, über Stilvorlagen gebückt, schüchtern meinen Rat einholt, der nachdenkliche Offizier, der den spärlichen Bart zwirbelt, und schließlich der hustende Patient, den ich bis zum Tode gepflegt habe, gehören späteren Bewußtseinsschichten an. Das Bild des jungen Lucius steigt mir aus verborgenen Schächten der Erinnerung auf: da sehe ich nichts als ein Gesicht, einen Leib, einen rosigen Hauch von weißem Alabaster, wie in einem Liebeslied des Kallimachos oder wie ein knapper Zweizeiler aus Straton.

Aber es drängte mich, von Rom fortzukommen. Mein Vorgänger hatte sich meist nur im Kriege von der Hauptstadt entfernt. Für mich hingegen lag alles, was ich vorhatte, meine Friedensarbeit und selbst das Privatleben, das ich führen wollte, außerhalb des Mauerkranzes.

Ein Letztes blieb zu tun. Ich schuldete es dem Trajan, den Triumph abzuhalten, nach dem er in seinen Fieberträumen gelechzt hatte. Nur Toten sollte diese Ehrung erwiesen werden, denn solange wir leben, wird immer irgend jemand unsere Schwächen uns vorhalten, wie dem Caesar seinen kahlen Kopf und seine Liebschaften. Der große Tote hat aber ein Recht auf eine feierliche Verabschiedung, auf die paar Stunden lauten Gepränges vor Jahrhunderten stillen Ruhmes und Jahrtausenden der Vergessenheit. Sein Schicksal ist gegen Rückschläge gefeit, sogar seine Niederlagen leuchten wie Ruhmestaten. Trajans letzter Triumph galt nicht seinem zweifelhaften Sieg über die Parther, sondern dem redlichen Streben, das sein Leben geadelt hatte. Wir waren zusammengekommen, um das Andenken des besten Kaisers zu ehren, den Rom seit dem alten Augustus erlebt hatte, des arbeitsamsten, rechtschaffensten und, alles in allem, am wenigsten willkürlichen. Jetzt waren selbst Trajans Untugenden nichts mehr als jene selbsteigenen, unverkennbaren Züge, die die Ähnlichkeit einer Büste mit dem Antlitz verbürgen. Aufwärts geleitet vom emporstrebenden Gewinde der unbeweglich ruhenden Trajanssäule, stieg die Seele des Kaisers gen Himmel. Mein Adoptivvater wurde zum Gott. Er hatte seinen Platz eingenommen unter den Verkörperungen des großen Ares, die von Jahrhundert zu Jahrhundert die Welt umstürzen und erneuern. Aufrecht stand ich auf der Brüstung des Palatins und bedachte, wie anders ich war. Mein Leben strebte stilleren Zielen zu. Ich träumte davon, in olympischer Ruhe zu herrschen.

Rom ist nicht mehr Rom, Rom wird eine halbe Welt sein oder nicht mehr sein. Nicht mehr die alten Mauern, die im Abendschein so feurig aufglühn, schützen dieses Rom. Ich selbst habe einen Teil seiner neuen Umwallung durch die germanischen Wälder gezogen und über die britische Heide. Die Akropolen der griechischen Städte ruhen in unnachahmlicher Schönheit wie Blumen auf dem Schafte ihrer Hügel. Aber sooft mein Blick sie von den besonnten Straßen aus in der Ferne aufragen sah, begriff ich, wie sehr diese Gebilde eben wegen ihrer Vollkommenheit an den Ort gebannt sind. Die griechische Stadt ist an einem bestimmten Punkt des Raumes zu einer bestimmten Zeit entstanden. Dort steht sie, und ausbreiten kann sie sich nur wie die Pflanze durch ihren Samen, durch die Saat großer Gedanken, die von Hellas aus die Welt befruchtet haben. In gestaltloser Wucht wie von ungefähr an das Ufer seines Stromes hingegossen, mußte Rom zum Staat werden, um sich mitteilen zu können. Mein Wille war, daß dieser Staat in neue Dimensionen hineinwachsen sollte, daß er zur Weltordnung würde und zur Ordnung aller Dinge. Die Tugenden, die für das bescheidene Leben auf den sieben Hügeln genügten, mußten sich vervielfältigen und verfeinern, um den Bedürfnissen einer Weltherrschaft zu entsprechen. So wollte ich, daß Rom, das ich als erster ewig zu nennen gewagt hatte, sich immer mehr den großen asiatischen Muttergottheiten angleichen sollte. Rom als Mutter junger Saat, der Menschen wie der Ernten, Rom, das den Löwen an sein Herz preßt wie den Bienenstock, das war mein Gedanke. Jegliche Schöpfung, die dauern will, hat sich nach dem großen Rhythmus der Natur zu richten. Rom ist nicht mehr das Hirtendorf Evanders, das mit einer Zukunft schwanger ging, die längst Vergangenheit wurde. Der Raubtierstaat der römischen Republik hat seine Zeit vollendet, und weise Mäßigung herrscht da, wo die frühen Kaiser ihre Orgien feierten. Rom wird noch oft das Gesicht wechseln, und auch, wenn ich die Züge, die es künftig tragen wird, jetzt nicht erkennen kann, werde ich doch an ihrer Formung mitgearbeitet haben. Ich habe die alten, ehrwürdigen Städte besucht, die für die Menschheit keine lebendige Bedeutung mehr haben, Babylon, Theben und Tyrus. Damals gelobte ich mir, meinem Rom das Schicksal ihres erstarrten Daseins zu ersparen. Je mehr es Rom gelingen wird, die Enge seiner steinernen Leiblichkeit zu sprengen, je sicherer winkt ihm aus dem Staatsbegriff, aus dem Bürgersinn, aus dem Rechtsgedanken die Palme der Unsterblichkeit. Wenn ich in den jungen Gebieten an der Donau und am Rhein reiste oder am Gestade des batavischen Meeres, schweiften meine Gedanken oft zu der Laubhütte, auf deren dürftiger Streu unsere römischen Zwillinge, von der Wölfin gesäugt, ihren ersten Schlaf schliefen. Die hinter ihren Pfahlverhauen träumenden Dörfer der Barbaren werden dereinst zu Städten aufblühen, die Roms Überlieferung fortsetzen. Wir haben das, was wir vorfanden, nirgends zerstört. Und dennoch haben wir das Dasein der einzelnen Stämme und Völker, ihr Herkommen, ihre Kulte, dem dunklen Walten des Zufalls entzogen und mit der Einheit einer menschlichen Ordnung überdacht. An die Stelle der Willkür haben wir eine Regel gesetzt, die auf empirischer

Erfahrung beruht und damit das Chaos bändigt. Rom soll sich in der kleinsten Stadt wiederfinden, wo die Behörden das Ihre tun, um die Maße und Gewichte zu überprüfen, um die Straßen sauber zu halten, um die Verkommenheit und die Unsicherheit zu bekämpfen, um die Gesetze vernünftig auszulegen. Rom wird erst dann zugrunde gegangen sein, wenn die letzte von Menschen bewohnte Stadt ausgelöscht ist.

Ich brauchte die drei Worte nicht zu erfinden, die auf den Münzen, die ich schlagen ließ, zu lesen stehen: HUMANITAS, FELICITAS, LIBERTAS. Jeder beliebige griechische Philosoph und fast jeder gebildete Römer sieht das Leben so an wie ich. Ich entsinne mich, wie Trajan einst die Vollstreckung eines ungerechten Gesetzes ablehnte, weil es dem Zeitgeist nicht mehr entspräche. Ich aber bin vielleicht der erste gewesen, der dem sogenannten Zeitgeist all sein Tun unterordnete, um daraus mehr zu machen als den windigen Traum eines Philosophen oder den unsicheren Anlauf eines guten Regenten. So dankte ich den Göttern, weil die Epoche, die mir beschieden war, mir erlaubte, eine geordnete Welt vorsichtig zu verbessern, anstatt mich am ungeformten Chaos zu versuchen oder vergebens an einem Leichnam zu rütteln, um ihn zu erwecken.

Ich schätzte mich glücklich, weil eine Vergangenheit hinter uns lag, die alt genug war, um unsere Erkenntnis zu bereichern, nicht aber so alt, daß die Last ihres Gewichtes die künftige Entwicklung hemmte. Unsere Kunstfertigkeit ist weit genug gediehen, um der Gesundheit und dem Glück dienen zu können; sie hat noch nicht jene Überreife erreicht, die den Menschen durch entbehrliche Erfindungen gefährlich zu werden droht. Ich freute mich darüber, daß die alten, durch reiches Fruchttragen erschöpften Bäume unserer schönen Künste immer wieder grün ausschlugen und daß die unbestimmte und doch erhabene Form unserer Götterverehrung so bar der Strenge blieb und so frei von Blutdurst. Unser Kult gesellt uns den Kindheitsträumen dieser alten Erde, ohne doch die vernünftige Deutung aller Dinge und die sinnvolle Gestaltung des Lebens auszuschließen. Und es gefiel mir, daß ich die großen Begriffe Menschlichkeit, Freiheit und Glück noch durch keinen lächerlichen Mißbrauch entwertet vorfinden durfte.

Ich kenne den Einwand, der gegen die Verbesserung der menschlichen Daseinsbedingungen erhoben wird: man bezweifelt, daß der Mensch ihrer würdig sei. Aber es fällt mir nicht schwer, dies Argument zu entkräften. Solange der Traum Caligulas sich nicht erfüllt, solange die Menschheit mehr als den einen einzigen Kopf besitzt, den der Tyrann ihr wünschte, um ihn abschlagen zu können, hat man sich mit ihr abzufinden, sie zu zügeln und sie zu nutzen. Meine Ansicht ergibt sich aus den Beobachtungen, die ich an mir selbst gemacht habe: jeder schlüssige Beweis hat mich überzeugt, jede mir erwiesene Freundlichkeit hat mein Herz gewonnen, und manches Glück, das ich erfuhr, verhalf mir zu dankbarer Einsicht. Deshalb hörte ich nur mit halbem Ohr zu, wenn strenge Sittenlehrer versicherten, daß das Glück dem Menschen schade, daß die Freiheit ihn entnerve und daß gute Behandlung den verderbe, dem sie zuteil wird. Selbst wenn dem so wäre, darf man daraus kein Recht herleiten, der Menschheit ihren Anspruch auf eine gedeihliche Fortentwicklung zu schmälern. Auch wer sich vor kommender Fettleibigkeit fürchtet, muß schließlich essen. Darum laßt uns die vermeidbaren Plagen bekämpfen, es bleiben genug Übel zurück, deren wir niemals Herr werden. Wir können die drückende Abhängigkeit des Menschen vom Menschen erleichtern, und wir können sein Elend lindern. Über Tod, Siechtum, Liebesleid und unbefriedigte Sehnsucht ist uns keine Macht gegeben. Die göttliche Mutter der Dinge sorgt schon dafür, daß die Bäume nicht in den Himmel wachsen.

Ich verlasse mich, offen gesagt, nur wenig auf die Gesetze. Sind sie zu strenge, übertritt sie der Mensch, und mit Recht. Sind sie zu dehnbar, weiß der Findige durch die Maschen der dahinschleppenden Reuse zu schlüpfen. Bei den Alten entsprang die Ehrfurcht vor der Satzung einem tiefen Bedürfnis der Frömmigkeit; jetzt ist sie zum Schlummerkissen für einfallslose Richter geworden. Die ältesten Gesetze sind der Wildheit nicht bar, der abzuhelfen sie ersonnen waren, und noch die ehrwürdigsten unter ihnen beruhen auf der Gewalt. Vielleicht ist es gut, daß die meisten unserer Strafgesetze nur einen kleinen Teil der Schuldigen erfassen. Unser bürgerliches Recht kann nie geschmeidig genug sein, um dem ungeheuren Strom mannigfaltigsten Geschehens zu genügen. Denn die Gesetze leben länger als die Sitten und werden zur Gefahr, wenn sie hinter ihnen dreinhinken, zur größeren noch, wenn sie ihnen zuvorzukommen suchen. Ähnlich wie in der Heilkunde entspringt gleichwohl diesem Wust von trockenen Regeln, veralteten Gewohnheiten und gewagten Neuerungen hin und wieder eine brauchbare Formel. Da die griechischen Philosophen uns gelehrt haben, die menschliche Natur besser zu begreifen, erstreben unsere fähigsten Juristen seit etlichen Generationen mehr Spielraum für den gesunden Menschenverstand. Ich habe einige jener Teilreformen eingeführt, die einzig eine gewisse Dauer gewährleisten. Ein oft übertretenes Gesetz taugt nichts, es ist die Pflicht des Gesetzgebers, es aufzuheben oder zu ändern, damit die Mißachtung, der es begegnet, sich nicht auf andere, vernünftige Normen ausdehne. So nahm ich mir vor, mit überflüssigen Gesetzen tunlichst aufzuräumen, um dafür eine kleine Reihe wohlerwogener und peinlich gehandhabter Verordnungen zu erlassen. Es ist an der Zeit, alle altertümliche Satzung zum Heile der Menschheit zu überprüfen.

Als ich einmal in der Gegend von Tarragona ein halb aufgegebenes Bergwerk besichtigte, stürzte sich ein alter Sklave, der fast sein ganzes Leben in den unterirdischen Schächten gearbeitet hatte, mit dem Messer auf mich. Daß er seine Wut über dreiundvierzig unter Tage verbrachte Jahre am Kaiser auslassen wollte, war mir nicht unverständlich. Nachdem ich ihn mühelos entwaffnet hatte, übergab ich ihn meinem Arzt, worauf er sich zeigte, wie er wirklich war, nicht unvernünftiger als andere und anhänglicher als viele. Die meisten Menschen ähneln diesem Sklaven. Bisweilen rütteln sie sich auf aus ihrer dumpfen Unterwürfigkeit, wild, sinnlos und umsonst. Ich wollte sehen, ob nicht eine richtig verstandene Freiheit mehr bei ihnen erreichte, und wunderte mich, daß dieser Versuch nicht schon andere Herrscher verlockt hat. Dieser zur Bergwerksarbeit verdammte Barbar wurde mir zum Sinnbild für alle Sklaven und alle unsere Barbaren. Es schien mir möglich, sie ebenso wie diesen Mann durch Güte unschädlich zu machen, wobei sie freilich fühlen mußten, wie fest die Hand war, die ihnen die Waffe entwand. Alle Völker sind bisher an ihrem Mangel an Großmut zugrunde gegangen: Sparta hätte länger gelebt, wenn seinen Heloten daran gelegen gewesen wäre. Eines schönen Tages will Atlas die Last des Himmels nicht mehr tragen, und sein Zorn erschüttert die Erde. Gern hätte ich den Augenblick so lange wie möglich hinausgeschoben, wenn nicht ganz vermieden, wo die Barbaren von außen und die Sklaven von innen über eine Gesellschaft herfallen, die sie von fernher achten und von unten bedienen sollen, ohne davon den gebührenden Nutzen zu haben. Darum wünschte ich, daß auch dem Enterbtesten, dem Sklaven, der die Kloaken reinigt, und dem hungrigen Barbaren, der längs unserer Grenze schweift, Rom als bleibende Einrichtung zugute kommen sollte.

Ich glaube, daß es keiner Weisheit der Welt gelingen wird, die Sklaverei abzuschaffen; höchstens wird man einen anderen Namen dafür finden. Ich kann mir sogar schlimmere, weit hinterhältigere Formen von Knechtschaft vorstellen als die unsrigen. Sei es, daß man dahin kommt, die Menschen zu stumpfen, wunschlosen Werkzeugen zu machen, die sich über ihre Unfreiheit hinwegtäuschen, sei es, daß man den Arbeitstrieb bei ihnen dermaßen entwickelt wie die Kriegsleidenschaft bei den Barbaren. Jedenfalls verdient der Zustand der Abhängigkeit, der den Menschen dem Menschen wehrlos überantwortet, sorgfältiger gesetzlicher Regelung. Ich sorgte dafür, daß der Sklave nicht länger als namenlose Ware behandelt wurde, die ohne Rücksicht auf eine etwa gegründete Familie veräußert werden durfte, und nicht mehr als jener verächtliche Gegenstand, den der Richter foltern ließ, statt ihn zu vereidigen, ehe er seine Anklage zur Kenntnis nahm. Ich verbot, Sklaven zu entehrenden oder gefährlichen Diensten zu pressen, sie durften fortan weder an Freudenhäuser noch an Gladiatorenschulen verkauft werden. Wem diese Berufe zusagen, der mag sich ihnen freiwillig widmen, was der Güte der Arbeitsleistung nicht zum Schaden gereichen dürfte. Auf den Ländereien, wo die Verwalter die Sklaven überanstrengen, ließ ich sie soviel wie möglich durch freie Siedler ersetzen. Gewisse Anekdoten berichten von Feinschmeckern, die ihre Sklaven den Muränen vorgeworfen haben sollen. Aber was bedeuten solche leicht zu ahndenden Schandtaten im Vergleich zu den ungezählten kleinen Gemeinheiten, die den sogenannten anständigen Leuten Tag für Tag ohne weiteres hingehn! Als ich eine reiche, vornehme Dame des Patriziates, die ihre alten Sklaven mißhandelte, aus Rom verwies, war die Aufregung groß. Jeder Pflichtvergessene, der sich um seine gebrechlichen Eltern nicht kümmert, hätte mehr ans Gewissen der Leute gerührt, während ich zwischen beiden Arten der Unmenschlichkeit den Unterschied nicht sehr groß finde.

Um die Lage der Frauen ist es seltsam bestellt. Die Frau ist zugleich unfrei und beschützt, schwach und einflußreich, zu gering geschätzt und zu geehrt. Zu diesem Wirrwarr einander widersprechender Bräuche kommt es, weil die natürlichen und die gesellschaftlichen Gegebenheiten ineinandergreifen, ohne daß sie leicht voneinander zu scheiden wären. Und diesem scheinbar so widersinnigen Zustand wohnt mehr zähe Kraft inne, als es scheinen

mag, weil die Frauen im allgemeinen bleiben wollen, wie
sie sind; sie wehren sich gegen jeden Wandel oder nutzen
ihn für ihre eigenen, ewig gleichen Zwecke. Die größere
Freiheit, deren sich die Frauen heutzutage im Vergleich
zu früher erfreuen, ist nur ein Ausdruck des fortschreitenden Wohlstandes. Genaugenommen, haben sich die
alten Grundsätze und selbst die Vorurteile nicht geändert. Noch immer ist in den öffentlichen Belobigungen
wie in den Grabinschriften von denselben Tugenden des
Fleißes, der Keuschheit und der Sittenstrenge die Rede,
die man zur Zeit der Republik von unseren Matronen
verlangte. Kein wirklicher oder trügerischer Wandel der
Zeiten hat übrigens an der uralten moralischen Unbefangenheit des einfachen Volkes zu rütteln vermocht, sowenig wie an der genauso herkömmlichen bürgerlichen
Heuchelei. Die Schwäche der Frauen liegt, genau wie die
der Sklaven, in ihrer gesetzlichen Stellung: sie halten sich
durch den so gut wie unbeschränkten Einfluß schadlos,
den sie auf die kleinen Dinge des Lebens ausüben. Nur
selten sah ich einen Haushalt, wo die Frauen nicht geherrscht hätten. Oft führte daneben der Hausmeister, der
Leibkoch, der Freigelassene das große Wort. Mag die
Frau auf wirtschaftlichem Gebiet auch noch so sehr einer
Art von gesetzlicher Vormundschaft unterliegen, tatsächlich baut sich in beinahe jedem Laden der Subura die
Geflügelhändlerin oder Öbstlerin als Herrin vor der Kas-
se auf. Die Gemahlin des Attianus verwaltete den Fami-
lienbesitz mit einer Umsicht, die jedem Geschäftsmann
Ehre gemacht hätte. Da das Gesetz so wenig wie möglich
vom Brauch abweichen sollte, habe ich das Recht der
Frau, Vermögen zu verwalten, letztwillig zu verfügen
und zu erben, erweitert. Ich bestand darauf, daß kein
Mädchen ohne seine Einstimmung verheiratet werden
darf; eine gesetzliche Vergewaltigung ist so häßlich wie
jede andere. Da die Ehe nun einmal das größte Geschäft
ist, das die Frau in ihrem Leben abschließen darf, ist es
nur recht und billig, daß sie es freiwillig abschließt.

Wir leiden darunter, daß zu viele Leute schandbar reich und zu viele jämmerlich arm sind. Glücklicherweise gleichen diese Unterschiede sich gemach aus. Die Riesenvermögen der Kaiser und der Freigelassenen gehören der Vergangenheit an, Trimalchio ist ebenso tot wie Nero. Doch bleibt auf dem Gebiet einer sinnvollen wirtschaftlichen Neuordnung noch alles zu tun. Als ich zur Macht kam, habe ich auf die freiwilligen Spenden, die die Städte dem Kaiser entrichten, verzichtet, weil ich sie als verschleierten Raub betrachte, und rate dir, ebenso zu verfahren. Gewagter schien, daß ich alle Schulden von Privatpersonen an den Staat tilgen ließ, doch war diese Maßnahme nötig, um nach zehn Jahren Kriegswirtschaft reinen Tisch zu machen. Unser Geld hat sich im Laufe eines Jahrhunderts bedrohlich verschlechtert. Da Roms Ewigkeitsanspruch keinen schwankenden Kurs seiner Goldmünzen verträgt, ist es unsere Pflicht, ihr Gewicht und ihren Wert im Verhältnis zur Ware wiederherzustellen. Die Bebauung unserer Scholle läßt zu wünschen übrig. Nur in einzelnen bevorzugten Gegenden, wie in Ägypten, in Afrika und in der Toskana, haben sich Bauernschaften herausgebildet, die ihren Acker und ihren Weinberg sachgemäß bestellen. Ich ließ es mir angelegen sein, diese tüchtigen Leute zu unterstützen, und sandte anstellige Landwirte in Provinzen, wo der Ackerbau noch im argen lag oder in Verfall geraten war. Dem Ärgernis der von pflichtvergessenen Großgrundbesitzern brach gelassenen Ländereien machte ich dadurch ein Ende, daß jeder fünf Jahre hindurch unbestellte Acker fortan dem Bauern gehört, der sich seiner annimmt. Ähnliches gilt für die Bergwerke. Die meisten unserer reichen Leute bedenken den Staat, die öffentlichen Einrichtungen und den Herrscher mit erklecklichen Spenden. Ob sie aus Berechnung oder aus Großmut so handeln, verdienen tun sie am Ende fast alle daran. Gern hätte ich ihrer Wohltätigkeit eine andere Richtung gewiesen als die der öffentlich prunkenden Schenkung. Gern hätte ich gesehen, daß sie ihren Besitz zum Wohle des Gemeinwesens weise mehrten, wie sie es bisher nur ihrer Kinder wegen taten. In diesem Geiste nahm ich die Verwaltung des kaiserlichen Domanialbesitzes persönlich in die Hand. Niemand hat das Recht, mit der Erde umzuspringen wie der Geizhals mit der Goldkiste.

Oft sind unsere Kaufleute unsere besten Geographen und Astronomen, unsere kenntnisreichsten Naturforscher. Unsere Bankiers zählen zu den gewiegtesten Menschenkennern. Ich verließ mich auf ihr Fachwissen und wehrte mich gegen unnötige staatliche Eingriffe. Durch die Hilfe, die wir unseren Reedern gewährt haben, konnte sich der Warenaustausch mit fremden Völkern verzehnfachen, so daß die hohen Kosten für die Reichsflotte beträchtlich sanken. Für die Einfuhr aus dem Orient und Afrika ist Italien nur zur See erreichbar, eine Insel, die, seit sie kein Korn mehr erzeugt, von den Getreidemaklern abhängt. Um den sich daraus ergebenden Gefahren vorzubeugen, müssen wir diese unentbehrlichen Geschäftsleute als Beamte betrachten, die scharf zu überwachen sind. Zwar sind unsere alten Provinzen in den letzten Jahren zu einem Wohlstand gediehen, der sich womöglich noch steigern läßt, doch möchte ich, daß dieser Reichtum allen zugute komme und nicht nur der Bank des Herodes Atticus oder dem kleinen Spekulanten, der alles Öl eines griechischen Dorfes aufkauft. Kein Gesetz kann zu hart sein, um die Zahl der Zwischenhändler zu verringern, von denen es in unseren Städten wimmelt, jenes feisten, unflätigen Gesindels, das in jeder Kneipe tuschelt, in jedem Kontor sich herumlümmelt und jede politische Maßnahme stört, die ihm nicht sofort Profit bringt. Die sorgfältige Verteilung von staatlichen Kornspeichern über die Provinzen würde dazu beitragen, dem Preiswucher nach Mißernten zu steuern. Gleichwohl rechnete ich vor allem auf die Mithilfe der Erzeuger selbst, etwa der gallischen Winzer oder der Fischer im Schwarzen Meere, deren elender Verdienst durch die

Einfuhr von Kaviar oder gesalzenem Fisch geschmälert wird. Es war einer meiner schönsten Tage, als ich eine Anzahl von Seeleuten im griechischen Archipel dazu überreden konnte, sich zur Gemeinschaft zusammenzuschließen und unmittelbar mit den Verkäufern in den Städten zu handeln. Niemals war ich mir so bewußt, als Herrscher von Nutzen zu sein.

Nur allzuoft ist der Frieden für ein Heer nichts als eine unruhige Pause zwischen zwei Schlachten; das einzige Gegengift gegen Müßiggang oder Zuchtlosigkeit besteht in der Vorbereitung auf den neu beschlossenen Krieg und schließlich im Krieg selber. Diese Enge der Alternativen habe ich erweitert. Meine ständigen Besuche bei den Vorposten waren nur ein Mittel unter vielen anderen, um das Friedensheer zur nützlichen Arbeit anzuhalten. In der Ebene wie in den Bergen, am Waldesrand und in der Wüste, überall breiteten sich die ewig gleichförmigen Bauten der Legion, ihre Exerzierplätze, ihre Blockhäuser, die in Köln den Schnee, in Lambessa den Sandsturm aushalten müssen, ihre Magazine, deren überflüssige Geräte ich hatte verkaufen lassen, ihre Offiziersmessen mit dem Standbild des Herrschers am Ehrenplatz.

Doch ist diese Gleichförmigkeit nur äußerlich, denn jede dieser gleich angelegten Unterkünfte beherbergt eine jeweils verschiedene Schar von Hilfstruppen. Alle Rassen stellen der Armee ihre besonderen Waffen wie ihre besonderen Fähigkeiten, ihre Tüchtigkeit zu Fuß, zu Pferde und als Schützen. Hier fand ich im Rohstoff jene Mannigfaltigkeit in der Einheit, die ich als Kaiser anstrebte. Ich gestattete den Soldaten, ihre eigentümlichen Kriegsrufe beizubehalten, und beließ ihnen die heimische Kommandosprache. Ich billigte es, daß unsere Veteranen Töchter der Barbaren heirateten, und machte ihre Kinder ehelich. So bemühte ich mich, die Strenge des Lagerlebens nach Möglichkeit zu mildern und einfache Menschen menschenwürdig zu behandeln. Auf die Gefahr hin, daß sie dadurch an Beweglichkeit einbüßten, wollte ich sie an die Scholle binden, die sie zu verteidigen hatten, zögerte also nicht, die Truppe im Lande, in dem sie lag, anzusiedeln. Ich hoffte so für das Gesamtreich etwas zu schaffen, was den Milizen der jungen Republik entsprach, wo jeder einzelne Mann seinen Acker und sein Haus schützte. Ich tat alles, um die Legionäre in jedem Handwerk zu schulen; von ihren Garnisonen sollte eine Gesittung ausgehen, die stark genug war, um nach und nach überall da Ersatz zu bieten, wo die feineren Mittel des bürgerlichen Lebens zu versagen begannen.

Das Heer sollte den Kitt abgeben, der das Volk aus Wald, Sumpf und Steppe mit der gesitteten Einwohnerschaft der Städte verband, es sollte zur Kinderschule für die Barbaren werden, zur Schule der Ausdauer und Verantwortung für den gebildeten Griechen und für den an Roms Bequemlichkeit gewöhnten jungen Patrizier. Aus persönlicher Erfahrung kannte ich die Härten dieses Lebens, aber auch alle Schliche, mit denen man es sich ungebührlich erleichterte. Ich beseitigte gewisse Vorrechte, unterband die zu häufige Beurlaubung der Offiziere und befreite die Lager von ihren Bankettsälen, Lusthäusern und kostspieligen Gärten. Die so gewonnenen Anlagen ließ ich zu Spitälern und Veteranenheimen herrichten. Wir rekrutierten unsere Soldaten zu jung und behielten sie zu lange, was ebenso unwirtschaftlich wie rücksichtslos war. All das habe ich geändert. Die Disciplina Augusta schuldet es sich, in ihrem Jahrhundert zum Wohle der Menschheit beizutragen.

Wir sind Diener des Staates und keine Caesaren. Eine Klägerin, die ich nicht ausreden ließ, rief mir einst zu, daß, wenn es mir an Zeit fehle, sie anzuhören, es mir an Zeit fehle, zu regieren. Sie hatte recht, ich entschuldigte mich, und das war mehr als eine reine Formsache. Aber es fehlt wirklich an Zeit. Je größer das Reich wird, je mehr laufen die verschiedenen Fäden der Verwaltung in der Hand des höchsten Beamten zusammen. Unweigerlich muß dieser überlastete Mann einen Teil seiner Aufgaben anderen übertragen; seine Herrscherkunst erweist sich mehr und mehr darin, wie er die rechten Mitarbeiter zu gewinnen weiß. Die Schuld eines Claudius und eines Nero bestand darin, daß sie träge zusahen, wie ihre Freigelassenen oder sogar Sklaven sich zu Ratgebern, Stellvertretern und Bevollmächtigten des Herrschers aufwarfen. Ein Teil meines Lebens und meiner Reisen diente dem Zwecke, die Spitzen einer neuen Beamtenschaft auszusuchen, so sorgsam wie möglich den rechten Mann für den rechten Platz zu wählen und jene Mittelschicht, die die Grundlage des Staates bildet, zur Entfaltung ihrer Fähigkeiten zu bringen. Ich verkenne die Gefahr nicht, die von dieser Einrichtung her droht. Sie läßt sich in einem Wort zusammenfassen: der Gang des Amtsschimmels. Ein Räderwerk, das jahrhundertelang laufen soll, nutzt sich ab, wenn man nicht achtgibt; Sache des Herrschers ist es, seinen Gang ständig zu regeln, seiner Abnutzung vorzubeugen oder abzuhelfen. Die Erfahrung zeigt, daß, ungeachtet aller Sorgfalt, mit der wir unsere Nachfolger aussuchen, mittelmäßige Kaiser die Mehrzahl bilden und daß mindestens einmal im Jahrhundert ein Narr auf den Thron kommt. In solchen Zeiten können die gut eingearbeiteten Kanzleien sehr wohl das Wichtigste erledigen und die oft beträchtliche Zeitspanne zwischen zwei tüchtigen Herrschern überbrücken. Manche Kaiser haben Reihen von aneinandergefesselten Barbaren hinter sich her geschleppt, endlose Scharen von Besiegten. Sehr anders ist die Gefolgschaft, die mir das Beamtentum leistet, das ich heranzubilden unternahm. Dank des Rates, der mich umgibt, habe ich mich jahrelang von Rom entfernen können, ich brauchte mich nur vorübergehend dort aufzuhalten. Die Verbindung mit meinen Ratgebern hielt ich durch die schnellsten Kuriere, in Fällen der Gefahr durch Signalstationen aufrecht. Meine Ratgeber haben sich ihrerseits tüchtige Hilfsarbeiter erzogen. Ihre sachliche Leistung, ihre wohlgeregelte Tätigkeit erlaubte mir, mich anderswo zu beschäftigen. Sie wird mir bald ohne allzu große Sorge erlauben, mich für ewig zu verabschieden.

Von zwanzig Jahren meiner Regierung habe ich zwölf ohne festen Wohnsitz verbracht. Ich wohnte in den Palästen asiatischer Kaufherren, in schön abgemessenen griechischen Häusern, in den mit Bädern und Dampfheizungen versehenen Villen der römischen Prokonsuln in Gallien, in Bauernkaten und Hütten. Das leichte Zelt, ganz aus Leinwand und Stricken, war mir am liebsten. Die Schiffe waren untereinander nicht minder verschieden als die Wohnungen auf dem Lande. Auf dem meinigen verfügte ich über Anlagen für Leibesübungen und über eine Bibliothek. Doch war mir die Stetigkeit zu verhaßt, als daß ich mich an irgendeine Wohnung, sei es auch eine bewegliche, gebunden hätte. Die Lustjacht des syrischen Millionärs, die hochbordige Pentere der Kriegsflotte und die griechische Fischerbarke waren mir ebenso recht. Mein einziger Aufwand war die Geschwindigkeit und alles, was dazu diente: die schnellsten Pferde, die bestgefederten Wagen, das zweckmäßigste Reisegepäck, die dem jeweiligen Klima angepaßte Kleidung und Ausrüstung. Vor allen Dingen aber mußte mein Leib gut imstande sein. Ein Gewaltmarsch von zwanzig Meilen zählte nicht, eine schlaflose Nacht wurde nur als Aufforderung betrachtet, nachzudenken. Die wenigsten lieben es, lange zu reisen, oft ihre Gewohnheiten ändern zu müssen und ihre Vorurteile erschüttert zu sehn. Ich aber erzog mich dazu, kein Vorurteil zu haben und nur wenige Gewohnheiten. Wußte ich die köstlichen Tiefen des Bettes zu schätzen, so gefiel mir doch auch Härte und Duft der blanken Erde und die Unregelmäßigkeiten, die jeder Teil der Erdoberfläche uns zumutet. An alle Speisen war ich gewöhnt, gleich ob britische Grütze oder afrikanische Wassermelone. Einmal mußte ich von einem schon angegangenen Stück Wild kosten, wie manche germanische Stämme es mögen; ich erbrach mich, aber die Probe war gemacht. Selbst auf dem Gebiet der Liebe, wo mein Geschmack feststand, fürchtete ich, dem Gleichmaß der Gewohnheit zu verfallen. Mein Gefolge, das mit dem Unentbehrlichen vorlieb nahm oder das Außerordentliche suchte, schied mich kaum von der Welt ab. Ich sorgte dafür, daß ich mich frei bewegen konnte und jedem leicht zugänglich blieb. Die Provinzen, diese amtlichen Einheiten, deren Wahrzeichen ich selber bestimmt hatte, eine Britannia, auf ihrem Felsensitz thronend, oder Dakien mit seinem Krummsäbel, lösten sich mir auf zu Wäldern, in deren Schatten ich geruht hatte, zu Quellen, aus denen ich trank, Menschen, denen ich irgendwo begegnet war, zu bekannten, bisweilen geliebten Gesichtern. Ich kannte jede Meile unserer Straßen, dieses vielleicht schönsten Geschenkes Roms an den Erdkreis. Aber der größte Augenblick war der, wo die Straße am Hang eines Berges abbrach, wo man sich von Spalt zu Spalt, von Fels zu Fels weiterarbeitete, um auf einem Gipfel in den Alpen oder Pyrenäen den Sonnenaufgang zu erleben.

Schon vor mir haben Menschen die Welt bereist, Pythagoras, Plato, ein Dutzend Gelehrte und viele Abenteurer. Jetzt aber war zum ersten Male der Reisende Herr über die Welt, ungehindert zu schauen, zu bessern, zu schaffen. Das war meine große Gelegenheit, und ich war mir bewußt, daß Jahrhunderte vergehen konnten, ehe dieser einmalige Zusammenklang von Amt, Persönlichkeit und weltweiter Sendung sich wiederholte. Damals empfand ich den Vorteil, ein Neuling zu sein und ein Einzelgänger, so gut wie ledig, kinderlos und ohne erlauchte Ahnen, ein Odysseus, der sein Ithaka in sich trägt. Ich muß hier gestehen, was ich noch niemandem gestanden habe: nie hatte ich das Gefühl, irgendwo ganz hinzugehören, nicht einmal in meinem geliebten Athen, nicht einmal in Rom. Da ich nirgends zu Hause war, fühlte ich mich auch nirgends vereinsamt. Unterwegs übte ich all die verschiedenen Berufe aus, die das Amt des Kaisers mit sich bringt. Ich wurde wieder Soldat, wie man ein Kleid anlegt, das bequem ist, weil man es schon getragen hat. Mühelos erlernte ich abermals die Sprache des Lagers, dies durch den Einfluß barbarischer Sprachen entstellte Latein, das mit zünftigen Flüchen und groben Späßen durchsetzt ist. Ich gewöhnte mich aufs neue an die lastende Feldausrüstung, an jene Verlagerung des Gleichgewichts, die der schwere, vom linken Arm gehaltene Schild für den ganzen Körper bewirkt. Die langwierige Verrichtung des Rechnungsführers kostete überall Zeit, gleichviel, ob es sich darum handelte, die Einkünfte der Provinz Asien nachzuprüfen oder das Konto eines kleinen britannischen Fleckens, der durch den Bau einer Therme in Schulden geraten war. Über das Amt des Richters sprach ich bereits. Die Ähnlichkeit meines Berufes mit vielen anderen kam mir in den Sinn: ich dachte an den Arzt, wie er von Haus zu Haus zieht, um die Leute zu heilen, an den Streckenarbeiter, den man ruft, um einen Weg auszubessern oder eine Wasserleitung zu flikken, an den Aufseher, der auf Deck hin und her rennt, um die Ruderer anzufeuern, die Peitsche aber nur im Notfall gebraucht. Und heute? Wenn ich von der Terrasse der Villa meinen Sklaven zuschaue, wie sie die Sträucher beschneiden und das Unkraut jäten, denke ich nur noch an den beschaulichen Rundgang des Gärtners.

Die Handwerker, die ich auf meinen Fahrten mitnahm, störten wenig, da sie ebenso gern reisten wie ich. Dagegen machten die Gebildeten Schwierigkeiten. Der unvermeidliche Phlegon hat die Schwächen einer alten Frau, dafür hat er sich als einziger meiner Sekretäre nicht verbraucht: er ist noch da. Der Dichter Florus, dem ich die Federführung in lateinischer Sprache anbot, greinte jedem, den er traf, vor, daß er beileibe nicht Caesar sein möchte, um durch die skythische Kälte und den britischen Regen zu fahren. Große Märsche zu Fuß waren auch nicht gerade sein Fall. Ich gönnte ihm die Freuden seines römischen Literatendaseins von Herzen, die Kneipen, in denen man allabendlich zusammenkommt, um immer dieselben Scherze mit anzuhören und sich brüderlich von den gleichen Mücken stechen zu lassen. Ich hatte den Sueton zum Kurator der Archive bestellt, was ihm den Zugang zu den geheimen Dokumenten ermöglichte, die er für seine Lebensbeschreibungen der Kaiser brauchte. Dieser fähige Mann mit dem treffenden Beinamen Tranquillus war nur in einer Bibliothek denkbar. Natürlich blieb er in Rom, wo er zu den Hausfreunden meiner Frau gehörte, zu jenem kleinen Kreis von mißvergnügten Konservativen, die sich bei ihr trafen, um über den Lauf der Welt zu jammern. Ich mochte diese Leute wenig. Tranquillus wurde in den Ruhestand versetzt, worauf er sich in sein Häuschen in den Sabinerbergen zurückzog, um in Frieden von den Lastern des Tiberius zu träumen. Favorinus aus Arles, der Zwerg mit der Fistelstimme, der eine Zeitlang die griechische Korrespondenz führte, war keineswegs dumm. Nur, daß er zu unserem Ergötzen an einer Krankheit nach der anderen zu leiden sich einbildete und deshalb mit seiner Gesundheit beschäftigt war wie ein Verliebter mit seiner Angebeteten. Sein indischer Diener bereitete ihm den Reis, den er mit großen Kosten aus dem Orient kommen ließ. Leider sprach dieser fremdländische Koch so schlecht Griechisch oder irgendeine andere Sprache, daß er mir von den Wundern seiner Heimat nicht berichten konnte. Favorinus rühmte sich, in seinem Leben drei seltene Dinge vollbracht zu haben: obwohl er Gallier war, hatte er sich gründlicher hellenisiert als irgendwer; obwohl von geringer Herkunft, durfte er sich unablässig mit dem Kaiser zanken, und das straflos, woran ich mir allerdings das Verdienst beimesse, und obwohl von recht schwächlicher Beschaffenheit, mußte er andauernd wegen Ehebruchs Buße zahlen. Tatsächlich machten seine ländlichen Verehrerinnen ihm Scherereien, die ich dann bereinigen mußte. Als mir das schließlich zuviel wurde, erhielt Eudämon seinen Posten. Im ganzen bin ich aber ausgezeichnet bedient worden. Die Götter allein wissen, wie die Achtung vor dem Kaiser in meiner kleinen Gruppe von Freunden und Beamten die allzu enge

Gemeinschaft auf so viel Reisen überstehen konnte. Wenn ihre erstaunliche Treue durch etwas übertroffen wurde, so war es eine Verschwiegenheit, die einem künftigen Sueton nur wenig Stoff zu Anekdoten liefern dürfte. Alles, was die Öffentlichkeit von meinem Leben weiß, habe ich selber enthüllt. Meine Freunde haben meine Geheimnisse bewahrt, die politischen wie die andern. Ich darf hinzufügen, daß ich für sie oft ein Gleiches getan habe.

Wer baut, wirkt mit der Erde zusammen; bauen heißt, einer Landschaft ein menschliches Siegel aufprägen, das sie für immer wandelt. Es heißt auch zu jenem langsamen Formwechsel beitragen, in dem sich das Leben der Städte äußert. Welcher Sorgfalt bedarf es doch, um die richtige Stelle für eine Brücke oder einen Brunnen herauszufinden, um einer Bergstraße jene sparsamste Biegung zu geben, die zugleich die schönste ist ... Die Verbreiterung der Straße nach Megara hat das Antlitz der Felsenlandschaft Skiron geändert. Die zweitausend Stadien gepflasterten Weges, der, mit Zisternen und Militärposten versehen, Antinoë an das Rote Meer anschließt, genügten, um die früher so unsichere Wüste zu befrieden. Die Steuern aus fünfhundert asiatischen Städten waren mir nicht zuviel, um damit Aquädukte in der Troas zu bauen. Karthagos Wasserleitung entschädigte ein wenig für die Härten der Punischen Kriege.

Befestigungen anlegen war im Grunde dasselbe wie Dämme ziehen, nämlich die Linie zu finden, in der ein Reich geschützt werden kann wie eine Küste, den Punkt, wo der Ansturm der Barbaren gebrochen wird wie Wogenschwall. Einen Hafen ausbaggern bedeutete, sich einen schönen Meerbusen zinsbar zu machen. Auch die Bibliotheken, die ich gründete, waren Speicher zum gemeinen Nutzen, Vorratskammern für jenen Winter des Geistes, den ich zu meinem Leidwesen aus gewissen Anzeichen herandämmern zu sehen glaube. Ich habe viel wiederaufgebaut, was bedeutet, im Zeichen der Vergangenheit mit der Zeit zusammenzuwirken, ihre Seele festhalten oder umformen, ihr einen Ruhepunkt geben auf der Reise in die Zukunft; es bedeutete, die Quellen des Ursprungs unter den Steinen wiederzufinden. Unser Leben ist kurz. Wir sprechen von den Jahrhunderten, die dem unsrigen vorangehen oder ihm folgen, so, als seien sie uns fremd, und doch rührte mein Spiel mit den Steinen an Vergangenheit und Zukunft. Die Mauern, die ich neu verstreben ließ, sind noch warm vom Hauch derer, die nicht mehr sind, und die Hände noch Ungeborener werden dereinst den Schaft dieser Säulen streicheln. Je mehr ich über den Tod, besonders den anderer, nachsann, je mehr bemühte ich mich, unsere Lebensdauer um diese schwer zerstörbaren Zeugnisse zu verlängern. In Rom bediente ich mich des unverwüstlichen Backsteins, der so langsam wieder zur Erde wird, aus der er wurde, und so zerfällt, daß der Bau, sei es Festung, Zirkus oder Grabmal, zum Hügel zusammensinkt. In Asien und Griechenland verwandte ich den heimischen Marmor, diesen edlen Stoff, der, einmal geschnitten, das ihm von Menschen verliehene Maß so treulich wahrt, daß der Plan des Tempels von jedem Bruchstück des geborstenen Kapitäls abgelesen werden kann. Die Architektur ist reicher an Möglichkeiten, als die vier Ordnungen des Vitruv vermuten lassen; wie der Ton fügt sich der Stein in unendlich viele Zusammenstellungen. Beim Pantheon ging ich auf das düstere alte Etrurien der Seher und Eingeweideschauer zurück, während das Heiligtum der Venus im Sonnenlicht seine ionischen Rundungen entfaltet, die weißen und rosigen Säulen, die das Standbild der Göttin, der Caesars Geschlecht entsproß, rings umschließen. Das Olympieion in Athen breitet sich in der Ebene unter der Akropolis. So mußte es ein Gegenstück zum Parthenon werden, ausgedehnt statt in seinen Maßen ruhend wie jenes, Bewegung vor den Knien der Ruhe und Pracht zu Füßen der Schönheit. Die Tempel des Antinous mit dem magischen Dunkel ihrer Kapellen waren Mahnmale eines geheimnisvollen Überganges vom Leben zum Tod, Gedächtnisstätten unsäglichen Glückes und unsäglicher Trauer. Mein eigenes Grabmal am Tiberstrand entspricht der Form nach den alten Gräbern an der Via Appia, doch in ungeheurem Maßstab, und sein Umfang hebt es über diese Vorbilder hinaus. Es erinnert an Ktesiphon, an Babylon, an Terrassen und Türme, die den Menschen den Gestirnen näherrücken. Ägyptens Grabkunst ordnete ihre Sphinxe und Obelisken zu Alleen, die dem Kenotaph zustreben, das dem wenig wohlwollenden Rom das Gedächtnis meines nie genug betrauerten Freundes aufnötigt. Meine Villa wurde zum Grab meiner Reisen, zur letzten Lagerstatt des Ruhelosen, das marmorne Gegenstück zu den Zelten asiatischer Fürsten. Fast alles, was wir in der Welt der Formen neu zu schaffen suchen, ist dort schon vorgebildet. So nahm ich meine Zuflucht zu den Farben, zum meergrünen Jaspis, zum körnigen Porphyr, der der Menschenhaut gleicht, zum Basalt und zum düsteren Obsidian. Immer kunstvollere Stickereien zierten das satte Rot der Vorhänge, die Mosaiken an den Wänden und auf dem Boden konnten nicht golden, nicht weiß, nicht dunkel genug leuchten. Jeder Stein war ein Stück verhärteten Willens, geronnener Erinnerung und manchmal auch versteinerten Trotzes, und jedes Gebäude war im Traum ersonnen.

Plotinopolis, Adrianopel, Antinoë, Hadrianotherae... Ich habe der Biene Mensch nach Kräften neue Stöcke geschaffen. Der Baumeister, der Maurer, der Spengler sind die Geburtshelfer der Städte, aber auch gewisse Gaben des Wünschelrutengängers können gebraucht werden. In einer Welt, die noch halb von Wald, Steppe und Heide bedeckt ist, tut es gut, den Plattenbelag einer Straße zu sehn, einen neuen Tempel, gleichgültig für welchen Gott, Bäder und Latrinen, den Laden, wo der Barbier mit seinen Kunden über die letzten Nachrichten aus Rom schwätzt, den Stand des Bäckers, Schusters, vielleicht des Buchhändlers, das Schild des Arztes, das Theater, wo hin und wieder ein Stück des Terenz gespielt wird. Empfindsame Seelen klagen über die Gleichförmigkeit unserer Städte: überall finde man dasselbe Kaiserstandbild, dieselbe Wasserleitung. Mit Unrecht, Arles ist auf andere Art schön als Nîmes. Übrigens liegt gerade in dieser Gleichförmigkeit, die wir in drei Erdteilen immer wieder antreffen, für den Reisenden etwas Beruhigendes, etwa wie bei den Meilensteinen an der Heerstraße. Auch die gesichtsloseste unserer Städte gibt ein Gefühl der Geborgenheit, sie ist Etappe, Poststation und Zuflucht. Die Stadt, diese menschliche Planung, mutet einförmig an, wie die Wachszellen der Wabe einförmig sind. Aber wie jene von Honig strotzen, ist die Stadt voll Leben, Treffpunkt und Austauschplatz, wo der Bauer, gekommen, um seine Erzeugnisse abzusetzen, nach Marktschluß bleibt, um offenen Mundes die Malereien an den neuen Gewerbslauben zu bestaunen ... Meine Städte sind aus Begegnungen entstanden, einer Begegnung mit einem Fleckchen Erde, oder wenn meine Herrscherpläne sich mit den Geschehnissen meines Menschendaseins verflochten. So verdanken wir Plotinopolis zwar dem Bedarf an Faktoreien für die thrakische Landwirtschaft, aber auch meinem zärtlichen Wunsche, Plotina zu ehren. Hadrianotherae ist zum Handelsplatz für die anatolische Waldbevölkerung bestimmt, doch ursprünglich war es meine Sommerfrische, ein Blockhaus aus roh gezimmerten Stämmen am Fuße des Hügels von Attys mit seinem schäumenden Wildbach, in dem man morgens badete. Auf die Gründung von Hadrianopolis in Epirus verfiel ich, als ich das Heiligtum zu Dodona besuchte: die verarmte Provinz brauchte einen neuen städtischen Mittelpunkt. Adrianopel, diese Stadt der Bauern und Soldaten am Rande des Barbarenlandes, ist von Veteranen aus den sarmatischen Feldzügen bevölkert. Ich kenne persönlich die Stärken und Schwächen jedes dieser Männer, ihre Namen, die Zahl ihrer Dienstjahre und ihrer Wunden. Antinoë, die mir teuerste meiner Gründungen, die an der Stätte des Unglücks entstand, drängt sich auf einem Saume dürren Landes zwischen dem Strom und dem Felsen zusammen. Um so mehr bemühte ich mich, der Stadt Lebensmöglichkeiten zu schaffen: sie lebt vom Handel mit Indien, von der Flußfracht und von ihrer hellenischen Anmut. Es gibt keinen Ort auf der Erde, für den ich mehr gesorgt hätte, und keinen, den ich weniger wiederzusehen wünsche. Die Stadt ist ein einziger großer Säulengang. Ich stehe mit Fidus Aquila, ihrem Residenten, in Briefwechsel wegen der Vorhalle des Tempels und der Statuen in der Cella. Die Namen der Stadtviertel und Bezirke suchte ich selber aus; in allegorischer Sprache, die nur ich verstehe, enthalten sie das vollständige Verzeichnis meiner Erinnerungen. Selber entwarf ich auch den Plan der korinthischen Säulen, die längs dem Nilufer der regelmäßig ausgerichteten Reihe von Palmen entsprechen. Unzählige Male habe ich in Gedanken dies beinahe vollkommene Viereck durchstreift, das, von regelmäßigen Straßen durchquert, in der Mitte von einer Triumphallee zerteilt wird, die von einem griechischen Theater auf ein Grab führt.

Unsere Städte sind überladen mit Standbildern, wir selbst überfüttert mit gemalten und gemeißelten Wundern, und doch führt dieser Reichtum irre. Wir bilden nämlich immer wieder ein paar Dutzend Meisterwerke nach, die zu ersinnen wir nicht mehr fähig wären. Ich selber habe für die Villa den Hermaphroditen und den Kentauren, die Niobidin und die Venus kopieren lassen, weil ich ihre Formenmelodien nicht lange missen mochte. Ich ermutigte die Beschäftigung mit den Werken der Vorzeit, jenen wachen Dienst am Altertum, der den Sinn vergessener Absichten und verlorengegangener Verfahren herauszufinden weiß. Ich gefiel mir in Farbversuchen, ließ zum Beispiel einen geschundenen Marsyas in rotem Marmor ausführen, um ihn aus der leichenhaften Blässe zu buntem Leben zu erwecken, oder ich ließ die schwarzen Götterbilder der Ägypter im weißen Marmor von Paros nachbilden, so daß Idole zu Gespenstern wurden. Unsere Kunst ist vollkommen, das heißt vollendet. Aber diese Vollkommenheit läßt sich ebenso abwandeln wie eine reine Stimme. Ob wir dem Spiel gewachsen sind, das hier von uns verlangt wird, liegt an uns. Es besteht darin, daß wir uns abwechselnd der gültigen Norm nähern und von ihr entfernen, daß wir bald die strenge Regel zum Äußersten treiben, bald die Willkür der Eingebung. Es hat sein Gutes, wenn man so viel Vergleichsmomente hinter sich weiß, daß einem beides freisteht, vorsichtig in der Manier des Skopas weiterzuarbeiten oder kühn mit dem Stil des Praxiteles zu brechen. Soweit ich die Kunst der Barbaren kennenlernte, möchte ich sagen, daß jede Rasse auf gewisse Gegenstände, auf gewisse Formen sich beschränkt und daß jede Epoche unter diesen jeder Rasse verfügbaren Möglichkeiten wieder auswählt. Ich sah die riesigen Standbilder der Götter und Könige in Ägypten und sah an den Handgelenken sarmatischer Gefangener Armbänder, die dasselbe galoppierende Pferd oder dieselben ineinanderbeißenden Schlangen in ununterbrochener Folge immer wieder aufweisen. Doch hat unsere Kunst – ich meine die griechische – sich ein für allemal für den Menschen entschieden. Wir allein haben die dem Körper innewohnende Kraft und Behendigkeit auch in der Ruhelage auszudrücken gewußt, uns allein ist es gelungen, hinter der glatten Stirn den Gedanken ahnen zu lassen. Wie unsere Bildhauer begnüge ich mich mit dem Menschlichen, in dem ich alles, sogar die Ewigkeit, finde. Der ganze geliebte Wald lebt mir im Bild des Kentauren, und nirgends bläst der Sturm voller als in der geblähten Schärpe einer Meeresgöttin. Gewöhnlicher Gegenstand und heiliges Symbol erhalten erst durch die menschliche Verknüpfung ihre Bedeutung, der Pinienzapfen, Sinnbild der Zeugung und des Todes, das Becken mit den Tauben, das zum Mittagsschlaf am Wasser einlädt, der Greif, der den Geliebten gen Himmel entführt.

Die Porträtbüste kümmerte mich wenig. Unsere römischen Porträts mit ihren naturgetreu nachgebildeten Runzeln und der oder jener unverkennbaren Warze haben nur berichtenden Wert, der Abklatsch von Originalen, denen man im Leben achtlos begegnet, um sie nach ihrem Tode alsbald zu vergessen. Hingegen haben die Griechen die menschliche Vollkommenheit zu hoch geachtet, als daß sie sich bei all den verschiedenen Gesichtern lange aufgehalten hätten. Ich brauchte nur einen Blick auf mein eigenes Konterfei mit den weit offenen Augen, dem schmalen und gleichwohl fleischigen, vor Anspannung zittrigen Mund, kurz auf mein sonnverbranntes Antlitz zu werfen, das der weiße Marmor so schlecht wiedergibt.

Das Gesicht eines anderen hat mich mehr beschäftigt. Seit er in mein Leben trat, wurde mir die Kunst aus einer Zierde zum Mittel und zur Hilfe. Es gibt von diesem Jüngling mehr Bildnisse als von irgendeinem berühmten Manne oder von irgendwelcher Königin; ich habe sein Bild der Welt aufgezwungen. Erst sorgte ich dafür, daß der Stein die wechselnde Schönheit einer sich wandelnden Form aufnahm. Dann wurde die Kunst zur magischen Verrichtung, die ein verlorenes Antlitz beschwören mußte. Die Größe der Standbilder dünkte mich geeignet, den Maßstab auszudrücken, in dem die Liebe sieht. Ich wollte sie überlebensgroß, wie ein Gesicht, dem man ganz nah ist, hoch und feierlich, wie Erscheinungen aus der Geisterwelt, schwer und drückend, wie die Erinnerung, die mir blieb. Ich bestand auf reinster Vollendung, vollkommenster Form, ich verlangte den jungen Gott, als der ein mit zwanzig Jahren Verstorbener in der liebenden Erinnerung weiterlebt, aber ich verlangte auch die größte Ähnlichkeit, den vertrauten Anblick und jegliche Unregelmäßigkeit in einem Antlitz, das mir teurer war als die Schönheit. Was für Erörterungen kostete es, um die buschige Dichte einer Augenbraue, die ein wenig verquollene Rundung einer Lippe festzuhalten ... Um einen verweslichen, vielleicht schon dahingegangenen Leib zu ver-

ewigen, klammerte ich mich verzweifelt an die Ewigkeit
des Steins und die Treue der Bronze. Aber ich sorgte
auch dafür, daß der Marmor täglich mit einer Lösung aus
Öl und Säuren gesalbt wurde, bis er den glänzenden,
weichen Fleischton jungen Lebens annahm. Von überall-
her trug ich die Züge des einzigen Gesichtes zusammen,
ich verschmolz die Götter und die Geschlechter, die herbe Diana der Wälder mit dem schwermütigen Bacchus,
den athletischen Hermes der Palästren mit dem müden
Gott, der, den Kopf auf den Arm gestützt, auf einer Streu
von Blumen schlafen ging. Ich erkannte, wie sehr ein
junger Mann der männlichen Athene zu ähneln vermag,
wenn er nachsinnt. Auch wenn meine Künstler zuweilen
versagten, wenn sich die geringeren unter ihnen nicht
immer vor dem Verfallen ins Weichliche oder Schwülsti-
ge hinreichend zu hüten wußten, so haben sie doch alle
meinen Traum mitgeträumt. Da sind Bilder und Statuen
des Werdenden, die die unermeßliche Seelenlandschaft
zwischen dem fünfzehnten und zwanzigsten Jahre spie-
geln, das ernste Profil des artigen Kindes oder jenes
Standbild, dem ein Meister von Korinth die lässige Haltung des Knaben zu geben kühn genug war, der mit ein-
gezogenen Schultern den Bauch vorstreckt, als schaute er
auf der Straße einem Würfelspiel zu. Da ist jener Marmor, dem Pappas von Aphrodisias einen nackten Leib
von narzißhaft zarter Frische abgerungen hat. Unter meiner Aufsicht meißelte mir Aristeas aus etwas rauhem
Stein den kleinen stolzen Kopf ... Da sind Bildnisse, die
nach dem Tod verfertigt wurden, und andere, die vom
Tod gezeichnet sind, jene großen Gesichter mit den wissenden Lippen, auf denen Geheimnisse schweben, die
nicht mein sind, weil sie dieses Sein nicht mehr angehn.
Es gibt ein Relief des Antonianus von Milet, das in halb
erhabener Arbeit den jungen Winzer darstellt, in Rohsei-
de gekleidet und mit dem Hunde, der ihm die Schnauze
zutraulich an das Bein preßt. Und jene Maske von der
Hand eines Meisters aus Kyrene, deren Anblick ich so

schwer ertrage, wo auf dem einen Antlitz Lust und Schmerz widerstreitend ineinanderfließen wie zwei Wogen, die über den gleichen Fels hereinbrechen. Und endlich die billigen, kleinen Tonfigürchen, deren die kaiserliche Propaganda sich bediente: *Tellus stabilita*, der Genius des befriedeten Erdkreises in Gestalt eines liegenden Jünglings, der Blumen und Früchte in den Händen hält.

Trahit sua quemque voluptas. Jeglichem seine Neigung, jeglichem auch sein Ziel, meinetwegen sein Ehrgeiz, sein verborgenster Wunsch und sein hellstes Ideal. Das meinige lag in dem Wort Schönheit beschlossen, das man allem Augenschein der Sinne und des Urteils zum Trotze so schwer bestimmen kann. Ich fühlte mich für die Schönheit der Welt verantwortlich. Ich wünschte glänzende, luftige, von klaren Wassern durchflossene Städte mit Menschen, die weder vor Elend verkümmert noch vom üppigen Reichtum gedunsen waren. Ich wünschte, daß die Schulkinder mit richtiger Betonung vernünftige Texte hersagen, die Frauen daheim in ihren Gebärden eine Art von mütterlicher Würde, von ruhiger Sicherheit bekunden, die Jünglinge auf ihren Übungsplätzen im Spiel wie in der Kunst erfahren sein sollten. Die Gärten sollten die schönsten Früchte, die Felder die reichsten Ernten tragen. Ich wollte, daß die Majestät des römischen Friedens unmerklich, doch allgegenwärtig wie Sphärengesang alle Menschen einhüllte, daß der geringste Wanderer ungefährdet, ohne kleinliche Förmlichkeiten und überall eines Mindestmaßes von Gesittung und Rechtsschutz gewiß, von Land zu Land ziehen konnte und von Erdteil zu Erdteil. Daß unsere Soldaten ihren ewigen Waffentanz längs der Grenzen weiter vollführten, daß alles reibungslos seinen Dienst tat, Werkstätte wie Tempel, daß auf den Meeren schöne Schiffe und auf den Straßen viele Wagen fuhren und daß in einer wohlgeordneten Welt die Philosophen ihren Platz fänden und die Tänzer auch. Diesem im Grund bescheidenen Ideal wäre ich oft recht nahe gekommen, wenn die Menschen etwas von der Willenskraft, die sie an törichte oder rohe Beschäftigungen wenden, in seinen Dienst gestellt hätten. Doch erlaubte mir das Glück, es während des letzten Viertels meiner Regierung wenigstens teilweise zu verwirklichen.

Arrianus von Nikomedia, einer der erleuchtetsten Geister der Zeit, erinnert mich gern an die schönen Verse, in denen der alte Terpander das spartanische Ideal, jene vollendete Lebensführung, von der Lakedämon träumte, ohne sie je zu erreichen, in drei Worte zusammengedrängt hat: die Kraft, die Gerechtigkeit, die Musen. Die Kraft war der stützende Balken, denn ohne feste Regel keine Schönheit und ohne Strenge kein Recht. Die Gerechtigkeit war das Gleichgewicht, die Summe ausgeglichener Verhältnisse, das Zusammenspiel der Kräfte, das kein Mutwille gefährden darf. Kraft und Gerechtigkeit waren wohlgestimmte Instrumente in den Händen der Musen. Elend und Roheit waren als Sünden wider den Adel menschlicher Schönheit zu bannen. Jedes Unrecht störte als Mißklang die Harmonie der Sphären und war verpönt.

Fast ein Jahr hatte ich in Germanien damit zu tun, Befestigungen instand zu setzen oder anzulegen, Straßen neu *Limes* zu bauen oder auszubessern. Auf einer Strecke von siebzig Meilen wurde unsere Grenzlinie längs des Rheins durch neue Wachtürme verstärkt. Da ich hier auf den Spuren des jungen Militärtribunen wandelte, der ich war, als ich Trajan die Nachricht von seinem Machtantritt überbrachte, konnte mir das Land der Reben und der brausenden Ströme nichts Unvorhergesehenes bieten. Wenn ich über die mit Faschinen aus Tannenholz befestigten Brüstungen unserer vorgeschobensten Schanzen hinaussah, war da auch der dunkle, eintönige Horizont wieder, jene Welt, die uns, seit die Legionen des Augu- *Varus* stus so unbedacht vorgestoßen waren, verschlossen blieb, ein Meer von Bäumen mit Scharen von blonden, hellhäutigen Menschen darin. Als ich mit meiner Arbeit fertig

war, zog ich durch die batavische Niederung rheinab-
wärts bis zur Mündung. Die auf Rosten gebauten Häuser
von Nymwegen, auf deren Dächern Meervögel nisteten,
knirschten gegen das Holz der vor ihren Schwellen ver-
täuten Schiffe. In trostloser Einsamkeit lagen die Dünen
des Nordens mit ihrem harten Riedgras, das im Winde
pfiff. Ich liebte diese traurigen Stätten, die meinen Adjutanten so furchtbar waren, den trüben Himmel und die
schlammigen Gewässer, die jene unförmige Erde furch-
ten, deren Lehm kein Gott geknetet hat.

Eine Barke mit fast flachem Boden fuhr mich zur Insel
Britannien hinüber. Mehrmals warf uns der Sturm gegen
die eben verlassene Küste zurück, so daß die schwierige
Überfahrt mir Stunden einer seltsamen Muße eintrug.
Ungeheure Wolkengebilde entstiegen dem schwer at-
menden, sandgelben, ständig in seinen Tiefen aufgewühl-
ten Meere. Wie ich einstmals bei Dakern und Sarmaten
eine andere Erdgöttin fand, so bemerkte ich hier zum
ersten Male einen Neptun, ungestümer als der unsere,
Gebieter eines flüssigen Reiches, das unendlich schien.
Im Plutarch hatte ich ein Schiffermärchen gelesen, das
von einer Insel im Nebelmeer spricht, wohin die siegrei-
chen Olympier die besiegten Titanen verbannt hätten.
Ewig gepeitscht vom rastlosen Ozean, schlaflos, doch
ständig von Träumen gepeinigt, sollen sich diese großen
Gefangenen der Felsen und Wogen immer noch in zuk-
kendem Kampf mit dem Rest ihres Willens wider die
olympische Ordnung aufbäumen. In dieser Sage, die man
an das Ende der Welt verlegt hat, erkannte ich die Lehre
von Philosophen wieder, die mir etwas bedeuteten. Jeder
Mensch muß sich sein ganzes kurzes Leben hindurch entscheiden zwischen der unermüdlichen Hoffnung und der
Weisheit, die nichts hofft, zwischen den Wonnen der
Willkür und den Freuden der Ordnung, zwischen Titan
und Olympier. Sich ständig entscheiden, wenn es nicht
gelingt, beides miteinander zu vereinen.

Die Reformen, die ich in Britannien durchführte, gehören zu meinem Verwaltungswerk, von dem ich berichtet habe. Hier möchte ich nur betonen, daß ich mich als erster Kaiser in der am Saume der bekannten Welt gelegenen Insel friedlich einrichten konnte, wohin Claudius sich nur als Oberbefehlshaber des Heeres auf wenige Tage gewagt hatte. Auf einen ganzen Winter wurde Londinium durch meine Wahl der tatsächliche Mittelpunkt der Welt, der Antiochia während des Partherkrieges gewesen war. So verschob jede Reise den Schwerpunkt der Macht, einmal an den Rhein, einmal an die Themse, und jedesmal konnte ich erwägen, was für und wider den betreffenden Ort als kaiserliche Residenz sprach. Während meines Aufenthaltes in Britannien dämmerte mir die Möglichkeit eines Reiches auf, das von Westen her regiert wird, einer atlantischen Welt. So wenig handgreiflichen Wert solche Betrachtungen auch besitzen, so ganz abwegig sind sie nicht, sofern nur der, der sie anstellt, seinen Träumereien genügend großen Spielraum in der Zukunft zugesteht.

Kaum drei Monate vor meiner Ankunft war die Sechste Legion Victrix nach Britannien versetzt worden. Sie kam als Ersatz für die unglückselige Neunte Legion, die im Laufe von Unruhen, die eine häßliche Rückwirkung unseres Zuges gegen die Parther gewesen waren, von den Caledoniern aufgerieben worden war. Zwei Maßnahmen empfahlen sich, um der Wiederkehr eines derartigen Unheils vorzubeugen. Unsere Truppen wurden durch die Aufstellung eines einheimischen Hilfskorps verstärkt. In Eboracum sah ich von der Höhe eines grünen Hügels, wie diese neugebildete britannische Truppe ihre ersten Bewegungen vollführte. Außerdem mußte eine Mauer gebaut werden, die die Insel an ihrer engsten Stelle in zwei Teile trennte und so die fruchtbaren und gesitteten Gebiete im Süden gegen die Angriffe der nördlichen Stämme sicherte. Einen großen Teil dieses überall gleichzeitig in einer Länge von achtzig Meilen erstehenden Werkes habe ich selber besichtigt. Ich hatte dabei Gelegenheit, auf eine genau berechnete, von Küste zu Küste laufende Strecke ein Verteidigungssystem auszuprobieren, das man fortan überall verwenden konnte. Schon arbeitete diese rein militärische Einrichtung für den Frieden; der Wohlstand stieg, neue Dörfer entstanden, und ein Zustrom von Menschen floß in das Grenzgebiet. Die Erdarbeiter der Legion wurden in ihrer Aufgabe von einheimischen Arbeitskräften unterstützt; für viele der eben noch unabhängigen Bergbewohner bedeutete die Mauer den ersten, unwiderleglichen Beweis für Roms schützende Macht, ihr Arbeitslohn die erste römische Münze, die sie in die Hand bekamen. Das Bollwerk wurde sinnbildlich für meinen Verzicht auf Eroberungen. Zu Füßen der vorgeschobensten Bastei ließ ich dem Terminus einen Tempel setzen.

Alles entzückte mich auf der regnerischen Insel. Ich liebte die Nebelfransen, die über den Hang der Hügel strichen, die Seen, in denen noch wunderlichere Nymphen hausten als bei uns, und das schwermütige Volk mit den grauen Augen. Als Führer diente mir ein junger Tribun vom britannischen Hilfskorps. Dieser blonde Gott hatte Latein gelernt, radebrechte Griechisch und stümperte in dieser Sprache schüchterne Liebesgedichte zusammen. In einer kalten Herbstnacht trafen wir eine Sibylle, bei der er dolmetschen mußte. Wir wärmten die in langen grobwollenen Hosen steckenden Beine in der verräucherten Hütte eines keltischen Köhlers, als ein uraltes, regentriefendes und windzerzaustes Geschöpf angekrochen kam. Scheu und wild wie ein Tier des Waldes, fiel es über die Haferfladen her, die am Feuer brutzelten. Mein Führer kirrte diese Seherin, so daß sie sich dazu verstand, die Rauchkringel, die umherstiebenden Funken und die flüchtigen Gebilde der Aschenglut nach meiner Zukunft zu fragen. Sie sah das Werden neuer Siedlungen und frohes Volk, aber auch verbrannte Städte und trübselige Reihen von Besiegten, die meinen Friedenstraum Lügen straften. Sie sah ferner ein sanftes junges Gesicht, das sie für ein Frauenantlitz hielt, woran ich jedoch nicht recht glauben wollte, und ein weißes Schemen, das vielleicht nur eine Statue war, doch wäre ein solcher Anblick für die Tochter der Heide noch unerklärlicher gewesen als ein Gespenst. Und in einer nicht näher bezeichneten Anzahl von Jahren meinen Tod, den ich auch ohne sie vorausgesehen hätte.

Das blühende Gallien und reiche Spanien hielten mich nicht so lange auf wie Britannien. In der Gallia Narbonensis fand ich Griechenland wieder, das bis unter diesen klaren Himmel seine Rednerschulen und Säulengänge gestreut hat. Ich machte in Nîmes halt, um den Plan einer Plotina gewidmeten Basilika, aus der später ihr Tempel werden sollte, zu überdenken. Familienerinnerungen verbanden die Kaiserin mit dieser Stadt und machten mir das trockene Gold ihrer Landschaft um so teurer.

Aber in Mauretanien schwelte der Aufstand immer noch. Ich kürzte meine Fahrt nach Spanien ab, so daß ich sogar darauf verzichten mußte, Cordoba zu besuchen, und auf einen Augenblick Italica, den Ort meiner Jugend und meiner Ahnen, wiederzusehen. In Gades schiffte ich mich nach Afrika ein.

Noch immer beängstigten die tätowierten Krieger, die von den Bergen des Atlas gestiegen kamen, die afrikanischen Küstenstädte. Für wenige Tage erlebte ich hier das numidische Gegenstück zu den sarmatischen Händeln. Wieder wurde Stamm auf Stamm gezähmt, und stolze Häuptlinge warfen sich inmitten eines Wirrwarrs von Frauen, Warenballen und knienden Reittieren zur Erde. Nur, daß der Wüstensand den Schnee ersetzte.

Gern hätte ich nur dies eine Mal den Frühling in Rom zugebracht, mich der angefangenen Villa gefreut, Lucius wiedergefunden und seine launische Umarmung, die Freundschaft Plotinas. Aber mein Aufenthalt wurde sogleich durch schlimme Nachrichten unterbrochen. Kaum drei Jahre war es her, daß der Friede mit den Parthern geschlossen war, und schon kam es am Euphrat zu schweren Zwischenfällen. Ich reiste ab in den Orient.

Entschlossen, die Grenzstreitigkeiten weniger plump zu bereinigen als durch entsandte Legionen, vereinbarte ich mit Chosroes eine Zusammenkunft. Ich brachte die Tochter des Großkönigs mit, ein zartes großäugiges Mädchen, das, als Trajan Babylon eroberte, fast noch in der Wiege gefangengenommen und als Geisel in Rom behalten worden war. Mit ihren Frauen behinderte sie uns ein wenig auf dieser Reise, die keine Verzögerung litt. In einem dicht verhängten Sonnenzelt schaukelten die verschleierten Geschöpfe auf dem Rücken von Dromedaren durch die syrische Wüste. Abends im Lager sandte ich immer zur Prinzessin, um mich zu erkundigen, ob es ihr an nichts gebreche.

In Lykien machte ich eine Stunde halt, um den Kaufmann Opramoas, der sich schon als geschickter Unterhändler bewährt hatte, zum Mitreisen zu bewegen. Mein kurzer Aufenthalt ließ ihm keine Zeit, den sonst gewohnten Prunk zu entfalten. Der durch den Reichtum verwöhnte Mann war nichtsdestoweniger ein ausgezeichneter Reisegefährte, der alle Überraschungen der Wüste kannte.

Als Treffpunkt war das linke Euphratufer in der Nähe von Dura ausgemacht. Wir setzten auf einem Floß über den Strom. Auf dem jenseitigen Ufer standen die Reiter der parthischen Königsgarde in ihren gleißenden Goldkürassen auf herrlichen Pferden zu einer augenblendenden Front ausgerichtet. Mein unzertrennlicher Phlegon war recht blaß. Auch die Offiziere, die mich begleiteten, hegten einige Besorgnis: diese Begegnung konnte zur Falle werden. Aber Opramoas mit seiner feinen Nase für orientalische Witterungen beschwichtigte uns. Ihm mißfiel diese Mischung aus Lärm und Schweigen, aus plötzlich vorpreschenden Kavalkaden und starrer Ruhe, dieser ganze wie ein Teppich über den Wüstensand gebreitete Prunk durchaus nicht. Für meine Person war ich völlig ruhig; wie Caesar seinem Boot, vertraute ich mich den Brettern an, die mein Glück trugen. Zum Beweis meines

Vertrauens übergab ich die parthische Königstochter dem Vater sofort, statt sie bis zu meiner Rückkehr zur Truppe dort in Gewahrsam zu lassen. Auch versprach ich, den goldenen Thron der Arsakiden, den Trajan erbeutet hatte, zurückzuerstatten. Der orientalische Aberglaube mißt ihm großen Wert bei, und für uns war er nutzlos.

Das bei diesen Zusammenkünften zur Schau getragene Gepränge erwies sich als rein äußerlich. Unter uns verkehrten wir wie zwei Nachbarn, die sich in einem Zwist wegen einer gemeinsamen Zwischenmauer gütlich einigen wollen. Ich hatte es mit einem gebildeten Barbaren zu tun, der Griechisch sprach und keineswegs dumm war, auch nicht unbedingt treuloser, als ich es bin, aber doch zu schwankend, als daß man sich auf ihn verlassen konnte. Meine seelische Schulung half mir, diesen unsteten Geist zu bannen. Als ich dem König gegenübersaß, lernte ich, ihm seine kommenden Antworten vom Munde abzulesen, bald sogar, sie ihm in den Mund zu legen. Ich dachte mich so in sein Spiel hinein, daß ich Chosroes wurde, der mit Hadrian feilschte. Unnütze Streitereien, wo jeder von vornherein weiß, daß er nachgeben wird oder nicht nachgeben wird, sind mir verhaßt. Mir ist die Wahrheit vor allem lieb als Mittel, die Dinge zu vereinfachen und ihren Ablauf zu beschleunigen. Die Parther fürchteten uns, wir fürchteten die Parther, und unsere gekoppelten Befürchtungen konnten zum Kriege treiben. Es gab Satrapen, die aus persönlichen Gründen dazu hetzten: auch Chosroes hatte seinen Quietus und seinen Palma. Der unruhigste der halb unabhängigen Stammesfürsten an der Grenze, Pharasmanes, war für das Partherreich noch gefährlicher als für uns. Man hat mir vorgeworfen, daß ich diese bösartige Umgebung durch Bestechung unschädlich gemacht habe. Das Geld war wirklich gut angelegt! Der Überlegenheit meiner Truppen zu gewiß, als daß ich mich mit törichtem Selbstgefühl zu belasten brauchte, war ich zu allen nichtssagenden Zugeständnissen bereit, die nur eine Frage des Geltungsdranges sind, aber auch zu keinen anderen. Am schwersten wurde es mir, den Chosroes davon zu überzeugen, daß, wenn ich nur wenig versprach, so deshalb, weil ich es zu halten gedachte. Das im Verlaufe meines Besuches zwischen uns geschlossene Abkommen gilt noch, und seit fünfzehn Jahren ist der Friede an den Grenzen von keiner Seite gestört worden. Ich binde dir auf die Seele, dafür zu sorgen, daß dieser Zustand nach meinem Tode erhalten bleibt.

Während eines Festes, das Chosroes mir zu Ehren in seinem Zelt gab, fiel mir eines Abends inmitten der langbewimperten Frauen ein nackter, abgezehrter, regungsloser Mann auf, dessen weit offene Augen das Gewühl von aufgetragenen Speisen, Gauklern und Tänzerinnen zu übersehen schienen.

Durch meinen Dolmetscher richtete ich das Wort an ihn, doch geruhte er nicht zu antworten. Ein Weiser. Von seinen redseligeren Jüngern erfuhr ich, daß dieser Trupp frommer Landstreicher aus Indien kam und daß ihr Meister der mächtigen Kaste der Brahmanen angehörte. Seine Betrachtungen brachten ihn dahin, die ganze Welt als ein Gewebe aus Trug und Irrtum anzusehen, Enthaltsamkeit, Verzicht und Tod galten ihm als die einzigen Mittel, dem ungewissen Strom des Geschehens, von dem unser Heraklit sich im Gegenteil tragen ließ, zu entrinnen, um jenseits der Welt der Sinne in die Sphäre reiner Göttlichkeit einzugehn, jenes ewig unbewegte und leere Firmament zu erreichen, von dem auch Plato träumte. Ungeachtet aller Fehler meiner Dolmetscher, bekam ich eine Ahnung von Gedanken, die manchen unserer Weisen nicht fremd gewesen waren, nur daß der Inder sie schärfer und entschiedener aussprach. Dieser Brahmane hatte einen Zustand erreicht, wo nichts mehr außer seinem Körper ihn noch von dem ungreifbaren Gott trennt, der weder Gegenwart noch Form hat. Er hatte beschlossen, sich am nächsten Tage lebendig verbrennen zu lassen, und Chosroes lud mich zu dieser Feierlichkeit ein. Aus duftenden

Hölzern wurde ein Scheiterhaufen geschichtet, in den der Mann sich stürzte, um lautlos zu verbrennen. Seine Jünger gaben kein Zeichen der Trauer von sich; für sie war es kein Leichenbegängnis.

In der folgenden Nacht mußte ich wieder daran denken. Ich lag auf einem Teppich aus kostbarer Wolle, über mir das mit schimmernden Stoffen ausgeschlagene Zelt. Ein Page massierte mir die Füße. Von außen drangen die spärlichen Geräusche dieser asiatischen Nacht ein: Sklaven tuschelten vor meiner Zelttür, eine Palme knarrte leise im Wind, Opramoas schnarchte hinter seinem Vorhang, ein Pferd stampfte mit dem gefesselten Fuß, und von weither, aus dem Frauenquartier, wehte wehmütiger Sang. All das hatte der Brahmane verschmäht. Vor Entsagung trunken, hatte er sich in das Flammenbett geworfen wie ein Verliebter. Er hatte sich der Dinge, aller Kreatur und schließlich seines Selbst entledigt wie ebenso vieler Hüllen, die ihm jenes einzige Ziel verbargen, die schweigend ruhende, wesenlose Allmitte, die er allein ersehnte.

Ich dachte, wie anders ich war und wie anderer Wahl ich offenstand. Wohl wußte auch ich aus meiner Jugend um Entbehrung, Verzicht und Verneinung des Stofflichen. All das hatte ich mit zwanzig Jahren erprobt, wie man es in diesem Alter gern tut. Ich war noch jünger gewesen, als ich, geleitet von einem Freunde, den alten Epiktet in seinem Loch in der Subura besuchte, wenige Tage, bevor Domitian ihn in die Verbannung schickte. Es kam mir vor, als erfreue sich der ehemalige Sklave, dem ein roher Herr einst das Bein gebrochen hatte, ohne ihm eine Klage zu entlocken, der unscheinbare Greis, der sein schmerzhaftes Nierenleiden so geduldig ertrug, einer beinahe göttlichen Freiheit. Staunend bewunderte ich seine Krücken, den Strohsack, die irdene Lampe, den hölzernen Löffel, der im Tongefäß lag, diese bescheidensten Hilfen eines makellosen Lebens. Aber Epiktet hatte zu vielem entsagt, und bald wurde ich mir darüber klar, daß nichts mir so gefährlich leicht fiel als zu verzichten. Folgerichtiger als der phrygische Stoiker, verwarf der Inder selbst das Leben. Von solchen Schwärmern konnte ich viel lernen, vorausgesetzt, daß ich den Sinn der Lehre, die sie mir darboten, abwandelte. Diese Weisen suchten ihren Gott jenseits des Ozeans der Formen zu finden, ihn auf jene Eigenschaft der Einheit, Ungreifbarkeit und Körperlosigkeit zurückzuführen, mit der er sich beschied, als er zum All werden wollte. Ich sah mein Verhältnis zur Gottheit anders. Ich meinte, ihr helfen zu können bei ihrer Mühe, eine Welt zu ordnen, ihr Rollen, Kreisen und Werden mitzubestimmen und fortzubilden. So war ich eine der Speichen des Rades, mitwirkender Teil jener einzigen Kraft, die sich an der Vielfalt der Dinge versucht, Adler und Stier, Mensch und Schwan, Phallus und Hirn, Proteus, aber auch Jupiter.

Um diese Zeit begann ich mich als Gott zu fühlen. Mißversteh mich nicht. Ich war, und mehr denn je, derselbe Mensch, der von den Früchten und Tieren der Erde sich nährte, der Erde die Schlacke wiedergab, bei jeder Umdrehung des Sternenhimmels dem Schlaf verfiel und unruhig wurde, wenn er der Liebe zu lange sich enthalten mußte. Eine rein menschliche Tätigkeit hielt Körper und Geist bei Kräften und geschmeidig. Aber gelebt wurde all dies auf göttliche Art – ich kann es nicht anders ausdrücken.

Vorbei war es mit den waghalsigen Versuchen der Jugend und mit ihrer Hast, den schnell dahineilenden Augenblick zu genießen. Mit meinen vierundvierzig Jahren fühlte ich mich der Ungeduld ledig, meiner sicher und, soweit es meine Anlagen erlaubten, vollendet – also unvergänglich. Beachte wohl, daß es sich um eine Erkenntnis der Vernunft handelte. Der heilige Rausch, wenn man es so nennen soll, folgte später. Ich war Gott, weil ich Mensch war. Die göttlichen Namen, die Griechenland mir später verlieh, verkündeten nur, was ich längst festgestellt hatte. Ich glaube, daß es mir auch im Kerker Domitians oder im Schacht eines Bergwerks gelungen wäre, mich als Gott zu fühlen. Wenn ich wage, das zu behaupten, so nur deshalb, weil mich dies Gefühl kaum außergewöhnlich dünkt und keineswegs einzig. Andere als ich haben es gekannt, andere werden es nach mir kennen.

Ich sagte, daß meine Titel diese erstaunliche Gewißheit nur wenig steigerten. Sie zu bestätigen, genügte dagegen die einfachste Verrichtung meines kaiserlichen Amtes. Ist Jupiter das Hirn der Welt, so darf der Mann, dem es obliegt, die menschlichen Geschäfte zu klären und zu ordnen, sich wohl als Teil dieses allwaltenden Hirnes ansehen. Fast stets hat die Menschheit, zu Recht oder Unrecht, ihren Gott im Sinne einer Vorsehung aufgefaßt; meine Obliegenheiten machten mich für einen Teil des Menschengeschlechtes zur verkörperten Vorsehung. Je fester der Staat in seiner Entwicklung die Menschen mit seinen kalten und engen Maschen umschlingt, je mehr bedarf das menschliche Vertrauen am anderen Ende der langen Reihe der angebeteten Gestalt eines menschlichen Sachwalters. Ob ich wollte oder nicht, die orientalischen Völker des Reiches vergötterten mich. Selbst im Westen, sogar in Rom, wo wir erst nach dem Tode amtlich zu Göttern erhoben werden, gefiel sich die kindliche Frömmigkeit des Volkes darin, mich schon bei Lebzeiten göttlich zu ehren. Bald errichteten die dankbaren Parther ihre Tempel dem römischen Kaiser, der den Frieden gebracht und gewahrt hatte. Ich bekam mein Heiligtum in Vologesa, an der Schwelle dieser fremden Welt. Weit entfernt, in diesen Zeichen der Anbetung für den Menschen, der sie annimmt, die Gefahr eines Wahnes oder der Überhebung zu sehn, empfand ich sie als Zügel, als Anlaß, sich nach einem ewigen Vorbild auszurichten und der menschlichen Macht ein Quentlein göttlicher Weisheit zuzusetzen. Gott sein verpflichtet schließlich zu höherer Tugend als Kaiser sein.

Achtzehn Monate darauf ließ ich mich in Eleusis einweihen. Der Besuch bei Chosroes hatte in einer gewissen Hinsicht für mich einen Wendepunkt bedeutet. Anstatt nach Rom zurückzukehren, hatte ich beschlossen, den griechischen und asiatischen Provinzen des Reiches einige Jahre zu widmen. Mir lag daran, mich bei den Griechen beliebt zu machen und möglichst zu hellenisieren, doch wurde diese Weihe, so sehr sie auch politischen Erwägungen entsprang, zu einem unvergleichlichen religiösen Erlebnis. Zwar versinnbildlichen diese großen Riten nur die Vorgänge des menschlichen Lebens, doch weist der Sinn weiter als das Bild, jede Menschengebärde wird im Zeichen des himmlischen Triebwerkes erläutert. Was in Eleusis gelehrt wird, muß geheim bleiben und läuft um so weniger Gefahr, ausgeplaudert zu werden, als es sich ohnehin nicht aussprechen läßt. Die Tiefe der Lehre liegt gerade darin, daß sie in Worte gefaßt zum platten Gemeinplatz wird. Auch die höheren Grade, die mir im Verlaufe von persönlichen Gesprächen mit dem Hierophanten zuerkannt wurden, verstärkten die Macht jener ersten Erleuchtung kaum, die auch der unwissendste Pilger verspürt, wenn er sich den Waschungen unterzieht und aus dem Quell trinkt. Ich hatte gehört, wie Mißklänge sich in Harmonien lösten, hatte, versetzt in eine andere Sphäre, von weitem und doch ganz nahe, jenen menschlichen und doch göttlichen Aufzug betrachtet, in dem ich meinen Platz hatte, jene Welt, in der der Schmerz fortbesteht, nicht aber noch der Irrtum. Das menschliche Los, diese unsicher gezogene Linie, in der das ungeübteste Auge so viele Fehler wahrnimmt, strahlte fest und klar wie ein Sternbild am Himmel.

Hier muß ich eine Gewohnheit erwähnen, die mich mein Leben lang Wege gehen ließ, die denen von Eleusis entsprechen, obschon sie nicht so geheim sind. Ich meine das Studium der Gestirne. Stets war ich ein Freund der Astronomen und ein treuer Kunde der Astrologen. Das Wissen der Astrologen ist unsicher, im einzelnen falsch, im ganzen vielleicht richtig. Wenn der Mensch als Teil des Alls von den gleichen Gesetzen beherrscht wird, die den Himmel regieren, ist es nicht so abwegig, dort oben nach den Vorzeichen unseres Lebens zu forschen und nach den Einflüssen, die, kalt und teilnahmslos, Erfolg und Unglück mitbestimmen. An keinem Herbstabend verabsäumte ich es, im Süden den Wassermann zu grüßen, den himmlischen Schenken und Spender, in dessen Zeichen ich geboren bin. Bei keinem ihrer Durchgänge vergaß ich, Jupiter und Venus, die mein Leben regieren, zu vermerken und den bedrohlichen Einfluß des Saturn zu messen. Wenn ich in schlaflosen Nächten darüber nachgrübelte, wie seltsam sich das Menschenlos im Sternengewölbe brechen mag, so beschäftigte ich mich doch mehr mit himmlischen Beobachtungen, mit jenen abstrakten Berechnungen, zu denen die flammenden Gestirne anregen. Gleich manchen unserer kühnsten Gelehrten neigte ich zu der Ansicht, daß auch die Erde teilnähme an jenem allnächtlich-täglichen Kreislauf, dessen irdisches Gleichnis die heiligen Umgänge von Eleusis sind. Es fiel mir schwer, in einem All, in dem alles Wirbel der Kräfte und Tanz der Atome ist, alles zugleich oben und unten, Umkreis und Mittelpunkt, das Dasein eines unbeweglichen Balles, eines festen Punktes anzunehmen, der sich nicht auch bewegt. Ein anderes Mal waren es wieder die Berechnungen über das Vorrücken der Tagundnachtgleichen, wie sie einst Hipparch von Alexandria aufgestellt hat, die mich in durchwachter Nacht heimsuchten. Hier begegnete mir, und zwar in Form von Beweisen, statt als Fabel oder Sinnbild, aufs neue das eleusinische Mysterium von Durchgang und Wiederkehr. Wenn die Kornähre im Sternbild der Jungfrau heutzutage an einer anderen Stelle steht, als wo Hipparch sie in die Himmelskarte eintrug, so erklärt sich die Wandlung durch einen zyklischen Ablauf und bestätigt gerade dadurch die Lehre des Astronomen. Langsam und unausweichlich wird das Firmament wieder so aussehen, wie es zur Zeit des Hipparch aussah, und eines Tages wird es abermals so aussehen, wie es zur Zeit des Hadrian aussieht. Unordnung ergab sich als Ordnung, der Wandel wurde Teil eines Planes, den der Astronom vorher zu errechnen vermochte; wie Eleusis durch rituelle Gesänge und Tänze, offenbarte der Menschengeist hier durch schlüssige Lehrsätze seine Teilhaberschaft am Weltganzen. Unerbittlich trieben der betrachtende Mensch wie das betrachtende Gestirn dem Ziele zu, das irgendwo im Weltenraume bezeichnet war. Doch ließ dieser Lauf sich in jeder Phase wahrnehmen und bestimmen, jeder Abschnitt der Kurve war so fest gefügt wie eine goldene Kette. Jede Fortbewegung führte zu dem Punkt, der uns ein Mittelpunkt dünkt, weil wir uns zufällig dort befinden.

Seit jenen Nächten meiner Kindheit, wo der erhobene Arm des Marullinus mir die Sternbilder wies, hatte die Neugierde nach den Wundern des Himmels mich nicht mehr losgelassen. Während der unfreiwilligen Nachtwachen des Lagerlebens beobachtete ich den Mond, wie er das Gewölke des nordischen Himmels durcheilte. In hellen attischen Nächten lauschte ich späterhin dem Astronomen Theron von Rhodus, der mir seine Weltlehre erläuterte. Als ich mitten in der Ägäis auf Deck liegend der langsam hin und her schwankenden Mastspitze zusah, wie sie bald zwischen dem roten Auge des Stiers und den weinenden Plejaden pendelte, bald zwischen Pegasus und Schwan, hatte ich den treuherzig einfältigen Fragen des jungen Mannes Rede zu stehen, der neben mir den gleichen Himmel musterte. Hier in der Villa habe ich mir eine Sternwarte bauen lassen, deren Treppen zu ersteigen mich jetzt die Krankheit hindert.

Einmal in meinem Leben tat ich mehr: ich opferte den Gestirnen eine ganze Nacht. Es war, als ich nach meinem Besuch bei Chosroes durch die syrische Wüste zog. Auf dem Rücken liegend und mit weit offenen Augen alle menschlichen Sorgen vergessend, überließ ich mich von der Abenddämmerung bis zum Morgengrauen dieser flammenden Welt der Kristalle. Das war meine schönste Reise. Zu Häupten hatte ich den großen Stern aus dem

Bilde der Leier, der in Zehntausenden von Jahren an der Stelle des Polarsterns stehen wird. Matt leuchteten die Zwillinge im letzten Schein der sinkenden Sonne, die Schlange tauchte auf, dann der Schütze, und mit weitgespreizten Schwingen stieg der Adler in den Zenit. Unter seinen Fängen war jenes von den Astronomen noch nicht benannte Sternbild, dem ich seitdem den teuersten der Namen gegeben habe. Die Nacht, niemals so tief, wie es den Menschen, die in ihren Häusern bleiben, vorkommt, wurde erst dunkler, dann wieder licht. Die Feuer, die wir angezündet hatten, um die Schakale zu scheuchen, verlöschten, und die glimmenden Häuflein gemahnten an den Großvater, wie er in seinem Weinberg gestanden hatte und mir jene Zukunft weissagte, die inzwischen Gegenwart wurde und bald Vergangenheit sein wird.

Auf vielerlei Weise habe ich mit dem Göttlichen eins zu werden getrachtet und mehr als eine Verzückung erlebt. Es gibt furchtbare Ekstasen und andere von überwältigender Süße; diese hier in der syrischen Nacht war seltsam wissend. Sie prägte mir den großen Gang der Gestirne so fest ein, wie eine Teilbeobachtung es nie vermocht hätte. Zur Stunde, da ich dir schreibe, weiß ich genau, welche Sterne hier in Tibur über den kostbaren Gemälden der Stuckdecke dahinziehen und welche dort in der Ferne über dem Grab. Nach Jahren wurde dann der Tod zum Hauptgegenstand meiner Betrachtungen, so daß ich ihm alle geistige Kraft widmete, die der Dienst am Staate mir ließ. Wer Tod sagt, der meint auch die geheimnisvolle Welt, zu der er vielleicht den Zugang freigibt. Nach all dem oft verwerflichen Grübeln und Tasten weiß ich immer noch nicht, was hinter jenem schwarzen Vorhang geschieht. Aber meinen bewußten Anteil an der Unsterblichkeit hat jene syrische Nacht bestritten.

Saeculum aureum

Den Sommer nach meiner Begegnung mit Chosroes verbrachte ich in Kleinasien. Ich hatte meine Reise in Bithynien unterbrochen, um den Holzschlag in den Staatsforsten persönlich zu überwachen. In Nikomedia, einer hellen, freundlichen und wissensfrohen Stadt, quartierte ich mich bei dem Prokurator der Provinz, Gnaeus Pompejus Proculus, in der früheren Residenz des Königs Nikomedes ein, die voll von Erinnerungen an die galanten Abenteuer des jungen Julius Caesar war. Frische Brisen von der Propontis her lüfteten die kühlen, dunklen Säle. Proculus, ein gebildeter Mann, veranstaltete mir zu Ehren literarische Zusammenkünfte. Durchreisende Sophisten, kleine Gruppen von Studenten und Kunstbeflissenen kamen am Ufer einer der dem Pan geheiligten Quellen in den Gärten zusammen. Von Zeit zu Zeit tauchte ein Diener ein mächtiges Gefäß aus porösem Ton ins Wasser, das so klar war, daß der durchsichtigste Versbau sich daneben dunkel ausnahm.

Man las an jenem Abend ein etwas verworrenes Stück des Lykophron, an dem mir die kühne Zusammenstellung von Tönen, Bildern und Andeutungen, das ganze verwickelte System von Schall- und Lichtwirkungen so wohl gefällt. Ein abseits sitzender Knabe lauschte den schwierigen Strophen in zerstreuter Versunkenheit, etwa wie ein Hirte, der im Walde auf irgendein Vogelgezwitscher horcht. Er hatte weder Tafeln noch Griffel mitgebracht und strich, auf der Einfassung des Beckens sitzend, mit den Fingern sacht über den schönen glatten Wasserspiegel. Wie ich erfuhr, hatte sein Vater ein bescheidenes Amt in der Verwaltung der kaiserlichen Domänen versehen. Das Kind, das in jungen Jahren vom Großvater betreut worden war, war als Schüler einem Gastfreund der Eltern, einem Reeder in Nikomedia, anvertraut worden, einem wohlhabenden Gönner der armen Familie.

Ich behielt ihn zurück, als die anderen gegangen waren. Er war wenig gebildet, voller Lücken im Wissen, leichtgläubig, aber nachdenklich. Da ich seine Geburtsstadt Claudiopolis kannte, konnte ich ihn zum Plaudern bringen. Er erzählte von seinem Elternhaus, das am Rande der großen Fichtenwälder, die unsere Schiffe mit Mastbäumen versahen, gelegen war, vom Tempel des Attys oben auf dem Hügel, von den schönen Pferden seiner Heimat und ihren sonderbaren Göttern. Er sprach mit leicht verschleierter Stimme, und sein Griechisch hatte asiatischen Klang. Als er inne wurde, daß ich zuhörte, vielleicht auch, daß ich ihn betrachtete, errötete er plötzlich und versank in jenes hartnäckige Schweigen, das ich noch oft erleben sollte. Aber wir freundeten uns an. Er hat mich seither auf allen Reisen begleitet. Märchenhafte Jahre brachen an.

Antinous war Grieche. Es glückte mir, seine unbekannte, aber alte Familie bis in die Zeit der ersten arkadischen Siedler an der Propontis zurückzuverfolgen. Auf dies etwas herbe Blut hatte die asiatische Umwelt gewirkt wie der Tropfen Honig, der den reinen Wein trübt und durchduftet. Der Knabe war abergläubisch wie ein Jünger des Apollonius, und dem Herrscher so unbedingt ergeben wie nur irgendein orientalischer Untertan des Großkönigs. Sein Benehmen war außerordentlich leise; er folgte mir still wie ein Tier oder wie ein Schutzgeist. Verspielt und träge, ungestüm und zutraulich, erinnerte er an einen jungen Hund. Dies schöne Windspiel, das nach Zärtlichkeit und Zucht lechzte, legte sich quer über meinen Lebensweg. Eine staunenswerte Gleichgültigkeit gegen alles, was ihn nicht entzückte oder begeisterte, vertrat bei ihm die Stelle der Selbstbescheidung, der Skrupel, überhaupt aller angelernten und starren Tugenden. Ich wunderte mich über seine spröde Sanftmut und seine schwermütige Ergebenheit. Und doch war diese Unterordnung keineswegs blind. Wenn die folgsam oder träumerisch gesenkten Lider sich hoben, blickten mich sehr wachsame Augen an, und ich fühlte mich angeklagt. Aber doch so, wie ein Anbeter seinen Gott anklagt; all meine Schroffheiten und Eifersuchtsanfälle, die nicht ausblieben, wurden geduldig hingenommen. Nur einmal im Leben habe ich uneingeschränkt geherrscht und nur über eine Kreatur.

Man darf es nicht der Zurückhaltung eines rettungslos Verliebten zuschreiben, wenn ich seiner ungewöhnlichen Schönheit noch nicht gedacht habe. Aber die Züge, die wir in der Erinnerung heraufbeschwören, verflüchtigen sich; nur auf Sekunden hält das Bild stand... Da sehe ich unter nachtschwarzem Gelock ein geneigtes Haupt, Augen, die hinter den langgeschnittenen Lidern aussehn, als stünden sie schräg, und ein junges, volles Gesicht... Das Kind wuchs heran. Sein junger Leib wandelte sich wie eine Pflanze, doch nicht nur die Zeit modelte ihn ständig. Eine Woche träger Ruhe genügte, um ihn zu verweichlichen, und ein Nachmittag auf der Jagd, um seine Kraft und Geschwindigkeit wiederherzustellen. Es bedurfte nur einer Stunde unter der Sonne, um den Jasmin dieser Haut golden wie Honig zu verfärben. Die Beine des Fohlens wurden länger, die Wange verlor ihre kindliche Rundung, sie sank unter dem hervortretenden Jochbein leicht ein, und der luftgeschwellte Brustkorb des jungen Schnelläufers nahm weichere Form an. Das knabenhafte Schmollen auf den Lippen wich einem traurigen Zug von Bitterkeit. Dies Gesicht änderte sich, als ob ich bei Nacht und bei Tag daran knetete.

Ich glaube, im Goldenen Zeitalter gelebt zu haben, wenn ich heute an diese Jahre zurückdenke. Alles war leicht geworden, eine göttliche Gemächlichkeit lohnte die Mühen von einst. Das Reisen war ein Spiel, ein wohlvorbereitetes, bedachtsam durchgeführtes Vergnügen. Die unablässige Arbeit empfand ich als Wohltat. Mein Leben, in dem alles so spät kam, die Macht und auch das Glück, sonnte sich nun im Glanz des hohen Tages, im vollen Licht der mittäglichen Ruhezeit, die jedes Ding vergoldet. Gestillte Lust ist auf ihre Art keusch, die menschliche Schönheit ringsum wurde vom Jagdrevier, das sie mir einst gewesen war, zum bloßen Schauspiel. Das so alltäglich begonnene Abenteuer bereicherte mein Leben, es vereinfachte es auch. Die Zukunft zählte kaum, kein Orakel wurde befragt, und die Sterne waren nur noch lichter Schmuck des Nachthimmels. Nie zuvor hatte ich mich der Natur so sorglos gefreut, der blaß anbrechenden Morgenröte am Meereshorizonte, der frischen, den Nymphen heiligen Grotten, auf denen die Zugvögel rasteten, des schweren Strichs der Wachteln in der Dämmerung. Ich las meine Dichter wieder, von denen mir manche besser, die meisten schlechter gefielen als ehedem, und machte Verse, die leidlicher geraten sein mochten als sonst.

Da war Bithyniens unabsehbares Wipfelmeer, die großen Korkeichenwälder und Fichtenforsten; darinnen lag das kleine Jagdhaus mit den halboffenen Außengängen, wo der junge Bursche, wenn die angeborene Lässigkeit über ihn kam, seine Pfeile und Geräte unordentlich verstreute und sich mit den Hunden auf den ledernen Polstern balgte. Die Ebene hatte die Glut des langen Sommers aufgespeichert; ein Brodem stieg von den Grastreppen längs des Sangarios auf, wo Herden wilder Pferde dahinjagten; bei Tagesdämmerung gingen wir durch das hohe taufeuchte Gras zum Ufer des Flusses hinab, um zu baden, und am Himmel hing die bleiche Sichel des zunehmenden Mondes, Bithyniens Wahrzeichen. Dies Land habe ich mit Wohltaten überhäuft und ihm sogar meinen Namen verliehen.

Schön war, wie wir im Schneesturm über den Bosporus fuhren. Wir sprengten durch die thrakischen Wälder, wo der scharfe Wind sich in den Falten der Mäntel verfing und der Regen in Schloßen auf die Blätter und Zeltdächer niederprasselte. Wir hielten im Lager der Arbeiter, die am

werdenden Adrianopel bauten, auf durchnäßter Erde, auf
der bald Mauern und Türme emporragen sollten, und
hörten die jubelnden Zurufe der Veteranen aus den Dakerkriegen. Auf meiner Fahrt zu den Garnisonen an der
Donau kam ich in den behäbigen Marktflecken, zu dem
Sarmizegetusa geworden ist, und der bithynische Knabe
trug ein Armband des Königs Decebalus am Handgelenk.
Wir reisten von Norden her nach Griechenland zurück.
Ich verweilte einige Tage im von lebendigen Wassern ge-
netzten Tal Tempe; wir setzten zum blonden Euböa über
und weiter zum rosafarbenen Attika. Athen wurde nur
gestreift, doch verbrachte ich in Eleusis während meiner
Einweihung in die Mysterien drei Tage und drei Nächte
inmitten der Pilger, die zu diesem Feste zusammenge-
strömt waren, ohne andere Vorsichtsmaßnahme, als daß
man den Männern das Tragen von Messern verbot. Ich
zeigte Antinous Arkadien, das Land seiner Väter, wo die
Wälder noch ebenso undurchdringlich waren wie zur
Zeit dieser alten Wolfsjäger. Bisweilen störte der Peit-
schenschlag eines Reiters eine Viper auf; die Sonne
flammte auf den steinigen Gipfeln wie im Hochsommer;
an den Felsen gelehnt, schlummerte der Knabe, den Kopf
auf die Brust gesenkt und das Haar im Wind flatternd, ein
Endymion am hellen Tage. Die Hunde zerrissen einen
Hasen, den der junge Jäger sich mit Mühe gezähmt hatte;
das war das einzige Unglück, das diese wolkenlosen Tage
trübte. Die Einwohner von Mantinea entdeckten ver-
wandtschaftliche Beziehungen zu der Familie, die einst
nach Bithynien ausgewandert war; ich beschenkte und
schmückte die Stadt, wo dem Antinous später Tempel
errichtet wurden. Das uralte Heiligtum des Neptun,
verfallen, aber so ehrwürdig, daß der Eintritt jedermann
untersagt war, hehlte hinter seinen verschlossenen Toren
Mysterien, die über den Ursprung des Menschengeschlechtes hinausreichten. Ich baute einen neuen, größeren Tempel, in dessen Innerem der alte Bau seither liegt
wie der Kern inmitten der Frucht. Auch ließ ich das Grab

instand setzen, das an der Straße unweit von Mantinea die
Reste des in der Schlacht gefallenen Epaminondas und
seines neben ihm getöteten Gefährten birgt. Eine Säule,
in die ein Vers eingelassen wurde, bewahrt diese Erinnerung an eine Zeit, wo sich, nachträglich betrachtet, alles
so edel und selbstverständlich ausnimmt, die Liebe, der
Ruhm, der Tod. In Achaia wurden die Isthmischen Spiele
mit einem Glanze gefeiert, der seit alten Zeiten nicht
mehr erlebt worden war; dadurch daß ich die großen
hellenischen Feste neu erweckte, hoffte ich, Griechenland
wieder zur lebendigen Einheit zu machen. Auf der Jagd
gerieten wir in das Tal des Helikon, auf dem das Gold des
späten Herbstwaldes leuchtete; an der Quelle des Narcis-
sus, nahe dem Tempel Amors, machten wir halt und
brachten diesem Gott, dem weisesten von allen, das Fell
einer jungen Bärin dar, das mit goldenen Nägeln an die
Wand des Tempels geheftet wurde.

Das Boot, das der Kaufmann Erastos aus Ephesus mir
lieh, um den Archipel zu durchfahren, landete in der
Bucht des Phaleron, und ich richtete mich in Athen ein
wie jemand, der nach Hause zurückkehrt. Ich wagte es,
an soviel Schönheit Hand anzulegen, um die herrliche
Stadt zur Vollendung zu bringen. Nach langem Niedergang wuchs Athen wieder und bevölkerte sich; ich verdoppelte seine Ausdehnung und sah längs des Ilissos ein
neues Athen vor, eine Stadt des Hadrian neben der des
Theseus. Alles mußte neu geplant und neu geordnet werden. Vor sechs Jahrhunderten war der große, dem olympischen Zeus geweihte Tempel im Bau liegengelassen
worden. Meine Arbeiter machten sich ans Werk, so daß
Athen zum ersten Male seit den Tagen des Perikles wieder die frohe Erregung rüstigen Schaffens kennenlernte.
Die Besichtigung der Arbeiten erheischte den täglichen
Besuch der Baustelle, ein Kommen und Gehn inmitten
des Durcheinanders von Winden und Rollen, von halb
errichteten Säulen und Reihen von Marmorblöcken unter
blauem Himmel. Hier herrschte etwas von der Stimmung

auf einer Werft, bevor das Schiff vom Stapel läuft, der Zukunft entgegen.

Des Abends löste das unsichtbare Gerüst der Musik die gegenständliche Architektur ab. Wenn ich mich mehr oder weniger aller Künste befleißigt habe, so bin ich doch nur in der Kunst der Töne, in der ich mich beharrlich übte, einigermaßen Meister. In Rom mußte ich diese Neigung verheimlichen, hier in Athen konnte ich ihr mit einiger Vorsicht huldigen. Die Musiker sammelten sich im Hof, auf dem eine Zypresse stand, zu Füßen eines Standbildes des Hermes. Es waren ihrer nur sechs oder sieben, ein Orchester aus Flöten und Leiern, wozu manchmal noch ein Meister der Zither mit seinem Instrumente kam. Ich bediente meistens die große Querflöte. Wir spielten alte, fast verschollene Weisen, zuweilen aber auch neue Melodien, die für mich komponiert waren. Ich schätzte die männliche Herbheit der dorischen Lieder, ohne jedoch jene weichen oder leidenschaftlichen Klänge und jene wohl berechneten, dramatischen Ausdrucksmittel zu verschmähen, die von Leuten, deren Tugend in der Furcht besteht, als zerrüttend für Herz und Sinne abgelehnt werden. Durch die Bespannung hindurch betrachtete ich das Profil meines jungen Gefährten, der sich brav bemühte, seine Aufgabe im Chor zu erfüllen, und seine Finger, die so sorgsam die straffen Saiten rührten. Dieser schöne Winter brachte viel geselligen Verkehr. Der reiche Atticus, dessen Bank, nicht ohne daran zu verdienen, das Geld für meine städtebaulichen Unternehmungen vorstreckte, lud mich zu seinen Gartenfesten nach Kephissia, wo er, umringt von einem Schwarm gerade tonangebender Musiker und Schriftsteller, lebte. Sein Sohn, der junge Herodes, ein geistvoller Unterhalter, wurde zum unentbehrlichen Tischgenossen meiner Abendgesellschaften. Einst, als die Ephebie von Athen ihn an die Sarmatengrenze entsandt hatte, um mich zu meinem Regierungsantritt zu beglückwünschen, war er mitten in seiner Ansprache steckengeblieben. Diese Schüchternheit hatte er gründlich abgestreift, seine sich im Gegenteil immer mehr entwickelnde Eitelkeit dünkte mich eine harmlose Schwäche. Der große Rhetor Polemon aus Laodicäa, der es mit Herodes an Redekunst, besonders aber an Reichtum aufnahm, entzückte mich durch seinen asiatischen Stil, der breit und funkelnd dahinfloß wie der goldhaltige Pactolus; dieser Fürst der Rede lebte so prunkvoll, wie er sprach. Am wertvollsten aber war mir die Bekanntschaft mit Arrianus aus Nikomedia, meinem seither besten Freund. Zwölf Jahre jünger als ich, hatte er schon jene schöne politische und militärische Laufbahn begonnen, in der er heute noch so ehrenvolle Dienste leistet. Seine Erfahrung in den großen Geschäften, seine Kenntnis der Pferde, Hunde und aller leiblichen Übungen gaben ihm bei weitem den Vorrang vor all den gewöhnlichen Wortdrechslern. In seiner Jugend hatte er sich zu einer jener geistigen Leidenschaften hinreißen lassen, ohne die wahre Weisheit und wahre Größe vielleicht nicht denkbar sind: zwei Jahre seines Lebens hatte er in Nikopolis in Epirus in dem kahlen und kalten Stüblein zugebracht, in dem Epiktet auf dem Tod lag, um die letzten Äußerungen des alten Philosophen aufzuzeichnen. Sein sittlicher Ernst und eine bemerkenswerte moralische Schulung bewiesen, daß diese Zeit nicht spurlos an ihm vorbeigegangen war; insgeheim legte er sich Kasteiungen auf, von denen niemand etwas ahnte. Zum unechten Weisen war dieser Bekenner der stoischen Pflicht trotz seiner langen Lehrzeit jedoch nicht geworden. Der kluge Mann hatte eingesehen, daß es um die Tugend, wenn sie auf die Spitze getrieben wird, nicht anders steht als um die vollkommene Liebe. Beider Wert besteht eben in ihrer Seltenheit, im Merkmal der unerreichten Kunst und der schönen Übertreibung. Fortan nahm er sich die heitere Vernunft und Gewissenhaftigkeit eines Xenophon zum Vorbild; er schrieb eine Geschichte seiner bithynischen Heimat. Ich hatte die lange Zeit von den Prokonsuln schlecht verwaltete Provinz unter meine persönliche Obhut genommen, und er beriet mich bei meinen Reformen. Da er als eifriger Leser der ›Sokratischen Gespräche‹ genau wußte, welche Schätze an Heldenmut, Selbstverleugnung und auch Weisheit das alte Hellas der Freundschaft verdankte, behandelte er meinen jugendlichen Gefährten mit zartester Achtung. Beide Bithynier sprachen jenen weichen ionischen Dialekt mit den fast homerischen Endungen, den ich Arrian später in seinen Schriften zu verwenden bewogen habe.

Um jene Zeit besaß Athen einen Philosophen des einfachen Lebens. In einer Hütte des Dorfes Kolonos verbrachte Demonax ein abgeklärtes, frohes und musterhaftes Dasein. Zu einem Sokrates fehlten ihm Verstandesschärfe und Schwung, aber sein gutmütiger Spott behagte mir. Auch der komische Schauspieler Aristomenes, der die Figuren der alten attischen Komödie so lebendig darstellte, gehörte zu diesen redlichen Freunden. Klein, wohlbeleibt und lustig wie ein Kind oder wie ein Vogel, nannte ich ihn scherzend mein griechisches Rebhuhn. Niemand kannte sich besser aus als er in den religiösen Bräuchen, der Dichtung und den Kochrezepten der Vorzeit; so ließ ich mich gern von ihm unterhalten und belehren. Damals freundete sich Antinous mit dem Philosophen Chabrias an, einem Platoniker, der sich außerdem mit der orphischen Weisheit abgab. Er hing an dem Kind mit der Treue eines Wachhundes, die er später auf mich übertrug. Die elf Jahre, die er am Hofe lebte, haben ihn nicht verdorben. Er blieb die treue Seele, die er immer war, in harmlose Träumereien versponnen und blind für Ränke, taub für Zuträgereien. Manchmal langweilt er mich etwas, aber trennen soll uns nur der Tod.

Kürzer befristet waren meine Beziehungen zu dem stoischen Philosophen Euphrates, der sich nach glänzenden Erfolgen in Rom nach Athen zurückgezogen hatte. Ich nahm ihn zum Vorleser, doch hatte ein Geschwür an der Leber, das ihn seit Jahren peinigte, seine Kraft so gebrochen, daß er das Leben nicht mehr für lebenswert hielt. Er bat darum, durch Selbstmord aus meinen Diensten scheiden zu dürfen. Ich habe gegen diese Form des freiwilligen Abgangs nie etwas einzuwenden gehabt, hatte sogar in der erregenden Zeit, die dem Tode Trajans vorausging, selbst mit dem Gedanken eines solchen Endes gespielt. Die Frage des Freitodes, die mich seitdem zu beschäftigen nicht aufhörte, schien mir damals leicht lösbar. Ich sandte dem Euphrates die gewünschte Bewilligung durch meinen jungen Bithynier, vielleicht weil ich diese letzte Antwort selber gern aus den Händen eines solchen Boten entgegengenommen hätte. Der Philosoph fand sich am gleichen Abend im Palast zu einer Plauderei ein, die sich von unseren bisherigen Gesprächen in nichts unterschied, und tötete sich am Tage darauf. Wir besprachen den Zwischenfall mehrfach; das Kind war danach tagelang trübsinnig. Für dieses schöne, sinnenfrohe Geschöpf war der Tod ein Schrecknis, über das er jedoch, was mir entging, schon damals viel nachdachte. Ich meinerseits verstand nicht recht, weshalb man freiwillig aus einer Welt scheiden sollte, die ich schön fand, weshalb man nicht, ungeachtet aller Übel, die Möglichkeit zum Denken, zum Umgang mit anderen, ja selbst zur Schau bis zum äußersten ausnutzte. Ich denke heute darüber anders.

Ich komme mit den Daten nicht zurecht... Meine Erinnerung gleicht einem einzigen Gemälde, auf dessen Fläche sich die Begebenheiten und die Reisen aus den verschiedenen Zeiten wahllos schichten. Das prunkvolle Schiff des Erastos von Ephesus drehte den Bug gen Osten, dann nach Süden und schließlich jenem Italien zu, das für mich zum Westen wurde. Rhodos wurde zweimal angelaufen, das blendendweiße Delos erst an einem Aprilmorgen besucht, dann nochmals unter dem Vollmond der Sonnenwende. Ungünstiges Wetter auf der Höhe von Epirus gab mir Gelegenheit, meinen Aufenthalt in Dodona in die Länge zu ziehn. Auf Sizilien hielten wir uns einige Tage in Syrakus auf, um das Geheimnis der

Quellen zu erforschen, Arethusa, Kyadne, Wohnstätten der schönen, blauen Nymphen. Ich gedachte des Licinius Sura, der einstmals die Muße, die ihm der Staatsdienst ließ, dazu verwandte, sich mit dem Wunder der Wasser zu befassen. Ich hatte von den erstaunlichen Farben sprechen hören, in denen die Morgenröte das Ionische Meer schillern läßt, wenn man vom Ätna hinunterschaut. So beschloß ich, den Berg zu ersteigen; durch die Rebenzone gelangten wir in die Lava und schließlich in den Schnee. Das Kind überwand die steilen Hänge spielend, während die uns begleitenden Gelehrten sich von Maultieren tragen ließen. Auf dem Gipfel war ein Unterschlupf hergerichtet worden, der uns bis zum Sonnenaufgang Schutz bot. Sie kam, Iris entrollte ihre Schärpe, die sich als ungeheurer Regenbogen von Horizont zu Horizont spannte, wundersame Lichter funkelten auf dem Eis des Gipfels, und weithin öffneten sich Land und Meer dem Blick bis nach Afrika, das man sah, und nach Hellas, das man ahnte. Das war einer der Höhepunkte meines Lebens. Nichts fehlte, weder die goldene Franse der Wolke noch der Flug der Adler, noch auch der Mundschenk der Unsterblichkeit.

Sonnenwende meines Lebens, alkyonische Tage der Windstille ... Ich brauche mein Glück von damals nicht nachträglich auszuschmücken, muß vielmehr darauf achten, daß sein Bild mir nicht zu blaß gerät; schon die Erinnerung daran läßt sich heute kaum ertragen. Aufrichtiger als die meisten, gestehe ich die wirkliche Ursache dieser Glückseligkeit freimütig ein: in jener inneren Ruhe, die der Arbeit und der Besinnlichkeit so förderlich ist, erblicke ich eins der schönsten Geschenke der Liebe. Und es wundert mich, daß diese so gebrechlichen, im Laufe eines Lebens so selten vollkommenen Freuden von sogenannten Weisen, die die Gewöhnung daran und das Übermaß fürchten, statt zu fürchten, dabei zu kurz zu kommen, so mißtrauisch betrachtet werden, daß sie eine Zeit, die sie besser daran wenden würden, ihre Seelen zu läutern, damit vergeuden, ihren Sinnen Gewalt anzutun. Ich war damals mit jener angespannten Bewußtheit, die ich stets meinen unbedeutendsten Verrichtungen widmete, darauf bedacht, mein Glück zu sichern, auszukosten und mir bewußt zu machen. Was ist schließlich sogar die Wollust anders als ein Augenblick leidenschaftlicher leiblicher Bewußtheit? Jedes Glück ist ein Meisterwerk, das der geringste Fehler verfälscht, der geringste Zweifel gefährdet, die geringste Plumpheit entzaubert und die geringste Torheit zum Gespött macht. Nicht mein Glück trug die Schuld an meinem unbedachten Gehaben, an dem es zerbrechen sollte; solange ich mich ihm hingab, handelte ich vernünftig. Und ich glaube heute noch, daß es einem Weiseren wohl gelungen wäre, bis zum Tode glücklich zu bleiben.

In Phrygien, wo Griechenland und Asien ineinandergehn, wurde mir das Wesen dieses Glückes einige Zeit später am vollkommensten klar. Wir lagerten an einer öden und wilden Stätte, am Grabe des Alkibiades, der dort den Nachstellungen der Satrapen erlegen war. Ich hatte auf dem seit Jahrhunderten vernachlässigten Grabmal in Marmor von Paros ein Standbild des Mannes errichten lassen, der zu den Geliebtesten in Griechenland gehört hatte. Auch hatte ich angeordnet, daß jedes Jahr dort eine Gedächtnisfeier abgehalten werden sollte. Zur ersten dieser Feiern hatten sich die Einwohner des benachbarten Dorfes den Leuten meines Gefolges angeschlossen. Ein junger Stier wurde geopfert und ein Teil des Fleisches für das abendliche Festmahl aufbewahrt. Wir veranstalteten in der Ebene ein Pferderennen, dann folgten Tänze, an denen der Bithynier mit feuriger Anmut teilnahm. Später warf er beim Schein der Flammen den schönen Kopf in den Nacken und sang.

Ich liebe es, mich bei den Toten niederzulassen, um mich mit ihrem Maß zu messen. An jenem Abend verglich ich mein Leben mit dem des alternden großen Genießers, der an dieser Stelle, von Pfeilen durchbohrt, gefallen war, nur von einem jungen Freunde verteidigt und beweint von einer athenischen Hetäre. Wenn meiner Jugend der strahlende Ruhm des Alkibiades versagt geblieben ist, so nahm ich es dafür an Vielseitigkeit mit ihm auf oder übertraf ihn gar. – Ich hatte das Leben genossen wie er, mehr nachgedacht als er, viel mehr gearbeitet und gleich ihm das Glück gekannt, geliebt zu werden. Alkibiades, der jeden zu verführen verstand, die Geschichtsschreibung eingeschlossen, hat gleichwohl die Leichenhaufen seiner in den Steinbrüchen von Syrakus umgekommenen Landsleute hinterlassen, ein entmachtetes Vaterland, und den albernen Frevel der von seiner Hand geschändeten Büsten der wegbehütenden Götter. Ich hatte eine um ein Vielfältiges größere Welt beherrscht als die, in der der Athener gelebt hatte, und in ihr den Frieden aufrechterhalten. Ich hatte sie gleich einem schönen Schiff betakelt, das zu einer Fahrt durch Jahrhunderte klarmacht; ich hatte mein Bestes getan, um im Menschen den Sinn für das Göttliche zu fördern, ohne darüber das Menschliche preiszugeben. Mein Glück war nur verdienter Lohn.

Rom blieb Rom. Aber ich war nicht mehr gezwungen, nach allen Seiten Rücksicht zu nehmen, zu beschwichtigen und um gut Wetter zu bitten. Die Leistungen meines Prinzipates waren offensichtlich; die Pforten des Janustempels, die man im Kriege offenstehen läßt, blieben geschlossen, meine Maßnahmen trugen Früchte; der Überfluß, in dem die Provinzen lebten, ergoß sich in die Hauptstadt. Nun schlug ich den Ehrennamen eines Vaters des Vaterlandes, den ich bei meiner Thronbesteigung abgelehnt hatte, nicht länger aus.

Plotina lebte nicht mehr. Bei einem vorhergehenden Aufenthalt in der Stadt hatte ich die Frau, die nach der amtlichen Benennung meine Mutter hieß, zum letzten Male wiedergesehen. Sie war weit mehr als das gewesen: meine einzige Freundin. Diesmal war alles, was ich von ihr fand, in einer kleinen Urne enthalten, die unter der Trajanssäule niedergelegt war. Ich wohnte den Feierlichkeiten ihrer Vergöttlichung bei und legte, entgegen dem kaiserlichen Brauch, neun Tage lang Trauer an. Doch änderte der Tod nur wenig an einem Verhältnis, das seit Jahren auch ohne persönliches Beisammensein bestanden hatte. Die Kaiserin blieb für mich, was sie mir immer gewesen war, eine Geistesrichtung, eine Gedankenwelt, der ich die meinige vermählt hatte.

Manche der großen Bauvorhaben näherten sich der Vollendung. Das erneuerte, vom schmachvollen Andenken an Nero, das hier noch spukte, gereinigte Kolosseum war an der Stelle, wo seine Statue gestanden hatte, mit einem riesenhaften Standbild des Sonnengottes geschmückt worden, des Königs Helios, eine Anspielung auf den Namen meines Geschlechtes, Aelius. Man legte die letzte Hand an den Tempel von Venus und Roma, der sich ebenfalls auf dem Grunde jenes ärgerlichen Goldenen Hauses erhob, wo Nero seinen protzigen Aufwand zur Schau gestellt hatte. Roma, Amor: zum ersten Male bekannte sich Rom als Mutter der Liebe, als Quell aller Freuden. Das war einer der Gedanken, die mein Leben beherrschten. Nur so konnte die römische Macht jenen weltumspannenden, sakralen Zug annehmen, jene friedfertige und mütterliche Form, die ihr zu geben mein Ehrgeiz war. Es geschah mir zuweilen, daß ich die tote Kaiserin der milden Venus gleichsetzte, der göttlichen Rat Spendenden.

Mehr und mehr dünkten mich alle Gottheiten in eins verschmolzen, unendlich mannigfache Kundgebungen und Ausflüsse der gleichen Kraft; ihre scheinbaren Widersprüche hoben sich in geheimnisvollem Zusammenklang auf. Der Bau eines Pantheons, eines Tempels für alle Götter, schien mir Pflicht. Zum Bauplatz wählte ich die Trümmer der Thermen, die Agrippa, der Schwiegersohn des Augustus, einst dem römischen Volke geschenkt hatte. Von dem alten Gebäude war außer der

Vorhalle nur noch die Marmorplatte mit ihrer Widmung an das Volk von Rom erhalten; sie wurde so, wie sie war, am Giebel des neuen Tempels angebracht. Obwohl der Gedanke dieses Denkmales von mir stammte, lag mir wenig daran, meinen Namen darauf zu verewigen. Im Gegenteil freute ich mich, daß eine mehr als hundertjährige Inschrift es mit den Anfängen des Kaiserreiches, mit der friedlichen Herrschaft des Augustus, verknüpfte. Selbst da, wo ich neu schuf, liebte ich es, alter Überlieferung getreu, fortzusetzen. Über Trajan und Nerva hinaus, die nach der amtlichen Sprache mein Vater und Großvater waren, fühlte ich mich sogar den zwölf Caesaren verbunden, die bei Sueton so schlecht wegkommen. Der klar blickende Tiberius, wenn auch nicht seine Härte, der gebildete Claudius ohne seine Schwäche, der kunstsinnige Nero ohne seine Geltungssucht, der gütige Titus, eine gewisse Süßlichkeit abgerechnet, und der sparsame Vespasian ohne seinen lächerlichen Geiz waren doch, recht betrachtet, Vorbilder, an die ich mich halten konnte. Diese Herrscher hatten ihre geschichtliche Rolle gespielt. Jetzt war es meine Sache, unter ihren Taten zu sichten, das Gute zu erhalten, das Schlimme zu bessern, bis eines Tages andere mehr oder weniger zuständige Nachfolger mein geschichtliches Erbe der gleichen Prüfung unterziehen würden.

Die Einweihung des Tempels von Venus und Roma wurde zu einer Art von Triumph. Wagenrennen und öffentliche Spiele wurden abgehalten, Gewürze und wohlriechende Essenzen an das Volk verteilt. Die vierundzwanzig Elefanten, die die riesigen Blöcke herangeschafft und dadurch die Sklaven bei ihrer Fron entlastet hatten, schritten, schwarzen Steingebilden gleichend, im Zuge einher. Als Datum für dieses Fest war der Jahrestag der Geburt Roms ausgesucht worden, der achte Tag nach den Iden des April des Jahres achthundertzweiundachtzig nach der Gründung der Stadt. Nie war der römische Frühling sanfter und einschmeichelnder gewesen, nie der

Himmel blauer. Am gleichen Tage fand mit ernsterer, gedämpfter Feierlichkeit die Weihe im Inneren des Pantheons statt. Ich hatte die zu bescheidenen Entwürfe des Architekten Apollodorus mit eigener Hand umgearbeitet. Für die Grundform des Baus war ich auf die frühen, sagenhaften Zeiten des alten Rom, auf die etruskischen Rundtempel zurückgegangen, so daß mir die griechische Kunst nur als Zier und äußeres Beiwerk diente. Auf meinen Wunsch stellte dies Heiligtum Aller Götter das Rund des Erdballs und des Himmelsgewölbes dar, der Erde, die die ewige Saat enthält, und der großen Höhlung, die alles umschließt. So waren auch die Hütten unserer Altvorderen geformt gewesen, wo der Rauch der ältesten menschlichen Herdstätten durch eine Öffnung im First entwich. Die Kuppel, aus einer harten, leichten Lava gefertigt, die noch emporzustreben schien, wie einst geschleudert von den Flammen des Kraters, stand durch ein bald schwarzes, bald blaues Rundloch dem Himmel offen. Der offene und doch so geheimnisvolle Tempel war als Sonnenuhr angelegt. Die sorgsam von griechischen Maurern geglätteten Felder der Decke zeigten die kreisenden Stunden an; die lichte Scheibe des Tages sollte wie ein goldener Schild darüber hängen, der Regen auf dem steinernen Boden seine reine Lache bilden und das Gebet wie Rauch in jene Leere steigen, wo wir die Götter wohnen lassen. Das Weihefest war mir die Stunde, da alles sich erfüllte. Im Hintergrunde dieses Lichtbronnens stehend, hatte ich die Männer meines Prinzipates um mich, die Stützen des schon mehr als zur Hälfte vollendeten Lebenswerkes eines gereiften Mannes. Da war Marcius Turbo, ein getreuer Diener, mit seiner Gewissenhaftigkeit, da, würdevoll und bärbeißig, Servianus, dessen immer leiser gewisperte Sticheleien mich längst nicht mehr trafen, da stand in königlicher Eleganz Lucius Ceionius, und, ein wenig abseits, in jenem lichten Halbdunkel, das göttlichen Erscheinungen wohl ansteht, der schöne, verträumte Grieche, der mein Glück verkörperte. Auch meine Frau war

anwesend; eben war ihr der Titel der Augusta verliehen
worden.

Seit geraumer Zeit zog ich den ungereimten Abhand-
lungen der Philosophen über die göttliche Natur die Sagen vor, in denen die Götter liebten und sich rauften.
Gerne fühlte ich mich als irdisches Abbild eines Jupiter,
der um so göttlicher wirkt, je menschlicher er sich gibt,
Erhalter der Welt, Hort der Gerechtigkeit und Ordner
aller Dinge, aber auch Verführer des Ganymed wie der
Europa und lässiger Gatte einer sauertöpfischen Juno. Da
ich an jenem Tag Lust hatte, alles beim rechten Namen zu
nennen, verglich ich die Kaiserin mit dieser Göttin, der
ich in Argos einen goldenen, mit Edelsteinen besetzten
Pfau dargebracht hatte. Ich hätte mich der ungeliebten
Frau durch die Scheidung entledigen können und dies
unbedenklich getan, wäre ich Privatmann gewesen. Doch
störte sie mich im Grunde wenig, auch rechtfertigte ihr
Verhalten keine so öffentliche Kränkung. Als junge Frau
hatte sie mir meine Seitensprünge verargt, aber nur etwa
so, wie ihr Oheim sich über meine Schulden erregte.
Heute war sie, ohne es sich merken zu lassen, Zeugin
einer Leidenschaft, die lange zu währen versprach. Wie
viele Frauen, die für die Liebe wenig empfänglich sind,
begriff sie die ganze Macht dieses Gefühls nicht, was sowohl die Nachsicht ausschloß wie auch die Eifersucht.
Ihr bangte nur um ihre Titel und um ihre Sicherheit, und
keines von beiden war gefährdet. Nichts war von ihrer
jungfräulichen Anmut, die mich einst vorübergehend bestrickt hatte, geblieben; die vorzeitig gealterte Spanierin
war herb und ernst geworden. Ich mußte es ihrer Sprö-
digkeit danken, daß sie nie einen Geliebten gehabt hatte;
zu meiner Genugtuung trug sie die Schleier der Matrone,
die in ihrem Falle Witwenschleiern gleichkamen, mit Anstand. Es war mir willkommen, daß die römischen Münzen das Profil einer Kaiserin zeigten mit einer Inschrift
auf der Rückseite, die manchmal der Keuschheit, manchmal der Ruhe gewidmet war. Zuweilen mußte ich an jene

Scheinehe denken, die am Abend der Eleusinischen Feste zwischen der Priesterin und dem Hierophanten geschlossen wurde; eine Ehe, ohne daß man sich vereinigte, ja selbst berührte, ein bloßer Ritus, doch als solcher heilig.

In der Nacht nach der Feier im Pantheon schaute ich von einer Terrasse hinab auf das hell erleuchtete Rom. Die Freudenfeuer gaben in der Wirkung den neronischen Bränden nichts nach, der Anblick war kaum weniger schrecklich. Rom, das war der Tiegel und Ofen voll kochenden Metalls, Hammer und Amboß in einem, sichtbares Zeugnis ewigen Wechsels und neuen Beginns, eine der Stätten auf der Welt, wo der Zeitensturm das Leben am unablässigsten peitschte. Unwegdenkbares Vorspiel zu den festlichen Flammen, die an diesem Abend lohten, war der Brand Trojas gewesen, dem jener Flüchtling entronnen war, der den alten Vater, den jungen Sohn und die Laren mit sich führte. Und mit heiligem Schauer gedachte ich der Feuersbrünste, die einst aus dem Dunkel der Zukunft emporschlagen mochten.

Millionenfaches Kommen und Gehen der Menschen, neue Bauten, die alte Bauten verdrängten und neueren Bauten weichen würden, all dies brauste auf der Bahn der Zeit daher wie Meereswogen, und nur der Zufall wollte, daß diese Brandung sich in jener Nacht zu meinen Füßen gewaltig brach. Ich übergehe den Augenblick des Rausches, da der kaiserliche Purpur, das heilige Gewand, das ich so selten trage, sich auf die Schultern jenes Geschöpfes niedersenkte, in dem ich meinen Genius sah. Wohl gefiel es mir, das tiefe Rot sich von dem bleichen Golde eines Nackens abheben zu lassen, doch mehr noch, mein Glück und Heil, diese unbestimmten Begriffe, in einem so irdischen Gebilde sich verkörpern zu sehn, wo sie die beruhigende Wärme des Fleisches annahmen und sein festes Gewicht. Die starken Mauern des Palatin, die ich, so selten ich dort wohnte, hatte erneuern lassen, schwankten gleich Schiffswänden; die Vorhänge, die beiseite geschoben waren, um die römische Nacht einzulassen, flatterten wie vor einer Achterkabine, und das Geschrei der Menge war wie Sturm im Tauwerk. Die riesige Klippe, die ich fern im Schatten ragen sah, der gigantische Unterbau meines Grabmals, das sich eben am Tiber zu erheben begann, flößte mir weder Furcht ein noch Trauer, nicht einmal eitle Betrachtungen über die Kürze des Lebens.

Manches rückte gemach in ein neues Licht. Seit mehr als zwei Jahren waren mir die Fortschritte, die eine jugendliche, der Blüte entgegenreifende Entwicklung anzeigten, zum Zeitmaß geworden. Die Stimme gewöhnte sich daran, auf Fahrt und Jagd den Untergebenen Befehle zuzurufen; die Trittspanne des Läufers wurde weiter; der Reiter nahm festeren Schluß, und der Schüler, der in Claudiopolis seinen Homer auswendig gelernt hatte, fand an weicheren und wissenderen Dichtern Geschmack und begeisterte sich für Plato. Mein junger Hirtenknabe wurde zum jungen Prinzen. Das eifrige Kind, das früher so flink vom Pferde gesprungen war, um mir in der hohlen Hand den ersten Trunk aus der Quelle zu bieten, war sich inzwischen des Wertes seiner Gaben bewußt geworden. Bei den Jagden, zu denen Lucius auf seine toskanischen Güter lud, freute ich mich, sein schönes Antlitz unter den sorgenschweren Gesichtern der hohen Beamten, den spitzigen Profilen der Orientalen und den breiten Fratzen der Barbaren hervorstechen zu sehn; allmählich mußte der Geliebte sich in die schwierige Rolle des Freundes finden. Schon versuchten gewisse Leute in Rom, sich seinen Einfluß nutzbar zu machen oder durch andere Beziehungen zu ersetzen, und allerlei dunkle Ränke spannen sich um sein Knabenhaupt. Daß Antinous der Gedanke an mich beherrschte, gab dem achtzehnjährigen Jüngling eine überlegene Gleichgültigkeit gegen äußere Vorgänge, die mancher Weise ihm hätte neiden können. Verächtlich übersah er alle Machenschaften, aber der bittere Zug um den Mund, der ihm blieb, entging dem Blick der Bildhauer nicht.

Ich will es den Moralisten einmal leicht machen, über mich Gericht zu halten. Die Krittler sind darauf aus, mein Unglück als Folge einer Verirrung, als Strafe für eine Ungebühr hinzustellen. Den Vorwurf kann ich schon deshalb nicht ohne weiteres entkräften, als ich nicht einzusehen vermag, worin die Verirrung liegen soll und worin die Ungebühr. So bemühe ich mich, meine Schuld, sofern ich sie auf mich geladen habe, im rechten Licht zu sehn, und sage mir, daß der Selbstmord nicht eben selten ist, zumal bei Zwanzigjährigen. Der Tod des Antinous ist ein Unglück, das nur mich trifft, und ein Rätsel, das mich allein angeht. Mag sein, daß es ohne jene Fülle der Freuden und jenes Höchstmaß der Erkenntnis, die ich weder mir noch dem Gefährten vorenthalten wollte, nicht so weit gekommen wäre. Noch in meiner Reue liegt so etwas wie ein Besitzanspruch verborgen: ich bekenne mich dadurch als unwürdiger Herr über das Geschick des Toten. Und doch weiß ich, daß man mit dem Eigenwillen jenes schönen Unbekannten, der auch das geliebteste Wesen immer für uns bleibt, stets zu rechnen hat. Sobald ich die ganze Schuld auf mich nehme, erniedrige ich diese Gestalt zum Wachsfigürchen, das meine Hände beliebig kneten und zum Schluß zerdrücken durften. Ich habe kein Recht, die Schönheit seines Abgangs zu mindern; ich muß dem Kind sein Verdienst an seinem Tod lassen.

Auch verstehe ich mich natürlich nicht dazu, der sinnlichen Neigung, die in der Liebe meine Wahl bestimmte, die Schuld beizumessen. Ich hatte ähnlichen Leidenschaften schon oft gefrönt und war bisher mit einem Mindestmaß an Beteuerung, Lügen und Ärger davongekommen. Meine Schwärmerei für Lucius hatte nur Dummheiten zur Folge, die sich leicht wieder in Ordnung bringen ließen. Nichts stand dem entgegen, daß es mit meiner großen Liebe ebenso gehen konnte, nichts, außer eben jener unerreichten Größe in ihrer Einzigkeit. Vielleicht hätte die Macht der Gewohnheit uns jener nicht gerade rühmlichen, aber schmerzlosen Lösung entgegengeführt, die das Leben bereithält, wenn man sich der naturgewollten Erschlaffung aller Gefühle willig überläßt. Dann hätte meine Liebe sich in Freundschaft gewandelt, wie sie die Moralisten predigen, oder, wie es häufiger geschieht, in Gleichgültigkeit. Im Augenblick, in dem unsere Bande lästig zu werden begannen, hätte ein junger Mensch sich von mir abgekehrt, um neue Verbindungen einzugehen. Die Zukunft hätte für ihn eine Heirat vorgesehen gehabt, eine Ehe, nicht glücklicher und unglücklicher als so viele andere, einen Posten in der Provinzialverwaltung, die Leitung eines Landgutes in Bithynien. Oder auch ein untätiges sorgloses Dasein bei Hofe, schlimmstenfalls die Laufbahn eines jener Günstlinge, die Kuppeldienste leisten, nachdem sie den Laufpaß erhalten haben. Die Weisheit besteht, wenn ich recht sehe, darin, daß man keine jener bösen Überraschungen außer acht läßt, an denen das Leben so reich ist, wodurch man die bösesten vielleicht vermeidet. Aber weise war weder jenes Kind noch ich.

Ich hatte auf Antinous nicht gewartet, um mich als Gott zu fühlen. Doch erst seit er in mein Leben getreten war, steigerte das Schicksal seine Gunst zu schwindelnder Höhe. Es schien, als wetteiferten die Jahreszeiten mit den Dichtern und Musikern, um unser Dasein zum olympischen Fest zu machen. Am Tage meiner Ankunft in Karthago ging nach fünfjähriger Trockenheit ein Wolkenbruch nieder; die Menge bejubelte mich, als sei ich der Austeiler himmlischer Wohltaten, so daß die großen Arbeiten, die ich in Afrika vollführen ließ, als einer der Kanäle angesehen wurden, durch die der göttliche Segen sich ergoß. Etwas vorher hatte bei einer Landung auf Sardinien ein Gewitter uns genötigt, in einer Bauernhütte Unterschlupf zu suchen. Antinous half dem Besitzer, die Thunfischscheiben über der Glut zu wenden. Fast kam ich mir als Zeus vor, wie er Philemon in Begleitung von Hermes besucht. Der Jüngling, der mit untergeschlagenen Beinen auf dem Bett saß, war Hermes, der sich die Sandalen aufschnürte; Bacchus pflückte diese Traube, kostete mir diesen Becher Wein vor; diese vom Spannen des Bogens gehärteten Finger gehörten Eros. Über so viel mythischen Vorstellungen und Vermummungen vergaß ich bisweilen den Menschen, ein Kind, das sich vergebens bemühte, Latein zu lernen, den Baumeister Decrianus bat, ihm Mathematikstunden zu geben, die es bald überbekam, und beim geringsten Vorwurf an den Bug des Schiffes ging, um schmollend ins Meer zu starren.

Wir beendeten unsere afrikanische Reise in den neuen Vierteln von Lambessa unter glühender Julisonne. Mit knabenhafter Lust schnallte mein Gefährte sich meinen Harnisch über den Waffenrock. Für einige Tage spielte ich den nackten, behelmten Mars, der sich an den Leibesübungen im Lager beteiligt, einen vom Hochgefühl seiner noch immer jugendlichen Kraft berauschten Herkules. Das Heer war in ausgezeichneter Verfassung. Unmöglich, einem seiner Schnelläufer eine weitere Hürde zuzumuten oder einem Reiter ein Kunststück mehr, ohne das schöne Gleichmaß der Leistungen zu stören und damit der allgemeinen Ausbildung zu schaden. Cornelianus, mein Präfekt, schnitt bei der Besichtigung so glänzend ab, daß der einzige Fehler, auf den ich seine Offiziere hinzuweisen hatte, in einer Gruppe von Handpferden bestand, die während eines Scheinangriffs im offenen Gelände ohne Deckung dastanden. Eine wohldurchdachte Ordnung lenkte diese Massen von Soldaten, von Zugtieren, von Barbarenweibern, die sich mit ihren kräftigen Kindern um das Prätorium drängten, um mir die Hände zu küssen. Diese Hingebung hatte nichts Knechtisches an sich, gehörte vielmehr in meinen großen Verteidigungsplan, der alles vorsah und für den nichts zu kostspielig gewesen war. Ich nahm mir vor, Arrianus um eine taktische Abhandlung zu bitten, so klar und knapp wie ein wohlgebildeter Menschenleib.

Drei Monate darauf gab die Einweihung des Olympieions in Athen Anlaß zu Feiern, die an die römischen Festlichkeiten gemahnten, nur daß sich hier alles wie im Himmel selber abspielte. An einem lichten Herbstnachmittage setzte ich mich in den Säulengang, der auf die überirdischen Maße eines Zeus zugeschnitten war. Errichtet an der Stätte, wo einst vor Deukalions Augen die Wasser der Sintflut stehengeblieben waren, schien der Tempel, seines Gewichtes ledig, einer dichten weißen Wolke gleich dahinzuschweben, und mein Priesterkleid leuchtete in den gleichen Farbtönen, die der Abend über den nahen Hymettos breitete. Ich hatte Polemon mit der Weiherede beauftragt. Hier verlieh Griechenland mir die göttlichen Namen, die mir nicht nur zur Mehrung meines kaiserlichen Ansehens, sondern auch als ersehnte Krönung meines Lebenswerkes so lieb waren: Euergetes, Olympikos, Epiphanes, Meister aller Dinge. Die beiden schönsten, deren würdig zu sein so schwer ist, nicht zu vergessen: Panionios und Philhellenos.

Wenn Polemon auch etwas von einem Schauspieler an sich hatte, so wird doch im Spiel eines großen Mimen zuweilen ein Gefühl deutlich, an dem ein ganzes Volk, ein ganzes Jahrhundert teil hat. Er hob den Blick und sammelte sich, als wollte er alle Werte dieses großen Augenblicks in eins zusammenraffen. Ich hatte mit meinem Zeitalter, in ihm mit dem Griechentum zusammengewirkt, und Merkmal meiner Herrschaft war weniger die Macht als jene geheimnisvolle Kraft, die ihrer Natur nach übermenschlich, doch erst durch die Vermittlung eines Menschen wirksam wird. Der Bund zwischen Rom und Athen war geschlossen, das Antlitz der Vergangenheit wieder zukunftsträchtig geworden, und Hellas segelte dem Schiffe gleich, das lange Flaute stillgelegt hatte, von frischem Winde getrieben. Da überkam mich Schwermut. Ich wurde inne, daß die Wörter Vollendung und Vollkommenheit das Ende in sich begreifen, und fragte mich, ob ich mehr getan hatte, als der gefräßigen Zeit neue Atzung hinzuwerfen.

Wir betraten das Innere des Tempels, wo noch die Bildhauer arbeiteten. Das ungeheure Zeusbild aus Gold und Elfenbein schimmerte matt durch das Halbdunkel. Die große Python, die ich aus Indien hatte kommen lassen, um sie in diesem griechischen Heiligtum zu weihen, ruhte in einem Filigrankorb zu Füßen des Gerüstes. Das göttliche Tier, kriechendes Wahrzeichen des Erdgeistes, gehörte fortan zu dem nackten Jüngling, der den Genius des Kaisers versinnbildlichte. Antinous, der immer mehr in diese Rolle hineinwuchs, reichte dem Tier selber die Meisen mit gestutzten Flügeln, die es fraß. Dann hob er die Arme und betete. Wohl fühlte ich, daß dies Gebet für mich an mich allein gerichtet war, doch war ich nicht Gott genug, seinen Inhalt zu erraten und zu wissen, ob es je erhört werden würde. Nach diesem Stillschweigen im bläulich blassen Zwielicht atmete ich auf, als wir wieder durch die Straßen Athens gingen, wo eben die Lampen in den Häusern angezündet wurden, die kleinen Leute schwätzten und muntere Zurufe in der staubigen Abendluft ertönten. Das junge Antlitz, das bald so viele Münzen der hellenischen Welt verschönern sollte, wurde der Menge zum vertrauten Anblick und Zeichen.

Meine Liebe ließ nicht nach, im Gegenteil. Aber ihr Gewicht lastete schwerer, gleich dem eines Armes, der die Brust zärtlich umspannt. Nebenbuhler zweiten Ranges tauchten wieder auf. Ich entsinne mich des schlauen, hartgesottenen Burschen, der mich in Milet begleitete. Ich schlug ihn aus. Ich gedenke jenes Abends in Sardes, wo der Dichter Straton uns, umringt von zweifelhaften Eroberungen, von einer Spelunke zur anderen schleppte. Dieser Straton, der die Liederlichkeit asiatischer Lasterhöhlen meinem Hof vorzog, war ein großartiger Spötter, bemüht, jedermann zu beweisen, daß nur die Sinnenlust Wert habe, wohl um zu rechtfertigen, daß er darüber alles andere geopfert hatte. In Smyrna mutete ich dem Geliebten die nächtliche Anwesenheit einer Kurtisane zu. Seine Auffassung von der Liebe war rein geblieben, weil sie sich auf mich beschränkte, jetzt würgte ihn der Ekel. Erklären derartige Verführungsversuche sich hinlänglich aus der Lust an Ausschweifung, so kam mehr hinzu: die Hoffnung auf eine neue Art der Vertrautheit, bei der der Gefährte der Freund bleibt, die Sucht, ihn durch die Erfahrung gehn zu sehn, die ich in seinem Alter gemacht hatte, vielleicht auch ganz im stillen die Absicht, ihn gemach zum Spielzeug herabzuwürdigen, dem man sich nicht verpflichtet fühlt.

Auch etwas wie Angst sprach mit. Es trieb mich, diese empfindliche Leidenschaft, die meine Freiheit zu beeinträchtigen drohte, zu verkleinern. Auf einer Reise in die Troas besuchten wir die Ebene des Skamander, die unter einem tragisch grünen Himmel lag. Ich war gekommen, um die Schäden festzustellen, die eine Überschwemmung hier angerichtet hatte. Die Flut verwandelte die Grabmale der alten Heroen in Eilande. Nachdenklich ließ ich mich einen Augenblick auf dem Grab des Achilles nieder, während Antinous auf dem des Patroklus träumte. Daß der junge Fant, der mich begleitete, im Gefährten des Achilles sein Vorbild sah, war mir nicht bewußt. So machte ich mich über jene leidenschaftliche Treue lustig, die uns aus den Sagen entgegenleuchtet. Antinous fühlte sich tief getroffen und errötete. Nun war die Offenheit mehr und mehr zur einzigen Tugend geworden, an der ich festhielt; ich glaubte zu bemerken, daß die heldischen Tugenden, mit denen die hellenische Auffassung die Neigung eines gereiften Mannes zu einem jungen Gefährten verbrämte, uns Heutigen nur zu oft wie eine geschickte Ausrede vorkommen. Das römische Vorurteil, das der Lust ihr Recht zuerkennt, die Leidenschaft jedoch als unziemliche Narrheit abtut, hatte mehr Macht über mich, als ich ahnte. Jetzt wurde mir das klar, und wieder ergriff mich wütende Furcht, von einem einzigen Geschöpf ganz abhängig zu werden. Kleine Schwächen, die der Jugend eigen sind, somit in meiner Wahl begründet waren, reizten mich über Gebühr. Da waren wieder die Wohlgerüche, die Zurichtung, der eitle Putz, die mich bei meinen römischen Geliebten so abgestoßen hatten. Sein verdüstertes Gemüt hegte Sorgen, die kaum gerechtfertigt waren; einmal regte er sich darüber auf, daß er bald neunzehn Jahre alt sein würde. Allerhand Launen, Wutanfälle, die seinen eigensinnigen Kopf dem Schlangenhaupte der Medusa gleichen ließen, wechselten mit einem Trübsinn, der an Teilnahmslosigkeit grenzte, und mit einer immer geknickteren, verzagteren Sanftmut. Es kam vor, daß ich ihn schlug; nie werde ich diese entsetzten Augen vergessen. Doch blieb der geohrfeigte Abgott ein Abgott, und die Sühneopfer begannen.

Die schrillen Töne aller asiatischen Geheimkulte steigerten diese leidenschaftliche Verwirrung. Die Zeit von Eleusis lag weit zurück. In einem Augenblick meines Lebens, in dem der Tanz zum Taumel wurde und der Gesang zum Schrei, war die Einweihung in jene absonderlichen Riten, die mehr geduldet als erlaubt sind, das Gegebene, so sehr auch der Gesetzgeber in mir ihnen mißtraute. Auf Samothrake war ich in die uralten, obszönen Mysterien der Kabiren eingeweiht worden, die heilig sind wie Fleisch und Blut. Die mit Milch gepäppelten Schlangen aus der Höhle des Trophonios rieben sich an meinen Knöcheln; in Thrakien führten die orphischen Feste zu wüsten Formen der Verbrüderung. Der Staatsmann, der alle Arten der Verstümmelung mit schweren Strafen belegt hatte, ließ sich herbei, den Orgien der Syrischen Göttin beizuwohnen. Ich sah die gräßlichen Blutreigen um mich wirbeln, und gebannt wie ein Böcklein angesichts des Reptils starrte mein junger Gefährte auf Männer, die den Ansprüchen ihres Alters und Geschlechtes eine Antwort zu geben sich unterfingen, endgültig wie der Tod, vielleicht aber grausamer. Doch erst in Palmyra, wo der arabische Händler Meles Agrippa uns drei Wochen mit barbarischem Gepränge aufnahm, wurde der Höhepunkt des Grauens erreicht. Dieser Meles, der im Mithrasdienst einen hohen Rang bekleidete, seine Würde als Pastophoros aber nicht sehr ernst nahm, schlug eines Tages, nachdem wir viel getrunken hatten, dem Antinous vor, an der Opferung des Stieres teilzunehmen. Der Jüngling, der wußte, daß ich mich einst einer Zeremonie dieser Art unterzogen hatte, stimmte begeistert zu. Da hierzu nur ein Mindestmaß an Waschungen und Enthaltsamkeit verlangt wurde, glaubte ich mich dieser Laune nicht widersetzen zu sollen, war sogar bereit, zusammen mit Marcus Ulpius Castoras, meinem Sekretär für die arabische Korrespondenz, als Bürge zu dienen. Zur angesagten Zeit stiegen wir in das geweihte Untergeschoß, wo der Bithynier sich in eine Rinne legte, um sich mit dem Blut besprengen zu lassen. Als ich aber seinen rotgescheckten Leib wieder auftauchen sah, das gräßlich verklebte Haar, das Antlitz mit den Flecken, die man nicht abwaschen durfte, da sie von selber vergehen mußten, packten mich Ekel und Grauen vor diesen lichtscheuen Kulten. Einige Tage darauf ließ ich den in Emesa liegenden Truppen das Betreten des schwarzen Mithraeums verbieten.

An warnenden Weissagungen hat es mir nicht gefehlt. Wie Antonius vor seiner letzten Schlacht habe ich des Nachts die Klänge ferner werden hören, unter denen meine Schutzgötter davonzogen. Ich hörte es, aber achtete nicht darauf. So sicher fühlte ich mich wie der Reiter, den sein Talisman vor dem Sturz bewahrt. In Samosate kamen die kleinen Könige des Orients unter meiner Leitung zusammen; bei der Jagd in den Bergen lehrte König Abgar von Osroëne mich die Kunst des Falkners; Treiben, so ausgeklügelt wie Theaterszenen, hetzten ganze Herden von Antilopen in aufgespannte Purpurnetze, Antinous mühte sich mit aller Kraft, ein Pantherpaar, das an den goldenen Halsbändern zerrte, zu zügeln. Manche Abmachungen wurden bei Gelegenheit dieser Feste getroffen, und stets ging der Handel zu meinen Gunsten aus, stets blieb ich der Spieler, der sicher gewinnt. Der Winter verging in Antiochia, in jenem Palast, wo ich einst die Zauberer nach meiner Zukunft gefragt hatte. Nun konnte die Zukunft mir nichts mehr bringen, zum mindesten nichts, was einem Geschenk glich. Meine Ernten waren eingebracht, der Most füllte die Kufe. Zwar hatte ich es aufgegeben, ordnend in mein Leben einzugreifen, doch erschienen mir nachgerade alle die einst so sorgsam erarbeiteten Regeln der Selbstbeherrschung nur noch als für die menschlichen Lehrjahre bindend, etwa wie die Ketten, die ein Tänzer sich anlegt, um besser einherzuspringen, sobald er sie abstreift. In gewissen Fragen blieb ich freilich bei der alten Strenge. So verbot ich, vor der zweiten Vigilie Wein zu reichen, hatte ich doch Trajans Hand in deutlicher Erinnerung, wie sie zitternd auf dem polierten Holz der gleichen Tische gelegen hatte. Aber es gibt seligere Räusche. Kein Schatten fiel auf meine Tage, keine Furcht vor dem Tode, vor dem Schlachtenglück, auch nicht vor jenen unsichtbaren Niederlagen, die man sich selbst zufügt, oder vor dem Alter, das ja einmal kommen mußte. Und dennoch beeilte ich mich, als sei jede dieser Stunden die schönste und zugleich die letzte.

Mein häufiger Aufenthalt in Kleinasien hatte mich mit der Gruppe von Gelehrten in Berührung gebracht, die sich ernsthaft mit der Magie befaßten. Nimmt jedes Jahrhundert sich seine Kühnheiten heraus, so gefielen die Erleuchtetsten unter meinen Zeitgenossen, überdrüssig einer Philosophie, die nur noch Redeübungen für den Schulgebrauch hergab, sich in Streifzügen durch jene dem Menschen untersagten Grenzbezirke. Zu Tyrus hatte Philon aus Byblos mich in gewissen Geheimnissen unterwiesen; er folgte mir nach Antiochia. Dort legte Noumenios die Gedanken Platons über die Natur der Seele auf seine Weise aus, die zwar nicht sehr weit ging, einen kühneren Geist jedoch weit geführt hätte. Seine Jünger vertrieben sich die Zeit damit, Dämonen zu beschwören. Seltsame Gesichte, wie dem tiefsten Schoß meiner Träume entstiegen, kamen mir im Rauch des Styrax, verflossen zitternd ineinander und hinterließen im Vergehen den Eindruck der Ähnlichkeit mit einem lebenden Antlitz, das ich kannte. War all dies vielleicht nicht viel mehr als ein Gauklerstück, so muß zugestanden werden, daß der Gaukler seine Kunst verstand. Ich nahm das Studium der Anatomie, das ich in meiner Jugend betrieben hatte, wieder auf. Doch ging es mir nicht mehr um den leiblichen Bau des Menschen, sondern um jene Grenzgebiete, wo Geist und Fleisch ineinandergehen, wo der Traum Wirklichkeit wird und ihr manchmal zuvorkommt, wo Leben und Tod die Masken tauschen. Obschon mein Arzt Hermogenes diese Richtung mißbilligte, machte er mich mit einer Gruppe von Praktikern bekannt, die sich mit derlei Versuchen abgaben. Mit ihnen gemeinsam bemühte ich mich, den Sitz der Seele festzustellen, die Bande zu entdecken, die sie mit dem Körper verbinden, und die Zeit zu messen, die sie braucht, um sich von ihm zu lösen. Diesen Untersuchungen wurden einige Tiere geopfert. Der Chirurg Satyrus nahm mich in seine Klinik mit, wo ich zusehn durfte, wie Menschen mit dem Tode rangen. Und wir fragten uns, ob die Seele mehr sei als eine letzte Verfeinerung des Leibes, gerade stofflich genug, um Qual und Lust des Seins zu verspüren. Oder ist sie im Gegenteil älter als der nach ihrem Bilde geformte Körper, der ihr notgedrungen als zeitweiliges Werkzeug dient? Kann man sie ins Innere des Leibes zurückrufen und jene enge Gemeinschaft zwischen beiden, jenen Verbrennungsvorgang, den wir Leben nennen, wiederherstellen? Und können die Seelen, sofern sie persönlich sind, die Leiber tauschen, von einem Geschöpf zum andern gehn wie der Bissen Frucht, der Schluck Wein, den zwei Liebende einander im Kuß mitteilen? Kein Weiser, der nicht zwanzigmal im Jahr seine Ansicht hierüber änderte; auch in mir kämpften Zweifel und Wissensdurst, Begeisterung und Spottsucht. Da ich aber überzeugt war, daß der Filter des Verstandes nur einen bescheidenen Bruchteil der Wahrheit ins Bewußtsein einsickern läßt, flüchtete ich immer mehr in die Welt des Gefühls, jene schwarze Nacht, von blendenden Sonnen durchzuckt und umkreist. Phlegon, der Geistergeschichten sammelte, erzählte uns damals die von der Braut von Korinth, für deren Wahrheit er sich verbürgte. Dies Abenteuer einer Seele, die die Liebe auf die Erde zurückführt und ihr auf kurze Zeit einen Leib verleiht, rührte uns alle, wenn auch in verschiedenem Maße. Manche wollten einen entsprechenden Versuch anstellen. Satyrus bemühte sich, meinen Lehrer Aspasius zu beschwören, der mit ihm einen jener nie eingehaltenen Pakte geschlossen hatte, nach denen der Verstorbene den Lebenden Nachricht geben soll. Antinous machte mir ein Versprechen dieser Art, das ich aber sehr leicht nahm, da nichts dafür sprach, daß dies Kind vor mir sterben könnte. Philon suchte seine tote Frau zum Erscheinen zu bringen. Ich duldete, daß die Namen meines Vaters und meiner Mutter genannt wurden, doch hinderte mich eine Scheu, Plotina zu rufen. Keiner dieser Versuche glückte. Und doch hatten merkwürdige Türen sich geöffnet.

Kurz vor meinem Aufbruch von Antiochia stieg ich auf den Gipfel des Mons Cassius, um dort wie einstmals zu opfern. Wie seinerzeit auf den Ätna nahm ich eine kleine Anzahl trittsicherer Freunde mit, und der Aufstieg erfolgte nachts. Mich trieb es nicht nur, an einer besonders geheiligten Stätte eine sühnende Handlung vorzunehmen, sondern auch den Sonnenaufgang, dies tägliche Wunder, das ich nie ohne stummes Jauchzen zu begrüßen vermag, dort oben zu erleben. Während die asiatische Ebene und das Meer noch in Schatten getaucht sind, läßt die Sonne auf der Gipfelhöhe schon die kupfernen Zierate des Tempels aufblitzen, und helle Gesichter lächeln im Tageslicht. Für wenige Augenblicke wird dort der betende Mensch zum einzigen, den der Morgen begnadet.

Wir stiegen erst zu Pferde, dann zu Fuß die gefährlichen Steilpfade längs der nächtlich nach Ginster und Mastix duftenden Hänge empor. Die Luft war schwül, der Frühling glühte wie anderswo der Sommer. Zum ersten Male ging mir bei einer Bergbesteigung der Atem aus, so daß ich mich einen Augenblick auf die Schulter des Geliebten stützen mußte. Ein von dem wetterkundigen Hermogenes schon einige Zeit vorausgesagtes Gewitter brach einige hundert Schritt vom Gipfel aus. Die Priester kamen heraus, um uns beim Leuchten der Blitze zu empfangen, und naß bis auf die Haut umdrängten wir den zum Opfer hergerichteten Altar. Als es vollzogen werden sollte, erschlug ein niederfahrender Blitz Opferdiener und Opfer. Nachdem der erste Schrecken überstanden war, neigte sich Hermogenes mit beruflicher Neugierde über die zerschmetterte Gruppe. Chabrias und der Oberpriester schrien vor Bewunderung laut auf: Mann und Jungtier, die vom göttlichen Schwerte geopfert dalagen, fügten ihre Jahre den meinigen hinzu und verlängerten mein Leben. Antinous zitterte an meinem Arm gekrampft, aber nicht vor Schrecken, wie ich damals annahm, sondern infolge einer plötzlichen Eingebung, die mir später klar wurde. Ein Geschöpf, dem vor dem Altwerden graute, muß sich zeitig vorgenommen haben, beim ersten Zeichen des Verfalls, wenn nicht schon vorher, ein Ende zu machen. Ich glaube heute, daß dies Gelübde, das so viele von uns ablegen, ohne es zu halten, bei ihm auf sehr frühe Zeiten zurückgeht, schon auf Nikomedia, als ich ihn am Bache traf. So erklärt sich seine Stumpfheit, seine leidenschaftliche Genußsucht und seine gänzliche Unbekümmertheit um die Zukunft. Doch durfte dieser Abschied nicht wie Trotz aussehen und keine Klage laut werden lassen. Der Blitz vom Mons Cassius zeigte ihm den Weg: den Tod als letzten Freundesdienst, als letzte, bleibende Gabe. Das Licht der Morgenröte war nichts im Vergleich zu dem Lächeln, das auf seinem bestürzten Antlitz aufging. Wenige Tage darauf sah ich dies Lächeln wieder, nur heimlicher und abgründiger. Beim Abendessen wollte Polemon, der sich mit Chiromantie abgab, die Hand des Jünglings ergreifen, diese Handfläche, auf der mich selbst ein sonderbarer Sternenfall beunruhigte. Antinous zog sie zurück und schloß sie leise, fast verschämt. Er wollte das Geheimnis seines Spiels für sich behalten, das Geheimnis seines Endes.

Wir machten in Jerusalem halt. Ich bemühte mich an Ort und Stelle um die Pläne für eine Neustadt, die sich über der von Titus zerstörten jüdischen Niederlassung erheben sollte. An diesem Knotenpunkt bedurfte es einer großen Metropole zur Förderung des Orienthandels und um Judaea zu verwalten. Mir schwebte eine der üblichen römischen Provinzhauptstädte vor; Aelia Capitolina sollte ihre Tempel und Märkte haben, auch ihr der römischen Venus geweihtes Heiligtum. Da ich neuerdings für zärtliche Kulte schwärmte, suchte ich auf dem Berg Moria eine Grotte aus, wo die Adonien gefeiert werden sollten. Der jüdische Pöbel entrüstete sich. Diesen Enterbten waren ihre Trümmer lieber als eine große Stadt mit allem, was sie an Erwerbsmöglichkeiten, Bildungsstätten und Zerstreuung bot. Die Menge belästigte die Arbeiter, als die erste Spitzhacke an das morsche Gemäuer rührte. Ich griff durch. Fidus Aquila, der später beim Bau von Antinoë seine Fähigkeiten erweisen sollte, machte sich in Jerusalem ans Werk. Ich lehnte es ab, den wachsenden Haß, der in diesen kümmerlichen Resten nistete, zur Kenntnis zu nehmen.

Einen Monat darauf waren wir in Pelusium, wo ich das Grab des Pompejus wiederherstellen ließ. Je mehr ich mich in die orientalischen Fragen vertiefte, je mehr bewunderte ich den Genius des Mannes, des ewigen Zweiten hinter dem großen Caesar. Fast dünkte mich, als habe Pompejus, der so bemüht gewesen war, in den undurchsichtigen asiatischen Wirrwarr Ordnung zu bringen, für Rom mehr geleistet als Caesar selbst. Das erneuerte Grabmal des Pompejus war meine letzte Huldigung an die Toten der Vergangenheit. Bald sollten andere Gräber meine Fürsorge beanspruchen.

Unsere Ankunft in Alexandria blieb ziemlich unbemerkt, da der feierliche Einzug bis zum Eintreffen der

Kaiserin aufgeschoben wurde. Man hatte meine Frau, die nicht viel reiste, dazu überredet, den Winter unter dem milderen Himmel Ägyptens zu verbringen. Das gleiche Heilmittel empfahl sich für Lucius, den ein hartnäckiger Husten quälte. Eine Bootsflottille sammelte sich zu einer Fahrt nilaufwärts, mit so reichlich vorgesehenen Besichtigungen, Festlichkeiten und Banketten, daß sie kaum weniger anzustrengen drohten als die winterliche Repräsentation auf dem Palatin. Da der Glanz eines Hofes in diesem alten, königlichen Prunk gewöhnten Lande nicht ohne politische Bedeutung war, hatte ich alles persönlich vorbereitet.

Weit mehr lag mir freilich daran, die paar Wochen vor der Ankunft meiner Gäste zur Jagd auszunutzen. In Palmyra hatte Meles Agrippa Ausflüge in die Wüste veranstaltet, die uns jedoch nicht tief genug hineinführten, um auf Löwen zu stoßen. Zwei Jahre vorher hatte ich in Afrika schöne Gelegenheit zur Jagd auf Großwild gehabt, aber Antinous war noch zu jung und unerfahren und darum hinten gelassen worden. Sobald es sich um ihn handelte, war ich von einer Vorsicht, die mir sonst fremd war. Diesmal versprach ich ihm auf seine Bitten hin, daß er den Hauptteil an der Löwenjagd bestreiten sollte. Es war nicht mehr an der Zeit, ihn als Kind zu behandeln, und ich freute mich seiner jungen Kraft.

Wir brachen nach der Oase Ammon auf, wenige Tagereisen von Alexandria, wo Alexander einst aus dem Munde der Priester die Kunde seines göttlichen Ursprungs erhalten hatte. Die Einwohner hatten in der Umgegend eine besonders gefährliche Bestie gemeldet, die oft Menschen anfiel. Am abendlichen Lagerfeuer verglichen wir unsere künftigen Großtaten scherzend mit denen des Herkules. Doch mußten wir die ersten Tage mit einigen Gazellen vorliebnehmen.

Antinous und ich beschlossen, uns an einem halbversandeten, schilfbestandenen Pfuhl aufzustellen, wohin der Löwe, wie es hieß, bei Einbruch der Dämmerung zum Saufen kam. Wir hatten den größten Teil des Gefolges in einiger Entfernung zurückgelassen und nur Neger mitgenommen, die angewiesen waren, uns das Tier mit Zimbeln, Muscheln und Geschrei zuzutreiben. Die Luft war schwer und so unbewegt, daß wir auf die Windrichtung nicht zu achten brauchten. Es konnte nicht wenig über die zehnte Stunde sein, denn Antinous machte mich darauf aufmerksam, daß die Kelche der roten Wasserlilien auf dem Teich noch offenstanden. Plötzlich brach das königliche Tier durch das knisternde Röhricht und wandte uns das schöne, schreckliche Haupt zu, eine der erhabensten Masken, die die Gefahr annehmen kann. Ich hatte keine Zeit, den Knaben zurückzuhalten, da ich einige Schritte hinter ihm hielt. Unvorsichtig trieb er sein Pferd an und schleuderte geschickt, aber von zu nahe, seine Pike und hinterdrein zwei Wurfspieße. Mit durchbohrtem Hals brach die Bestie zusammen und peitschte mit dem Schweif den Boden. Hinter der Wolke aufstäubenden Sandes waren nur die Umrisse einer brüllend sich wälzenden Masse erkennbar. Dann richtete sich der Löwe auf und nahm alle Kräfte zusammen, um gegen den entwaffneten Reiter vorzuschnellen. Diese Gefahr hatte ich vorausgesehen. Da unsere Pferde gut zugeritten waren, scheute das des Antinous glücklicherweise nicht. Ich stellte mich quer zwischen ihn und den Löwen, dem ich die rechte Flanke bot. An derlei gewöhnt, vermochte ich leicht, dem schon tödlich getroffenen Raubtier den Gnadenstoß zu geben. Es fiel zum zweiten Male, sein Rachen sank in den Schlamm, und ein Faden schwarzen Blutes rieselte in das Wasser. Die große, falbe, wüstenfarbene Katze war majestätischer dahingegangen als je ein Mensch. Antinous sprang von seinem schaumbedeckten Pferde, das zitternd dastand, unsere Gefährten eilten herbei, und die Neger schleiften den riesigen Körper ins Lager.

Wir richteten ein Festmahl, so gut wir konnten. Auf dem Bauche vor einer Kupferplatte liegend, teilte der

Jüngling uns die Stücke des unter der Asche gekochten Lammes zu. Wir tranken Palmenwein auf sein Wohl, seine frohe Erregung stieg an wie ein Sang. Zwar glaube ich, daß er den Wert der geleisteten Hilfe überschätzte, denn ich hätte für jeden Jäger in Gefahr ein Gleiches getan, und doch fühlten wir uns in jene heldische Welt zurückversetzt, wo Liebende füreinander sterben. Gleich Strophen einer Ode wechselten Dankbarkeit und Stolz in seiner Freude miteinander. Dank der staunenswerten Flinkheit der Schwarzen schaukelte der abgezogene Balg schon am Abend vor dem Eingang meines Zeltes an zwei Pfählen. Trotz aller Wohlgerüche, die wir hineingesprengt hatten, behelligte uns sein strenger Geruch die ganze Nacht. Am nächsten Morgen frühstückten wir Früchte und verließen das Lager. Im Aufbruch sahen wir, was von dem königlichen Tier übrig war, in einem Graben liegen: einen roten Kadaver, umschwirrt von einem Gewölk von Fliegen.

Nach wenigen Tagen waren wir in Alexandria zurück. Der Dichter Pankrates gab mir ein Fest im Museum; in einem Musiksaale hatte man eine Sammlung wertvoller Instrumente ausgestellt, alte dorische Leiern, einfacher und dennoch schwerer als die unseren, gekrümmte Zithern persischer und ägyptischer Herkunft, phrygische Schalmeien, deren fistelnder Ton der Stimme von Eunuchen glich, und zarte indische Flöten, deren Namen ich nicht weiß. Ein Äthiopier schlug auf afrikanische Kalebassen, und eine Frau, deren Schönheit mich gereizt hätte, wäre ich nicht entschlossen gewesen, mich auf den Hauptinhalt meines Lebens zu beschränken, spielte eine dreieckige Harfe von schwermütigem Klang. Mein Lieblingsmusiker Mesomedes von Kreta begleitete den Vortrag seines Gedichtes ›Die Sphinx‹, eines beängstigenden, verschnörkelten und wie Flugsand zerrinnenden Werkes, mit der Wasserorgel.

Der Musiksaal ging auf einen Innenhof, in dessen Mitte unter der rasenden Sonne des zur Neige gehenden Augustnachmittags Wasserlilien in einem Bassin schwammen. Während eines Zwischenspieles ließ uns Pankrates diese seltene Art, die erst gegen das Ende des Sommers erblüht, aus der Nähe bewundern. Sofort erkannten wir unsere scharlachroten Lilien von der Oase Ammon und erzählten unsere Geschichte. Das Bild des todwunden, bei den Blumen verscheidenden Raubtieres begeisterte Pankrates so, daß er sich anbot, die Jagdszene in Verse zu bringen: das Blut des Löwen habe die Lilien rot gefärbt. Obwohl der Vorwurf nicht gerade neu ist, gab ich ihm den Auftrag. Als vollendeter Hofdichter drechselte Pankrates aus dem Stegreif ein paar artige Verse zu Ehren von Antinous. Rose, Hyazinthe und Chelidon wichen diesmal jenen purpurnen Blüten, die künftig den Namen des Geliebten tragen sollten. Man hieß einen Sklaven in das Becken gehn, um einen Armvoll davon zu pflücken. Mit ernster Würde nahm der Huldigungen Gewohnte die schleimigen Blumen mit den weichen, schlangenartig gewundenen Stengeln entgegen. Augenlidern gleich, schlossen sie sich, als die Nacht anbrach.

Mitgenommen von der langen Seefahrt, kam die Kaiserin an. Sie wurde gebrechlich, ohne an Härte zu verlieren. Ihr Umgang flößte mir keine politischen Bedenken mehr ein wie zu der Zeit, wo sie törichterweise einen Sueton aufgehetzt hatte; sie umgab sich nur noch mit harmlosen Blaustrümpfen, ihre augenblickliche Vertraute, Julia Balbilla, schrieb leidlich griechische Verse. Die Kaiserin und ihr Gefolge stiegen im Lyceum ab, das sie nur selten verließen. Lucius hingegen war wie stets auf Vergnügungen erpicht, die des Geistes und der Schau nicht ausgenommen. Mit seinen sechsundzwanzig Jahren hatte er kaum etwas von der strahlenden Schönheit eingebüßt, die ihm auf der Straße die freudigen Zurufe der römischen Jugend eintrug. Er war der alte geblieben, spöttisch und ausgelassen, aber seine Liebhabereien arteten zur Manie aus. Er reiste nicht mehr ohne seinen Oberküchenmeister, seine Gärtner mußten ihm auch an Bord Beete aus seltenen Blumen zusammenstellen, und überall schleppte er sein Bett mit, das er selbst entworfen hatte, vier Matratzen, von denen jede mit einem anderen aromatischen Kraut gestopft war, über die er, wenn er schlafen ging, seine jungen Freundinnen wie Kissen verteilte. Geschminkte, gepuderte, wie Kinder Zephirs oder Amoretten zurechtgemachte Pagen taten ihr Bestes, um sich seinen oft grausamen Lüsten zu fügen. So mußte ich dagegen einschreiten, daß der kleine Boreas, dessen Schlankheit er bewunderte, sich tothungerte. All das war eher ärgerlich als belustigend. Gemeinsam besichtigten wir, was Alexandria Sehenswertes bietet: den Leuchtturm, das Mausoleum Alexanders, das des Antonius, diesen steingewordenen Triumph der Kleopatra über Octavia, die Tempel, Werkstätten und Fabriken nicht zu vergessen, sogar den Vorort, wo man die Toten einbalsamiert.

Im Tempel des Serapis überreichte mir der Priester ein Tafelgeschirr aus opalisierendem Glas, das ich Servianus schicken ließ, mit dem ich aus Rücksicht auf meine Schwester Paulina einigermaßen auszukommen bemüht war. Im Verlauf dieser recht ermüdenden Rundgänge nahmen große städtebauliche Pläne feste Gestalt an.

Alexandria ist ebenso reich an Religionen wie an Gewerben, aber die Güte der geistlichen Erzeugnisse ist noch zweifelhafter. Namentlich die Christen zeichnen sich durch einen zum mindesten unnützen Überfluß an Sekten aus. Zwei Schaumschläger, Valentinus und Basilides, suchten, scharf überwacht von der römischen Polizei, einander das Wasser abzugraben. Jeder rituelle Brauch dient dem ägyptischen Pöbel zum Anlaß, sich mit dem Knüppel auf Fremde zu stürzen, und der Tod des Apisstieres ruft in Alexandria mehr Unruhe hervor als in Rom eine kaiserliche Nachfolge. Die tonangebenden Leute wechseln ihren Gott, wie man anderswo den Arzt wechselt, und ohne besseren Erfolg. Das Gold ist ihr einziger Götze, eine schamlosere Bettelei habe ich nirgends erlebt. Zwar war überall in prunkenden Inschriften meiner Wohltaten gedacht, doch als ich mich weigerte, dem Volke eine Steuer zu erlassen, die zu tragen es sehr wohl imstande war, kehrte sich das Gesindel sofort gegen mich. Die beiden jungen Leute, die mich begleiteten, wurden mehrfach verunglimpft. Dem Lucius warf man seinen übertriebenen Aufwand vor, dem Antinous seine bescheidene Herkunft, und beiden den Einfluß, den man ihnen nachsagte. Die Behauptung war um so lächerlicher, als Lucius trotz seines staatsmännischen Scharfblickes politisch keine Rolle spielte und Antinous sie gar nicht zu spielen suchte. Der weltläufige junge Patrizier lachte über diese Unterstellungen, aber Antinous litt.

Gestachelt von ihren Glaubensgenossen in Judaea taten die Juden ihr Bestes, um den sauren Teig weiter zu verderben. Die Synagoge in Jerusalem sandte mir ihren ehrwürdigsten Vertreter, Akiba, einen fast neunzigjährigen Greis, des Griechischen unkundig, der mich bewegen sollte, die schon in Angriff genommenen Bauarbeiten in Jerusalem einzustellen. Mehrere Gespräche, bei denen ich Dolmetscher zuzog, boten ihm Gelegenheit zu ununterbrochenen Vorträgen. War ich binnen einer knappen Stunde so weit, daß ich seine Ansicht verstanden hatte, ihr vielleicht sogar beipflichtete, strengte er seinerseits sich nicht im geringsten an, mich zu begreifen. Der Fanatiker ahnte überhaupt nicht, daß man von anderen Voraussetzungen ausgehen konnte als den seinen. Ich bot dem verachteten Volk einen Platz in der römischen Gemeinschaft, während Jerusalem mir durch seinen Sprecher den Willen bekundete, bis ans Ende der Tage die Festung einer sich absondernden Rasse und ihres Gottes zu bleiben. Dieser verbohrte Gedanke wurde mit ermüdender Spitzfindigkeit dargelegt, so daß ich mir eine Kette von Beweisen für Israels Auserwähltheit, bei der der eine stets in den anderen griff, anhören mußte. Nach acht Tagen sah der störrische Unterhändler endlich ein, daß er nicht zum Ziele kam, und kündigte seine Abreise an. Mir ist jede Niederlage, auch die eines anderen, zuwider, und doppelt, wenn ein Greis unterlag. Akibas Unwissenheit, seine Weigerung, außerhalb seiner heiligen Bücher und seines Volkes irgend etwas anzuerkennen, verliehen ihm eine gewisse verstockte Einfalt. Doch für diesen Sektierer Mitgefühl aufzubringen war wahrlich nicht leicht. Was je an dem Menschen weich oder versöhnlich gewesen sein mochte, hatten die Jahre ertötet. Dürren Leibes und trockenen Geistes, hatte er etwas von der zähen Spannkraft eines Heuschrecks an sich. Ich glaube, er ist später für sein Volk oder vielmehr für sein Gesetz wie ein Held gestorben. Jeder gibt sich den Göttern hin, die er begreift.

Allmählich bot uns Alexandria nichts Neues mehr. Phlegon, dem allenthalben jede örtliche Merkwürdigkeit vom berühmtesten Hermaphroditen bis zur gesuchtesten Kupplerin geläufig war, schlug vor, uns zu einer Zauberin zu führen. Diese Vermittlerin des Unsichtbaren wohnte in Kanopos. Die Fahrt ging bei Nacht durch die trägen Fluten eines Kanals. Sie verlief trübe, die gegenseitige Abneigung meiner beiden jungen Freunde wurde durch die aufgenötigte Vertrautheit nur ärger. Lucius verbarg sie hinter spöttischer Herablassung, der junge Grieche vergrub sich in seine Schwermut. Ich selbst war müde; wenige Tage vorher hatte ich nach der Heimkehr von einem Gang in praller Sonne einen Ohnmachtsanfall erlitten, dessen einzige Zeugen Antinous und mein schwarzer Diener Euphorion gewesen waren. Ich hatte den über die Maßen Erregten Schweigen auferlegt.

Kanopos ist eine freundliche Augentäuschung. Das Haus der Zauberin lag in einem von Unrat starrenden Viertel weitab vom Glanz der Freudenstadt. Wir legten bei einer verfallenen Terrasse an. Umgeben von ihrem zweifelhaften Handwerkszeug, wartete die Hexe im Inneren des Hauses. Sie schien ihre Kunst zu beherrschen, hatte nichts von einer theatralischen Totenbeschwörerin und war nicht einmal alt.

Ihre Voraussage klang düster. Seit einiger Zeit schon prophezeiten mir die Orakel allerhand Unheil, politische

Unruhen, Höflingsränke und Krankheiten. Heute glaube ich, daß es höchst irdische Kräfte waren, die manchmal um zu warnen, öfter um mich zu erschrecken, sich dieser Stimmen aus dem Schattenreich bedienten. Weit klarer als in den Berichten unserer Prokonsuln kam hierbei der wirkliche Zustand eines Teils des Orients zum Ausdruck. Da meine Achtung für die unsichtbare Welt nicht bis zum blinden Vertrauen in diese göttlichen Tratschereien ging, nahm ich die sogenannten Offenbarungen mit Fassung zur Kenntnis. Ich hatte zehn Jahre vorher, kurz nach meinem Regierungsantritt, das Orakel der Daphne bei Antiochia, das mir die Machtergreifung vorausgesagt hatte, aus Besorgnis, es könnte jedem neuen Anwärter den gleichen Gefallen tun, schließen lassen. Und doch ist es immer unerfreulich, von traurigen Dingen reden zu hören.

Nachdem sie uns nach Kräften geängstigt hatte, bot die Seherin uns ihre Dienste an; eine jener magischen Opferhandlungen, auf die die ägyptischen Zauberer sich so gut verstehen, würde genügen, um das Schicksal zu versöhnen. Gelegentliche Beschäftigung mit der phönizischen Magie hatte mich gelehrt, daß bei diesem verbotenen Treiben nicht das, was man zeigt, das Schrecklichste ist, sondern das, was man geheimhält. Wäre meine Abscheu vor Menschenopfern nicht bekannt gewesen, hätte man mir wahrscheinlich empfohlen, einen Sklaven hinzuschlachten; so begnügte man sich damit, von einem Haustier zu sprechen.

Das Opfer sollte, wenn möglich, mein Eigentum sein; ein Hund, der dem ägyptischen Aberglauben als unrein gilt, kam nicht in Frage; ein Vogel wäre das Richtige gewesen, doch reiste ich ja nicht mit einem Geflügelkäfig. Mein junger Freund bot mir seinen Falken an. Das schöne Tier hätte die Bedingungen erfüllt: ich hatte es vom König von Osroëne geschenkt erhalten und an Antinous weitergegeben. Doch handelte es sich um eins der wenigen Güter, an denen der Knabe hing; er fütterte den Fal-

ken mit eigener Hand. Ich lehnte ab, doch beharrte er so
ernstlich auf seinem Angebot, daß ich spürte, welche un-
gewöhnliche Bedeutung er ihm beimaß, und gerührt annahm. Mit genauen Anweisungen versehen, machte sich
mein Kurier Menekrates auf den Weg, um den Vogel aus
unserem Quartier im Serapeion zu holen. Selbst wenn er
Galopp ritt, konnte er nicht vor zwei guten Stunden zurück sein. So lange mochten wir weder in dem schmutzigen Loch der Hexe warten noch in der Barke, über deren
Feuchtigkeit Lucius klagte. Auf Phlegons Rat richteten
wir uns, so gut es ging, bei einer Kupplerin ein, nachdem
wir das Personal ausquartiert hatten. Lucius beschloß zu
schlafen, ich benutzte die Freizeit, um meine Depeschen
zu diktieren, Antinous streckte sich zu meinen Füßen
nieder. Phlegons Schreibrohr kratzte beim Lampenschein
über die Tafeln. Schon war die letzte Vigilie nahe, als
endlich Menekrates den Falken, den Handschuh, die
Haube und die Kette brachte.

Wir gingen zur Zauberin zurück. Antinous nahm dem
Tier die Haube ab, liebkoste seinen kleinen, wilden, ver-
schlafenen Kopf und gab ihn der Magierin, die ihn mit
streichenden Bewegungen wieder einschläferte. Es kam
darauf an, daß das Opfer sich nicht wehrte, daß es sozusagen freiwillig starb. Der regungslose Vogel wurde dem
Ritus gemäß mit Honig und Rosenöl eingerieben, in ein
mit Nilwasser gefülltes Becken gelegt. Auf diese Weise
sollte die ertrunkene Kreatur sich dem vom Strome fort-
getragenen Osiris angleichen. Die Lebensjahre des Vogels
würden den meinigen zugezählt, seine kleine, unter der
Sonne heimische Seele vereinigte sich mit dem Genius des
Menschen, für den er geopfert wurde, er konnte mir für-
derhin in dieser Gestalt erscheinen und dienen. Was nun
an langwierigen Verrichtungen folgte, war kaum bemer-
kenswerter als die Zubereitung einer Speise. Lucius gähn-
te. Die Zeremonie ahmte bis ins kleinste eine menschliche
Beisetzung nach, und erst das Morgengrauen machte dem
Genäsel und Geräuchere ein Ende. Man schloß den Vogel

in einen mit Spezereien vollgestopften Behälter ein, den die Zauberin vor unseren Augen auf einem verlassenen Totenacker am Kanal begrub. Dann kauerte sie sich unter einem Baum nieder und zählte die Goldmünzen, die Phlegon ihr ausgezahlt hatte, Stück für Stück.

Wir bestiegen die Barke. Ein ungewöhnlich kalter Wind wehte. Lucius, der neben mir saß, zog mit schlanken Fingern die gestickte Baumwolldecke höher. Aus Höflichkeit unterhielten wir uns weiter über römische Tagesangelegenheiten und Gesellschaftsskandale. Antinous tat, den Kopf an meine Knie gelehnt, als schliefe er, um sich von diesem Gespräch, das ihn nicht anging, fernzuhalten. Meine Hand glitt über seinen Nacken und sein Haar. In den nichtigsten wie in den düstersten Augenblicken meines Lebens hatte ich so das Gefühl, mit der lebendigen Natur in Berührung zu bleiben, mit den dichten Wäldern, dem nervigen Rücken der Panther, dem gleichmäßigen Rinnen der Quellen. Bis in die Seele aber dringt keine Liebkosung. Die Sonne strahlte, als wir im Serapeion ankamen, und die Melonenhändler priesen ihre Ware. Ich schlief, bis die Sitzung des örtlichen Senates begann, der ich beiwohnen wollte. Später erfuhr ich, daß Antinous meine Abwesenheit benutzt hatte, um Chabrias zu überreden, ihn nach Kanopos zu begleiten. Er war noch einmal zur Hexe gegangen.

Am ersten Tage des Monats Athyr, im zweiten Jahr der zweihundertsechsundzwanzigsten Olympiade... Am Jahrestage des Todes des Osiris, des Gottes des Sterbens... Seit drei Tagen ertönten längs des Stromes in den Dörfern die schrillen Klagegesänge. Meine römischen Gäste, denen die Geheimnisse des Orients weniger vertraut waren als mir, waren auf diese Bräuche einer fremden Rasse einigermaßen neugierig, während sie mir auf die Nerven gingen. Ich hatte meine Barke abseits von den anderen, fern jeder menschlichen Behausung festmachen lassen. Nur ein halbverlassener Pharaonentempel stand nahe am Ufer, doch amtierte seine Priesterschaft noch, so daß ich dem Jammergetön nicht ganz entrann.

Am Vorabend hatte Lucius uns zum Essen auf seine Barke geladen. Ich war bei Sonnenuntergang hingegangen, Antinous wollte nicht mitkommen. So verließ ich ihn auf der Schwelle meiner Kabine auf dem Achterdeck, wie er, auf seine Löwenhaut hingestreckt, mit Chabrias Knöchel spielte. Nach einer halben Stunde, als es schon dunkel war, besann er sich eines anderen und bestellte ein Boot. Mit Hilfe nur eines Ruderers legte er gegen den Strom die beträchtliche Strecke zurück, die unseren Anlegeplatz von den Barken der anderen trennte. Bei seinem Eintritt verstummte der Beifall, den man eben den Verrenkungen einer Tänzerin spendete. Antinous hatte ein langes, ganz mit Blumen und Chimären besätes, syrisches Gewand an, leicht wie die Schale einer Frucht. Um es beim Rudern bequem zu haben, hatte er den rechten Ärmel hochgestreift; auf seiner Brust perlte Schweiß. Lucius warf ihm eine Blumenranke zu, die er im Fluge fing. Er war den ganzen Abend hindurch krampfhaft heiter, obwohl er nur einen Becher griechischen Weines trank. Wir bestiegen gemeinsam meinen Sechsruderer; Lucius entbot uns von oben einen spöttischen Gutenachtgruß. Die tolle Ausgelassenheit hielt an. Als ich aber zufällig gegen Morgen sein Antlitz berührte, war es tränenfeucht. Unwirsch fragte ich, weshalb er weinte: er entschuldigte sich kleinlaut, er sei müde. Ich ließ die Ausrede gelten und entschlummerte wieder. In diesem Bett, an meiner Seite, hat er seinen eigentlichen Todeskampf gekämpft.

Die Post aus Rom war gekommen; ich verbrachte den Tag mit Lesen und Antworten. Antinous kam und ging lautlos durch den Raum wie gewöhnlich; ich weiß nicht, in welchem Augenblick das schöne Windspiel aus meinem Leben geschieden ist. Um die zwölfte Stunde erschien, sehr aufgeregt, Chabrias. Entgegen allem Brauch hatte der Jüngling die Barke verlassen, ohne anzukündigen, wohin er wolle und wie lange er fortbleibe. Zwei

Stunden waren seither vergangen, Chabrias entsann sich seltsamer Reden vom Tage zuvor und eines mich angehenden Auftrages, den er ihm am Morgen erteilt hatte. Er machte aus seinen Befürchtungen kein Hehl. Eilig gingen wir ans Ufer. Unwillkürlich schlug der alte Pädagoge den Weg zu einer Kapelle ein, einem einzelstehenden, zum Tempel gehörigen Bau, den er mit Antinous besucht hatte. Auf einem Weihgabentisch lag lauwarme Asche von einem Opfertier. Chabrias griff hinein und zog eine abgeschnittene, fast unversehrte Locke heraus.

Wir durchsuchten das Ufergelände. Nebeneinander angelegte Stauweiher, die einstmals religiösen Zwecken gedient haben mochten, standen mit einer Ausbuchtung des Flusses in Verbindung. In der schnell einfallenden Dämmerung bemerkte Chabrias am Rande des letzten Bassins zusammengefaltete Kleidungsstücke und Sandalen. Ich stieg die schlüpfrigen Stufen hinab: unten lag er, vom schlammigen Strom überspült. Mit Hilfe von Chabrias gelang es, den Körper, der schwer war wie Stein, aufzurichten. Chabrias rief Schiffsleute heran, die aus Leinwand eine Bahre herrichteten. Der eilends benachrichtigte Hermogenes konnte nur den Tod feststellen. Dieser sonst so gefügige Leib ließ sich nicht wieder wärmen und wecken. Wir trugen ihn an Bord. Alles war vorbei, und alles erlosch. Der olympische Zeus, der Meister aller Dinge, der Weltenretter, brach zusammen. Ein grauhaariger Mann schluchzte an Deck einer Barke.

Nach zwei Tagen brachte Hermogenes mich dahin, daß ich an die Beisetzung denken konnte. Nicht umsonst fielen Tag und Stunde, die Antinous gewählt hatte, mit dem Augenblick zusammen, da Osiris zu Grabe steigt; so war uns ein Wink für die Feier gegeben. Ich ließ mich zum jenseitigen Ufer übersetzen nach Hermopolis, zu den Balsamierern. Da ich ihresgleichen in Alexandria am Werke gesehen hatte, wußte ich, welcher Schändung ich diesen Leib aussetzte. Aber auch das röstende, verkohlende Feuer ist gräßlich und die Verwesung unter der

Erde. Während der kurzen Überfahrt heulte Euphorion, im Achterraum kauernd, leise einen afrikanischen Sterbesang vor sich hin; in dem rauhen Gewimmer glaubte ich meine eigene Stimme zu hören. Wir brachten den Leichnam in einen geräumigen, frisch gescheuerten Saal, der an die Klinik des Satyrus erinnerte. Ich half dem Plastiker dabei, das Antlitz mit Öl zu salben, ehe Wachs aufgelegt wurde. Das Gleichnis erfüllte sich wörtlich: ich hielt sein Herz in Händen. Als ich fortging, war der leere Leib nicht mehr als ein Präparat, mit balsamischen Salzen und Säften durchtränkter Rohstoff für ein schauriges Kunstwerk, das Luft und Sonne nie kennen würde.

Bei meiner Rückkehr suchte ich den Tempel auf, wo er geopfert hatte, und sprach die Priester. Ihr erneuertes Heiligtum sollte zur Wallfahrtsstätte für ganz Ägypten werden, ihr reich beschenktes und vergrößertes Kollegium sich fortan dem Dienste meines Gottes weihen. Nie, nicht einmal in meinen dunkelsten Augenblicken, hatte ich die Göttlichkeit seiner Jugend angezweifelt. Hellas und Asien sollten ihn auf unsere Art verehren, mit Spielen, Tänzen und Weihegaben zu Füßen einer weißen, nackten Statue. Ägypten aber, das seinen Todeskampf gesehen hatte, sollte auch an der Apotheose teilhaben, den düstersten, verschwiegensten und schwierigsten Teil: ihn auf ewig einbalsamieren. Jahrhunderte hindurch sollten die kahlgeschorenen Priester Litaneien hersagen, in denen der Name vorkam, der ihnen nichts war und mir alles. Jahr für Jahr sollte die geweihte Barke das Standbild stromauf und stromab fahren, und an jedem ersten Tage des Monats Athyr sollten die Klageprozessionen am Ufer entlanggehen, an dem ich gegangen war.

Jede Stunde kennt ihre unmittelbare Pflicht und ihr vordringliches Gebot. Gebot dieses Augenblickes war, dem Tode das wenige streitig zu machen, das mir blieb. Phlegon hatte die Architekten und Werkmeister meines Gefolges am Flußufer versammelt; in einer Art von hellsichtigem Rausch schritt ich ihnen voran über die steinigen Hügel, erklärte ihnen meinen Plan, die Führung der fünfundvierzig Stadien für die Außenmauer, bezeichnete im Sande die Stelle für Triumphbogen und Grabmal. Hier sollte Antinoë werden; aus dem unheilvollen Boden eine griechische Stadt erblühen lassen, ein Bollwerk, das die schweifenden Stämme von Erythrea in Schach hielt, und einen neuen Umschlageplatz auf der Straße nach Indien, das hieß schon den Tod besiegen. Alexander hatte Hephästions Beisetzung durch Verheerung und Schlächtereien gefeiert; mir schien es schöner, dem Geliebten eine Stadt darzubieten, wo das lebendige Gewoge der Menschen auf dem Marktplatz von seinem Andenken zeugte, wo in den abendlichen Gesprächen sein Name genannt werden und die Jünglinge einander beim Festmahl Blumen zuwerfen sollten. Da schwankte ich plötzlich in meinem Entschluß, so unmöglich schien es mir, diesen Leib fremder Erde anzuvertrauen. Dem Reisenden gleich, der sich, des nächsten Aufenthalts ungewiß, in mehreren Herbergen Unterkunft sichert, befahl ich, ihm in Rom am Tiberstrand ein Grabmal neben dem meinen zu errichten; auch dachte ich an die ägyptischen Kapellen, die ich zu meinem Vergnügen in der Villa gebaut hatte; auf schmerzliche Weise wurden sie jetzt nützlich. Wir machten einen Tag für die Beisetzung aus, zwei Monate später, denn so lange brauchten die Leichenherrichter. Ich beauftragte Mesomedes, die Trauerchöre zu komponieren. Spät in der Nacht kam ich an Bord zurück. Hermogenes bereitete mir einen Schlaftrunk.

Es ging weiter stromaufwärts, doch mir war, als führe ich auf dem Styx. In den Gefangenenlagern an der Donau hatte ich gesehen, wie Unglückliche, die an einer Mauer lagen, mit wilder, sinnloser, steter Gebärde den Kopf dagegenschlugen und immer den gleichen Namen wiederholten. In den Kellern des Kolosseums hatte man mir Löwen gezeigt, die hinsiechten, weil man ihnen den Hund fortgenommen hatte, an dessen Gesellschaft sie gewöhnt waren. Ich sammelte meine Gedanken. Antinous war also tot. Als Kind hatte ich über dem von Krähen zerhackten Leichnam des Marullinus geheult, aber so, wie ein unvernünftiges Tier nachts heult. Mein Vater war gestorben, aber dem zwölfjährigen Waisen war nur der Aufruhr daheim, das Weinen der Mutter und der eigene Schrecken bewußt geworden; von den Todesschauern, durch die der Sterbende gegangen war, ahnte ich nichts. Viel später, zur Zeit, da ich in Pannonien Dienst tat, war meine Mutter gestorben, wann genau, habe ich vergessen. Trajan war nur ein Kranker, dem man seinen letzten Willen entlocken mußte. Ich war nicht dabei gewesen, als Plotina starb. Attianus war gestorben, ein hochbetagter Greis. In den Dakerkriegen hatte ich Kameraden verloren, die ich liebte, doch waren wir damals jung, Tod und Leben kredenzten uns den gleichen Rausch und galten uns gleich. Antinous war tot. Die bekannten Gemeinplätze fielen mir ein: daß man jederzeit sterben kann und daß jung stirbt, wen die Götter lieben. So elenden Mißbrauch der Sprache hatte auch ich mitgemacht. Redensarten, wie vor Müdigkeit, vor Langeweile sterben, waren über meine Lippen gekommen. Die Worte Todeskampf, Trauer und Verlust waren mir nicht fremd. Nun war Antinous tot.

Amor, weisester der Götter... freilich war die Liebe nicht verantwortlich für all die Vernachlässigung, Härte und Gleichgültigkeit, die sich meiner Leidenschaft beimengten wie Sand dem Golde, das der Fluß mitführt, für die Verblendung eines Überglücklichen, der altert. Hatte mich meine grobe Freude am Besitz so völlig eingelullt? Nicht zu sehr hatte ich geliebt, wie Servianus jetzt wohl in Rom behaupten würde, sondern zu wenig, um dieses Kind ans Leben zu fesseln. Chabrias, der als Orphiker den Selbstmord verwarf, betonte den Opfersinn der Tat, und wirklich empfand ich bei dem Gedanken daran, daß dieser Tod mir als Geschenk zugedacht gewesen war, eine Art von gräßlicher Genugtuung. Doch ich allein konnte ermessen, wieviel Bitterkeit in dieser Sanftmut war, welche Verzweiflung in dieser letzten Hingabe und wieviel Haß in der Liebe. Ein Gekränkter hatte mir diesen Beweis letzter Treue ins Antlitz geschleudert, ein Kind in seiner Furcht, alles zu verlieren, dieses Mittel gewählt, mich ewig zu binden. Hatte Antinous gehofft, mich durch seinen Opfertod vor Unheil zu bewahren, so mußte er sich wenig genug geliebt gefühlt haben, um nicht zu wissen, daß kein Unheil mich schwerer treffen konnte, als sein Tod mich traf.

Die Tränen waren versiegt. Die Würdenträger, die mir nahten, brauchten nicht mehr den Blick abzuwenden, als sei Weinen unanständig. Wir besichtigten wieder Mustergüter und Bewässerungsgräben, es war ja gleichgültig, wie ich die Stunden hinbrachte. Alberne Gerüchte durchschwirrten die Welt, selbst auf den Barken, die mich begleiteten, erzählte man sich Schauermärchen auf meine Kosten; da die Wahrheit nicht dazu angetan war, herausgeschrien zu werden, ließ ich die Leute reden. Auf ihre Art hatten gerade die bösesten Verleumdungen recht: man bezichtigte mich, ihn geopfert zu haben, und das stimmte in einem gewissen Sinne. Hermogenes, der mir diese Stimmen getreulich zutrug, übermittelte mir auch Botschaften von der Kaiserin; sie benahm sich gut, wie man sich bei Todesfällen meist benimmt. Doch beruhte diese Teilnahme auf einem Mißverständnis. Man war bereit, mich zu bedauern, vorausgesetzt, daß ich mich schnell trösten würde. Mir kam es auch vor, als ob ich ruhiger geworden sei; fast schämte ich mich. Noch wußte ich nicht, daß der Schmerz seine Irrgärten hat, die ich noch nicht bis ans Ende durchwandert hatte.

Man bemühte sich, mich auf andere Gedanken zu bringen. Einige Tage nach meiner Ankunft in Theben hörte ich, daß die Kaiserin mit Gefolge sich zweimal zu Füßen der Memnonsäule begeben hatte, um den geheimnisvollen Laut zu hören, den der Stein bei Sonnenaufgang ausstößt, jene berühmte Erscheinung, die so viel Reisende anlockt. Aber das Wunder war ausgeblieben, und abergläubischerweise rechnete man damit, daß es sich in meiner Gegenwart vollziehen würde. Da mir jedes Mittel recht war, um die endlosen Herbstnächte abzukürzen, war ich damit einverstanden, die Frauen am nächsten Tage zu begleiten. Am frühen Morgen trat Euphorion ein, um die Lampe anzufachen und mir in die Kleider zu helfen. Ich ging auf Deck. Noch war der Himmel schwarz, ehern und unbekümmert um Leiden und Freuden der Sterblichen, wie in den Sängen Homers, wölbte er sich. Erst zwanzig Tage waren seit dem Unglück vergangen. Ich setzte mich in das Boot. Auf der kurzen Fahrt ging es nicht ohne Angstgeschrei der Frauen ab.

Wir landeten unweit vom Koloß. Ein blaßrosa Streifen erschien am Horizont; wieder zog ein neuer Tag herauf. Der geheimnisvolle Laut erscholl dreimal; es klang, wie wenn eine Bogensehne reißt. Die unerschöpfliche Julia Balbilla verfaßte aus dem Stegreif ein Gedicht nach dem anderen. Die Frauen entschlossen sich, die Tempel zu besichtigen; ich ging mit ihnen längs der mit eintönigen Hieroglyphen bedeckten Mauern. Die ewig gleichen Riesengestalten nebeneinandersitzender Könige, die die langen, flachen Füße aufstützten, diese seelenlosen Steinmassen, nichts von dem verratend, was für uns Leben bedeutet, weder Schmerz noch Wonne, noch gliederlösende Bewegung oder ordnendes Walten, waren mir unerträglich. Offenbar wußten die uns führenden Priester über diese Verschollenen ebensowenig Bescheid wie ich; kaum, daß ab und zu ein Name Anlaß zu kurzer Erörterung bot. Man wußte nur, daß jeder dieser Monarchen ein Königreich geerbt, sein Volk regiert und seinen Nachfolger erzeugt hatte: das war alles. Doch reichten ihre unbekannten Dynastien weiter zurück als Rom, als Athen, als der Tag, da Achill unter den Mauern Trojas gestorben war, und weiter als der astronomische Zyklus von fünftausend Jahren, den Menon für Julius Caesar errechnet hat. Ermüdet verabschiedete sich der Priester, und ich ruhte mich, ehe ich die Barke bestieg, im Schatten des Kolosses etwas aus. Seine Beine waren bis an die Knie mit griechischen Inschriften übersät, die von Reisenden stammten, Namen, Daten, hier und da ein Gebet. Da waren ein gewisser Servius Suavis und ein gewisser Eumenos, der sechshundert Jahre vor mir an der gleichen Stelle gestanden hatte, ein gewisser Panion hatte Theben vor sechs Monaten besucht... Vor sechs Monaten... Mich wandelte eine Lust an, die ich seit der Zeit, da ich auf einem hispanischen Landsitz meinen Namen in die Rinde der Kastanienbäume grub, nicht mehr verspürt hatte. Der Kaiser, der sich weigerte, seine Titel in die von ihm errichteten Bauten einmeißeln zu lassen, nahm den Dolch und ritzte in den harten Stein ein paar griechische Lettern, eine abgekürzte, vertrauliche Form seines Namens ΑΔΡΙΑΝΟ... Auch das bedeutete, der Zeit trotzen; ein Name, eine Summe von Leben, deren unzählige Posten niemand in Abrede stellen konnte, und ein Zeichen, das ein im Strom der Zeit Verlorener hinterließ. Plötzlich besann ich mich, daß wir den siebenundzwanzigsten Tag im Monat Athyr schrieben, den fünften vor unseren Kalenden des Dezembers. Antinous hatte Geburtstag. Lebte er, wäre er heute zwanzig Jahre alt geworden.

Ich ging wieder an Bord. Die Wunde, die sich zu früh geschlossen hatte, brach auf. Ich schrie in das Kissen hinein, das Euphorion mir unter den Kopf legte. Entgegengesetzte Zeitströme hatten uns ergriffen, den Toten und mich, wir trieben voneinander fort. Ich lebte am fünften Tag vor den Kalenden des Dezembers, er war am ersten des Athyr gestorben, und jeder Tag, der verging, senkte seinen Leib tiefer ein, überlagerte sein Ende. Ich kämpfte gegen den Strom, arbeitete mich den schlüpfrigen Abhang hinan, um die verschüttete Erinnerung an diesen Tag freizulegen. Phlegon, der der Schwelle gegenüber gesessen hatte, entsann sich nur des Lichtstreifens, der ihn jedesmal gestört hatte, wenn jemand beim Kommen oder Gehen die Tür zur Achterkabine geöffnet hatte. Gleich einem Angeklagten ging ich meine Beschäftigung an jenem Tage durch, Stunde für Stunde: ein Diktat, ein Antwortschreiben an den Senat von Ephesus – bei welcher Satzwendung mochte er den Tod gesucht haben? Ich vergegenwärtigte mir das Nachgeben des Steges unter den eiligen Schritten, die dürre Uferböschung, die mit Platten ausgelegte Opferstätte. Ich sah das Messer vor Augen, mit dem er die Locke an der Schläfe abschnitt, den vornübergebeugten Körper, sah, wie er das Bein anzog, um die Sandale zu lösen, und jene ihm eigene Art, wie er die Lippen öffnete und dabei die Augen schloß. Welch verzweifelte Anstrengung mußte es diesen guten Schwimmer gekostet haben, sich im schwarzen Schlamm ersticken zu lassen! Selbst jenen letzten furchtbaren Kampf, der uns allen bevorsteht, suchte ich mir auszumalen, das Herz, das aussetzt, das Hirn, das zu denken aufhört, die Lungen, die kein Leben mehr einatmen. Auch mir wird es einst so gehn. Aber kein Sterben gleicht dem anderen; alle Mühe, mir seinen Todeskampf vorzustellen, ergab nur ein Trugbild. Er war allein gewesen, als er starb.

Ich wehrte mich, kämpfte gegen meinen Schmerz an wie gegen eine fressende Krankheit. Ich rief mir seinen Starrsinn ins Gedächtnis, gelegentliche Unwahrheiten, sagte mir, daß er gealtert wäre, Fett angesetzt hätte. Verlorene Mühe. Wie ein gewissenhafter Arbeiter sich abquält, ein Meisterwerk nachzubilden, zwang ich mein Gedächtnis zu unerbittlicher Treue. Bisweilen erschien mir das Bild von selber, und süßes Weh überkam mich. Dann sah ich den Jüngling, wie er in einem Obstgarten Tiburs herbstliche Früchte in die aufgeschürzte Tunika las. Er fehlte mir allerorten, der Gefährte meiner nächtlichen Feste, der Gehilfe, der, auf den Fersen hockend, zusammen mit Euphorion mir die Falten der Toga zurechtgelegt hatte. Wenn man den Priestern glauben sollte, litt auch der Schatten. Er sehnte sich nach der warmen Wohnung des verlorenen Leibes, durchirrte jammernd die vertrauten Stätten und war, mir weit entrückt und dennoch um mich, zu schwach, um seine Gegenwart zu künden. War dem so, so mußte meine Taubheit ihm ärger sein als der Tod. Aber hatte ich den Lebenden begriffen, als er an jenem Morgen mir zur Seite schluchzte? Eines Abends rief mich Chabrias, um mir im Zeichen des Adlers einen vorher wenig deutlichen Stern zu zeigen, der plötzlich wie ein Edelstein funkelte, wie ein Herz bebte. Ich machte ihn zu seinem Stern. Nacht für Nacht verfolgte ich angestrengt seinen Lauf, und seltsame Gesichte wurden mir in jenem Teil des Himmels. Man hielt mich für wahnsinnig. Aber was machte das.

Der Tod ist häßlich, das Leben auch. Alles verzerrte sich. Die Gründung von Antinoë war doch nur Spielerei. Eine Stadt mehr auf der Welt, Tummelplatz mehr für unredliche Händler und erpresserische Beamte, für Prostitution, Unruhen und Kümmerlinge, die ihre Toten beweinen, um sie alsbald zu vergessen. Eitle Apotheose, eine Ehrung, die Stoff bot zu allerhand Gemeinheit und Hohn, über das Grab hinaus lüstern machte oder Anstoß erregte, eine jener halb anrüchigen Legenden, wie sie in abseitigen Winkeln der Historie schimmeln. Liederlich war diese meine Trauer, eine grobe Form der Selbstbefriedigung, denn was war ich anderes als ihr Nutznießer, der sie genoß und ausschlachtete. Der Geliebte vermachte mir seinen Tod, und ich, der um den Lebenden gekommen war, beweinte mich selber. Die Gedanken überschlugen sich, die Worte waren leer, die Stimmen klapperten wie Heuschrecken in der Wüste, summten wie Fliegen um den Dreck. Auf unseren Barken mit den sanft geschwellten Segeln fuhren Lüge und Arglist einher, und blöde glotzten die Gesichter der Menschen. Überall grinste der Tod, überall lauerten Verfall und Verwesung: an der Druckstelle des Apfels, im unmerklichen Riß im Vorhang, im angeschwemmten Kadaver, in den Pusteln eines Gesichtes, in den Narben, die die Peitsche auf dem Rükken des Ruderers hinterließ. Meine Hände kamen mir immer etwas schmutzig vor. Wenn ich beim Baden den

Sklaven die Beine zum Enthaaren hinstreckte, ekelte mich der Anblick dieses gesunden, so widerstandsfähigen Leibes, der verdaute, wandelte, sogar schlief und eines Tages wieder lieben würde. Ich ertrug nur noch einige wenige Diener um mich, die den Toten gekannt und auf ihre Art geliebt hatten. So fand meine Trauer Widerhall im etwas einfältigen Schmerz eines Masseurs oder des alten Negers, der die Lampen besorgte. Doch hinderte ihr Kummer sie nicht, leise miteinander zu lachen, wenn sie am Ufer liegend sich erholten. Eines Morgens bemerkte ich, an die Schiffswand gelehnt, auf dem für die Küchen abgeteilten Viereck einen Sklaven, der eines jener Hühner, die Ägypten zu Tausenden in seinen schmutzigen Öfen brät, ausnahm. Er packte den klebrigen Klumpen der Eingeweide mit beiden Händen und warf ihn ins Wasser. Ich wandte den Kopf, so schnell ich konnte, und erbrach mich. Während des Aufenthaltes in Philae lief ein dunkelhäutiges Kind von drei Jahren, Söhnchen eines nubischen Türhüters, auf die Estrade des ersten Stockes, um die Tänze anzuschauen, und stürzte hinunter. Man suchte den Unglücksfall nach Möglichkeit zu vertuschen; der Türhüter unterdrückte sein Schluchzen, um die Gäste seines Herrn nicht aufzuregen; man ließ ihn mit der Leiche zur Küchentür hinaus, und doch konnte ich beobachten, wie der Weinkrampf seine Schultern schüttelte. Mir war, als nähme ich dies Vaterleid auf mich, wie ich die Schmerzen des Herkules, des Alexander und des Plato, die um tote Freunde klagten, auf mich genommen hatte. Ich ließ dem Unglücklichen einige Goldstücke bringen – und das ist leider alles, was man tun kann. Zwei Tage darauf sah ich ihn, wie er auf seiner Schwelle in der Sonne lag; er lauste sich behaglich.

Man schrieb mir. Pankrates sandte mir endlich sein Gedicht, mittelmäßiges Flickwerk in homerischen Hexametern; durch den Namen, der fast auf jeder Zeile genannt wurde, ergriff es mich mehr als manch ein Meisterwerk. Noumenios ließ mir eine regelrechte *consolatio* zugehen, in der kein Gemeinplatz fehlte; ich las eine ganze Nacht daran. Die lahmen Trostversuche, die der Mensch gegen den Tod anführt, ließen sich auf zwei Zeilen bringen: einmal bezeichnet man ihn als unvermeidliches Übel, vor dem weder Jugend noch Schönheit, noch Liebe schützt, dann will man uns wieder weismachen, daß das Leben mit seinem Leide schlimmer sei als der Tod, weswegen im Grunde glücklich zu preisen sei, wer jung stirbt. Solche Weisheiten sind eher zum Verzweifeln als tröstlich. Aber unsere Philosophen nahmen es nicht genau, sie merkten nicht einmal, wie sehr der zweite Gedanke dem ersten widerspricht. Es war ihnen nicht mehr darum zu tun, daß wir lernen sollten, uns in den Tod zu fügen, sondern darum, ihn überhaupt zu leugnen. Von Wert war nur die Seele; man hatte die Stirn, die Unsterblichkeit dieser unbestimmten Sache, die niemand je ohne den Körper ihren Dienst tun sah, als Tatsache hinzustellen, bevor man ihr Vorhandensein erwiesen hatte. Ich war dessen weniger gewiß. Wenn andere unwägbare Wirklichkeiten, wie das Lächeln, der Blick, die Stimme, zu sein aufhörten, weshalb nicht auch die Seele? Sie dünkte mich nicht unbedingt unkörperlicher als die menschliche Wärme. Man wandte dem Leib, sobald er die Seele ausgehaucht hatte, den Rücken, und doch war die Hülle das einzige, was mir blieb, der einzige Beweis, daß der Verstorbene gelebt hatte. Die Ewigkeit der Rasse sollte für den Tod des einzelnen entschädigen, doch was lag mir daran, wie viele Geschlechter von Bithyniern bis ans Ende der Tage an den Ufern des Sangarios einander ablösten! Man sprach von Ruhm. Ein schönes Wort, das das Herz höher schlagen läßt. Was aber berechtigt dazu, die Grenzen zwischen ihm und der Unsterblichkeit trügerisch zu verwischen, als könnte das Andenken an ein Geschöpf seine Gegenwart ersetzen! Man lenkte meinen Blick vom Leichnam fort auf den strahlenden Gott. Diesen Gott hatte ich geschaffen und glaubte auf meine Weise an ihn. Aber auch das lichteste Dasein oben in Sterngründen wog sein kurzes Leben nicht auf, der Gott trat nicht an die Stelle des Lebenden, den ich verlor. Mich empörte die menschliche Sucht, Tatsachen über Annahmen zu vergessen und Träume für mehr zu halten als Träume. Da faßte ich meine Pflicht als Überlebender anders auf! Hatte ich nicht den Mut, den Tod dieses Jünglings mir klar mit all seinen Erscheinungen vor Augen zu halten, den erkalteten stummen Leib, das geronnene Blut, die erstarrten Glieder, die der Mensch so rasch mit Erde und geheucheltem Schmerz zudeckt, dann war er vergebens gestorben. Mir war es lieber, mich durch das Dunkel zu tasten, als trübe Lämplein zu entzünden. Ich spürte, wie man in meiner Umgebung allmählich an der Fortdauer meines Schmerzes Anstoß nahm, wobei man mehr seine Heftigkeit als seinen Gegenstand mißbilligte.

Die Barken trugen uns zu der Stelle zurück, wo Antinoë sich zu erheben begann. Es waren ihrer weniger geworden. Lucius, mit dem ich selten zusammenkam, war nach Rom heimgekehrt, wo seine junge Frau eines Knaben genas; seine Abreise befreite mich von vielen lästigen Gaffern. Die begonnenen Bauarbeiten formten das Ufergelände um; der Grundriß der künftigen Gebäude zeichnete sich zwischen Erdhaufen ab, aber die genaue Stätte des Opfers war nicht mehr zu erkennen. Die Einbalsamierer lieferten ihr Werk. Man senkte den schmalen Sarg aus Zedernholz in einen Sarkophag aus Porphyr, der sich im abgeschlossensten Raum des Tempels erhob. Schüchtern näherte ich mich dem Toten. Er war offenbar bekleidet. Die harte ägyptische Haube verbarg das Haar. Die eng umwickelten Beine waren zum langen, weißen Bündel geworden, aber das Profil des jungen Falken war unverändert, und die Augenbrauen warfen auf die geschminkten Wangen einen Schatten, der mir vertraut war. Ehe man die Hände einwickelte, ließ man mich die vergoldeten Nägel bewundern. Die Litaneien setzten ein. Der Tote erklärte durch den Mund der Priester, er sei immer wahrhaft, immer keusch, immer mildherzig und gerecht gewesen, kurz, maß sich Tugenden bei, die ihn, hätte er sie in dieser Form ausgeübt, von den Menschen ewig geschieden hätten. Ranziger Weihrauchduft füllte den Saal. Durch die Schwaden hindurch suchte ich ihn mir lächelnd vorzustellen, und wirklich schien es, als bewegte sich sein schönes Gesicht. Ich sah die magischen Striche der Priester, die die Seele des Toten zwingen sollten, einen Teil ihrer selbst den Statuen einzuhauchen, die sein Andenken bewahren, und andere, noch wunderlichere Beschwörungen. Dann legte man die nach dem Wachs geformte goldne Maske auf, die seine Züge genau wiedergab. Bald würde die schöne, unvergängliche Schutzhaut, ein lebloses Sinnbild der Unsterblichkeit, auf ewig luftdicht verschlossen, allen Glanz und alle Wärme, deren sie fähig gewesen, für sich behalten. Man streute Akazienblüten auf seine Brust, und zwölf Männer ließen den schweren Sargdeckel nieder.

Noch war ich nicht schlüssig, wo ich ihn beisetzen sollte. Allerorten hatte ich Feste zu seinen Ehren und Spiele zu seinem Gedächtnis angeordnet, überall Münzen schlagen und auf den Plätzen Standbilder errichten lassen, außer in Rom. Ich fürchtete nämlich die Gehässigkeit, der ein fremdländischer Günstling stets begegnet, und sagte mir, daß ich nicht immer da sein würde, um sein Grabmal zu schützen. Auch das vor den Toren von Antinoë vorgesehene Mal schien mir zu öffentlich, zu gefährdet. So folgte ich dem Rat der Priester. Sie machten mich auf einen Schacht am Hang eines Berges der arabischen Kette aufmerksam, den die ägyptischen Könige einst für ihre Zwecke hatten ausheben lassen. Ein Ochsengespann schleppte den Sarkophag drei Meilen etwa bis auf den Abhang. Mit Hilfe von Stricken ließ man ihn durch einen Stollen nieder, bis er an die Felsenwand gelehnt zum Stehen kam. Einem Pharaonen, einem Ptolemäer gleich wurde das Kind aus Claudiopolis zu Grabe getragen. Wir ließen es allein. Es ging ein in jene Dauer ohne Luft, ohne Licht, ohne Jahreszeit und ohne Ende, an der gemessen jedes Leben zum Augenblick wird, zur ewigen Stetigkeit und vielleicht zur Ruhe. Dem dunklen Schoß der Zeit entsprungen, würden die Jahrhunderte unablässig über sein Grab strömen, ohne ihn zum Leben zu wecken, aber auch ohne seinem Tod etwas zuzulegen und sein Dasein ungeschehen zu machen. Hermogenes nahm mich am Arm, um mich hinauf an die Luft zu führen; fast war ich froh, wieder im Freien zu atmen und zwischen zwei rauhen Felsen das kalte Blau des Himmels leuchten zu sehn. Die übrige Reise war kurz. In Alexandria schiffte die Kaiserin sich wieder nach Rom ein.

Disciplina Augusta

Ich kehrte auf dem Landwege nach Griechenland zurück.
Es war eine lange Fahrt. Da ich Grund zu der Annahme
zu haben glaubte, daß mich meine Amtsreisen zum letzten Male durch den Orient führten, war ich um so mehr
darauf bedacht, alles unvoreingenommen zu betrachten.
Ich sah Antiochia, wo ich mich einige Wochen aufhielt,
jetzt mit anderen Augen. Die Theateraufführungen und
sonstigen Feste, die Gärten der Daphne und das bunte
Gedränge auf den Straßen machten mir geringeren Eindruck als ehemals. Der unwandelbare Leichtsinn dieses
klatschsüchtigen, spöttelnden Volkes, das an die Einwohnerschaft von Alexandria erinnerte, die Hohlheit des sogenannten Geisteslebens und das geschmacklose Prot-
zentum der Reichen ließen sich nicht mehr verkennen.
Keiner dieser Honoratioren hatte für meine großen asiatischen Reformpläne im ganzen etwas übrig. Ihre Anteilnahme beschränkte sich darauf, für die Stadt und namentlich für die eigene Person nach Kräften daraus Nutzen zu
ziehn. So kam mir der Gedanke, etwa Smyrna oder Pergamon auf Kosten der anmaßenden syrischen Hauptstadt
zu begünstigen. Dann aber sagte ich mir, daß alles, was
mir an Antiochia mißfiel, sich in jeder Metropole wieder
holen würde, weil es zu den Eigenheiten großer Städte
gehört. Des städtischen Lebens müde, betrieb ich meine
ländlichen Fürsorgepläne womöglich noch eifriger. Ich
legte Hand an die langwierige und verwickelte Umgestal-
tung des kaiserlichen Domänenbesitzes in Kleinasien,
wobei die Bauern besser wegkamen und auch der Staat.
In Thrakien ließ ich es mir auch diesmal nicht nehmen,
Adrianopel zu besuchen. Durch freien Boden und Steu-
ersenkungen angelockt, waren die Veteranen aus den dakischen und sarmatischen Kriegen dort zusammenge-
strömt. Nach dem gleichen Muster sollte in Antinoë ver-

fahren werden. Längst hatte ich den Ärzten und Lehrern überall ähnliche Erleichterungen gewährt. Es ging mir um die Erhaltung und Fortentwicklung jenes gediegenen und gebildeten Mittelstandes, der bei allen seinen Fehlern Lebensnerv jedes Staates ist.

Wie stets, war Athen meine liebste Raststätte. Ich staunte, wie wenig die Schönheit der Stadt von der Erinnerung abhing, der geschichtlichen wie meiner eigenen; sie schien jeden Morgen wie neugeboren. Dieses Mal wohnte ich bei Arrianus, der, gleich mir in Eleusis eingeweiht, daraufhin von einer der großen priesterlichen Familien Attikas, den Kerykes, adoptiert worden war, während mir die Eumolpiden diese Gunst bezeugt hatten. Arrianus hatte eine feine, stolze Athenerin geheiratet, und beide nahmen sich mit unaufdringlicher Güte meiner an. Ihr Haus lag wenige Schritte von der neuen Bibliothek, die ich Athen geschenkt hatte. Der Bau war mit allem versehen, was Ruhe und stille Versenkung fördert, mit behaglichen Sitzen, einer Heizanlage, die den Anforderungen des oft strengen Winters entsprach, bequemen Treppen, die empor zu den Galerien führten, wo die Bücher aufbewahrt wurden. In Alabaster und Gold gehalten, atmete das Haus einen gedämpften, ruhigen Luxus. Besondere Sorgfalt war der Wahl und Aufstellung der Lampen gewidmet. Ich fühlte immer mehr das Bedürfnis, die alten Manuskripte zu sammeln und zu erhalten und gewissenhafte Kopisten mit neuen Abschriften zu betrauen. Diese schöne Aufgabe dünkte mich nicht weniger dringlich als die Veteranenhilfe oder die armen, kinderreichen Familien gewährte Unterstützung. Sagte ich mir doch, wie leicht die Gedanken, die diese zarten Gebilde aus Faser und Tinte uns vermittelten, für immer verlorengehen könnten: man brauchte nur an Kriege zu denken, die darauf folgende Verarmung, eine Zeit der Unwissenheit und Verwilderung unter irgendeinem schlechten Herrscher. Jeder, der das Glück hat, mehr oder weniger zu den Nutznießern dieses großen Vermächtnisses zu gehören, ist meiner Ansicht nach der Menschheit gegenüber verpflichtet, es als anvertrautes Gut sorgsam zu hüten.

Ich las damals viel. Phlegon hatte sich auf meinen Wunsch daran gemacht, unter dem Namen ›Olympiaden‹ eine Reihe von Berichten zu verfassen, die die ›Hellenika‹ des Xenophon bis auf meine Regierung fortsetzen sollten. Wenn er auch leider recht trocken schreibt, so war doch schon an den reinen Tatsachen viel gelegen. Ich verfiel darauf, die alten Geschichtsschreiber wieder zu lesen und ihre Werke im Licht der eigenen Erfahrung zu überdenken. Das Ergebnis stimmte trübe. Wie wenig bedeuteten doch Tatkraft und guter Wille eines beliebigen Staatsmannes gegenüber jenem zugleich zufälligen und zwangsläufigen Ablauf, jenem Strom wirrer Ereignisse, die vorauszusehen, zu lenken oder zu beurteilen niemand sich unterfangen durfte! Auch mit den Dichtern beschäftigte ich mich. Es reizte mich, der Vorzeit diese wenigen reinen und vollen Klänge zu entreißen. Viel gab mir Theognis, der Aristokrat, der die Verbannung auf sich genommen hatte, ein nüchterner, schonungsloser Beobachter, immer bereit, was wir unsere Leiden nennen, aus Fehlern herzuleiten, die er genau angibt. Dieser klare Geist, dessen Liebe zu Kyrnos allen Zerwürfnissen bis ins hohe Alter trotzte, hat dem Freund aus Megara eine Unsterblichkeit gelobt, die mehr war als leerer Schall, drang doch sein Name über sechs Jahrhunderte hinweg zu mir. Von allen Dichtern der Alten fesselte mich jedoch Antimachos; ich wußte seine tiefsinnige Schreibweise zu schätzen, die umfangreichen und doch so gedrungenen Sätze, die großen Bronzebechern voll schweren Weines glichen. Seine Schilderung von Jasons Zug war mir lieber als die ›Argonautika‹ des Appollonius von Rhodus; besser als jener hatte er den Zauber ferner Horizonte verstanden und den Schatten, den der vergängliche Mensch auf die ewige Landschaft wirft. Er hatte seine Gattin Lyde heiß beweint und einem Gedicht den Namen der Toten gegeben, in dem er alle ihm bekannten Sagen von

Trauer und Weh vereinigte. Diese Lyde, die mir vielleicht als Lebende nie aufgefallen wäre, wurde mir zum vertrauten Bilde, weit teurer als manche Frau, die durch mein Leben gegangen war. An solchen halbvergessenen Dichtungen richtete sich mein Glaube an die Unsterblichkeit wieder auf.

Ich überprüfte meine eigenen Werke: Liebesverse, Gelegenheitsgedichte, die Ode zu Plotinas Gedächtnis. Vielleicht wandelt eines Tages jemanden die Lust an, all das zu lesen. Bei einigen unanständigen Versen stutzte ich, nahm sie schließlich aber doch auf. Unsere ehrenwertesten Männer schreiben dergleichen zum Zeitvertreib. Ich hatte mir mehr vorgenommen, nämlich einen Spiegel der ungeschminkten Wahrheit zu geben. Hierbei beengen uns, wie überall, die Gemeinplätze: allmählich sah ich ein, daß die Freiheit des Geistes allein diese Bande nicht zu sprengen vermag, daß es vielmehr für den Dichter einer nicht geringeren Mühe bedarf, dem Wort seinen Gedanken aufzuzwingen, als für mich, meine Pflicht als Kaiser zu tun. Natürlich blieb ich auf die spärlichen Einfälle angewiesen, die der Dilettant hat, und muß froh sein, wenn von meinem Geschreibsel zwei oder drei Verse auf die Nachwelt kommen. Gleichwohl trug ich mich damals mit dem Plan einer recht anspruchsvollen Arbeit, die, halb in Prosa, halb in Versen, halb im Ernst, halb im Scherz, enthalten sollte, was ich Merkwürdiges erlebt hatte, auch Betrachtungen und einige Träume, alles an einem lockeren Faden aufgereiht und gedacht als eine Art von ›Satyrikon‹ in schärferer Form. Ein philosophischer Gedanke, den ich mir zu eigen gemacht hatte, Heraklits Lehre von Wandel und Wiederkehr, sollte darin dargelegt werden. Aber ich mußte diesen zu umfangreichen Plan aufgeben.

Im gleichen Jahr unterhielt ich mich mehrmals mit der Priesterin, die mich einst in Eleusis geweiht hatte – ihr Name soll geheim bleiben –, über die Einzelheiten des Antinouskultes, die festgelegt wurden. Noch immer spendeten die eleusinischen Symbole mir ihre beruhigende Kraft; wenn dies vielleicht sinnlose Leben doch einen Sinn haben sollte, so kommt er in Eleusis zu weiserem und erlauchterem Ausdruck als sonst irgendwo. Unter dem Einfluß dieser Frau ging ich daran, Antinoë in seine Verwaltungsbezirke, Gemeinschaften, Straßen und Häuserblocks einzuteilen. Zum Muster hierfür diente der Grundriß der göttlichen Welt im Verein mit einem vergeistigten Abbild meines eigenen Lebens. Vesta und Bacchus, die Götter des Herdes und die der Lust, die himmlischen Mächte und die des Hades waren ebenso vertreten wie Trajan und Nerva, meine kaiserlichen Ahnen, die so in der sinnbildlichen Ordnung ihren festen Standort erhielten. Plotina war eingereiht, die gute Matidia wurde zur Demeter, und selbst meine Frau, zu der die Beziehungen damals recht herzlich waren, erschien im Aufzug der Gottheiten. Einige Monate darauf gab ich einem der Stadtviertel den Namen meiner Schwester Paulina. Hatte ich mich mit der Gattin des Servianus überworfen, so sollte doch die Tote in dieser Stadt des Gedächtnisses ihren Platz als einzige Schwester wiederfinden. So machte ich die Trauerstätte zu einem Ort der Versöhnung, einem Elysium meines Lebens, wo die Widersprüche sich lösen und jede Erinnerung nach Gebühr heilig gehalten wird.

In sternenheller Nacht sann ich an einem Fenster im Haus des Arrianus über den Spruch nach, den die ägyptischen Priester in den Sarg des Antinous eingelassen hatten: *Er hat dem Befehl des Himmels gehorcht.* Konnte es sein, daß der Himmel uns Befehle erteilte, daß da, wo für die große Masse bedrückendes Schweigen herrschte, wenige Auserwählte zu hören verstanden? Die Priesterin glaubte es, Chabrias auch, und gern hätte ich ihnen recht gegeben. Im Geiste betrachtete ich die vom Tod geglättete Handfläche wieder, wie ich sie zum letztenmal am Morgen der Einbalsamierung gesehen hatte; die Linien, die mich beunruhigt hatten, waren verschwunden gewesen, gelöscht, wie ein Auftrag auf der Wachstafel, sobald er vollführt ist. Doch gilt für derartige Feststellungen, was für das Licht der Sterne gilt: sie mögen uns leuchten, doch wärmen sie nicht, und die Nacht ringsum wird um so schwärzer. Wenn das Opfer des Antinous irgendwo in die himmlische Waagschale fiel, so war bisher jedenfalls davon nichts zu spüren, kein Gewinn für das Leben und keiner für die Unsterblichkeit. Von Zeit zu Zeit zuckte ein fahler Schein kalt an meinem Horizonte auf, ohne die Welt zu verschönern und ohne mich zu trösten.

Um diese Zeit sandte mir Quadratus, der Bischof der Christen, eine Schrift, in der er seinen Glauben zu rechtfertigen suchte. Grundsätzlich hatte ich dieser Sekte gegenüber die billigen Richtlinien eingehalten, die auch Trajan in seiner besten Zeit befolgt hatte. Eben hatte ich den Provinzstatthaltern eingeschärft, daß der Schutz der Gesetze sich auf alle Bürger erstreckte und daß bestraft würde, wer Christen verleumderisch anschuldigte. Aber jeder Fanatiker verwechselt Duldsamkeit mit heimlicher Neigung zu seiner Lehre. Kann ich mir auch schwer vorstellen, daß Quadratus sich einbildete, mich zum Christen zu machen, bemühte er sich immerhin, mir die Vorzüge seines Glaubens darzutun, namentlich aber, daß er den Staat nicht gefährde.

Ich las seine Schrift, trieb sogar die Neugierde so weit, daß ich von Phlegon Erkundigungen über das Leben des jungen Propheten namens Jesus einholen ließ, des Gründers der Sekte, der vor etwa hundert Jahren als Opfer der jüdischen Unduldsamkeit gestorben war. Es scheint, als habe dieser Weise Vorschriften hinterlassen, die denen des Orpheus ziemlich ähneln, mit dem ihn denn auch seine Jünger zuweilen vergleichen. Selbst aus der ungewöhnlich seichten Prosa des Quadratus sprach mich der ergreifende Zauber dieser Kleinleutetugenden an, ihre Sanftmut, Einfalt und gegenseitige Hingabe. All dies ähnelte jenen Bruderschaften sehr, wie sie Sklaven oder Arme zu Ehren unserer Götter so ziemlich überall in den dicht bevölkerten Vorstädten gründeten. In einer Welt, die allen unseren Anstrengungen zum Trotze hart und unbewegt bleibt vom Leid und Hoffen der Menschen, bieten diese kleinen Gesellschaften zur wechselseitigen Unterstützung den Unglücklichen einen gewissen Halt und eine gewisse Hilfe. Doch entgingen mir auch die gefährlichen Seiten nicht: Tugenden, die Kindern und Sklaven wohl anstehn, wurden auf Kosten der männlichsten und leuchtendsten Vorzüge verherrlicht. Hinter der schalen, muffigen Unschuld witterte ich den unversöhnlichen Haß des Sektierers gegen Lebensformen und Ansichten, die ihm fremd sind, den unverschämten Hochmut dessen, der sich für auserlesen hält, und einen absichtlich von Scheuklappen beengten Blick. Bald wurde ich der fragwürdigen Beweise des Quadratus ebenso überdrüssig wie der unseren Weisen plump entlehnten philosophischen Brocken. Chabrias, dem die rechte Verehrung unserer Götter stets so am Herzen liegt, verfolgte das Anwachsen dieser Sekten unter dem Pöbel der Großstädte mit einiger Besorgnis. Ihn bangte um unsere alten Religionen, die dem Menschen keinen Glaubenszwang auferlegen, sich so vielseitig deuten lassen wie die Natur und es den strengen Gemütern freistellen, sich nach Belieben eine höhere Moral zu ersinnen, ohne doch der Masse Regeln zuzumuten, die nur als Zwang empfunden oder heuchlerisch umgangen werden. Arrianus war der gleichen Ansicht. Ich sprach einen ganzen Abend mit ihm über das Gebot, daß man seinen Nächsten lieben soll wie sich selbst. Es geht zu sehr gegen die menschliche Natur, als daß der gemeine Mann, der nur sich selbst liebt, es aufrichtig befolgen könnte, und paßt gar nicht für den Weisen, der sich selbst nicht sonderlich liebt.

Übrigens kam mir auch die Lehre unserer Philosophen in vielen Dingen beschränkt, wirr oder unfruchtbar vor. Was wir geistige Tätigkeit nennen, ist zu drei Vierteln in den Wind geschrieben. Ich fragte mich, worauf diese zunehmende Leere zurückzuführen sei, auf die Abnahme der Intelligenz oder den Niedergang des Charakters; aber wie dem auch sein mochte, offensichtlich traf die geistige Dürftigkeit fast überall mit einer erstaunlichen Niedrigkeit der Gesinnung zusammen. Ich hatte Herodes Atticus damit betraut, die Anlage von Aquädukten in der Troas zu überwachen. Er nutzte die Vertrauensstellung dazu aus, die öffentlichen Gelder schmählich zu vergeuden. Um Abrechnung ersucht, ließ er mir unverschämterweise sagen, er sei reich genug, um jeden Fehlbetrag zu decken. Nun, schon dieser Reichtum war ein Ärgernis. Sein kurz vorher verstorbener Vater hatte ihn dadurch, daß er zahlreiche Stiftungen für die Athener aussetzte, unter der Hand enterbt. Herodes weigerte sich, die väterlichen Vermächtnisse auszuzahlen, woraus ein Prozeß entstand, der noch andauert. In Smyrna erlaubte sich mein ehemaliger Freund Polemon, einer Abordnung römischer Senatoren, die auf seine Gastfreundschaft gepocht hatten, die Tür zu weisen. Antoninus, dein so sanfter Vater, erregte sich so, daß Staatsmann und Sophist handgemein wurden. Wenn diese Prügelei eines künftigen Kaisers unwürdig war, so ziemte sie einem griechischen Philosophen erst recht nicht. Favorinus, der gierige Zwerg, von mir mit Geld und Ehren überhäuft, machte sich hinter meinem Rücken über mich lustig. Bei den philosophischen Waffengängen, in denen meine Eitelkeit sich gefalle und wo er wohlweislich stets dem Kaiser das letzte Wort lasse, bestand ihm zufolge mein einziges Argument in den dreißig Legionen, die mir gehorchten! Das hieß, mich der Anmaßung und der Torheit zeihen; vor allem hieß es, mit der eigenen Feigheit prahlen. Die Fachsimpler vertragen es nun einmal nicht, wenn man ihr enges Gebiet ebensogut wie sie beherrscht, daher war ihnen für ihre bissigen Bemerkungen jeder Vorwand recht. Ich hatte die zu wenig beachteten Werke des Hesiod und des Ennius in den Lehrplan der Schulen eingefügt. Sofort unterstellten diese verknöcherten Pedanten mir die Absicht, Homer und Vergil, die ich doch ständig zitierte, entthronen zu wollen. Mit diesen Leuten war nichts anzufangen.

Arrianus war mehr wert. Gern unterhielt ich mich mit ihm über alle Fragen. Er hatte den bithynischen Jüngling in leuchtender und ehrenvoller Erinnerung behalten. Ich wußte es ihm Dank, daß er dieser Liebe, deren Zeuge er gewesen war, den Rang der großen Freundschaften von ehemals zubilligte, und wir sprachen oft davon. Obgleich nichts Unwahres gesagt wurde, schienen mir aber unsere Worte zuweilen falschen Klang zu geben; es war, als töte so viel Erhabenheit das Eigentliche. Chabrias enttäuschte mich kaum weniger. Er hatte an Antinous mit der blinden Ergebenheit des alten Sklaven für den jungen Herrn gehangen; jetzt war er so mit dem Kult des neuen Gottes beschäftigt, daß er den Lebenden darüber vergessen zu haben schien. Da hatte mein schwarzer Euphorion die Dinge wenigstens aus größerer Nähe gesehen. Arrianus und Chabrias blieben mir teuer; ich fühlte mich beiden braven Männern keineswegs überlegen. Manchmal aber kam es mir vor, als sei ich der einzige, der sich bemühte, die Augen offenzuhalten.

Gewiß, Athen war immer noch schön, und ich bereute es nicht, mein Leben in griechische Form gebracht zu haben, denn alles Menschliche, Geordnete und Klare kommt uns von dorther. Doch verhehlte ich mir zuweilen nicht, daß der schwere Ernst Roms, sein Sinn für die Stetigkeit, sein Hang zum Gegenständlichen unentbehrlich gewesen waren, um, was in Hellas nie über schöne Ansätze des Geistes und der Seele hinausgediehen war, zu verwirklichen. Hatte Platon seine ›Politeia‹ geschrieben und den Gedanken der Gerechtigkeit gepriesen, so blieb es uns überlassen, den Staat zum Werkzeug zu gestalten, das dem Menschen nach Möglichkeit diente, ohne ihn zu brechen. Philanthropie ist ein griechisches Wort, aber erst der Rechtsgelehrte Salvius Julianus und ich sind darangegangen, die elende Lage des Sklaven zu bessern. Ausdauernder Fleiß und Ernst, jene Sorgfalt im einzelnen, die ausgleicht, was dem Gesamtplan Allzukühnes anhaften mag, das sind doch Tugenden, die ich in Rom

gelernt habe. Es kam auch vor, daß die große, schwermütige Landschaft Vergils dämmernd und tränenverschleiert
mir vor die Seele trat; versenkte ich mich tiefer, war Hispaniens brennende Trauer um mich und die Leidenschaft seiner großartigen Öde. Wieviel Tropfen keltischen, iberischen, womöglich punischen Blutes mochten
eingesickert sein in die Adern der Siedler des römischen
Munizipiums Italica; ich besann mich darauf, daß mein
Vater Africanus benannt war. Griechenland hatte mir ge-
holfen, diese ungriechischen Elemente richtig zu erkennen. Ebenso Antinous. Ich hatte ihn zum Sinnbild seines
für das Schöne begeisterten Landes gemacht, zu dessen
letztem Gott er vielleicht werden wird. Und doch hatten
sich in Bithynien persische Verfeinerung und thrakische
Rauheit dem alten arkadischen Hirtenstamm aufge-
pfropft. Hier erinnerte ein fein geschwungenes Profil an
die Pagen des Chosroes, und dort, der Mann mit dem
vorspringenden Backenknochen, stammte von den thrakischen Reitern, wie sie längs des Bosporus einherspren-
gen und des Abends traurige Gesänge anstimmen. Keine
Formel ist weit genug, um alles zu erfassen.

In diesem Jahre wurde ich mit der Neuordnung der
athenischen Verwaltung fertig, die ich viel früher in Angriff genommen hatte. Durch den Abbau überflüssiger
Beamter verringerte ich die Staatslasten; auch verbot ich
die Verpachtung von Steuern, einen unseligen Brauch,
der bei den örtlichen Verwaltungen hier und da leider
noch üblich war. Durch gleichzeitige Stiftungen für die
Universität trug ich dazu bei, daß Athen wieder zum
bedeutenden Bildungszentrum werden konnte. Die
Schönheitssucher, die vor mir hierher gekommen waren,
hatten die Sehenswürdigkeiten der Stadt bewundert, ohne sich um den zunehmenden Schwund der Einwohner-
zahl zu kümmern. Ich hatte im Gegenteil nichts unterlas-
sen, um die Einnahmequellen des armen Landes zu vermehren. Vor meiner Abreise verwirklichte ich einen der
großen Pläne meiner Regierung: ich richtete alljährliche

Gesandtschaften ein, durch deren Vermittlung fortan die Angelegenheiten der griechischen Welt in Athen besprochen werden sollten, so daß die bescheidene, aber in sich vollendete Stadt ihren Rang als Metropole zurückgewann. Erst nach heiklen Verhandlungen mit den anderen Städten, die Athen seinen Vorrang neideten oder ihm seit Jahrhunderten grollten, konnte dieser Plan durchgeführt werden; allmählich siegte die Einsicht und sogar die Begeisterung. Die erste derartige Versammlung fiel mit der Übergabe des Olympieions an die Öffentlichkeit zusammen; dies Heiligtum wurde mehr denn je zum Sinnbild der hellenischen Erneuerung.

Bei dieser Gelegenheit wurden im Theater des Dionysos eine Reihe besonders hervorragender Schauspiele gegeben. Ich saß auf kaum merklich erhöhtem Sitz neben den Hierophanten. Der Priester des Antinous nahm fortan seinen Platz unter den vornehmsten Bürgern und der Geistlichkeit ein. Ich hatte die Bühne vergrößern lassen. Neue Basreliefs schmückten das Theater. Auf einem war mein junger Bithynier dargestellt, wie er von den eleusinischen Göttinnen ein ewiges Bürgerrecht zugesprochen erhielt. Im panathenäischen Stadion, das, zum Märchenwald hergerichtet, mit tausend wilden Tieren gefüllt war, ließ ich eine Jagd abhalten. Auf die kurze Dauer eines Festes erstand so die rauhe Vorzeit aufs neue, die ländliche Stadt Hippolyts, des Dieners der Artemis, und des Theseus, Gefährten des Herakles. Wenige Tage darauf verließ ich Athen. Ich bin seither nicht wieder dort gewesen.

Italien war jahrhundertelang nach dem Gutdünken der Prätoren ohne eigentliches System verwaltet worden. Mein *Edictum Perpetuum,* das die Verwaltung ein für allemal regelt, stammt von damals. Seit Jahren hatte ich wegen dieser Reform mit Salvius Julianus in Briefwechsel gestanden, nun, wo ich wieder in Rom war, konnte ich das Werk zu Ende führen. Wir wollten den italienischen

Städten ihre Freiheiten nicht nehmen, um eine künstliche Einheit zu erzwingen; das wäre uns hier ebenso abwegig erschienen wie überall sonst. Ich wunderte mich sogar, daß diese Munizipien, oft älter als Rom, so leichten Herzens ihre manchmal sehr weisen Gewohnheiten aufgaben, um sich in allem der Hauptstadt anzupassen. Mein Ziel war ganz einfach, das Dickicht der amtlichen Widersprüche und Mißbräuche zu lichten, das den Ehrenmann abschreckte und dem Räuber Unterschlupf bot. Die Arbeit brachte häufige Reisen auf der Halbinsel mit sich. Ich war mehrmals in Bajae, in Ciceros früherer Villa, die ich zu Beginn meines Prinzipates erstanden hatte; die Provinz Kampanien, die so an Griechenland erinnert, lag mir am Herzen. Die kleine Stadt Hadria am Adriatischen Meer, von wo meine Ahnen vor bald vier Jahrhunderten nach Spanien ausgewandert waren, übertrug mir in ihrer Gemeindeverwaltung hohe Ehrenämter. An jenem stürmischen Meere, von dem mein Name stammte, fand ich in einem verfallenen Columbarium die Urnen ferner Vorväter. Ich suchte mir im Geiste jene Männer vorzustellen, von denen ich herkam und so wenig wußte; mit mir erlosch ihr Geschlecht.

In Rom war man daran, mein riesiges Mausoleum, dessen Plan Decrianus geschickt umgearbeitet hatte, weiter zu vergrößern, und ist bis jetzt damit nicht fertig geworden. Die runden Rampen, die zu unterirdischen Sälen niedergleiten, hatte ich aus Ägypten übernommen. Mein Gedanke war, nicht nur für mich und meine unmittelbaren Nachfolger einen Todespalast zu schaffen: Kaiser, die Jahrhunderte nach uns kommen werden, sollen hier ihre Ruhestätte finden, noch ungeborene Herrscher ihren vorgesehenen Platz. Ich versäumte nicht, den Kenotaph, der Antinous zum Gedächtnis auf dem Marsfeld errichtet war, auszuschmücken; ein flaches Schiff aus Alexandria hatte hierfür Obelisken und Sphinxe ausgeladen. Ein weiteres Vorhaben, das mich noch immer beschäftigt, ist das Odeon, diese Musterbibliothek, die, mit Lehrsälen und

Unterhaltungsräumen ausgestattet, zum Mittelpunkt griechischen Kulturlebens in Rom werden soll. Der Bau wurde weniger prunkvoll als die drei oder vier Jahre früher entstandene neue Bibliothek von Ephesos, sollte auch mit der von Athen an lichter Eleganz nicht wetteifern. Ich möchte, daß so etwas wie ein Ableger des Museums in Alexandria daraus wird, vielleicht sogar ihresgleichen. Oft muß ich bei dieser Arbeit an die schöne Inschrift denken, die Plotina auf der Schwelle der in ihrem Auftrag auf dem Trajansforum erbauten Bibliothek hat anbringen lassen: *Hospiz der Seele.*

Der Bau der Villa war so weit vorgeschritten, daß ich meine Sammlungen, meine Musikinstrumente und die paar tausend Bücher, die ich im Laufe meiner Reisen gekauft hatte, hinbringen lassen konnte. Ich gab dort eine Reihe von Festen. Alles war sorgsam durchdacht, die Speisenfolge wie die nicht sehr große Liste der Geladenen. Mir lag daran, daß alles mit der friedlichen Schönheit der Gärten und Säle zusammenstimmte, erlesene Früchte, erlesene Musik, und daß der Drill der Bedienung an Genauigkeit dem getriebenen Schmuck des Silbergeschirrs nicht nachstand. Zum ersten Male kümmerte ich mich um die Auswahl der Gerichte. Die Austern mußten aus dem Lukrinersee kommen, die Krebse aus Galliens Flüssen. Um der großartigen Schlamperei, die oft kaiserliche Tafeln kennzeichnet, abzuhelfen, ordnete ich an, daß jedes Gericht mir gezeigt wurde, ehe man es dem Geringsten meiner Gäste reichte. Ich bestand darauf, die Rechnungen der Küche und Lieferanten selber zu prüfen; daß mein Großvater als geizig gegolten hatte, vergaß ich nicht.

Obwohl das griechische Theater in der Villa ebensowenig fertig war wie das kaum größere lateinische, ließ ich in beiden Stücke aufführen. Man gab Tragödien und Pantomimen, Musikdramen und oskische Possen. Nicht zuletzt ergötzte mich das behende Leibesspiel des Tanzes; ich entdeckte meine Vorliebe für Kastagnetten, die mich an die Gegend von Gades und die ersten Vorführungen erinnerten, die ich als Kind sehen durfte. Mir gefiel das trockene Geräusch, der erhobene Arm, das enthüllende und wieder einhüllende Schleiergewoge der Tänzerinnen, die bald zum Vogel, bald zur Wolke wurden, bald zur Welle, bald zur Trireme, ja ich faßte zu einer dieser Kreaturen ein kurze Neigung. Gestüte und Zwinger waren in meiner Abwesenheit wohlversehen geblieben; wieder fuhr ich über das harte Fell der Hunde, das seidige Kleid der Pferde, musterte ich der Pagen schöne Meute. Ich veranstaltete Jagden in Umbrien am Ufer des Trasimenischen Sees und, näher bei Rom, in den Albanerbergen. Auch der Lust wurde wieder ihr Recht; mein Sekretär Onesimus leistete Zubringerdienste. Er wußte, wann eine gewisse Ähnlichkeit zu vermeiden, wann sie willkommen war. Doch manchmal merkte ich, daß diese Spiele mich kalt zu lassen anfingen. Ich war alt geworden.

In schlaflosen Nächten durchstreifte ich die Gänge der Villa, irrte von Saal zu Saal, störte hier und da einen Handwerker, der eben ein Mosaik befestigte. Im Vorbeigehen betrachtete ich einen Satyr des Praxiteles, blieb vor einer Statue des Toten stehen; in jedem Raum, in jedem Säulengang war eine. Ich schützte die Flamme der Lampe mit der Hand und strich leise mit dem Finger über die steinerne Brust. Aber die tastende Suche erleichterte dem Gedächtnis seine Aufgabe nicht. Ich wollte das Weiß des Marmors nicht sehen, schob es im Geiste beiseite, als sei es ein Vorhang, hinter dem ich, so gut es ging, zur lebendigen Form zurückzufinden suchte, vom starren Stein zum Fleisch. Verzagt ging ich weiter. Die befragte Statue sank in die Nacht zurück, und meine Lampe erhellte nach wenigen Schritten eine neue. Doch schwiegen mir die großen Steinbilder, sie glichen Gespenstern. Voll Bitterkeit gedachte ich der magischen Striche, mit denen die ägyptischen Priester die Seele des Toten in die hölzernen Puppen gebannt hatten, deren sie sich für ihren Kult bedienten. Ich war ihrem Beispiel gefolgt, hatte Steine verzaubert, die mich ihrerseits verzauberten. Nie würde ich von diesem Schweigen, dieser Kälte loskommen, die mich fortan näher anging als alle Wärme, alle Worte des Lebenden. Zornig betrachtete ich dies gefährliche Antlitz und sein flüchtiges Lächeln. Nach ein paar Stunden aber, in meinem Bett, beschloß ich, bei Pappas von Aphrodisias eine neue Statue zu bestellen. Eine genauere Wiedergabe der Wangen, da, wo sie sich unmerklich unterhalb der Schläfen höhlen, mußte erzielt werden, eine sanftere Neigung des Halses, statt der Kränze aus Weinlaub oder Edelsteinen sollte die Fülle der Locken ungebändigt wallen. Ich vergaß nicht, die Büsten und Reliefs aushöhlen zu lassen, um ihr Gewicht zu mindern. Die ähnlichsten haben mich überallhin begleitet; ob sie schön sind oder nicht, kümmert mich nicht mehr.

Mein Leben war äußerlich das eines Weisen. Ich widmete mich den Regierungsgeschäften eifriger denn je, mit mehr Urteil, wenn nicht sogar mit der gleichen Begeisterung wie früher. Allmählich hatte meine Freude an neuen Gedanken und an neuen Bekanntschaften nachgelassen, ebenso auch jene Wendigkeit, die mich befähigt hatte, an fremdem Geistesgut teilzuhaben, daraus Nutzen zu ziehn, ohne ihm blindlings zu verfallen. Meine Neugierde, einst Triebfeder meines Denkens und Grundpfeiler meiner Methode, richtete sich nur noch auf nichtige Kleinigkeiten. Ich erbrach an meine Freunde gerichtete Briefe, was sie mir übelnahmen. Der Blick auf ihre Liebschaften oder häuslichen Zwistigkeiten machte mir im Augenblick Spaß. Auch ein Quentchen Argwohn spielte mit; vorübergehend quälte mich die Furcht vor Gift. Diese Todesangst, die kein Herrscher eingestehen darf, da sie lächerlich wirkt, solange nicht das Eintreffen des gefürchteten Ereignisses sie rechtfertigt, hatte ich einst in den Augen des kranken Trajan flackern gesehen. Bei mir, einem Manne, der durch seine Trauer mit dem Tode auf so vertrauten Fuß gelangt war, mußte diese Zwangsvorstellung gewiß wundernehmen, doch bilde ich mir nicht ein, folgerichtiger zu sein als irgend jemand. Angesichts des geringsten Versehens, der kleinsten Schlechtigkeit knirschte ich heimlich vor Wut oder raste vor Zorn; mein Menschenhaß machte vor mir nicht halt. Juvenal wagte es, in einer seiner Satiren den Schauspieler Paris anzugreifen, den ich mochte. Ich hatte den geschwollenen Moralprediger satt. Die plumpe Geringschätzung Griechenlands und des Orients, mit der er auftrumpfte, seine künstliche Begeisterung für die angebliche Sittenstrenge der Väter waren mir ebenso zuwider wie jene Mixtur aus breit ausgemalten Schilderungen des Lasters und tugendsamen Ergüssen, die des Lesers Sinne kitzelt und dabei seiner Scheinheiligkeit schöntut. Da Juvenal als Schriftsteller Anspruch auf eine gewisse Rücksicht hatte, ließ ich ihn mir nach Tibur kommen, um ihm das Verbannungsurteil persönlich mitzuteilen. Der Verächter des verrotteten Roms und seiner Freuden mochte fortan die Sitten der Provinz an Ort und Stelle erforschen; seine Anwürfe gegen den schönen Paris wurden zum letzten Aktschluß des Stückes, dessen Held er war. Zur gleichen Zeit trat Favorinus sein behagliches Exil auf Chios an, wo ich selbst lieber wohnen würde, von wo aber sein böses Maul mich nicht länger erreichen konnte. Damals geschah es auch, daß ich einen seine Weisheiten vertreibenden, ungewaschenen Zyniker mit Schimpf und Schande aus dem Bankettsaal jagen ließ. Er hatte gejammert, er sterbe vor Hunger: als ob solch Gelichter es besser verdiente! Ich hatte das Vergnügen, den Schwätzer gebückt unter dem Kläffen der Hunde und dem Gelächter der Pagen abziehn zu sehn; meine Achtung für die zweideutige Zunft der Philosophen war dahin.

Ich erregte mich über die kleinste politische Fehlrechnung genauso wie in der Villa über geringste Unebenheiten des Fußbodens, ein Wachsgerinnsel auf dem Marmor des Tisches, kurz, über jeden Makel eines Gegenstandes, den man ohne Fehl und Tadel haben will. In einem seiner Berichte warnte Arrianus, unlängst zum Statthalter von

Kappadozien ernannt, vor Pharasmanes, der in seinem kleinen Reich am Kaspischen Meer mit jenem doppelten Spiel fortfuhr, das uns unter Trajan so teuer zu stehen gekommen war. Der Zaunkönig hetzte Horden von wilden Alanen auf unsere Grenzen und gefährdete durch seine Händel mit Armenien den Frieden im Orient. Nach Rom gerufen, weigerte er sich zu kommen, wie er sich schon vier Jahre vorher geweigert hatte, bei der Zusammenkunft in Samosate zu erscheinen. Statt einer Entschuldigung schickte er mir dreihundert goldene Kleider, königliche Gewänder, die ich den zum Kampf mit wilden Tieren vorgesehenen Missetätern in das Amphitheater bringen ließ. Die unbedachte Tat befriedigte mich, wie es manchen befriedigt, sich bis aufs Blut zu kratzen.

Ich hatte einen Sekretär, einen mittelmäßigen Menschen, den ich jedoch behielt, weil er den Kanzleidienst von Grund auf kannte; dafür ging er mir durch seine mürrische Selbstgefälligkeit, seinen Widerwillen gegen jede Neuerung und seine Sucht auf die Nerven, sich endlos über nichtige Einzelheiten zu verbreiten. Als mich der Narr eines Tages mehr als sonst geärgert hatte, hob ich die Hand, um ihn zu schlagen; unglücklicherweise hielt ich das Schreibrohr darin, das ihn ins rechte Auge traf. Niemals werde ich dies Schmerzgeheul vergessen, diesen zu ungeschickter Abwehr gebeugten Arm, dies verzerrte Gesicht, aus dem Blut quoll. Ich ließ sofort Hermogenes kommen, danach den Augenarzt Capito. Alles umsonst, das rechte Auge war verloren. Nach einigen Tagen arbeitete der Mann wieder; er trug eine Binde über dem Gesicht. Zerknirscht bat ich ihn, doch selbst die Entschädigung festzusetzen, die ich ihm schuldete. Er antwortete mit ungutem Lächeln, daß er nur eins von mir verlange: sein rechtes Auge. Schließlich fand er sich bereit, eine Rente anzunehmen. Ich verwandte ihn weiter; sein Anblick sollte mir zur Warnung dienen, vielleicht zur Strafe. Ich habe diesem Unglücklichen nicht das Auge ausstechen wollen. Aber ich hatte ja auch nicht gewollt, daß ein

Kind, das mich liebte, mit zwanzig Jahren in den Tod ging.

Die Lage in Judaea verschlechterte sich immer mehr. Trotz des heftigen Widerstandes der Zeloten war der Aufbau von Jerusalem nahezu vollendet. Es wurden Fehler begangen, die, an sich leicht wiedergutzumachen, von den Hetzern weidlich ausgeschlachtet wurden. Die Zehnte Legion Expeditionaria führt als Feldzeichen einen Eber. Wie üblich brachte man das Bild an den Toren der Stadt an, aber der jüdische Pöbel, den ein jahrhundertealter, der künstlerischen Entwicklung höchst abträglicher Aberglaube des Unterscheidungsvermögens auf diesem Gebiete beraubt hat, hielt es für ein gewöhnliches Schwein und sah darin eine Beschimpfung Israels. Alljährlich kam es anläßlich des jüdischen Neujahrs, das mit einem großen Aufgebot an Trompeten und Widderhörnern gefeiert wurde, zu blutigen Raufereien. Unsere Behörden untersagten die öffentliche Verlesung einer gewissen Fabel, die sich mit den Ruhmestaten einer jüdischen Heldin beschäftigt. Es heißt, sie sei unter falschem Namen Konkubine eines Perserkönigs geworden und habe dann die Gegner ihres verachteten und verfolgten Stammes grausam hinmorden lassen. Die Rabbiner richteten sich so ein, daß sie des Nachts lesen konnten, was ihnen der Statthalter Tinejus Rufus bei Tage zu lesen verbot, und die Schauermär erhitzte die nationale Leidenschaft der Eiferer zur Weißglut. Schließlich beschloß derselbe Tinejus Rufus, ein im übrigen sehr besonnener Mann, der den Sagen und Überlieferungen Israels Verständnis entgegenbrachte, die strengen Strafbestimmungen, die ich gerade gegen die Kastration erlassen hatte – sie sollte hauptsächlich die Verstümmelung junger Sklaven zu gewinnsüchtigen oder unzüchtigen Zwecken verhindern –, auf die Beschneidung auszudehnen. Er hoffte so eines der Merkmale zu beseitigen, durch die Israel sich vom übrigen Menschengeschlecht zu unterscheiden wünscht. Als ich von dieser Maßnahme erfuhr, vergegenwärtigte ich mir ihre Gefährlichkeit um so weniger, als viele aufgeklärte, vermögende Juden in Alexandria und Rom es aufgegeben haben, ihre Kinder einer Prozedur zu unterwerfen, die sie in den Bädern und bei den Leibesübungen dem Gespött aussetzt. Ich wußte nicht, welche Welt diese erlesene Gefäße sammelnden Bankiers vom eigentlichen Israel trennt.

All das hätte sich, wie gesagt, leicht wieder einrenken lassen, nicht so der Haß, der Groll, die gegenseitige Verachtung. Grundsätzlich nimmt das Judentum unter den Religionen des Reiches seinen Platz ein, tatsächlich weigert sich Israel aber seit Jahrhunderten, sich als Volk unter den Völkern mit einem Gott unter den Göttern zu fühlen. Der wildeste Daker weiß sehr wohl, daß sein Zalmoxis in Rom Jupiter heißt; der punische Baal vom Mons Cassius ließ sich mühelos dem Vater gleichsetzen, der den Sieg in Händen hält und dem die Weisheit entsprang; die Ägypter, die doch auf ihre tausendjährigen Mythen so stolz sind, finden nichts dabei, ihren Osiris als einen Bacchus anzuerkennen, der die Todesfackel schwingt; der rauhe Mithras weiß sich ein Bruder Apolls. Außer Israel besitzt kein Volk den Dünkel, die ganze Wahrheit in die engen Grenzen eines einzigen Gottesgedankens zwängen zu wollen und so Gottes Vielfalt, die alles enthält, zu kränken. Kein anderer Gott verlangt von seinen Anhängern, daß sie alle, die vor anderen Altären beten, verachten und hassen. Um so mehr lag mir daran, Jerusalem zu einer Stadt zu machen wie andere auch, wo verschiedene Rassen und verschiedene Religionen in Frieden nebeneinander bestehen konnten. Leider übersah ich, daß im Kampf zwischen Glaubenswahn und gesundem Menschenverstand dieser nur selten die Oberhand gewinnt. Die Geistlichkeit der alten Stadt nahm daran Anstoß, daß in den neu eröffneten Schulen das griechische Alphabet gelehrt wurde. Bestrebt, sich seine ausländische Bildung und seine römischen Beziehungen von den Stammesgenossen verzeihen zu lassen, befahl Rabbi Joshua, ein umgänglicher, aufgeklärter Mann, mit dem ich mich in Athen oft unterhalten hatte, seinen Schülern, sich nur zu einer Stunde, die weder Tag sei noch Nacht, diesen profanen Studien zu widmen – das jüdische Gesetz muß nämlich bei Tag und bei Nacht studiert werden! Ismael, ein einflußreiches Mitglied des Sanhedrin, der als Freund der römischen Sache galt, ließ seinen Neffen Ben Dama zugrunde gehn, ohne sich des griechischen Chirurgen, den Tinejus Rufus ihm gesandt hatte, zu bedienen. Während man noch in Tibur nach Mitteln suchte, um die Geister zu beschwichtigen, ohne den Fanatikern nachzugeben, kam es in Jerusalem zum Schlimmsten: zu einem erfolgreichen Handstreich der Zeloten.

Ein Abenteurer aus der Hefe des Volkes, ein gewisser Simon, der sich Bar Kochba, der Sternensohn, nennen ließ, wirkte als Brandfackel. Da ich diesen Simon nur einmal gesehn habe, und zwar an dem Tage, da ein Centurio mir seinen abgeschnittenen Kopf brachte, kann ich ihn nur nach dem Hörensagen beurteilen. Gleichwohl stehe ich nicht an, ihm so viel Geist zuzubilligen, wie immerhin notwendig ist, um rasch emporzusteigen; ohne eine, wenn auch vielleicht derbe Geschicklichkeit setzt sich niemand so durch. Die gemäßigten Juden waren die ersten, die den sogenannten Sternensohn einen Schwindler hießen; ich bin vielmehr geneigt, den Unwissenden für einen jener betrogenen Betrüger zu halten, bei denen Fanatismus und Schläue einander die Waage halten. Simon gab sich für den Helden aus, den das jüdische Volk seit Jahrhunderten erwartet, um seinen Ehrgeiz und seinen Haß ausleben zu können, er erklärte sich zum Messias und zum König in Israel. Außer sich vor Begeisterung, führte der greise Akiba das Pferd des Abenteurers am Zaume durch die Gassen Jerusalems. Der Hohepriester Eleazar weihte den Tempel neu, der angeblich geschändet war, seit Unbeschnittene seine Schwelle überschritten hatten. Die Sendlinge des Sternensohnes verteilten die vor zwanzig Jahren vergrabenen Waffen, außerdem solche, die in unseren Arsenalen von jüdischen Arbeitern absichtlich schlecht angefertigt und von unserer Intendantur zurückgewiesen worden waren. Banden von Eiferern griffen die verstreuten römischen Garnisonen an, mordeten unsere Soldaten unter Martern, die die Erinnerung an die Greuel des jüdischen Aufstandes unter Trajan wachriefen. Schließlich fiel ganz Jerusalem in die Hände der Aufrührer; die neuen Viertel von Aelia Capitolina flammten lichterloh gleich Fackeln. Die ersten Abteilungen der Zweiundzwanzigsten Legion Dejotaria, die in aller Eile unter dem Befehl des Legaten in Syrien, Publius Marcellus, aus Ägypten herbefohlen worden war, mußten den zehnfach überlegenen Haufen weichen. Der Aufstand war zum Krieg geworden, zu einem gnadenlosen Krieg.

Zwei Legionen, die Zweite, Fulminans, und die Sechste, Eiserne, verstärkten alsbald die schon in Judaea eingesetzten Truppen. Einige Monate darauf übernahm Julius Severus, der einst die Hochlande im nördlichen Britannien befriedet hatte, die Leitung. Er brachte kleine Einheiten britischer Hilfskräfte mit, die gelernt hatten, in schwierigem Gelände zu fechten. Unsere schwer ausgerüsteten Legionen, unsere Offiziere, nur an die viereckigen oder keilförmigen Formationen der regelrechten Schlacht gewöhnt, fanden sich schwer in diesen Krieg mit seinen Scharmützeln und Hinterhalten. Auf seine Art ein großer Mann, hatte Simon seine Partisanen in Hunderte von Gruppen aufgeteilt, die auf den Höhen der Berge, im Dunkel der Höhlen, in verlassenen Steinbrüchen oder Häusern der Vorstädte versteckt waren. Severus erfaßte schnell, daß dieser ungreifbare Feind nur ausgerottet, aber nicht besiegt werden konnte; er entschloß sich zu einem Erschöpfungskrieg. Die von Simon aufgewiegelten oder eingeschüchterten Bauern machten gemeinsame Sache mit den Zeloten; jeder Felsen wurde zur Schanze, jeder Weinberg zur Stellung, jeder Hof mußte ausgehungert oder gestürmt werden. Jerusalem wurde erst zu Beginn des dritten Jahres zurückerobert, nachdem alle Versuche zu verhandeln gescheitert waren. Die geringen Reste der jüdischen Stadt, die der Brand unter Titus verschont hatte, wurden vernichtet. Lange Zeit hatte Severus die offenbare Mitschuld der anderen großen Städte geflissentlich übersehen. Später wurden diese letzten Bollwerke des Feindes nacheinander angegriffen und Straße um Straße, Trümmerhaufen um Trümmerhaufen erkämpft. Ich empfand, daß ich in dieser Zeit der Heimsuchung nach Judaea gehörte, ins Feldlager. Ich setzte in meine beiden Stellvertreter das größte Vertrauen; um so mehr war ich verpflichtet, da zu sein, wenn verantwortliche Entscheidungen getroffen wurden, die, wie immer sie ausfielen, nicht anders als hart sein konnten. Am Ende des zweiten Kriegssommers bequemte ich mich schweren Herzens zur Abreise. Euphorion packte wieder einmal alles zusammen, den durch häufigen Gebrauch etwas zerbeulten Toilettenkasten, die Truhe mit den Büchern und Karten, das elfenbeinerne Figürchen des Kaiserlichen Genius mit der silbernen Lampe dazu, und an einem der ersten Herbsttage landete ich in Sidon.

Der Heeresdienst war mein erster Beruf gewesen. Nie habe ich ihn wieder auf mich genommen, ohne durch eine innere Befriedigung für äußere Gebundenheit belohnt zu werden. So bedaure ich es nicht, die letzten tätigen Jahre meines Lebens hindurch alle Mühsal und Bitterkeit des Feldzuges in Palästina mit den Legionen geteilt zu haben. Abermals trug ich Leder und Eisen, abermals ließ ich beiseite, was nicht der Augenblick gebot, hielt ich mich an die schlichten Regeln eines harten Dienstes. Höchstens, daß ich beim Reiten ein wenig schwerfälliger aufsaß und absprang, daß ich wortkarger, womöglich trübsinniger geworden war, doch wie stets hing – nur die Götter wissen weswegen – die Truppe mit abgöttischer und doch brüderlicher Treue an mir. Während dieses meines letzten Aufenthaltes beim Heere wurde mir ein unschätzbarer Gewinn: ich nahm einen jungen Tribunen namens Celer zum Adjutanten. Du kennst ihn, er ist noch um mich, er hat mich nicht verlassen. Sein schönes Gesicht gleicht dem der behelmten Minerva, ich bewunderte es. Doch hatten die Sinne daran so wenig Anteil wie eben möglich, solange man lebt. Ich empfehle dir Celer. Er verfügt über alle Eigenschaften, die einem Offizier in einer Stellung zweiten Ranges wohl anstehn, und eben diese Tugenden werden ihn stets hindern, höher hinauf zu drängen. Noch einmal war es mir, unter anderen Umständen als ehemals, gelungen, einen Menschen zu finden, den das Schicksal zur liebenden und dienenden Hingabe bestimmt hat. Seit ich ihn kenne, denkt Celer an nichts als daran, mich zu trösten und zu schützen.

Im Frühling des dritten Kriegsjahres begann das Heer die Zitadelle von Bethar zu belagern. In diesem Adlernest trotzte Simon mit seiner Schar nahezu ein Jahr den Qualen des Hungers, des Durstes und der Verzweiflung, sah der Sternensohn einen seiner Anhänger nach dem anderen sterben, ohne sich zu ergeben. Unser Heer litt kaum weniger als die Aufständischen, die auf ihrem Rückzuge die Gärten verbrannt, die Felder verwüstet, das Vieh geschlachtet, die Brunnen durch Hineinwerfen unserer Gefallenen vergiftet hatten, eine Kriegführung, die in dem von Natur unfruchtbaren, noch dazu durch jahrhundertelanges Wüten bis ins Mark ausgezehrten Land doppelt furchtbar wirkte. Der Sommer war heiß und fieberträchtig; allerhand Krankheiten lichteten unsere Reihen; die zur Untätigkeit und gleichzeitig dauerndem Alarmzustand verdammten Legionen bewahrten eine erstaunliche Manneszucht; eine Art von stiller Wut, die auch mich ergriff, hielt das sieche, ewig vom Feind bedrohte Heer aufrecht. Ich vertrug die Strapazen des Feldzuges, die heißen Tage, die schwülen, manchmal eisig kalten Nächte, den scharfen Wind und den knirschenden Staub nicht mehr so gut wie früher. Es kam vor, daß ich den Speck und die gekochten Linsen in meinem Feldgeschirr nicht anrührte. Ein bösartiger Husten quälte mich, und mich nicht allein, bis tief in den Sommer. In meinen Briefen an den Senat ließ ich die Floskel weg, die von Staats wegen alle amtlichen Berichte einleitet: *Kaiser und Heer sind wohlauf.* Kaiser und Heer waren im Gegenteil zu Tode matt. Nach der letzten Besprechung mit Severus, dem letzten Verhör von Überläufern, dem Eintreffen der letzten Post aus Rom, der letzten Meldung von Publius Marcellus, der die Umgegend von Jerusalem zu säubern hatte, oder von Rufus, der Gaza wieder instand setzte, maß mir des Abends Euphorion in einer Wanne aus geteerter Leinwand das Wasser für mein Bad sparsam zu. Ich legte mich zu Bett. Ich versuchte zu denken.

Das Mißgeschick in Judaea ging, ich kann es nicht leugnen, zu meinen Lasten. Gewiß war ich weder für die Verbrechen eines Simon noch für den Wahn eines Akiba verantwortlich, doch warf ich mir vor, es in Jerusalem am richtigen Blick, in Alexandria an Aufmerksamkeit und in Rom an Geduld fehlen gelassen zu haben. Ich war die rechten Worte schuldig geblieben, die diesen Ausbruch eines Volkes verhütet oder doch hinausgeschoben hätten, ich hatte es nicht verstanden, zeitig nachzugeben oder fest genug zu bleiben. Zur Beunruhigung oder gar Verzweiflung war freilich kein Anlaß, denn wenn wir in unseren Beziehungen mit Israel versagt hatten, so ernteten wir überall sonst im Orient in dieser Notzeit die Früchte der großmütigen Politik von sechzehn Jahren. Simon hatte geglaubt, mit einem Aufstand der Araber rechnen zu können, gleich jenem in Trajans letzten, trüben Jahren, ja er hatte sogar auf parthische Hilfe gezählt. Er hatte sich getäuscht; diesem Rechenfehler verdankte er seinen langsamen Tod in der belagerten Zitadelle von Bethar. Die arabischen Stämme schlossen sich den Juden nicht an, die Parther blieben vertragstreu. Auch die jüdischen Gemeinden in den großen Städten Syriens zeigten sich lau oder zögernd. Die eifrigsten begnügten sich damit, den Zeloten heimlich etwas Geld zu schicken, die so leicht erregte jüdische Bevölkerung von Alexandria verhielt sich ruhig, der jüdische Abszeß blieb auf den dürren Landstreifen zwischen Jordan und Meer begrenzt, ein schlimmer Finger, der sich gefahrlos beizen oder schneiden ließ. Quietus hatte seinerzeit Kyrene eingeäschert, die Vornehmen von Laodicea über die Klinge springen lassen, das zerstörte Edessa neu besetzt... Aus der Abendpost entnahm ich eben, daß der Trümmerhaufen, den ich Aelia Capitolina genannt hatte und den die Juden noch immer Jerusalem nannten, wieder in unserer Hand war. Askalon lag in Asche, in Gaza hatte man Scharen von Aufrührern hinrichten müssen... Wenn sechzehn Jahre der Regierung eines leidenschaftlich friedliebenden Herrschers zu solchen Ergebnissen führten, dann mußte es um die Friedensaussichten der Welt für die Zukunft mäßig bestellt sein.

Ich richtete mich in meinem unbequemen Feldbett auf dem Ellenbogen auf. Gewiß gab es Juden, die vom religiösen Wahnsinn frei geblieben waren, selbst in Jerusalem spien manche Pharisäer, wenn Akiba vorüberging, aus, schimpften den Fanatiker, der die handfesten Glücksgüter des römischen Friedens verschmähte, einen Narren und schrien ihm nach, daß Gras aus seinen Kinnbacken wachsen würde, ehe daß man den Sieg Israels auf Erden erlebte. Doch waren mir die falschen Propheten immer noch lieber als gewisse ordentliche Bürger, die sich bei aller Verachtung darauf verließen, daß wir ihr bei syrischen Banken angelegtes Gold und ihre Meierhöfe in Galilaea vor Simons Zugriff schützten. Ich dachte an die Überläufer, die noch vor Stunden in diesem Zelt gesessen hatten, kleinlaut, willfährig, unterwürfig, doch immer so, daß sie dem Bilde meines Genius den Rücken kehrten. Unser bester Agent, Elias Ben Abajad, der uns mit Nachrichten versah und als Spion diente, wurde mit Recht in beiden Lagern verachtet. Und doch handelte es sich um einen klugen, weitherzigen Mann, der zwischen der Liebe zu seinem Volk und der Neigung zu uns und unserer

Literatur schmerzlich hin und her gerissen wurde; im Grunde war es auch ihm nur um Israel zu tun. Josua Ben Kisma, der dem Frieden das Wort redete, war nichts als ein vorsichtigerer oder heimlicherer Akiba. Selbst bei Rabbi Joshua, der mich lange in jüdischen Dingen beraten hatte, spürte ich unter der gefügigen Maske und unter dem Wunsch zu gefallen doch die unversöhnliche Starrheit, die Schranke, gegen die jede fremde Meinung hoffnungslos stieß. Mochte unser Gebiet sich Hunderte von Meilen und Tausende von Stadien über diesen Kranz kahler Hügel am Horizont erstrecken, der Felsen von Bethar war doch unsere Grenze. Wir konnten die dicken Mauern der Zitadelle, wo Simon dem Tod entgegentobte, wohl schleifen, aber dies Volk hindern, uns »nein!« entgegenzurufen, das konnten wir nicht.

Eine Mücke schwirrte. Euphorion wurde alt, er hatte die dünnen Vorhänge um das Bett nicht dicht geschlossen. Am Boden raschelten Manuskripte und Karten im Luftzug, der unter der Zeltwand hindurchstrich. Auf meinem Bett sitzend, schnürte ich die Stiefel, tastete nach Tunika, Gürtel und Dolch, und ging hinaus, um Nachtluft zu atmen. Ich durchstreifte die großen, regelmäßigen Lagerstraßen, die zu dieser späten Stunde leer und hell erleuchtet dalagen. Feierlich grüßten die Posten, an denen ich vorbeikam; längs der Baracke, die als Hospital diente, hing der süßliche Gestank, der von den Darmkranken kam. Ich betrat den Erdwall, der uns vom Abgrund und vom Feind trennte. Verräterisch vom Mond beleuchtet, marschierte eine Schildwache mit langen, gleichen Schritten den Rundgang auf und ab, ein rollendes Rädchen der ungeheuren Maschine, deren Drehpunkt ich war. Beim Anblick dieser einsamen Gestalt, beim Gedanken an die kleine Flamme, die hier, von Todesgefahr umlauert, in einer Menschenbrust glomm, überkam mich Rührung. Ein Pfeil schwirrte, kaum merklicher als die Mücke, die mich unter dem Zelt gestört hatte. Ich stützte die Ellenbogen auf die Sandsäcke der Brustwehr.

Seit einigen Jahren hält man mich für hellsichtig, sagt man mir den Besitz besonderer Geheimnisse nach. Zu Unrecht, ich weiß nichts. Wahr ist indessen, daß ich in den Nächten von Bethar beklemmender Erscheinungen ansichtig wurde. Von der Höhe dieser nackten Hügel aus boten sich dem Geist Ausblicke, weniger großartig als die vom Janiculus und nicht so golden wie die von Sunion; hier war ihre Kehrseite: nicht Zenit, sondern Nadir. Ich sagte mir, wie töricht es sei, für Athen und Rom eine Unsterblichkeit zu erhoffen, die weder Menschen noch Dingen beschieden ist, ja, die mancher Weise selbst den Göttern abspricht. So verwickelte und anspruchsvolle Lebensformen, Kulturen, die es sich auf der Höhe ihrer Künste und Leistungen wohl sein ließen, eine geistige Unbefangenheit, die kein vorschnelles Urteil erlaubt, all dies hing vom Zusammentreffen so vieler Umstände ab, von Voraussetzungen, die zu schwer zu erfüllen sind, als daß mit ihrer Dauer zu rechnen gewesen wäre. Mochten wir einen Simon Bar Kochba vernichten, mochte Arrianus Armenien gegen die Einfälle der Alanen behaupten, so würden doch immer neue Horden kommen und andere falsche Propheten. Unsere schwachen Bemühungen um die menschliche Wohlfahrt würden unter lässigen Nachfolgern verkümmern, während der Keim des Irrtums und des Verfalls, den auch das Gute enthält, im Laufe der Jahrhunderte kräftig ins Kraut schießen würde. Eine unser überdrüssig gewordene Welt würde sich neue Herren suchen, was uns weise schien, würde töricht scheinen, und abscheulich, was uns schön gedünkt hat. Mag sein, daß das Menschengeschlecht, den Mithrasdienern ähnlich, seiner Blutbäder nicht entraten kann und des stets wiederkehrenden Tauchens in den schwarzen Schlund. Ich sah die düsteren Gesetze der Vorzeit wieder erstehn, die zürnenden Götter, die unbeschränkte Tyrannei barbarischer Herrscher und eine in feindliche Staaten zerfallende Welt aufs neue von ewigem Hader bedroht. Andere von Pfeilen umschwirrte Schildwachen würden auf den Wällen künftiger Städte die Ronde gehn. So würde das dumme, gemeine und grausame Spiel immer weiter gespielt werden und ein alterndes Geschlecht womöglich ererbte Greuel durch erklügelte Zutaten mehren. Vielleicht, daß eines Tages unsere Epoche, deren Fehler und Unzulänglichkeiten ich besser als irgendwer kannte, noch als das Goldene Zeitalter der Menschheit gepriesen werden würde.

Natura deficit, fortuna mutatur, deus omnia cernit. Die Natur läßt uns im Stich, das Glück wechselt, der Gott beschaut sich all dies. Ich drehte den Stein eines Ringes, in den ich einst, an einem bösen Tage, diese Worte hatte ritzen lassen. Meine trübe Voraussicht wuchs, machte vor der Lästerung nicht halt, ich fand es am Ende natürlich, wenn nicht sogar gerecht, daß unsere Zeit ablief. Unsere Literatur ist erschöpft, unsere Kunst schläft ein, Pankrates ist kein Homer und Arrianus kein Xenophon. Als ich versuchte, die Gestalt des Antinous im Stein zu verewigen, war kein Praxiteles zur Hand. Seit Aristoteles und Archimedes kam unsere Wissenschaft nicht voran, unser technisches Können wäre keinem langen Krieg gewachsen, und selbst unsere Lüstlinge widert ihr Glück. Die Sänftigung der Sitten, der Fortschritt im Denken, der das letzte Jahrhundert auszeichnet, war einer kleinen Minderheit von erleuchteten Geistern zu danken. Die Masse bleibt unwissend, grausam, wo sie kann, auf jeden Fall selbstsüchtig und beschränkt, auch darf man wetten, daß sie immer so bleiben wird. Zu viel habgierige Prokuratoren und Steuerpächter, zu viel argwöhnische Senatoren, zu viel rüde Militärs haben unser Werk von vornherein verfälscht; dem Reiche ist aber ebensowenig Frist gelassen, aus solchen Fehlern zu lernen, wie dem einzelnen Sterblichen. Wo der Weber sein Tuch flicken, der Buchhalter seinen Fehler ausmerzen würde, wo der Künstler sein noch unvollkommenes oder kaum beschädigtes Meisterwerk überholt, greift die Natur lieber

zu frischem Lehm, formt neu aus dem Nichts, und diese
Vergeudung nennt man die Ordnung der Dinge.

Ich hob den Kopf, regte die steifen Glieder. Oben in
Simons Zitadelle röteten flackernde Lichter den Himmel,
unbestimmte Äußerungen des nächtlichen Lebens beim
Feinde. Der Wind wehte von Ägypten her, eine Staub-
wolke stob gespenstisch vorbei, die geduckten Schatten-
risse der Hügel mahnten an die arabische Bergkette im
Mondlicht. Langsam machte ich mich auf den Weg in
mein Zelt, preßte einen Zipfel des Mantels gegen den
Mund und zürnte mir, weil ich eine Nacht an Hirnge-
spinste verschwendet hatte, statt zu schlafen oder mich
auf den kommenden Tag vorzubereiten. Roms Unter-
gang war, sollte er je hereinbrechen, Sache meiner Nachfolger. In diesem Jahre achthundertsiebenundachtzig römischer Zeitrechnung war es meine Aufgabe, den Aufstand in Judaea niederzuschlagen und ein krankes Heer
ohne allzu schwere Verluste aus dem Osten heimzufüh-
ren. Beim Durchqueren des befestigten Geländes glitt ich
bisweilen im Blute eines am Vortag niedergemachten Rebellen aus. Ich warf mich angekleidet auf mein Bett. Nach
zwei Stunden weckten mich Tubasignale. Der Morgen
graute.

Das gute Einvernehmen, in dem ich mit meinem Körper
gelebt hatte, ließ mich seine Kraft, die er mir willig lieh,
als selbstverständlich hinnehmen. Jetzt begann dieser enge Bund sich zu lockern. Mein Körper löste die Einheit
mit meinem Geiste und mit dem, was ich mit unzuläng-
lichem Wort als meine Seele bezeichnen muß. Der vernünftige Geselle von ehemals wurde zum wider den Sta-
chel löckenden Sklaven. Mein Körper fürchtete sich vor
mir. Unablässig spürte ich die Furcht in meiner Brust
leise nagen, fühlte ich eine Beklemmung wachsen, die
noch kein Schmerz, wohl aber der erste Schritt dahin
war. Ich litt seit langer Zeit an Schlaflosigkeit. Jetzt aber
quälte der Schlaf, wenn er kam, mich ärger, als wenn er

ausblieb; kaum eingenickt, fuhr ich entsetzt empor. Kopfschmerzen peinigten mich, die Hermogenes dem heißen Klima und der Bürde des Helms zuschrieb. Schwer sank ich nach den Mühen des Tages in den Sessel, als fiele ich. Wollte ich mich erheben, um Rufus oder Severus zu empfangen, kostete es mich eine Anstrengung, auf die ich mich lange vorbereiten mußte. Meine Ellenbogen lasteten auf den Armlehnen, meine Schenkel zitterten gleich denen eines erschöpften Läufers. Die geringste Bewegung wurde zur Mühe, und aus solchen Mühen bestand das Leben.

Ein an sich lächerliches Ereignis, ein Unwohlsein, wie es Kinder befällt, brachte die unter der furchtbaren Mattigkeit schlummernde Krankheit zum Durchbruch. Ich bekam während einer Stabsbesprechung Nasenbluten. Erst achtete ich kaum darauf, aber es hielt während der Abendmahlzeit an, und nachts erwachte ich, in Blut gebadet. Ich rief Celer, der im Nachbarzelt schlief und Hermogenes alarmierte. Aber der laue, häßliche Ausfluß ließ sich nicht stillen. Sorgsam wischte der junge Offizier die Flüssigkeit ab, die mein Antlitz besudelte. Beim Morgengrauen schüttelte mich ein Krampf, wie er in Rom die zum Tode Verurteilten überkommt, die sich im Bade die Adern öffnen. Mit Decken und heißen Umschlägen wärmte man den erstarrenden Leib; gegen die Blutung hatte Hermogenes Schnee verordnet, den es im Lager nicht gab; Celer ließ ihn unter großen Schwierigkeiten von den Gipfeln des Hermon herbeischaffen.

Später erfuhr ich, daß man für mein Leben gebangt hatte; ich selbst hing nur mit einem dünnen Faden daran, so unmerklich wie der zu schnell gehende Puls, der meinem Arzt Sorge machte. Schließlich hörte die unerklärliche Blutung auf; ich verließ das Bett und zwang mich, wie sonst zu leben, doch wollte es nicht gelingen. Als ich eines Abends, noch kaum genesen, unvorsichtigerweise einen kurzen Ausritt wagte, empfing ich die zweite, noch ernstere Warnung. Auf Sekundenlänge fühlte ich, wie mein Herzschlag sich beschleunigte, dann verlangsamte und aussetzte; mir war, als fiele ich wie ein Stein in jenen schwarzen Schacht, der vermutlich Tod heißt. War es der Tod, so irrt, wer meint, daß er still vor sich gehe: ich war wie vom Gefälle eines Sturzwassers fortgetragen und, dem Taucher gleich, vom Gurgeln der Fluten betäubt. Aber ich sank nicht bis auf den Grund, ich kam an die Oberfläche zurück und glaubte zu ersticken. In diesem Augenblick, den ich für meinen letzten gehalten hatte, ballte sich meine ganze Kraft in meiner Hand zusammen, die sich in den Arm des neben mir stehenden Celer krampfte; er zeigte mir später die Spuren, die meine Finger gelassen hatten. Um diesen kurzen Todeskampf steht es wie um alle Erfahrungen, die der Leib macht; er spottet der Beschreibung, er bleibt, ob man will oder nicht, das Geheimnis dessen, der ihn durchstanden hat. Ich habe seitdem ähnliche Anfälle erlebt, doch glich keiner dem anderen genau; wahrscheinlich hält man diese Nacht und diesen Schrecken nicht zweimal aus, ohne zu sterben. Schließlich stellte Hermogenes eine beginnende Herzwassersucht fest. Ich mußte mich den Vorschriften fügen, die dies Übel, das sich plötzlich zu meinem Herren aufgeworfen hatte, mir auferlegte. Das bedeutete, der Ruhe pflegen, mich für geraume Zeit dazu verstehen, vom engen Pferch eines Bettes aus den Anforderungen des Lebens gerecht zu werden. Fast schämte ich mich dieser Krankheit. Sie ist so unterirdisch, fast unsichtbar, frei von Fieber, Geschwüren und Schmerzen; kaum, daß der ein wenig heiserer gehende Atem und die blasse Spur von ihr zeugt, die der Riemen der Sandale auf dem geschwollenen Fuß hinterläßt.

Rings um mein Zelt breitete sich tiefes Schweigen. Das ganze Feldlager von Bethar schien zur Krankenstube geworden. Das wohlriechende Öl, das zu Füßen meines Genius brannte, machte die abgestandene Luft in meinem linnenen Käfig noch schwerer; das Hämmern in meinen Adern ließ mich an die Insel der Titanen am Saume der

Nacht denken. Gelegentlich wurde das unausstehliche Geräusch auch zum Galopp von Hufen, die auf weicher Erde dröhnten. Mein Geist, den ich fünfzig Jahre hindurch so sorgsam gezügelt hatte, ging durch in die Weite; der große Leib trieb als Wrack auf dem Strom; ein müder Mann, zählte ich geistesabwesend die Sterne und Rauten im Muster meiner Decke; im Schatten schimmerte der weiße Fleck einer Büste; aus halbjahrhunderttiefem Abgrund stieg das Loblied der Epona, Göttin der Rosse, das einst meine hispanische Amme, eine große, düstere Frau, die einer Parze glich, mir geraunt hatte. Zum Maß der Tage wie der Nächte waren die braunen Tropfen geworden, die Hermogenes einen nach dem anderen mir in eine gläserne Tasse zählte.

Am Abend sammelte ich alle Kräfte, um Rufus anzuhören, der zum Rapport kam. Der Krieg ging dem Ende entgegen, Akiba, der seit dem Ausbruch der Feindseligkeiten so tat, als habe er sich aus dem öffentlichen Leben zurückgezogen, lehrte in der kleinen galilaeischen Stadt Uspha rabbinisches Recht, und sein Lehrsaal war zum Mittelpunkt des Widerstandes geworden. Mit seinen neunzigjährigen Händen chiffrierte er Meldungen und steckte sie Simons Anhängern zu; man mußte die aufgehetzten Studenten, die den Greis umgaben, mit Gewalt zu ihren Familien heimschicken. Nach langem Zögern entschloß sich Rufus, das Studium des jüdischen Gesetzes als aufrührerisch zu verbieten. Einige Tage darauf wurde Akiba, der dem Verbot zuwidergehandelt hatte, festgenommen und hingerichtet. Neun andere Schriftgelehrte, die Seele der Zelotenpartei, starben mit ihm. Ich hatte diese Maßnahmen durch ein Zeichen mit dem Kopf gebilligt. Akiba und seine Getreuen waren in dem Glauben gestorben, sie seien die einzigen Unschuldigen und Gerechten; keiner von ihnen dachte daran, seinen Teil der Verantwortung an den Leiden, unter denen ihr Volk seufzte, auf sich zu nehmen. Man müßte diese Männer beneiden, wenn man Blinde beneiden könnte. Ob ich

diese Verblendeten auch als Helden bezeichnen muß –
Weise waren es jedenfalls nicht.

Drei Monate darauf wohnte ich an einem kalten Febru-
armorgen auf einem Hügel, an den Stamm eines entlaub-
ten Feigenbaumes gelehnt, dem Sturmangriff bei, dem die
Übergabe Bethars nach wenigen Stunden folgte. Ich sah
die letzten Verteidiger der Festung, einen nach dem anderen, herauskommen, bleich, abgezehrt, abstoßend und
doch schön, wie alles Unbezwingliche. Am Ende des
gleichen Monats ließ ich mich an die Stelle schaffen, die
man den Brunnen Jakobs heißt, wo die Rebellen, die man
in den Städten mit der Waffe in der Hand aufgegriffen
hatte, gesammelt und versteigert wurden. Hämisch la-
chende Kinder, das Gesicht von unversöhnlichem Glau-
benshaß verzerrt, rühmten sich laut, den Tod von Dut-
zenden von Legionären verschuldet zu haben; Greise,
versponnen in nachtwandlerische Träume, Matronen mit
welkem Fleisch und andere, die düster und feierlich an
die Große Mutter des Orients gemahnten, schritten unter
dem kalt musternden Blick der Sklavenhändler dahin;
dem Staube gleich, glitt diese Menge an mir vorüber. Joshua Ben Kisma, Führer der sogenannten Gemäßigten,
der als Vermittler kläglich gescheitert war, erlag um die
gleiche Zeit einer langwierigen Krankheit. Er starb nicht,
ohne alle Kriegsplagen und den Sieg der Parther auf unser
Haupt zu beschwören. Andererseits sahen die zu Christen gewordenen Juden, die wir nicht behelligt hatten und
die den Hebräern wegen der Verfolgung ihres Propheten
grollten, in uns das Werkzeug des göttlichen Zorns. Die
Kette der Wahnvorstellungen und Mißverständnisse riß
nicht ab.

Eine Inschrift an der Stelle, wo Jerusalem gestanden
hatte, verbot den Juden bei Todesstrafe, sich in dem
Trümmerhaufen wieder einzunisten. Sie wiederholte
wörtlich den Satz, der, seinerzeit am Portal des Tempels
eingemeißelt, den Unbeschnittenen den Eintritt untersagt
hatte. Einmal im Jahre, an jedem Neunten des Monats

Ab, dürfen die Juden kommen, um an einer verfallenen Mauer zu klagen. Die Frömmsten weigerten sich, die heimische Erde zu verlassen; sie richteten sich, so gut es ging, in den vom Kriege am meisten verschonten Landesteilen ein. Die Verstocktesten siedelten auf parthisches Gebiet über, andere gingen nach Antiochia, Alexandria und Pergamon, die Schlauesten nach Rom, wo sie zu Wohlstand kamen. Judaea wurde von der Landkarte gestrichen, es erhielt auf mein Geheiß den Namen Palästina. Während dieser vier Kriegsjahre waren fünfzig Festen und mehr als neunhundert Städte und Dörfer gebrandschatzt und vernichtet worden. Der Feind hatte sechsmalhunderttausend Menschen verloren, wir durch Schlachten, Fieber und andere Krankheiten an neunzigtausend Mann. Sofort nach dem Kriege machten wir uns an die Wiederherstellung; Aelia Capitolina wurde in einem bescheideneren Rahmen aufgebaut; man muß immer wieder neu anfangen.

Ich ruhte mich in Sidon aus, wo ein griechischer Kaufmann mir Haus und Garten zur Verfügung stellte. Schon im März waren die inneren Gänge mit Rosen bedeckt. Ich kam wieder zu Kräften, mein vom ersten Anfall überrumpelter Leib entwickelte einen erstaunlichen Genesungstrieb. Man begreift das Wesen einer Krankheit nicht, solange man ihre sonderbare Ähnlichkeit mit dem Krieg und der Liebe verkennt, ihre Zugeständnisse, Tükken und Ansprüche, diese wunderliche, einzigartige Verquickung von Übel und menschlichem Willen. Wohl ging es mir besser, doch brauchte ich jetzt die Überlegung, die ich einst darangewandt hatte, meine Welt zu weiten und zu ordnen, an mir selber zu arbeiten und mein Leben zu verschönen, um meinen Körper zu überlisten, ihm meinen Willen aufzunötigen oder dem seinen mich vorsichtig zu fügen. Mit Maßen betrieb ich wieder Leibesübungen; mein Arzt hatte mir das Reiten nicht verboten, doch mußte ich allen Bravourstücken entsagen; das Pferd war nur noch Mittel der Bewegung. Keiner Arbeit, keinem

Vergnügen konnte ich mich voll überlassen; die Hauptsache war fortan, daß ich davonkam, ohne mich zu sehr anzustrengen. Meine Freunde, die über diese scheinbar so völlige Genesung staunten, wiegten sich in dem Glauben, meine Krankheit sei nur durch die übermäßigen Strapazen der Kriegsjahre verschuldet, und es würde damit sein Bewenden haben. Ich war anderer Ansicht; ich dachte an die großen Fichten der bithynischen Wälder, die der Holzhauer im Vorbeigehen mit einer Kerbe bezeichnet, um sie, wenn er im nächsten Jahr wiederkommt, zu fällen. Gegen Ende des Frühlings schiffte ich mich auf einem Kriegsschiff nach Italien ein. Mit mir fuhr außer Celer, dem Unentbehrlichen, Diotimos aus Gadara, ein schöner junger Grieche aus dienendem Stande, den ich in Sidon kennengelernt hatte. Die Reise führte durch das griechische Inselmeer; zum letzten Male wohl schaute ich den Sprüngen der Delphine im blauen Wasser zu; ohne ihn fortan deuten zu wollen, beobachtete ich den weiten, regelmäßigen Flug der Wandervögel, die sich bisweilen, um auszuruhen, zutraulich auf dem Deck niederlassen; ich genoß den Geruch von Salz und Sonne auf der Haut und den Terebinthen- und Mastixduft von Inseln, auf denen man ewig weilen möchte und doch weiß, daß man sie nie berühren wird. Diotimos besaß jene vollendete literarische Bildung, die man wohlgeschaffenen jungen Sklaven oft angedeihen läßt, um ihren Wert zu erhöhen. In der Abenddämmerung lauschte ich, unter einem kleinen Purpurzelt auf dem Achterdeck liegend, den Dichtern seiner Heimat, aus denen er las, bis die Nacht mit den Zeilen, die der tragischen Ungewißheit des Menschenlebens voll sind, auch jene löschte, die von Tauben, Rosenkränzen und Küssen sprechen. Das Meer hauchte seinen feuchten Odem, einer nach dem anderen bezogen die Sterne ihren Platz. Das unterm Wind geneigte Schiff eilte gen Westen, wo ein letzter roter Streif glomm. Rasch verschlang schwarzes Gewoge die hinter uns leuchtende Kielspur. Ich sagte mir, daß nur zwei Geschäfte mich nach Rom riefen. Das erste, die Wahl meines Nachfolgers, ging das ganze Reich an, das zweite, mein Tod, mich allein.

In Rom hatte man einen Triumph vorbereitet, den ich diesmal nicht ausschlug. Ich gab es auf, gegen diese ebenso ehrwürdigen wie eitlen Bräuche anzugehen; angesichts der allzu großen Vergeßlichkeit hielt ich alles, was menschliches Streben ins helle Licht setzt, sei es auch nur auf Tagesdauer, für heilsam. Es handelte sich nicht nur um den jüdischen Aufstand; ich hatte in einem tieferen Sinne triumphiert, um den ich allein wußte. Arrianus schloß ich in diese Ehrung ein. Er hatte den alanischen Horden Niederlagen beigebracht, die sie auf lange Zeit in Asiens dunkle Mitte zurückwarfen, der sie entsprungen waren. Armenien war gerettet, der Leser Xenophons hatte sich als gelehriger Schüler seines Vorbildes erwiesen. So war das Geschlecht jener Gelehrten, die im Notfall zu führen und zu kämpfen verstehn, nicht ausgestorben. An diesem Abend nahm ich, nach Tibur zurückgekehrt, müden Herzens, aber doch beruhigt, aus der Hand des Diotimos den Wein und den Weihrauch, der meinem Genius täglich dargebracht wurde.

Als bloßer Privatmann hatte ich allmählich die Liegenschaften an den Ausläufern der Sabinerberge längs dem lebendigen Wasser aufgekauft und gerundet, geduldig und hartnäckig wie der Bauer, der sein Rebland erweitert. Zwischen zwei Kaiserfahrten hatte ich in den Hainen mein Lager aufgeschlagen, die den Baumeistern und Maurern preisgegeben waren: ein im orientalischen Wunderglauben aufgewachsener Knabe hatte für die Bäume fromm um Schonung gefleht. Nach der Heimkehr von der großen Orientreise hatte ich die Vollendung des großen, schon zu drei Vierteln fertigen Vorhabens mit verbissenem Eifer betrieben. Jetzt kehrte ich hier ein, um meine Tage so würdig wie möglich zu beschließen. Die Kanzlei, die Audienzsäle, das Gerichtsgebäude, wo ich in letzter Instanz über schwere Fälle befand, ersparten mir das ermüdende Hin und Her zwischen Tibur und Rom. Jedem dieser Bauten hatte ich einen Namen gegeben, der an Hellas gemahnte: die Poikile, die Akademie, das Prytaneum.

Ich wußte wohl, daß das kleine, mit Ölbäumen bestandene Tal keine Tempe war, doch in meinem Alter ruft jede schöne Stätte eine andere, schönere ins Gedächtnis, und jede Wonne wird durch die Erinnerung an schon erlebte Wonnen süßer. Gerne überließ ich mich jenem Heimweh der Seele, das der eigenen Vergangenheit gilt. Einen besonders düsteren Teil des Parkes nannte ich sogar meinen Styx, eine mit Anemonen besäte Wiese mein Elysisches Gefild. So bereitete ich mich auf jene andere Welt vor, deren Qualen den irdischen ähneln, deren schattenhafte Freuden jedoch die unseren nicht aufwiegen. In dieser Abgeschiedenheit hatte ich mir eine noch abgeschiedenere Zufluchtsstätte einrichten lassen, ein Inselchen aus Marmor, inmitten eines von Säulengängen umgebenen künstlichen Weihers, ein verborgenes Gemach, das durch eine Drehbrücke, die ich mühelos mit einer Hand bedienen kann, mit dem Ufer verbunden oder vielmehr von ihm getrennt ist. In diesen Pavillon ließ ich zwei oder drei der geliebten Statuen bringen und eine Büste des jugendlichen Augustus, die Sueton mir einst geschenkt hatte, als wir noch Freunde waren. Dorthin ging ich am frühen Nachmittag, um zu schlafen, zu träumen, zu lesen. Mein über der Schwelle liegender Hund streckte die Pfoten von sich; ein Lichtschein umspielte den Marmor; Diotimos preßte die Wange an den glatten Rand eines Beckens, um sich zu erfrischen. Ich dachte über meinen Nachfolger nach.

Ich habe keine Kinder, und ich bedaure es nicht. Gewiß warf ich mir in jenen Stunden müder Schwäche, in denen man sich selbst nicht mag, vor, es nicht der Mühe für wert gehalten zu haben, einen Sohn zu zeugen, in dem ich fortleben könnte. Aber diese so müßige Reue beruht auf zwei sehr fraglichen Voraussetzungen. Es ist die Frage, ob ein Kind unser Wesen unbedingt fortsetzt, die Frage auch, ob jene eigenartige Häufung von Gut und Böse, jene Menge unbedeutender und wunderlicher Eigenheiten, die den Menschen ausmachen, erhalten zu bleiben verdient. Ich habe aus meinen Vorzügen das Beste gemacht und aus meinen Fehlern Nutzen gezogen, aber darauf, mich weiterzuvererben, lege ich keinen Wert. Es ist außerdem nicht das Blut, das über den wahren Fortlauf entscheidet: der wirkliche Erbe Alexanders war Caesar, und nicht das kränkliche Kind, das ihm die persische Prinzessin in einer asiatischen Burg gebar; der ohne Nachkommen sterbende Epaminondas pries mit gutem Recht seine Siege als Töchter. Die meisten Männer, die in der Geschichte etwas bedeuteten, hinterließen mittelmäßige, wenn nicht arge Sprößlinge; in ihnen erschöpfte sich, so scheint es, die Kraft des Geschlechtes. Fast immer liegt die Zärtlichkeit des Vaters im Widerstreit mit dem Vorteil des Herrschers. Und wäre dem anders, so hätte der Kaisersohn immer noch die Schäden einer prinzlichen Erziehung zu überstehen, der schlimmsten, die es für den künftigen Fürsten geben kann. Glücklicherweise ist, soweit unser Staat eine Regel für die Nachfolge herauszubilden fähig war, die Adoption zu dieser Regel geworden, und darin sehe ich römische Weisheit. Wohl kenne ich die Gefahren der Wahl, die möglichen Irrtümer; ich weiß, daß Verblendung nicht auf die väterlichen Gefühle beschränkt bleibt. Dennoch dünkt mich eine Entscheidung, die vom Verstande gelenkt oder doch wenigstens beeinflußt wird, den dunklen Launen des Zufalls und der ungefügen Natur noch immer unendlich überlegen. Das Reich dem Würdigsten. Schön ist es, daß der Mann, der sich in der Leitung der Weltgeschäfte bewährt hat, seinen Nachfolger aussucht, daß dieser folgenschwere Entschluß, sein letztes Vorrecht, zugleich der letzte Dienst ist, den er dem Staate erweist. Aber diese so wichtige Wahl zu treffen wurde mir schwerer denn je.

Ich hatte es dem Trajan bitter vorgeworfen, daß er zwanzig Jahre gezögert hat, bevor er mich adoptierte, und daß er es erst auf dem Totenbett tat. Doch waren seit meinem Regierungsantritt achtzehn Jahre vergangen, und ungeachtet aller Gefahren, die mein bewegtes Leben mit sich brachte, hatte ich meinerseits die Wahl des Nachfolgers immer hinausgeschoben. Tausend falsche Gerüchte waren umgegangen, tausend Vermutungen geäußert worden, doch in Wirklichkeit lag das ganze Geheimnis in meinem Zögern und meinem Zweifel. Ich schaute mich um. Es fehlte nicht an redlichen Staatsdienern, doch das notwendige Format besaß keiner. Vierzig ehrenvolle Dienstjahre sprachen für Marcius Turbo, meinen lieben Gefährten von ehedem und unvergleichlichen Polizeipräfekten, doch war er mir gleichaltrig und daher zu alt. Julius Severus, ein ausgezeichneter General, der Britannien vortrefflich verwaltet hatte, kannte sich in den verwickelten orientalischen Angelegenheiten nicht aus. Arrianus hatte alle Eigenschaften, die von einem Staatsmann verlangt werden, an den Tag gelegt. Aber er war Grieche, und die Zeit, dem römischen Vorurteil einen griechischen Kaiser zuzumuten, ist noch nicht da.

Servianus lebte noch. Seine Langlebigkeit wirkte wie Berechnung, wie ein zielbewußt hartnäckiges Abwarten. Er wartete seit sechzig Jahren. Als Nerva Trajan adoptierte, fühlte er sich ermutigt und zugleich enttäuscht, er hatte auf mehr gehofft. Immerhin schien der Machtantritt seines stets mit Heeresdingen beschäftigten Vetters ihm doch einen wichtigen Posten im Staat zu sichern; auch darin täuschte er sich, er erhielt nichts außer hohlen Ehrenämtern. Er wartete damals, als er seine Sklaven beauftragt hatte, mir in jenem Pappelwäldchen an der Mosel aufzulauern; der Kampf auf Leben und Tod zwischen dem Jüngling und dem Fünfzigjährigen hatte zwanzig Jahre gedauert, er hatte den Herrscher gegen mich eingenommen, meine Torheiten aufgebauscht, meine kleinsten Fehler ausgenutzt. Ein derartiger Feind wird zum vorzüglichsten Lehrer der Vorsicht; alles in allem hatte ich von Servianus viel gelernt. Als ich zur Macht gelangt war, hatte er, schlau genug, so getan, als füge er sich in das Unvermeidliche, und bei der Verschwörung der vier Konsularen hatte er seine Hände in Unschuld gewaschen; ich tat, als sähe ich die Spritzer nicht auf den wenig sauberen Fingern. Wohlweislich hatte er sich damit begnügt, seinen Einspruch leise zu murmeln und seiner Erregung im stillen Kämmerlein Luft zu machen. Unterstützt von der kleinen, mächtigen Partei der Konservativen im Senat, die meine Neuerungspläne störten, ohne daß ich sie absetzen konnte, hatte er es sich in der Rolle eines stummen Kritikers meiner Regierung bequem gemacht. Meine Schwester Paulina entfremdete er mir mehr und mehr. Sie hatte ihm nur eine Tochter geschenkt, die einen gewissen Salinator heiratete, einen Mann guter Herkunft, der, von mir zum Konsul ernannt, in jungen Jahren an der Schwindsucht starb. Ihren einzigen Sohn, Fuscus, machte mir der unheilvolle Großvater aufsässig. Immerhin wahrte unser Haß die Form. Ich schmälerte ihm seinen Anteil an den Staatsämtern nicht, vermied es aber, bei öffentlichen Anlässen gemeinsam mit ihm aufzutreten, wo sein hohes Alter ihm den Vortritt vor dem Kaiser verschafft hätte. Aus Anstand nahm ich immer, wenn ich nach Rom kam, an einem jener Familienessen teil, wo man auf der Hut bleibt; wir standen in Briefwechsel, er schrieb nicht ohne Geist. Auf die Dauer bekam ich dann dies langweilige Getue satt. Zu den wenigen Vorteilen, die das Alter bietet, gehört es meiner Ansicht nach, die Maske abwerfen zu dürfen; ich lehnte es ab, zu Paulinas Beisetzung zu erscheinen. Vor Bethar, in den Stunden körperlichen Elends und seelischen Verzagens, war mein bitterster Gedanke der, daß Servianus sein Ziel erreichen könnte, noch dazu durch meine Schuld. Dieser mit seiner Kraft so haushälterische Achtzigjährige war im Begriff, mich, einen kranken Mann von siebenundfünfzig, zu überleben. Starb ich ohne Testament, würde er auf die Stimmen der

Unzufriedenen ebenso zählen können wie auf die, die aus Treue zu mir meinen Schwager wählten; die dürftige Verwandtschaft konnte ihn instand setzen, mein Lebenswerk zu untergraben. Zur Beruhigung suchte ich mir einzureden, daß das Reich in noch schlimmere Hände fallen konnte; Servianus hatte auch seine Vorzüge, vielleicht würde sich sogar der plumpe Fuscus eines Tages der Herrschaft würdig erzeigen. Doch bäumte sich, was mir an Willenskraft blieb, gegen diesen Selbstbetrug auf. Ich hoffte, am Leben zu bleiben und diese Schlange zu zertreten.

Bei meiner Rückkehr nach Rom hatte ich Lucius wiedergefunden. Einst war ich ihm gegenüber Verpflichtungen eingegangen, die man gemeinhin nicht einzuhalten pflegt, die ich aber beibehalten hatte. Es ist übrigens unrichtig, daß ich ihm den kaiserlichen Purpur versprochen hätte, so etwas tut man nicht. Doch hatte ich ihm fünfzehn Jahre hindurch seine Schulden bezahlt, seine Skandale vertuscht und seine Briefe beantwortet; sie waren reizend, endeten aber stets mit Bitten um Geld für ihn oder um Posten für seine Günstlinge. Lucius war zu tief in mein Leben verstrickt, als daß ich ihn hätte ausschalten können, selbst wenn ich gewollt hätte, doch dachte ich gar nicht daran. Er war ein blendender Unterhalter; der als leichtsinnig verschriene junge Mann hatte mehr und mit mehr Gewinn gelesen als die Wissenschaftler, deren Beruf darin bestand. Auf seinen Geschmack und sein Urteil konnte man sich immer verlassen, gleichviel ob es sich um Menschen, Dinge oder Bräuche handelte oder um die richtigste Art, einen griechischen Vers zu skandieren. Im Senat, wo er für fähig galt, hatte er sich einen Ruf als Redner erworben; seine knappen und dabei schönen Reden dienten, so wie sie waren, den Lehrern der Sprachkunst zum Muster. Ich hatte ihn zum Prätor, dann zum Konsul ernennen lassen, und er hatte beide Ämter gut versehen. Einige Jahre zuvor hatte ich ihn mit der Tochter des Nigrinus verheiratet, eines der vier zu Beginn meiner Regierung hingerichteten Konsularen; diese Ehe wurde zum Aushängeschild meiner Versöhnungspolitik. Sie war nicht allzu glücklich. Die junge Frau klagte über seine Kälte, obwohl sie drei Kinder von ihm hatte, darunter einen Sohn. Ihr ständiges Gejammer beantwortete er mit eisiger Höflichkeit dahin, daß man um der Familie willen heiratet und daß diese ernste Bindung das leichte Spiel der Liebe ausschließe. Sein Lebensstil erheischte anspruchsvolle Geliebte, damit zu prunken, und willfährige Sklavinnen für die Lust. Er verlustierte sich zu Tode, aber so, wie ein Künstler sich an einem Meisterwerk zu Tode arbeitet; ihm einen Vorwurf daraus zu machen, war nicht meine Sache.

Ich sah seinem Treiben zu. Meine Ansicht über ihn wechselte ständig. So geht es uns nur bei Geschöpfen, die uns innerlich beschäftigen; bei den anderen begnügen wir uns meist mit einem mehr oberflächlichen Urteil, das ein für allemal feststeht. Zuweilen hatte ich meine Bedenken wegen einer absichtlichen Unverschämtheit, einer Härte oder einer kaltschnäuzigen Bemerkung; weit öfter ließ ich mich von seinem behenden Geist hinreißen, und manchmal war es, als spreche aus seinem treffenden Wort der künftige Staatsmann. Ich machte Marcius Turbo, der nach seinem anstrengenden Dienst als Präfekt des Prätoriums abends zu mir zu kommen pflegte, darauf aufmerksam. Wir spielten dann Würfel, besprachen die laufenden Angelegenheiten und erörterten wieder und wieder, welche Aussichten Lucius hätte, als Kaiser würdig zu bestehen. Meine Freunde wunderten sich über so viel Gewissenhaftigkeit; manche rieten mir achselzuckend, doch einfach nach Gutdünken zu verfahren. Solche Leute halten es für einerlei, ob man jemandem die Hälfte der Welt vererbt oder ein Landhaus. Ich überdachte es in der Nacht. Lucius hatte kaum die Dreißig erreicht: was war Caesar mit dreißig Jahren anders als ein verschuldeter, übelbeleumdeter junger Mann aus gutem Hause? Wie in den schlimmen Tagen von Antiochia vor meiner Adop-

tion durch Trajan dachte ich schweren Herzens, daß
nichts mehr Zeit braucht als die wirkliche Geburt eines
Menschen: ich selber hatte das dreißigste Lebensjahr
überschritten, als mir der Feldzug in Pannonien die Augen über die Verantwortung öffnete, die mit der Macht
verknüpft ist; Lucius kam mir zuweilen fertiger vor, als
ich es in diesem Alter gewesen war. Bei einem ungewöhnlich heftigen Erstickungsanfall, der mich daran
mahnte, wie wenig Zeit zu verlieren war, entschloß ich
mich plötzlich. Ich adoptierte Lucius, der den Namen
Aelius Caesar annahm. Sein Ehrgeiz war durch Lässigkeit
gemildert; da er von je gewohnt war, alles zu erlangen,
war er zwar anspruchsvoll, aber ohne Gier; er nahm meinen Entschluß mit Gleichmut auf. Unvorsichtigerweise
äußerte ich, daß der Purpur den blonden Prinzen herrlich
kleiden würde; sofort behaupteten böse Zungen, daß ich
einstige innige Beziehungen mit einem Kaiserreich be-
lohnte. Das heißt die Denkungsart eines Herrschers, der
seines Amtes und Titels einigermaßen würdig ist, verkennen. Hätten derartige Erwägungen eine Rolle gespielt,
wäre im übrigen Lucius nicht der einzige gewesen, auf
den meine Wahl hätte fallen können.

Meine Frau war in ihrer Residenz auf dem Palatin gestorben, die sie Tibur weiterhin vorgezogen hatte. Sie
hatte dort mit ihrem kleinen Hof von Freunden und spanischen Verwandten gelebt, die einzig für sie zählten.
Allmählich hatten wir mit allen Rücksichten, Höflichkeiten und schwächlichen Versöhnungsversuchen aufge-
räumt; Abneigung, Gereiztheit, Groll, bei ihr sogar Haß,
traten unverhüllt zutage. Ich besuchte sie, als es zu Ende
ging. Die Krankheit hatte ihr herbes, mürrisches Wesen
noch verschärft; sie nahm meine Gegenwart zum Anlaß
für heftige Vorwürfe, die sie erleichterten, die sie aber,
taktlos genug, vor Zeugen erhob. Sie pries sich glücklich,
kinderlos zu sterben; meine Söhne hätten vermutlich mir
geglichen, und sie hätte den gleichen Widerwillen gegen
sie empfunden wie gegen den Vater. Dieser Satz, in dem

so viel Groll schwärt, ist der einzige Beweis der Liebe, den sie mir gegeben. Meine Sabina. Ich vergegenwärtigte mir die paar leidlichen Erinnerungen, die jeder Mensch hinterläßt, wenn man sich die Mühe nimmt, zu suchen; ich dachte an den Korb mit Früchten, den sie mir zu meinem Geburtstag nach einem Zwist übersandt hatte; wenn ich in meiner Sänfte durch die engen Gassen der Stadt Tibur an dem kleinen Lusthaus vorbeigetragen wurde, das einst meiner Schwiegermutter Matidia gehört hatte, beschwor ich mit Bitterkeit jene wenigen Nächte eines fernen Sommers herauf, wo ich vergebens versucht hatte, mich der kalten und harten jungen Gemahlin zu erfreuen. Der Tod meiner Frau ging mir weniger zu Herzen als der der guten Arete, der Verwalterin der Villa, die im gleichen Winter vom Fieber dahingerafft wurde. Da das von den Ärzten nicht genau erkannte Übel, dem die Kaiserin erlag, zum Schluß grausame Schmerzen in den Eingeweiden verursacht hatte, bezichtigte man mich, sie vergiftet zu haben, und dies unsinnige Gerücht fand leicht Glauben. Selbstverständlich war ich auf den Gedanken eines so überflüssigen Verbrechens nie verfallen.

Vielleicht hat das Ableben meiner Frau Servianus bewogen, das Letzte zu wagen. Der Einfluß, den sie in Rom ausübte, war ihm zustatten gekommen; mit ihr zerbrach eine seiner hervorragendsten Stützen. Außerdem war er gerade in sein neunzigstes Lebensjahr eingetreten; auch er hatte keine Zeit mehr zu verlieren. Seit einigen Monaten hatte er sich bemüht, kleine Gruppen von Offizieren der Prätorianergarde an sich zu ziehen; er wagte es, den abergläubischen Respekt vor dem hohen Alter dahin auszunutzen, daß er sich in seinen vier Wänden als Kaiser ehren ließ. Ich hatte kürzlich die geheime Militärpolizei verstärkt, eine widerwärtige Einrichtung, wie ich zugebe, die sich indessen bei dieser Gelegenheit bewährt hat. So erfuhr ich alles, was bei den sogenannten Geheimbesprechungen vor sich ging, wo der alte Ursus seinen Enkel in der Kunst des Verschwörers unterweisen wollte. Die Ernennung des Lucius überraschte den Greis nicht; längst hatte er mein Schwanken als verkappten Entschluß aufgefaßt; doch wählte er zum Handeln den Augenblick, wo die Adoption in Rom immer noch umstritten war. Sein Sekretär Crescens, einer vierzigjährigen, kümmerlich entlohnten Treue überdrüssig, enthüllte alles, Tag und Ort des Anschlages und die Namen der Beteiligten. Meine Feinde hatten ihre Phantasie nicht überanstrengt; man nahm ganz einfach den Plan zum Muster, den Nigrinus und Quietus einst ausgeheckt hatten; ich sollte bei einer gottesdienstlichen Feier auf dem Kapitol ermordet werden und mit mir mein Adoptivsohn.

Ich ergriff in der gleichen Nacht meine Maßnahmen. Unser Feind hatte nur allzu lange gelebt; ich wollte Lucius eine von Fährlichkeiten bereinigte Erbschaft hinterlassen. Um die zwölfte Stunde meldete sich in der grauen Dämmerung eines Februarmorgens ein Tribun bei meinem Schwager, der dem Servianus samt Enkel das Todesurteil überbrachte. Er hatte die Weisung, im Vorzimmer zu warten, bis der Befehl, der ihn hergeführt hatte, vollstreckt war. Servianus ließ seinen Arzt holen; alles wurde anständig erledigt. Bevor er starb, wünschte er mir, langsam an den Qualen eines unheilbaren Leidens hinzusiechen, ohne so wie er die Gnade eines raschen Todes zu genießen. Sein Wunsch geht schon in Erfüllung.

Ich hatte diese doppelte Hinrichtung nicht leichten Herzens befohlen; ich habe die Tat später nie bedauert, geschweige denn bereut. Eine alte Rechnung war beglichen, sonst nichts. Nie habe ich das Alter als Entschuldigung für menschliche Bosheit gelten lassen; es erschien mir eher als erschwerender Umstand. Bei Akiba und Genossen hatte ich lange gezögert, eh ich das Urteil fällte: maß ich Greis an Greis, war mir der Fanatiker immer noch lieber als der Verschwörer. Fuscus blieb, so unbedeutend er sein mochte und so völlig ihn mir sein unleidlicher Großvater entfremdet hatte, immerhin der Enkel meiner Schwester Paulina. Doch sind, was man auch sagen mag, die Bande des Blutes recht schwach, wenn keine Neigung sie verstärkt; das Verhalten der Parteien beim geringsten Erbschaftsstreit lehrt es. Fuscus war kaum achtzehn Jahre alt; seine Jugend rührte mich etwas mehr. Doch erforderte das Wohlergehen des Staates diese Lösung, die der alte Ursus wie mutwillig erzwungen hatte. Auch war mir der eigene Tod zu nahe, als daß ich mir die Zeit genommen hätte, über beider Ende zu grübeln.

Während einiger Tage verdoppelte Marcius Turbo seine Wachsamkeit. Es hätte sein können, daß die Freunde des Servianus ihn rächten. Doch ereignete sich nichts, kein Mordversuch, kein Aufstand, kein Murren. Ich war nicht mehr der erste beste, der wie damals bei der Hinrichtung der vier ehemaligen Konsuln versuchte, die öffentliche Meinung auf seine Seite zu bringen. Neunzehn Jahre einer gerechten Regierung sprachen zu meinen Gunsten; man verwünschte meine Feinde ohne Ausnahme; die Massen billigten es, daß ich mich eines Verräters entledigt hatte. Fuscus wurde beklagt, ohne daß man ihn für unschuldig gehalten hätte. Ich weiß wohl, daß der Senat es mir nicht verzieh, mich noch einmal an einem seiner Mitglieder vergriffen zu haben. Doch schwieg er, er würde schweigen, solange ich lebte. Wie einstmals milderte eine Beigabe von Nachsicht die strenge Arznei; kein Parteigänger des Servianus wurde behelligt. Einzige Ausnahme von dieser Regel war der ausgezeichnete Apollodor, der gallige Vertraute meines Schwagers, der mit ihm sterben mußte. Dieser begabte Mann war Lieblingsbaumeister meines Vorgängers gewesen; er hat die großen Quadern der Trajanssäule kunstvoll zusammengefügt. Wir mochten uns nicht; er hatte sich einst über meine ungelenken Malversuche, meine naturgetreuen Stilleben von Kürbissen, lustig gemacht; meinerseits hatte ich seine Arbeiten mit der Überheblichkeit der Jugend bekrittelt. Später mäkelte er an meinem Werk. Die große Zeit der griechischen Kunst war ihm fremd; der seichte Verstandesmensch hielt mir vor, daß die Riesenstatuen in

unseren Tempeln mit der Stirn das Gewölbe ihrer Heilig-
tümer zertrümmern würden, stünden sie auf. Mit dieser
törichten Kritik kränkte er mehr noch Phidias als mich.
Aber die Götter erheben sich nicht. Sie erheben sich weder, um uns zu warnen, noch um uns zu schützen, nicht
um zu belohnen und nicht um zu strafen. Sie erhoben
sich nicht in jener Nacht, um den Apollodor zu retten.

Im Frühjahr begann Lucius mir wegen seiner Gesundheit
Sorge zu machen. Wir stiegen eines Morgens in Tibur
nach dem Bade in die Palästra, wo Celer mit anderen
jungen Leuten übte. Einer von ihnen schlug einen jener
Wettläufe vor, bei denen die Teilnehmer Schild und Pike
tragen. Lucius suchte sich, wie gewöhnlich, erst zu drük-
ken, gab aber schließlich unserer freundschaftlichen Hän-
selei nach. Schon als er die Waffen nahm, klagte er über
das Gewicht des Bronzeschildes; neben Celers kräftiger
Schönheit wirkte sein schmächtiger Leib gebrechlich.
Nach kurzem Anlauf blieb er außer Atem stehn, brach
zusammen und spie Blut. Der Zwischenfall hatte keine
Folgen; er erholte sich rasch. Aber ich hatte mich aufgeregt; ich hätte mich nicht so bald beruhigen sollen. Bei
den ersten Anzeichen seiner Krankheit baute ich mit dem
derben Vertrauen des Mannes, der selber lange rüstig geblieben war, auf die unverbrauchte Kraftfülle der Jugend,
auf die Gesundheit der Leiber. Ebenso irrte freilich auch
Lucius sich; seine Lebensflamme glimmte nur schwach;
aber seine Lebhaftigkeit täuschte ihn wie uns darüber
hinweg.
Meine schönen Jahre waren auf Reisen, im Feldlager
und bei den Vorposten dahingegangen; ich hatte die
Wohltaten eines harten Lebens, den heilsamen Einfluß
trockener und eisiger Gegenden am eigenen Leibe erfahren. Ich beschloß, Lucius zum Statthalter jenes selben
Pannoniens zu ernennen, wo ich meine ersten Erfahrungen als Befehlshaber gemacht hatte. Die Lage war an dieser Grenze weniger mißlich als anderswo; seine Aufgabe

beschränkte sich auf friedliche Verwaltungsarbeit oder ungefährliche militärische Besichtigungen. Das herbe Land würde ihm nach der Verweichlichung in Rom gut tun; auch würde er etwas von der ungeheuren Welt kennenlernen, über die die Stadt herrscht und von der sie abhängt. Er fürchtete sich vor diesen barbarischen Ländern, er verstand nicht, wie man sich anderswo als in Rom des Lebens freuen konnte. Gleichwohl stimmte er mit der Gefälligkeit zu, die ihm eigen war, wenn er gefallen wollte.

Den Sommer hindurch las ich aufmerksam seine amtlichen Berichte, dazu die geheimeren, die Domitius Rogatus, mein Vertrauensmann, den ich ihm zur Überwachung beigegeben hatte, mir sandte. Sie befriedigten mich. Lucius legte in Pannonien den Ernst an den Tag, den ich von ihm verlangte und der vielleicht nach meinem Tode nachgelassen hätte. Er schnitt sogar bei einer Reihe von Reitergefechten im Vorgelände recht gut ab. Wie überall, wußte er auch in der Provinz die Herzen zu gewinnen; sein etwas schroffer Ton schadete nichts; jedenfalls würde keiner jener gutmütigen Schwächlinge aus ihm werden, die sich von einem Klüngel gängeln lassen. Aber sobald es Herbst wurde, erkältete er sich. Auf eine vorübergehende Besserung folgte im nächsten Frühjahr ein schwerer Rückfall. Die Meldungen der Ärzte schmetterten mich nieder. Die öffentliche Post, die ich mit ihren Stationen zum Wechseln von Pferden und Wagen auf riesigen Strecken gerade eingerichtet hatte, schien nur noch zu arbeiten, um mir die allmorgendlichen Berichte von dem Kranken schneller zu bringen. Ich verzieh es mir nicht, daß ich ihn aus Besorgnis, zu nachsichtig zu sein oder zu scheinen, hart behandelt hatte. Sobald er so weit wiederhergestellt war, daß er die Reise aushalten konnte, ließ ich ihn nach Italien schaffen.

Begleitet vom alten Rufus aus Ephesus, einem Fachmann für Schwindsucht, machte ich mich auf den Weg, um am Hafen von Bajae meinen gebrechlichen Aelius

Caesar zu erwarten. Das Klima von Tibur ist zwar besser als das von Rom, doch nicht milde genug für angegriffene Lungen; so hatte ich beschlossen, ihn den Spätsommer über in dieser wärmeren Gegend zu belassen. Das Schiff ging mitten im Golf vor Anker; ein schmales Ruderboot brachte den Kranken mit seinem Arzt an Land. Unter dem bärtigen Flaum, den er sich, um mir zu ähneln, auf den Wangen stehenließ, wirkte sein verstörtes Gesicht noch magerer. Sein erstes Wort mahnte mich daran, daß er nur auf meinen Befehl zurückgekehrt war; seine Verwaltung war einwandfrei gewesen; er hatte mir in allen Dingen gehorcht. Er benahm sich wie ein Schüler, der von seinem Verbleib tagsüber Rechenschaft ablegt.

Ich richtete ihn in jener Villa Ciceros ein, wo er einst mit mir als Achtzehnjähriger einen Sommer verbracht hatte; er hatte den Takt, von diesen Zeiten nie zu sprechen. In den ersten Tagen schien es, als bessere sich das Übel, die Rückkehr nach Italien war schon an und für sich ein Heilmittel; um diese Jahreszeit leuchtete das Land purpurn und rosig. Aber die Regen setzten ein; ein feuchter Wind wehte vom grauen Meere her; das zur Zeit der Republik erbaute Haus entbehrte neuerer Bequemlichkeiten, wie sie die Villa in Tibur besaß. Ich sah, wie Lucius wehmütig die langen, mit Ringen beladenen Finger über dem Kohlenbecken wärmte. Vor kurzem war Hermogenes aus dem Orient zurückgekehrt, wohin ich ihn zur Auffüllung und Vervollständigung seines Vorrates an Arzneien geschickt hatte; er versuchte an Lucius die Wirkung eines mit starken Mineralsalzen gesättigten Schlammes; es hieß, daß Umschläge damit alles heilten. Aber sie halfen seinen Lungen ebensowenig wie meinen Adern.

Die Krankheit legte die schlimmsten Seiten dieses frostigen und leichtsinnigen Charakters bloß. Seine Frau besuchte ihn; wie immer endete die Zusammenkunft mit bitteren Worten; sie kam nicht wieder. Man brachte ihm seinen Sohn, ein schönes, mit Zahnlücken lächelndes

Kind; er sah es teilnahmslos an. Ohne sonderlichen Eifer unterrichtete er sich über die politischen Nachrichten aus Rom; sie kümmerten ihn als Spieler, nicht als Staatsmann. Doch blieb sein Leichtsinn eine Form von Mut; nach langen Nachmittagen des Leidens oder der Benommenheit wurde er munter, um sich ganz einem jener wie nur je geistessprühenden Gespräche hinzugeben; das in Schweiß gebadete Antlitz wußte noch zu lächeln; der abgezehrte Leib erhob sich voll Anmut, um den Arzt zu empfangen. Bis zum letzten Tage sollte er der Prinz aus Elfenbein und Gold bleiben.

Da ich nicht schlafen konnte, richtete ich mich abends im Zimmer des Kranken ein. Celer, der Lucius wenig mochte, mir aber zu ergeben dient, um nicht sorgsam zu pflegen, wer mir teuer ist, wachte willig an meiner Seite; ein Röcheln kam aus den Decken. Bitterkeit, tief wie das Meer, befiel mich; er hatte mich niemals geliebt; rasch war aus unseren Beziehungen das Verhältnis des verschwenderischen Sohnes zum nachsichtigen Vater geworden. Dies Leben war ohne große Pläne, ernste Gedanken, echte Leidenschaften verstrichen; Lucius hatte seine Jahre vertan, wie der Verschwender Goldstücke streut. Ich hatte mich an eine morsche Mauer gelehnt; zornig dachte ich an die riesigen Summen, die ich für die Adoption ausgegeben hatte, an die dreihundert Millionen Sesterzen, die an die Soldaten verteilt worden waren. In einem gewissen Sinne blieb mein trübes Glück mir treu: ich hatte meinen Wunsch, Lucius alles zu geben, was ich konnte, befriedigt. Aber der Staat sollte nicht darunter leiden; der Gefahr, mich durch diese Wahl zu entehren, wollte ich mich nicht aussetzen. Im Grunde meines Herzens begann ich zu fürchten, daß sein Zustand sich bessern könnte; unmöglich, das Reich diesem Schatten zu vermachen, falls er sich etwa noch einige Jahre dahinschleppen sollte. Ohne je zu fragen, schien er meine Gedanken in dieser Hinsicht zu ergründen; ängstlich verfolgte er mit dem Blick meine geringsten Gebärden. Ich hatte ihn zum zweiten Male zum Konsul ernennen lassen; es beunruhigte ihn, daß er das Amt nicht ausüben konnte; die Besorgnis, mir zu mißfallen, verschlimmerte seinen Zustand. *Tu Marcellus eris...* Ich rief mir diese Verse Vergils ins Gedächtnis, die dem Neffen des Augustus gewidmet waren, der, ebenfalls dem Reiche angelobt, vorher vom Tode ereilt worden war. *Manibus date lilia plenis... Purpureos spargam flores...* nur unnütze Trauersträuße würde der Freund der Blumen von mir empfangen.

Er meinte sich besser zu fühlen; er wollte nach Rom zurück. Die Ärzte, die sich nur noch um die Frist stritten, die ihm zu leben blieb, rieten, ihm zu willfahren; ich brachte ihn mit häufigen Unterbrechungen heim in die Villa. Er mußte sich in der Sitzung, die fast unmittelbar auf Neujahr folgte, dem Senat als Thronerbe vorstellen; der Brauch schrieb vor, daß er bei dieser Gelegenheit eine Dankrede an mich richtete. Mit dieser rhetorischen Stilübung befaßte er sich seit Monaten; wir feilten die schwierigen Stellen gemeinsam. Als er am Morgen der Kalenden des Januar daran arbeitete, erlitt er plötzlich einen Blutsturz; ihm wurde schwindlig; er lehnte sich in den Sessel und schloß die Augen. Der Tod kam über dies zarte Geschöpf leicht wie eine Betäubung. Es war Neujahr; um die öffentlichen Feste und privaten Belustigungen nicht zu stören, verhinderte ich, daß man die Nachricht von seinem Ableben sofort bekanntgab, sie wurde erst am folgenden Tage amtlich verkündigt. Er wurde still in den Gärten seiner Familie beigesetzt. Der Senat sandte am Tag vor dieser Feier eine Abordnung, die mir ihr Beileid aussprechen und Lucius für die göttlichen Ehren vorschlagen sollte, auf die er als Adoptivsohn des Kaisers Anspruch hatte. Aber ich lehnte ab. Diese Angelegenheit hatte den Staat genug Geld gekostet. Ich beschränkte mich darauf, für ihn ein paar Trauerkapellen bauen zu lassen und ihm hier und da, in den verschiedenen Orten, wo er gelebt hatte, Statuen zu errichten: der arme Lucius war kein Gott.

Jetzt kam es auf jeden Augenblick an. Freilich hatte ich am Lager des Kranken Zeit gehabt, nachzudenken; mein Plan stand fest. Im Senat war mir ein gewisser Antoninus aufgefallen, ein Mann von etwa fünfzig Jahren, der aus der Provinz stammte, aus einer Familie, die mit der Plotinas weitläufig verwandt war. Die respektvolle und zugleich zärtliche Art, wie er seinen Schwager, einen hilflosen Greis, der neben ihm saß, behandelte, hatte auf mich Eindruck gemacht; ich las mir seine Dienstzeugnisse durch; der Vortreffliche hatte sich auf allen Posten, die er bekleidet hatte, als untadeliger Beamter bewiesen. Meine Wahl fiel auf ihn. Je näher ich Antoninus kennenlerne, je mehr will meine Schätzung für ihn zur Hochachtung werden. Dieser schlichte Mann besitzt eine Tugend, an die ich bisher wenig gedacht hatte, selbst wenn ich sie übte: die Güte. Er ist nicht frei von kleinen Fehlern, wie auch der Weise sie hat; sein mit der genauen Erledigung der Tagesarbeiten beschäftigter Verstand ist mehr auf die Gegenwart als in die Zukunft gerichtet; seine Lebenserfahrung wird gerade durch seine Tugenden eingeschränkt; gereist ist er nur zuweilen in amtlicher Sendung, die er übrigens immer gut erfüllt hat. Von den Künsten versteht er wenig; zu Neuerungen bequemt er sich nur ungern. So wird er zum Beispiel in den Provinzen nie die unermeßlichen Entwicklungsmöglichkeiten sehen, die sie für mich dargestellt haben; er wird mein Werk eher fortsetzen als erweitern, aber er wird es gut fortsetzen. Der Staat wird einen getreuen Diener und guten Herren an ihm haben.

Doch dünkte mich eine Generation gar wenig, wo es darum ging, für die Sicherheit der Welt vorzusorgen; mir lag daran, diese umsichtiger Adoption entsprungene Nachkommenschaft weiter fortzupflanzen, dem Reich auf der Straße der Zukunft einen weiteren Stützpunkt vorzubereiten. Jedesmal, wenn ich nach Rom zurückkehrte begrüßte ich meine alten Freunde, die Verus, Spanier gleich mir, eine der freidenkendsten Familien der hohen Beamtenschaft. Dich, kleiner Annius Verus, der jetzt auf Grund meiner Maßnahmen Marc Aurel heißt, habe ich von der Wiege an gekannt. In einem der sonnigsten Jahre meines Lebens, um die Zeit, die durch die Errichtung des Pantheons gekennzeichnet wird, habe ich dich aus Freundschaft für die Deinen in das Kollegium der heiligen Bruderschaft der Arvalen wählen lassen, dem der Kaiser vorsitzt und das fromm über unserem gottesdienstlichen Herkommen wacht. Ich hielt dich während des Opfers, das in jenem Jahre am Tiberufer vor sich ging, bei der Hand; zärtlich belustigt, beobachtete ich das Benehmen des fünfjährigen Kindes, das, durch das Quieken des Opferferkels erschreckt, sich bemühte, die würdige Haltung der Älteren nachzuahmen. Ich kümmerte mich um die Erziehung des allzu braven Bübchens; ich half deinem Vater, die besten Lehrer auszusuchen. Verus, Verissimus: dein Name lockte zum Wortspiel; und vielleicht bist du wirklich der einzige, der mich nie belogen hat. Ich sah, wie begeistert du die Schriften der Philosophen lasest, dich in rauhe Wolle kleidetest, auf dem harten Boden schliefst, dem etwas zarten Leib alle Kasteiungen der Stoiker aufzwangst. Darin liegt Übertreibung, aber mit siebzehn Jahren ist die Übertreibung eine Tugend. Manchmal frage ich mich, an welcher Klippe diese Weisheit scheitern wird, denn scheitern tut sie einmal: wird es eine Gattin sein, ein zu innig geliebter Sohn, kurz eine jener ordnungsmäßigen Fallen, in denen schüchterne, reine Gemüter sich verfangen? Oder noch einfacher: Alter, Krankheit, Müdigkeit, jene Enttäuschung, die uns sagt, daß, wenn alles eitel ist, auch die Tugend es ist? Ich suchte mir statt deines offenen Jünglingsgesichts dein müdes Greisengesicht vorzustellen. Ich fühle, wieviel Sanftmut, ja vielleicht Schwäche sich hinter der gut eingelernten Festigkeit verbirgt; ich ahne in dir einen Genius, der nicht durchaus der des Staatsmanns ist; gleichwohl wird die Welt ohne Zweifel dauernd gebessert werden, wenn sie diesen Genius einmal in Verbindung mit der höchsten Gewalt erlebte. Ich habe das Notwendige veranlaßt, daß Antoninus dich adoptieren wird; unter dem neuen Namen, den du eines Tages in der Liste der Kaiser tragen wirst, bist du fortan mein Enkel. Ich glaube, so den Menschen die einzige Aussicht zu bieten, die sie je haben werden, den Traum Platos Wirklichkeit werden zu lassen, nämlich einen Philosophen mit reinem Herzen über sich herrschen zu sehn. Du hast die Ehren nur widerstrebend hingenommen; dein Rang verpflichtet dich, im Palast zu leben; Tibur, die Stätte, wo ich bis an das Ende alles, was das Leben Süßes bietet, ansammle, läßt dich für deine jugendliche Tugend fürchten. Ich beobachte, wie du ernst unter den mit Rosen durchflochtenen Laubengängen dahingehst, wie du den schönen Dingen aus Fleisch und Blut zulächelst, die deiner am Wege warten, wie du zärtlich zwischen Veronica und Theodoros schwankst, um alsbald zugunsten der Keuschheit, dieses Trugbildes, auf beide zu verzichten. Aus deiner wehmütigen Verachtung für all diesen vergänglichen Glanz, für diesen Hof, der nach meinem Tode auseinanderfallen wird, hast du mir kein Hehl gemacht. Du liebst mich nicht sehr; deine Sohnesneigung wendet sich eher Antoninus zu; in mir witterst du eine Weisheit, die der von deinen Lehrern verkündeten zuwiderläuft, in meiner Hingabe an die Sinne eine Lebensauffassung, die der Strenge der deinigen entgegengesetzt ist, so sehr sie ihr dennoch entspricht. Das macht nichts; es ist nicht nötig, daß du mich verstehst. Es gibt mehr als eine Weisheit, und alle braucht sie die Welt; daß sie einander ablösen, ist gar nicht schlecht.

Acht Tage nach dem Tode des Lucius ließ ich mich in der Sänfte in den Senat tragen. Ich bat um Erlaubnis, so in den Sitzungssaal kommen und meine Ansprache liegend, von einem Stoß Kissen gestützt, halten zu dürfen. Sprechen ermüdet mich. Um die Stimme nicht anstrengen zu müssen, bat ich die Senatoren, um mich einen engen Kreis zu schließen. Ich hielt Lucius die Lobrede. Die wenigen Wendungen ersetzten in der Tagesordnung die Ansprache, die er an diesem Tage hätte halten müssen. Dann verkündete ich meine Entscheidung; ich ernannte Antoninus; ich nannte deinen Namen. Ich hatte mit einhelliger Zustimmung gerechnet und erhielt sie. Ich sprach einen letzten Wunsch aus, dem ebenso gewillfahrt wurde; ich verlangte, daß Antoninus auch den Sohn des Lucius adoptieren sollte, der auf diese Weise Marc Aurel zum Bruder haben wird; ihr werdet gemeinsam regieren. Ich zähle darauf, daß du ihm alle Fürsorge des Älteren angedeihen läßt. Mir liegt daran, daß dem Staat etwas von Lucius verbleibt.

Auf dem Heimwege fühlte ich mich zum erstenmal nach langen Tagen versucht zu lächeln. Ich hatte ungewöhnlich gut gespielt. Die Parteigänger des Servianus, die meinem Werk abholden Konservativen, hatten nicht abgedankt; alle Höflichkeiten, die ich der großen, altertümlichen und überalterten Körperschaft des Senates erwiesen, konnten die zwei oder drei Schläge, die ich ihr versetzt hatte, nicht wettmachen. Daß sie daran nicht zweifelten, würde ihnen nach meinem Tode zum willkommenen Anlaß werden, was ich getan, nach Möglichkeit aufzuheben. Doch konnten meine ärgsten Feinde nicht wagen, ihren lautersten Vertreter und den Sohn eines ihrer geachtetsten Mitglieder abzulehnen. Meine öffentliche Aufgabe war erledigt. Jetzt durfte ich nach Tibur zurück, mich in die Zuflucht der Krankheit vergraben, über meinen Leiden brüten, genießen, was mir an Freuden blieb, in Frieden mein unterbrochenes Zwiegespräch mit einem Gespenst wieder aufnehmen. Mein kaiserliches Erbe lag wohlverwahrt in den Händen des frommen Antoninus und des ernsten Marc Aurel; auch Lucius würde in seinem Sohn fortleben. All das war nicht gar so übel geregelt.

Patientia

Arrianus schreibt mir:

Den erhaltenen Befehlen gemäß habe ich die Umschif-
fung des Pontus Euxinus durchgeführt. Wir schlossen die
Schleife bei Sinope, dessen Einwohner dir ewig dankbar
sind für die großen Arbeiten der Erneuerung und Erwei-
terung ihres Hafens, die unter deiner Aufsicht vor einigen
Jahren zu gutem Ende gebracht worden sind ... Neben-
bei bemerkt, haben sie dir ein Standbild errichtet, das
weder ähnlich noch schön genug ist: schick ihnen ein an-
deres, aus weißem Marmor ... In Sinope habe ich, nicht
ohne Bewegung, von den Anhöhen aus, von wo unser
Xenophon den Pontus Euxinus zum ersten Male erblickt
hat und du selbst es seinerzeit betrachtetest, dies Meer
überschaut ...
Ich habe die Garnisonen an der Küste besichtigt: ihre
Befehlshaber verdienen das höchste Lob für die Vorzüg-
lichkeit der Manneszucht, für die Anwendung des neue-
sten Ausbildungsverfahrens und für den guten Stand der
Pionierarbeiten ... In den ganzen noch wilden und nicht
genügend bekannten Küstenstrichen habe ich überall
neue Lotungen vornehmen lassen und, wo es not tat, die
Angaben der Schiffer, die mir vorausgegangen sind, be-
richtigt ...
Wir sind an der Küste von Kolchis entlanggefahren. Da
ich weiß, wie sehr dir die alten Dichter am Herzen liegen,
habe ich die Einwohner nach Medeas Zauberkünsten und
Jasons Heldentaten gefragt. Doch es scheint, als kennten
sie diese Geschichten nicht ...
Wir haben am nördlichen Ufer dieses ungastlichen Mee-
res eine kleine Insel angesteuert, die groß ist in der Sage:
die Insel des Achilleus. Du weißt es: Thetis soll ihren Sohn
auf diesem im Nebel verlorenen Eiland haben aufziehen

lassen, sie entstieg dem Meeresgrunde und kam allabendlich, um mit ihrem Kinde am Strand zu sprechen. Die Insel ist heute unbewohnt und nährt nur Ziegen. Auf ihr ist ein Tempel des Achilleus. Die Möwen, die Sturmschwalben und Wasserläufer, alle Seevögel suchen sie auf, und das Schlagen ihrer von Meeresfeuchte getränkten Fittiche kühlt den Vorplatz des Heiligtums ständig. Doch ist die Insel des Achilleus, wie sich das gehört, auch die Insel des Patroklos, und die unzähligen Votivbilder, die die Wände des Tempels schmücken, sind bald dem Achilleus geweiht, bald seinem Freunde, denn natürlich lieben und ehren alle, die Achilleus lieben, auch das Andenken des Patroklos. Achilleus selbst erscheint den Schiffern, die diese Gewässer besuchen, im Traum; er schützt sie und warnt sie vor den Gefahren des Meeres, wie es anderswo die Dioskuren tun. Und der Schatten des Patroklos erscheint neben Achill.

Ich berichte dir diese Dinge, weil ich glaube, daß sie bekannt zu werden verdienen, und weil die, die sie mir erzählt haben, sie entweder selbst erprobt oder von vertrauenswürdigen Zeugen erfahren haben ... Achilleus dünkt mich manchmal der Größte der Menschen wegen seines Mutes, seiner Seelenstärke, der Kenntnisse des Geistes vereint mit der Behendigkeit des Leibes, und wegen seiner heißen Liebe zu dem jungen Gefährten. Und in nichts dünkt er mich größer als in der Verzweiflung, die ihn das Leben geringschätzen und den Tod wünschen hieß, als er den Geliebten verlor.

Ich lasse den umfangreichen Bericht des Statthalters von Kleinarmenien und Führer des Geschwaders auf meine Knie sinken. Arrianus hat gut gearbeitet wie immer. Diesmal aber tut er mehr: er bietet mir ein Geschenk, das ich brauche, um in Frieden sterben zu können; er sendet mir ein Bild meines Daseins, das so ist, wie ich es gewollt hätte. Arrianus weiß, daß es auf das ankommt, was nicht in den amtlichen Lebensbeschreibungen stehen wird, was man nicht den Grabsteinen einmeißelt; er weiß auch, daß der Lauf der Zeit zum Unglück nur neuen Wahn fügt. Mit seinen Augen gesehn, erhält das Abenteuer meines Lebens Sinn, formt sich wie im Gedicht; nur zärtliche Liebe ist es, was sich aus der Reue, der Ungeduld herausschält, aus all den Süchten, so trübe wie Rauchschwaden oder Staubwolken; der Schmerz klärt sich ab, die Verzweiflung wird geläutert. Arrianus öffnet mir den feurigen Himmel, die Tiefen des Empyreums, in das die Helden eingehen und die Freunde; er hält mich dessen nicht für unwürdig. Mein heimliches Gemach inmitten eines Bassins der Villa gewährt doch nicht genug innerliche Zuflucht; ich schleppe den alten Leib dorthin; ich leide. Gewiß bietet meine Vergangenheit hie und da Ruhepunkte, wo ich einen Teil meines jetzigen Elends vergesse: die verschneite Ebene am Ufer der Donau, die Gärten in Nikomedia, Claudiopolis, gelb bestäubt von den geernteten Safranblüten, eine beliebige Straße Athens, eine Oase, wo Wasserlilien sich auf schlammiger Flut wiegen; die sternenhelle syrische Wüste, als ich vom Lager des Chosroes zurückkehrte. Doch verknüpft sich mit diesen teuren Stätten nur allzuoft die Vorstellung von einem Irrtum, einem Versagen, von einem Fehlschlag, um den nur ich weiß; in schlimmen Augenblicken ist es, als führten alle meine Menschenwege nach Ägypten, in ein Zimmer in Bajae, oder nach Palästina. Mehr als das: die Müdigkeit meines Leibes wirkt auch auf die Erinnerung zurück: das Bild der Treppen empor zur Akropolis ist einem Mann kaum erträglich, der keucht, wenn er die Stufen seines Gartens ersteigt; die Julisonne auf den Wällen von Lambessa drückt mich, als setzte ich mich ihr heute barhäuptig aus. Arrianus bietet mir Besseres. Mitten in einem glutheißen Mai höre ich hier in Tibur rings um die Gestade der Insel des Achilleus die Wogen klagen, ich sauge die reine, kühle Luft ein, ich schweife sonder Beschwerde durch den Vorhof des von Meeresfeuchte gebadeten Tempels, ich werde des Patroklos gewahr...

Die Stätte, die ich nie sehen werde, wird mir zum heimlichen Wohnsitz, zur letzten Zuflucht. Dort werde ich wohl im Augenblick meines Todes sein.

Ich habe seinerzeit dem Philosophen Euphrates erlaubt, Selbstmord zu begehn. Nichts einfacher als das: ein Mensch hat das Recht zu entscheiden, von wann ab sein Leben aufhört, Wert zu haben. Damals wußte ich nicht, daß der Tod zum Gegenstand blinder Leidenschaft werden kann, zu einer Sucht wie die Liebe. Ich hatte die Nächte nicht vorausgesehn, in denen ich den Gurt um den Dolch wickeln mußte, um mich zu zwingen, zweimal zu überlegen, ehe ich mich seiner bediente. Arrianus allein hat das Geheimnis dieses ruhmlosen Kampfes durchschaut, dieses Ringens gegen die Leere, das Ausgebranntsein, gegen den Lebensüberdruß, der zur Gier nach dem Tode wird. Man genest nicht. Das alte Fieber hat mich oft wieder befallen; dem Kranken gleich, dem sich ein neuer Anfall ankündigt, zitterte ich schon vorher. Alles war recht, um die Stunde des nächtlichen Ringens hinauszuzögern, Arbeit, törichte bis zum Morgengrauen ausgesponnene Gespräche, Küsse, Bücher. Es ist ausgemacht, daß ein Kaiser sich nur das Leben nimmt, wenn das Staatswohl ihm keine andere Wahl läßt; selbst Antonius war durch eine verlorene Schlacht gerechtfertigt. Und mein gestrenger Arrianus würde meine aus Ägypten heimgebrachte Verzweiflung weniger achten, verstünde ich nicht, ihrer Herr zu werden. Das von mir selber erlassene Gesetz verbot den Soldaten den freiwilligen Abgang, den ich dem Weisen zugestand; ich hielt mich für ebensowenig berechtigt, zu desertieren, wie den ersten besten Legionär. Doch weiß ich, was es heißt, vor Wonne schauernd mit der Hand über den Hanf eines Strickes zu fahren oder über die Schneide eines Messers. Schließlich baute ich mir aus meiner Todessehnsucht selbst einen Schutzdamm dagegen: die ständige Möglichkeit des Selbstmordes linderte die Ungeduld, mit der ich das Dasein ertrug, so wie der Schlaftrunk in Reichweite den

Schlaflosen beruhigt. Ein innerer Widerspruch wollte, daß diese Todesbesessenheit von mir erst abließ, als die ersten Anzeichen der Krankheit mich davon abzulenken begannen; das Leben, das zu erlöschen drohte, fing an, wieder etwas zu gelten; in den Gärten von Sidon wünschte ich brennend, mich noch einige Jahre meines Körpers erfreuen zu dürfen.

Sterben, ja; ersticken, nein. Die Krankheit verleidet einem den Tod; man will genesen, und das ist eine Form der Lebensbejahung. Bald aber schrecken Schwäche, Schmerzen, tausend körperliche Nöte den Kranken davon ab, noch einmal den Hang zu erklimmen: man will von all diesen trügerischen Pausen nichts wissen, von den schwankenden Kräften, dem doch wieder jäh gehemmten Lebenswillen, dem ständigen Warten auf den nächsten Anfall. Ich belauerte mich: bedeutete der stumpfe Schmerz in der Brust nur vorübergehende Unpäßlichkeit, Folge eines zu schnell verzehrten Mahles, oder mußte ich eines Angriffes des Feindes gewärtig sein, der diesmal nicht mehr abzuschlagen war? Ich betrat den Senat nicht mehr, ohne mir zu sagen, daß ich vielleicht die Tür ebenso endgültig hinter mir schließen würde, wie wenn ich wie Caesar von fünfzig Verschwörern erwartet würde, die ihre Messer zückten. Ich fürchtete, abends beim Essen in Tibur meine Gäste durch die Unhöflichkeit eines Heimganges ohne Abschied zu kränken, ich fürchtete, im Bade zu sterben oder in jungen Armen. Verrichtungen, die einst bequem waren oder sogar angenehm, demütigen, sobald sie schwierig werden; man wird das silberne Geschirr leid, das jeden Morgen dem Arzt zur Prüfung gereicht wird. Kleinere Leiden melden sich im Gefolge des Hauptübels: mein Gehör hat an Schärfe verloren; noch gestern mußte ich Phlegon bitten, mir einen Satz zu wiederholen. Ich schämte mich mehr, als wenn ich ein Verbrechen begangen hätte.

Die Monate nach der Adoption des Antoninus waren entsetzlich. Der Aufenthalt in Bajae, die Rückkehr nach

Rom, die damit verbundenen Verhandlungen gingen über das, was mir an Kraft blieb. Wieder wurde ich von Todessehnsucht befallen, doch waren die Ursachen diesmal ersichtlich und einwandfrei; mein ärgster Feind hätte sie nicht belächeln können. Nichts hielt mich mehr zurück. Man hätte es verstanden, wenn der Kaiser, der die Angelegenheiten der Welt geordnet hatte, in der Stille seines Landhauses das Nötige getan hätte, sich das Ende zu erleichtern. Doch gleicht die Fürsorge meiner Freunde einer ständigen Überwachung: jeder Kranke ist ein Gefangener. Ich traute mir nicht mehr die Kraft zu, den Dolch an der richtigen Stelle einzubohren, die einst mit roter Tinte auf der linken Brustseite bezeichnet gewesen war. Damit hätte ich zu dem vorhandenen Übel nur ein widerliches Gemisch von Verbänden, blutigen Schwämmen und Ärzten gesellt, die am Fußende des Bettes schwatzten. Ich mußte, um meinen Selbstmord vorzubereiten, so umsichtig vorgehn wie der Mörder beim Aushecken seines Anschlags.

Zuerst dachte ich an meinen Oberjäger, Mastor, die schöne sarmatische Bestie, die mich seit Jahren mit der Treue eines Wolfshundes begleitet; man läßt ihn manchmal nachts vor meiner Türe wachen. Ich nutzte einen Augenblick des Alleinseins, um ihn zu rufen und ihm zu erklären, was ich von ihm erwartete; zunächst begriff er nicht. Dann dämmerte es ihm; Entsetzen verzerrte sein blondes Gesicht. Er hält mich für unsterblich. Abends und morgens sieht er die Ärzte in mein Zimmer kommen; er hört mich ächzen bei den Punkturen, ohne in seinem Glauben irre zu werden; er mußte meinen, es käme der Herr aller Götter vom Olymp gestiegen, um ihn zu versuchen, und verlangsamte den Gnadenstoß. Er entwand mir sein Schwert, dessen ich mich bemächtigt hatte, und lief heulend davon. Man fand ihn weit hinten im Park, wie er in seinem barbarischen Kauderwelsch im Sternenlicht faselte. Man beruhigte das verschreckte Vieh so gut es ging, und niemand kam auf den Zwischenfall zurück. Doch merkte ich am nächsten Tage, daß Celer auf dem Arbeitstisch in der Nähe meines Bettes den metallenen Griffel mit einem Schreibrohr aus Schilf vertauscht hatte.

Ich suchte nach einem geeigneten Helfer. Ich setzte das größte Vertrauen in Jollas, einen jungen Arzt aus Alexandria, den Hermogenes im vorigen Sommer zum Stellvertreter während seiner Abwesenheit bestimmt hatte. Wir sprachen miteinander. Ich fand Gefallen daran, mich mit ihm in Vermutungen über das Wesen und den Ursprung der Dinge zu ergehen; ich mochte den kühnen, verträumten Geist und die dunkle Glut seiner umränderten Augen. Ich wußte, daß er im Palast zu Alexandria die Formel der einst von den Chemikern für Kleopatra zusammengestellten, überaus feinen Gifte wiedergefunden hatte. Die Prüfung der Anwärter auf den medizinischen Lehrstuhl, den ich eben im Odeon begründet habe, diente mir als Ausflucht, um Hermogenes für einige Stunden zu entfernen, so daß ich Jollas heimlich sprechen konnte. Er begriff sofort; ich dauerte ihn; er mußte mir recht geben. Doch verbot ihm sein hippokratischer Eid, unter welchem Vorwand es sei, einem Kranken eine schädliche Droge auszuhändigen; auf seine Standesehre versteift, lehnte er ab. Ich bestand auf meinem Wunsch; ich forderte; ich suchte ihn mit allen Mitteln zu erweichen oder zu bestechen. Es dürfte das letzte Mal gewesen sein, daß ich einen Menschen anflehte. Erschüttert versprach er mir endlich, die Giftmenge holen zu gehn. Ich wartete bis zum Abend umsonst. Spät in der Nacht erfuhr ich mit Schrecken, daß er in seinem Laboratorium aufgefunden worden war, tot, mit einem Glasfläschchen in Händen. Diese reine Seele, die kein Zugeständnis kannte, hatte es fertiggebracht, ihrem Eid treu zu bleiben, ohne mir etwas zu versagen.

Am nächsten Tage ließ Antoninus sich melden; der aufrichtige Freund konnte kaum die Tränen zurückhalten. Der Gedanke daran, daß ein Mann, den er wie einen

Vater zu lieben und ehren gewohnt war, so litt, daß er den Tod suchte, war ihm unerträglich; er meinte, seiner Sohnespflicht nicht genügt zu haben. Er versprach, im Verein mit meiner Umgebung das Seine zu tun, um mich zu pflegen, meine Leiden zu lindern, mir das Leben bis an das Ende leicht und erträglich zu machen, mich womöglich wiederherzustellen. Er rechnete auf mich, um ihn weiter so lange wie möglich anzuleiten und zu unterweisen; er fühlte sich dem gesamten Reich für den Rest meiner Tage verantwortlich. Ich weiß, was von solchen ohnmächtigen Beteuerungen und treuherzigen Versprechungen zu halten ist; dennoch tun sie mir gut und trösten mich. Antoninus hat mich mit schlichten Worten überzeugt; ich werde meiner wieder Herr, ehe ich sterbe. Der Tod des der ärztlichen Pflicht treugebliebenen Jollas mahnt, bis zuletzt den Anstand zu wahren, den mein Amt als Kaiser mir vorschreibt. *Patientia!* Gestern sprach ich mit Domitius Rogatus, neuerdings Prokurator des Münzwesens, der eine neue Prägung durchzuführen beauftragt ist; ich gab ihm diesen Wahlspruch, der mein letztes Losungswort sein soll. Ich täuschte mich, als ich den Tod, als den persönlichsten meiner Entschlüsse, als letzte Zuflucht des freien Mannes ansah; der Glaube von Millionen von Leuten wie Mastor darf nicht erschüttert werden; kein neuer Jollas soll fürder auf die Probe gestellt werden. Ich sah ein, daß der Selbstmord der kleinen Schar treuer Freunde, die um mich sind, als Beweis von Gleichgültigkeit, vielleicht Undankbarkeit erscheinen würde; ich will in ihre freundschaftliche Erinnerung nicht als der Gefolterte eingehn, der, knirschend vor Qual, weitere Marter nicht erträgt. Langsam stellten sich in der Nacht nach dem Tode des Jollas noch andere Erwägungen ein: das Dasein hat mir viel geschenkt, wenigstens habe ich verstanden, ihm viel abzugewinnen; jetzt sieht es so aus, als hätte es mir nichts mehr zu bieten, genau wie in den Zeiten des Glückes, wenn auch aus dem umgekehrten Grunde wie damals: ob ich aber nicht daraus noch lernen kann, weiß ich nicht, ich will seinen leisen Lehren lauschen bis zuletzt. Mein Leben lang habe ich mich auf die Vernunft meines Leibes verlassen; ich war mit Unterschied bemüht, die Empfindungen, die dieser Freund mir vermittelte, auszukosten; ich bin es mir schuldig, auch die letzten zu würdigen, die er mir auferlegt. So scheue ich vor dem mir verhängten Todeskampf nicht mehr zurück, vor dem Ende, das sich in meinen Adern zusammenbraut, vielleicht von einem Vorfahren geerbt, aus meinem Wesen erwachsen, durch all mein Tun und Lassen im Leben vorbedingt. Ich habe darauf verzichtet, meinen Tod zu beschleunigen.

Alles bleibt zu tun. Mein afrikanischer Domänenbesitz, hinterlassen von meiner Schwiegermutter Matidia, muß zu einem Muster landwirtschaftlicher Nutzung werden; die Bauern des Dorfes Borysthenes, das ich in Thrakien zum Andenken an ein gutes Pferd gründete, haben am Ende des harten Winters einen Anspruch auf Beihilfe; dagegen soll man an die reichen Landwirte im Niltal, die immer die Fürsorge des Kaisers auszubeuten bestrebt sind, keine Zuschüsse leisten; Julius Vestinus, Präfekt des Unterrichtswesens, sendet mir seinen Bericht über die Eröffnung von staatlichen höheren Lehranstalten; eben bin ich mit der Umarbeitung des Handelsgesetzbuches von Palmyra fertig, das alles vorsieht: die Gebühren der Prostituierten und den Zollsatz für die Karawanen. In diesem Augenblick tritt eine Tagung von Ärzten und Beamten zusammen, die über die äußersten Fristen für eine Schwangerschaft befinden soll, um dem ewigen Gezänk vor Gericht ein Ende zu machen. In den Soldatensiedlungen häufen sich die Fälle von Bigamie; ich tue mein Bestes, die Veteranen dahin zu bringen, daß sie die neuen Gesetze nicht mißbrauchen, die ihnen die Ehe gestatten, und nicht mehr als eine Frau heiraten. In Athen baut man ein Pantheon nach Roms Vorbild; ich verfasse die Inschrift, die dort angebracht werden soll; darin zähle ich an Hand der Beispiele und künftigen Pläne die Dienste auf, die ich den griechischen Städten und barbarischen Völkern erwiesen habe; die Rom geleisteten verstehn sich von selbst. Der Kampf gegen die Roheit des Strafvollzuges geht weiter: ich mußte den Statthalter von Kilikien rügen, weil er in seiner Provinz einen Viehdieb unter Martern umbringen ließ, als genügte der einfache Tod nicht, um jemand zu bestrafen und loszuwerden. Staat und Gemeinden wollten aus den Verurteilungen zur Zwangsarbeit unberechtigten Vorteil ziehen, um sich billige Arbeitskräfte zu verschaffen; ich habe dem vorgebeugt, für Sklaven wie für Freie, doch muß darauf geachtet werden, daß der schnöde Brauch nicht unter anderem Namen neu einreißt. Noch immer werden im Gebiet des alten Karthago hie und da Kinder geopfert: es sollte gelingen, den Baalspriestern die Lust zum Schüren der Scheiterhaufen auszutreiben. In Kleinasien haben unsere Gerichte, stets gegen ehemalige Fürsten voreingenommen, die Rechte der Erben der Seleukiden schmählich verletzt; ich sorgte endlich für Wiedergutmachung. In Griechenland dauert der Prozeß des Herodes Atticus noch an. Phlegons Büchse für die Depeschen, seine Schaber aus Bimsstein und seine roten Siegelstäbchen werden mich bis zuletzt begleiten.

Sie halten mich für einen Gott, wie in den Zeiten meines Glückes; noch im Augenblick, wo sie dem Himmel für die Wiederherstellung der Erhabenen Gesundheit opfern, fahren sie fort, mir diesen Titel zu geben. Ich sagte dir schon, weswegen der so wohltuende Glaube mir nicht so unsinnig scheinen will. Eine blinde Greisin kam zu Fuß aus Pannonien; sie hatte die ungeheure Reise unternommen, um mich zu bitten, ihre erloschenen Augäpfel mit dem Finger zu berühren: Genau, wie ihre Inbrunst es ihr versprochen hatte, erlangte sie unter meinen Händen das Licht zurück; das Wunder erklärte sich aus ihrem Glauben an den Gottkaiser. Auch sonst ereigneten sich wundersame Dinge, Kranke behaupten, mich im Traume gesehen zu haben, so wie die Pilger, die nach Epidauros ziehn, den Aesculap; angeblich erwachen sie geheilt oder wenigstens erleichtert. Der Gegensatz zwischen meiner wundertätigen Kraft und meinem Übel entlockt mir kein Lächeln; ernst nehme ich diese neuen Vorrechte auf mich. Die blinde Alte, die aus dem Schoß einer barbarischen Provinz zum Kaiser wandert, wurde mir, was mir einst der Sklave von Tarragona gewesen: Sinnbild der Völker des Reiches, die ich beherrscht und betreut habe. Ihr unermeßliches Vertrauen entlohnt mich für die Arbeit von zwanzig Jahren, die ich nicht allzu ungern vollbrachte. Phlegon las mir jüngst das Werk eines Juden aus Alexandria vor, der mir ebenfalls übermenschliche Fähigkeiten beimißt; ohne Spott nahm ich die Beschreibung des Herrschers im grauen Haar auf, den man auf allen Straßen der Welt sieht, der zu den Schätzen der Erde niedersteigt in die Bergwerke, die zeugenden Kräfte des Bodens weckt, Wohlstand und Frieden bringt, des Eingeweihten, der die heiligen Stätten aller Rassen neu aufbaute, des Zauberkundigen und des Sehers, der ein Kind in den Himmel versetzte. Der begeisterte Jude dürfte mich besser verstanden haben als viele Senatoren und Prokonsuln; dieser versöhnte Gegner ergänzt Arrianus. Ich staune, daß ich schließlich in mancher Augen der geworden bin, der ich zu werden wünschte, und daß so wenig zu diesem Erfolg gehört. Fortan breiten mein Alter, mein naher Tod ihre Majestät über dies Ansehen; mit frommer Ehrfurcht weichen die Leute aus, wo ich daherkomme; nicht mehr wie einst vergleichen sie mich dem geruhsam strahlenden Zeus, sondern dem Mars Gradivus, Gott der langen Kriege und strengen Manneszucht, und dem Numa, der bei den Göttern sich Rat holt; in der letzten Zeit gemahnen mein bleiches Gesicht, mein starrer Blick, mein großer, mit Aufbietung aller Kräfte gestraffter Leib sie an Pluto, den Gott der Schatten. Der traurigen Ansteckung mit dieser Ehrfurcht entgehen nur einige Vertraute, erprobte und liebe Freunde. Der junge Advokat

Fronto, der eine glänzende Ämterlaufbahn vor sich haben dürfte und vielleicht einst zu den brauchbaren Dienern deiner Regierung zählen wird, kam, um eine Adresse, die er im Senat einbringen muß, mit mir zu besprechen; auch in seinen Augen las ich jene mit Scheu gemischte Ehrerbietung. Den stillen Freuden der Freundschaft muß ich fortan entsagen. Die Menschen verehren, vergöttern mich zu sehr, als daß sie mich liebten.

Mir wurde ein Glück zuteil, das dem erfolgreichen Gärtner ähnelt: was ich der menschlichen Phantasie einzupflanzen versuchte, schlug Wurzel. Von allem, was ich tat, mutete der Antinouskult am verrücktesten an, das Überströmen eines Schmerzes, der mich allein anging. Doch ist unsere Zeit auf Götter erpicht: die leidenschaftlichsten sind ihr recht und die traurigsten, Gottheiten, die den Wein des Lebens mit einem bitteren Tropfen von Jenseits versetzen. In Delphi ist das Kind zum schwellenhütenden Hermes geworden, zum Herren über die dunklen Wege, die zu den Schatten führen. Eleusis, das ihm einst wegen seiner Jugend und als Ausländer die Weihen an meiner Seite verwehrte, hat ihn zum jungen Bacchus der Mysterien gemacht, der die Grenzbezirke zwischen Sinnen und Seele beherrscht. Arkadien, das Land seiner Väter, gesellt ihn Pan und Diana, den Gottheiten des Waldes, die Bauern von Tibur gleichen ihn dem Aristäus, dem sanften König der Bienen, an. Am Saum der barbarischen Welt ward der Gefährte meiner Jagden und Reisen zum Thrakischen Reiter, dem geheimnisvoll im Vollmond über die Flur Sprengenden, der in einer Falte des Mantels die Seelen davonträgt. All dies brauchte schließlich nicht mehr zu sein als ein Auswuchs des amtlichen Kults, eine Schmeichelei der Völker, eine Verbeugung nach Geldspenden lüsterner Priester. Doch entschlüpft mir dies junge Gesicht; es fügt sich den Wünschen der schlichten Einfalt. Auf Grund eines jener Ausgleiche, wie sie im Wesen der Dinge liegen, wurde der düstere, herrliche Knabe im Glauben des Volkes zum Helfer der

Schwachen und Armen, zum Tröster der toten Kinder. Bilder der bithynischen Münzen, die das Profil des Fünfzehnjährigen zeigen, mit wallenden Locken und jenem erstaunten, gläubigen Lächeln, das ihm nicht bleiben sollte, hängen als Amulette am Halse der Neugeborenen; auf ländlichen Friedhöfen findet man sie an den kleinen Gräbern befestigt. Bedachte ich früher mein eigenes Ende, wie ein Lotse meinetwegen unbekümmert, doch zitternd für Reisende und Ladung, sagte ich mir wohl bitter, daß diese Erinnerung mit mir erlöschen würde; ich glaubte, es müßte dies junge, im Schoß meines Gedächtnisses so sorglich verwahrte Geschöpf zum zweiten Male sterben. Die begründete Furcht wurde ein wenig beschwichtigt; so gut ich konnte, habe ich diesen vorzeitigen Tod wettgemacht; ein Bild, ein Abglanz, ein matter Widerhall wird noch einige Jahrhunderte fortleben. Mehr schafft man in Sachen der Unsterblichkeit schwerlich.

Ich habe Fidus Aquila, Statthalter von Antinoë, auf dem Wege nach seinem neuen Posten von Sarmizegetusa wiedergesehen. Er beschrieb mir die jährlichen Riten, die am Nilufer zu Ehren des toten Gottes vor sich gehen, die Pilger, die von Norden und Süden kommen, die Opferspenden aus Bier und Getreide, die Gebete; alle drei Jahre werden in Antinoë am Todestag Spiele abgehalten, wie auch in Alexandria, in Mantinea und in meinem lieben Athen. In diesem Herbst sind diese dreijährigen Spiele wieder fällig, doch hoffe ich, die neunte Wiederkehr des Monates Athyr nicht mehr zu erleben. Um so wichtiger ist, daß jede Einzelheit der Festlichkeit vorher geregelt wird. Das Orakel des Verstorbenen arbeitet in der Geheimzelle des auf meine Veranlassung wiederhergestellten Pharaonentempels; die Priester erteilen täglich einige Hunderte von Antworten, die auf alle Fragen, die der hoffende oder fürchtende Mensch stellen mag, Rat wissen. Man hat es mir vorgeworfen, daß ich selber einige dieser Antworten verfaßt habe. Damit wollte ich nicht die Ehrfurcht vor meinem Gott verletzen noch es an Mitgefühl fehlen lassen mit der Soldatenfrau, die fragt, ob ihr Mann lebend von seinem Standort in Palästina heimkommen wird, mit jenem Kranken, der getröstet sein will, mit jenem Kaufmann, dessen Schiffe auf den Wogen des Roten Meeres einhertreiben, mit jenem Paar, das einen Sohn ersehnt. Höchstens, daß ich so das Spiel der Buchstabenrätsel und Scharaden, dem wir manchmal oblagen, fortsetzte. Auch darüber hat man sich aufgehalten, daß hier in der Villa, rings um die Kapelle von Kanopos, wo er nach ägyptischem Ritus verehrt wird, Lusthäuser nach dem Muster dieser Vorstadt von Alexandria erstehen durften, und zwar mit all jenen Annehmlichkeiten und leichtfertigen Zerstreuungen, die ich, nicht ohne mich selbst bisweilen daran zu ergötzen, meinen Gästen biete. Ihm waren diese Dinge zur Gewohnheit geworden. Und man verkapselt sich nicht jahrelang in einem einzigen Gedanken, ohne allmählich seine Lebensgepflogenheiten mit hineinzunehmen.

Ich habe getan, was empfohlen wird. Ich habe gewartet. Ich habe manchmal gebetet. *Audivi voces divinas*... Die törichte Julia Balbilla vermeinte im Morgenrot Memnons geheimnisvolle Stimme zu hören: ich habe dem nächtlichen Rauschen gelauscht. Ich habe es an Salben nicht fehlen lassen, die, aus Honig und Rosenöl gemengt, die Schatten locken; ich habe ihnen den Napf voll Milch, die Handvoll Salz, den Tropfen Blut bereitgestellt, deren ihr früheres Dasein bedurfte. Ich habe mich hingestreckt auf die Marmorfliesen des kleinen Heiligtumes; das Licht der Sterne drang durch die eingelassenen Mauerspalten, huschte zitternd hin und her, gab irgendwo fahlen Widerschein. Ich rief mir die Beschwörung ins Gedächtnis, die Worte, die die Priester dem Toten ins Ohr geraunt hatten, und das dem Grabe eingemeißelte Reisegebet: *Und er wird seinen Weg finden... Und die Hüter der Schwelle werden ihn einlassen... Und sein Kommen und Gehn wird sein um die, die ihn lieben Millionen von Jahren...* Zuweilen, in großen Abständen, meinte ich den Hauch eines Nahens zu spüren, eine Berührung, leicht wie von Augenwimpern, lau wie eine Handfläche. *Und der Schatten des Patroklos erscheint neben Achill ...* Ob diese Wärme, dieser sanfte Hauch nicht einfach aus meinem Inneren kamen, letzte Aufwallungen eines, der gegen Einsamkeit und Nachtkälte ankämpft, das werde ich nie erfahren. Aber die Frage, die sich auch stellt, wenn wir Lebende lieben, hat aufgehört mich zu kümmern; wenig verschlägt es, ob die Schemen, die ich rufe, aus dem Dämmerlicht meines Gedächtnisses emporsteigen, ob aus dem einer anderen Welt. Meine Seele ist, sollte ich eine besitzen, aus dem gleichen Stoffe gemacht wie die Geister; dieser Leib mit seinen geschwollenen Händen und den fahlen Nägeln, diese armselige, halb zerfließende Masse, dieser Schlauch voll Leiden, Begierden und Träumen ist kaum fester und gegenständlicher als ein Schatten. Nur dadurch unterscheide ich mich von den Toten, daß ich noch kurze Zeit nach Luft schnappen darf; ihr Dasein dünkt mich in einer Hinsicht gesicherter als das meine. Antinous und Plotina sind mindestens ebenso wirklich wie ich.

Das Sinnen über den Tod unterweist nicht im Sterben; es erleichtert den Abgang nicht, doch ist es ja keine Erleichterung, auf die ich noch aus bin. Eigenwilliger, kleiner Trotzkopf, nicht meinem Leben hat dein Opfer gefrommt, wohl aber meinem Tode. Sein Herannahen begründet zwischen uns wieder eine enge Verschworenheit: die Lebenden um mich, die treuen, manchmal lästigen Diener, werden nie ahnen, wie wenig uns noch an der Welt liegt. Mit Abscheu denke ich an die schwarzen Sinnbilder der ägyptischen Gräber, den spröden Skarabaeus, die starre Mumie, den ewig gebärenden Frosch. Nach den Priestern zu urteilen, hätte ich dich dort gelassen, wo die Bestandteile eines Wesens zerreißen wie ein altes Kleid, daran man zerrt, am düsteren Kreuzweg zwischen dem, was immer bleibt, dem, was war, und dem, was sein wird. Mag sein, daß diese Leute recht haben, daß der Tod aus dem gleichen wirren und flüchtigen Stoff gemacht ist wie das Leben. Doch flößen mir alle Lehren von der Unsterblichkeit Mißtrauen ein; die Einrichtung der Belohnungen und Strafen läßt den Richter kalt, der weiß, wie schwer es ist, zu richten. Andrerseits kommt es auch vor, daß mir die umgekehrte Lösung, das reine Nichts, die hohle Leere, wo Epikurs Lachen schallt, zu einfach erscheinen will. Ich beobachte, wie ich sterbe: die lange Reihe von Versuchen, die ich mit mir anstellte, setzt das lange Studium fort, das in des Satyrus Klinik begonnen hat. Bis jetzt habe ich mich nur oberflächlich verändert, etwa wie ein Denkmal, dessen Stoff und Bauart Zeit und Witterung nichts anhaben können. Zuweilen ist mir, als schaute und spürte ich durch die Risse hindurch die unzerstörbaren Grundlagen, den ewigen Urstein. Ich bin, der ich war; ich sterbe unverändert. Auf den ersten Blick mag es scheinen, als sei das stämmige Kind der hispanischen Gärten, als sei der strebsame Offizier, der, den Schnee von den Schultern schüttelnd, sein Zelt betritt, ebenso ausgelöscht, wie ich es sein werde, wenn mich die Flammen verzehrt haben, und doch sind beide da, von mir nicht zu trennen. Der Mann, der an der Brust eines Toten laut aufheulte, jammert immer noch fort in einem Winkel meines Ichs, trotz jener mehr als menschlichen oder nicht mehr menschlichen Ruhe, die schon mein Teil wurde; der Reisende, der in dem fortan unbeweglichen Kranken steckt, ist neugierig auf den Tod, weil er einen Aufbruch bedeutet. Jene Kraft, die mein Ich war, scheint immer noch fähig, mehr als ein Leben zu formen, ja Welten aus den Angeln zu heben. Wollte es ein Wunder, daß den wenigen Tagen, die mir bleiben, Jahrhunderte zugelegt würden, so täte ich noch einmal das gleiche, beginge die gleichen Fehler, durchwanderte die gleichen olympischen Höhen und die gleichen Höllen. Läßt eine solche Feststellung sich wohl als Beweis dafür anführen, daß der Tod nützlich ist, läßt sie mir gleichzeitig seine volle Wirklichkeit fraglich erscheinen.

Zu manchen Zeiten meines Lebens habe ich meine Träume aufgezeichnet; ihre Bedeutung erörterte ich mit Priestern, Philosophen und Astrologen. Seit Jahren eingeschlafen, stellte diese Gabe des Träumens sich mit dem Todeskampfe wieder ein; was sich in wachem Zustand abspielt, wird als weniger wirklich, zuweilen als weniger peinlich empfunden als diese Träume. Sollte diese Welt der Larven und Schemen, wo Seichtheit und Aberwitz noch üppiger wuchern als auf der Erde, uns eine Vorstellung von der Lage der Seele geben, die sich vom Leibe gelöst hat, werde ich wohl meine Ewigkeit damit verbringen, daß ich mich nach der Menschenvernunft zurücksehne, wie sie so herrlich die Sinne regiert, die Anschauungen zurechtrückt. Gleichwohl versinke ich nicht ungern in den eitlen Gefilden der Träume; für einen Augenblick offenbaren sich mir dort gewisse Geheimnisse, um bald wieder zu schwinden; ich trinke an den Quellen. Neulich war ich in der Oase von Ammon, am Abend der Jagd auf das Großwild. Ich war heiter; alles verlief wie in den Zeiten der Kraftfülle: der verwundete Löwe brach nieder und erhob sich; ich stürzte herbei, ihn zu töten. Diesmal jedoch warf mich das sich bäumende Pferd ab; die blutige Masse wälzte sich über mich hin; Krallen zerfleischten meine Brust; um Hilfe rufend, fand ich mich in meinem Zimmer zu Tibur. Ganz kürzlich sah ich den Vater wieder, an den ich doch selten denke. Er lag auf seinem Krankenbett, in einem Raum unseres Hauses in Italica, das ich so bald nach seinem Tode verlassen habe. Auf seinem Tisch war ein Fläschchen mit einem Schlummertrunk, das ich ihn mir zu geben bat. Ich erwachte, ohne daß er Zeit gehabt hätte zu antworten. Ich wundere mich, daß die meisten sich so vor Gespenstern fürchten, obschon sie sich so leicht dazu verstehn, in ihren Träumen mit den Toten zu sprechen.

Auch die Vorzeichen nehmen zu: fortan ist alles Hinweis und Zeichen. Eben ließ ich einen wertvollen Stein aus der Fassung eines Ringes fallen, so daß er zerbrach;

darein war mein Profil von einem griechischen Künstler geschnitten. Ernst schütteln die Auguren das Haupt; mir ist es leid um das schöne Kunstwerk. Es unterläuft mir, daß ich in der Vergangenheit von mir spreche: als im Senat gewisse Vorgänge, die sich nach dem Tode des Lucius ereigneten, erörtert wurden, versprach ich mich mehrmals, ich ertappte mich dabei, daß ich diese Ereignisse behandelte, als seien sie nach meinem Tode eingetreten. Als ich vor einigen Monaten an meinem Geburtstage in der Sänfte die Treppe zum Kapitol emporgetragen wurde, begegnete mir ein weinender Mann in Trauerkleidung; ich sah, wie mein alter Chabrias erbleichte. Damals ging ich noch aus; ich versah immer noch meinen Dienst als Arvalbruder und als Pontifex Maximus, ich nahm die alten Riten unserer römischen Religion wahr, die ich schließlich der Mehrzahl der fremden Kulte vorziehe. Ich stand aufrecht vor dem Altar und wollte eben die Flamme entzünden, als der Zipfel meiner Toga, der mir die Stirn deckte, abglitt und auf die Schulter fiel, so daß ich barhäuptig dastand. So vertauschte ich die Rolle des Opfernden mit der des Opfers. Und wirklich ist jetzt die Reihe an mir.

Meine Geduld trägt Früchte; ich leide weniger; fast tut es wieder gut, zu leben. Ich streite mich nicht mehr mit den Ärzten; ihre blöden Mittel bringen mich um; doch sind wir an ihrer Aufgeblasenheit und heuchlerischen Wichtigtuerei selber schuld; wenn wir uns nicht so davor fürchteten, zu leiden, würden sie nicht so lügen. Zu Wutanfällen wie einst bin ich zu schwach geworden; ich weiß aus sicherer Quelle, daß Platorius Nepos, der mir sehr lieb war, mein Vertrauen mißbrauchte; ich habe darauf verzichtet, ihn zur Rede zu stellen, und strafte ihn nicht. Die Zukunft der Welt ficht mich nicht mehr an; ich habe es aufgegeben, sorgenvoll die mehr oder weniger lange Dauer des römischen Friedens zu veranschlagen; des mögen die Götter walten. Nicht daß ich mehr Vertrauen in ihre Gerechtigkeit hegte, die nicht die unsere ist, oder in die Weisheit der Menschen, im Gegenteil. Das Leben ist grausam; wir wissen es. Doch eben weil ich mir in unserer menschlichen Lage wenig verspreche, erscheinen mir die Zeiten des Glücks, die teilweisen Fortschritte, die Anläufe zu neuem Beginnen und zur Stetigkeit wie ebenso viele Wunder, die beinahe die ungeheure Masse von Leiden, Rückschlägen, Versäumnissen und Fehlern aufwiegen. Es werden Katastrophen kommen und Verheerungen; die Unordnung wird siegen, von Zeit zu Zeit aber auch die Ordnung. Zwischen Reihen von Kriegen wird sich immer wieder der Friede durchsetzen; die Worte Freiheit, Menschlichkeit und Gerechtigkeit werden bisweilen wieder den Sinn erlangen, den wir ihnen zu geben bestrebt waren. Unsere Schriften werden nicht sämtlich verlorengehn; man wird unsere zerbrochenen Statuen instand setzen; aus unseren Kuppeln und Giebeln werden andere Kuppeln und Giebel hervorgehen. Es wird immer einige Menschen geben, die denken, arbeiten und fühlen wie wir: ich wage es, auf diese Fortführenden zu zählen, die in unregelmäßigen Abständen längs der Straße der Jahrhunderte stehn, auf eine Unsterblichkeit, die, oft aussetzend, dennoch überlebt. Wenn je die Barbaren sich der Weltherrschaft bemächtigen sollten, würden sie manche unserer Methoden annehmen müssen und schließlich uns ähneln. Chabrias fürchtet, es könnte eines Tages der Pastophoros des Mithras oder der christliche Bischof in Rom Fuß fassen und den Pontifex verdrängen. Sollte das Unglück es wollen, daß dieser Tag anbricht, so hätte mein Nachfolger auf dem vatikanischen Ufer aufgehört, einem Klüngel von Anhängern oder einer Sektiererbande vorzustehen, um seinerseits zu einem der großen Häupter der weltumspannenden Obrigkeit zu werden. Er wird unsere Paläste und Archive erben; so anders als wir wird er nicht sein, wie man meint. Ich sehe diesen Wandlungen im ewigen Rom mit Ruhe entgegen.

Die Arzneien wirken nicht mehr; die Beine schwellen immer stärker an; ich schlafe eher im Sitzen als liegend.

Einer von den Vorteilen, die der Tod mit sich bringt, ist, daß man sich wieder auf das Bett strecken darf. Jetzt ist es an mir, Antoninus zu trösten. Ich erinnere daran, daß ich den Tod längst für die beste Lösung meines eigenen Problems halte; wie immer gehen meine Wünsche schließlich in Erfüllung, freilich langsamer und umständlicher, als man geglaubt hatte. Ich schätze mich glücklich, daß die Krankheit mich bis zuletzt bei klarem Verstande ließ; ich bin froh, daß mir die Prüfung des hohen Alters erspart blieb, daß ich diese Verhärtung, diese Starre, dies Eintrocknen nicht zu erleben brauchte und diese grauenhafte Wunschlosigkeit. Rechne ich richtig, so starb meine Mutter etwa in dem Alter, das ich jetzt erreicht habe; mein Leben ist schon um die Hälfte länger als das meines Vaters, der mit vierzig Jahren starb. Alles ist fertig. Der Adler, der die Seele des Kaisers zu den Göttern zu tragen bestimmt ist, wird für die Trauerfeier bereitgehalten. Mein Mausoleum, auf dessen Gipfel man eben die Zypressen pflanzt, die sich hoch im Himmel zur schwarzen Pyramide fügen sollen, wird ungefähr rechtzeitig vollendet sein, um die noch warme Asche aufzunehmen. Ich habe Antoninus gebeten, auch Sabina dorthin überführen zu lassen; ich hatte verabsäumt, ihr nach ihrem Tode die göttlichen Ehren zuerkennen zu lassen, die ihr schließlich gebühren; es würde nichts schaden, wenn das Versäumte nachgeholt würde. Und ich möchte, daß des Aelius Caesar Reste an meiner Seite ruhn.

Sie haben mich nach Bajae gebracht; bei dieser Julihitze war die Reise beschwerlich, doch atme ich am Meere freier. Das zärtliche Murmeln der Wellen am Strande ist wie knisternde Seide; noch freue ich mich der langen, rosigen Abende. Aber die Schreibtäfelchen halte ich nur noch, um die Hände zu beschäftigen, die sonst umherfahren. Ich habe nach Antoninus geschickt; der Kurier ist mit verhängten Zügeln nach Rom abgeritten. Die Hufe dröhnen – Borysthenes, der Galopp des Thrakischen Reiters ... Die kleine Schar der Vertrauten drängt sich um mein Lager. Armer Chabrias: zu den Runzeln des Greises passen die Tränen so schlecht. Celers schönes Antlitz ist merkwürdig ruhig, wie immer; er ist als Pfleger bedacht, zu vermeiden, was den Kranken noch mehr aufregen oder anstrengen könnte. Aber Diotimos schluchzt, den Kopf in die Kissen vergraben. Ich habe für seine Zukunft gesorgt; er mag Italien nicht; er kann seinen Traum verwirklichen, nach Gadara heimkehren und dort mit einem Freunde eine Schule der Redekunst aufmachen; er hat an meinem Tode nichts zu verlieren. Und dennoch zuckt die schmale Schulter unter den Falten der Tunika krampfhaft; ich spüre unter den Händen das Geschenk dieses Schmerzes. So wäre Hadrian bis zum letzten Atemzuge geliebt worden.

Seelchen, freundliches, wanderlustiges Seelchen, Gefährtin meines Leibes, der dir Gastfreundschaft bot, jetzt geht es hinab in jene bleichen, herben, kahlen Gefilde, wo du den Spielen entsagen mußt, die du liebtest. Verweile noch einen Augenblick, betrachten wir noch einmal die vertrauten Ufer und die Dinge, die wir wohl nie wiedersehen werden ... Wir wollen versuchen, sehenden Auges in den Tod einzugehn.

DEM GÖTTLICHEN HADRIANUS AUGUSTUS
SOHN DES TRAJAN SIEGER ÜBER DIE PARTHER
ENKEL DES NERVA
PONTIFEX MAXIMUS
ZUM XXII MALE MIT DER
TRIBUNICISCHEN GEWALT BEKLEIDET
DREI MAL CONSUL ZWEI MAL TRIUMPHATOR
VATER DES VATERLANDES
UND SEINER GÖTTLICHEN GEMAHLIN
SABINA
ANTONINUS BEIDER SOHN

DEM LUCIUS AELIUS CAESAR
SOHN DES GÖTTLICHEN HADRIANUS
ZWEI MAL CONSUL

Hadrian.
AD 76 – 136

Notizen zur Entstehung des Buches

Dieses Buch ist ganz oder zu Teilen in verschiedenerlei Gestalt zwischen 1924 und 1929, zwischen meinem zwanzigsten und fünfundzwanzigsten Lebensjahr, geplant und dann niedergeschrieben worden. Die Manuskripte habe ich allesamt vernichtet, und sie waren es wert, vernichtet zu werden.

In einem Band Flaubert-Briefe jenen unvergeßlichen Satz wiedergefunden, den ich um 1927 häufig las und dick unterstrich: *Als es die Götter nicht mehr gab und Christus noch nicht, war zwischen Cicero und Marc Aurel ein einmaliger Augenblick entstanden, in dem der Mensch für sich existierte.* Ein großer Teil meines Lebens sollte in dem Bemühen vergehen, diesen alleingelassenen und doch allem verbundenen Menschen zu bestimmen und ihm dann Farbe zu verleihen.

1934 wiederbegonnen mit der Arbeit; langwierige Forschungen, etwa fünfzehn geschriebene, endgültig geglaubte Seiten; zwischen 1934 und 1937 den Plan etliche Male neu aufgenommen und verworfen.

Lange Zeit stellte ich mir das Werk als eine Folge von Dialogen vor, darin alle Stimmen der Zeit sich Gehör hätten verschaffen sollen. Aber was ich auch tat, das Einzelne drängte sich vor das Gesamte; die Teile gefährdeten das Gleichgewicht des Ganzen; Hadrians Stimme ging in all den Schreien unter. Es gelang mir nicht, diese Welt, von einem Menschen gesehen und vernommen, zu ordnen.

Der einzige Satz, der nach der Überarbeitung von 1934 stehenbleibt: *Ich sehe allmählich den Umriß meines To-*

des Gestalt annehmen. Wie ein Maler, nachdem er vor der Horizontlinie seine Staffelei unablässig einmal nach rechts, einmal nach links gerückt hat, so hatte ich endlich den Blickwinkel des Buches gefunden.

Ein Menschenleben, das bekannt, vollendet und von der Geschichte sichergestellt ist (soweit es dies je sein kann), so betrachten, daß mit einem Schlag sein ganzer Bogen erfaßt wird. Viel mehr noch: den Zeitpunkt bestimmen, da der Mensch, der dieses Leben gelebt hat, es in die Waagschale wirft, überprüft und vorübergehend in der Lage ist, darüber zu richten. Derart vorgehen, daß er seinem Dasein so gegenübersteht wie wir.

Die Morgen in der Villa Hadriana; die unzähligen Abende in den kleinen Cafés, die das Olympieion säumen; das unaufhörliche Getriebe auf den griechischen Meeren; die Straßen Kleinasiens. Um diese meine Erinnerungen einsetzen zu können, mußten sie mir so fern werden wie das 2. Jahrhundert.

Erfahrungen mit der Zeit: achtzehn Tage, achtzehn Monate, achtzehn Jahre, achtzehn Jahrhunderte. Regloses Überleben von Statuen, die, wie das Haupt des Antinous Mondragone im Louvre, im Inneren jener *toten* Zeit lebendig geblieben sind. Das gleiche Problem in Fristen menschlicher Generationen betrachtet; zwei Dutzend abgezehrte Händepaare, etwa fünfundzwanzig Greise würden genügen, um eine lückenlose Verbindung zwischen Hadrian und uns herzustellen.

1937, während eines ersten Aufenthaltes in den Vereinigten Staaten, trieb ich an der Yale-Universität einige Studien zu diesem Buch; ich schrieb die Passagen über die ärztliche Beratung und die über den Verzicht auf körperliche Ertüchtigung. Diese Abschnitte sind in überarbeiteter Form in die vorliegende Fassung eingegangen.

Auf jeden Fall war ich zu jung. Es gibt Bücher, an die man sich erst heranwagen darf, wenn man die Vierzig überschritten hat. Vorher läuft man Gefahr, die großen natürlichen Grenzen zu übersehen, die von Mensch zu Mensch, von Jahrhundert zu Jahrhundert durch die unendliche Vielfalt der Wesen gehen; oder man mißt im Gegenteil den kleinen Verwaltungseinheiten, den Zoll- und Schilderhäuschen zu viel Bedeutung zu. Ich brauchte diese Jahre, um die Entfernung zwischen dem Kaiser und mir richtig einschätzen zu lernen.

Zwischen 1937 und 1939 ließ ich die Arbeit an diesem Buch (außer während weniger Tage in Paris).

Begegnung mit dem Vermächtnis von T. E. Lawrence, der in Kleinasien die Erinnerung an Hadrian wiederbelebte. Aber Hadrians Hintergrund ist nicht die Wüste, es sind die Hügel von Athen. Je mehr ich darüber nachdachte, um so stärker ließ mich das Abenteuer eines Menschen, der entsagt (und erst einmal sich versagt), wünschen, durch Hadrian den Gesichtspunkt des Mannes darzustellen, der nicht verzichtet oder nur hier verzichtet, um anderswo anzunehmen. Es versteht sich übrigens von selbst, daß Askese und Hedonismus in vielen Punkten austauschbar sind.

Im Oktober 1939 blieb das Manuskript in Europa zurück, mit dem größten Teil der Notizen; doch nahm ich in die Vereinigten Staaten die paar Resümees mit, die ich damals in Yale gemacht hatte, eine Karte des Römischen Reiches zu Trajans Tod, die ich seit Jahren mit mir führte, sowie das Profil des Antinous aus dem Archäologischen Museum von Florenz, das ich dort 1926 erstanden hatte und worauf er jung, ernst und anmutig aussieht.

In den Jahren 1939 bis 1948 den Plan aufgegeben. Manchmal dachte ich noch daran, aber mit Entmutigung, ja fast mit Gleichgültigkeit, wie an etwas Unerreichbares. Und mit ein wenig Scham, jemals dergleichen gewagt zu haben.

Hinabtauchen in die Verzweiflung eines Schriftstellers, der nicht schreibt.

In den schlimmsten Stunden der Mutlosigkeit und Schwäche ging ich in das schöne Museum von Hartford (Connecticut), um immer wieder ein römisches Bild Canalettos anzusehen: Braun und golden zeichnet sich das Pantheon gegen den blauen Himmel eines späten Sommernachmittages ab. Ich verließ es jedesmal frohen Mutes und innerlich erwärmt.

Um 1941 kauften G. und ich vier Stiche von Piranesi, die ich durch Zufall bei einem farbigen Händler in New York entdeckt hatte. Einer davon, eine mir bis dahin nicht bekannte Ansicht der Hadrianischen Villa, stellt den Canopus dar, aus dem im 17. Jahrhundert der Antinous im ägyptischen Stil und die basaltenen Statuen der Priesterinnen geborgen wurden, die heute im Vatikan zu sehen sind. Ein runder, wie eine Schädeldecke aufgeplatzter Bau, aus dem unbestimmtes Buschwerk wie Haarsträhnen hängt. Das fast mediale Genie Piranesis hat in ihm die Halluzination, die langen Pfade der Erinnerung, die tragische Architektur einer inneren Welt gewittert. Mehrere Jahre hindurch habe ich dieses Bild fast täglich betrachtet – ohne einen Gedanken an mein Vorhaben von damals, das mir aus dem Sinn gekommen zu sein schien. Solcherart sind die seltsamen Umwege dessen, was man Vergessen nennt.

Als ich im Frühjahr 1947 meine Schriften ordnete, verbrannte ich die Notizen, die ich in Yale gemacht hatte: Sie schienen endgültig unbrauchbar geworden.

Dennoch erscheint der Name Hadrian in einem Essay über die griechischen Mythen, den ich 1934 verfaßte und der von Caillois in den ›Lettres Françaises‹ in Buenos Aires publiziert wurde. 1945 gelangt das Bild des ertrunkenen Antinous, das gewissermaßen von diesem Strom des Vergessens getragen worden war, in einem bislang unveröffentlichten Essay, ›Lobgesang der freien Seele‹, den ich kurz vor dem Beginn einer schweren Krankheit schrieb, wieder an die Oberfläche.

Sich unentwegt sagen, daß alles, was ich hier erzähle, verfälscht wird durch das, was ich nicht erzähle; diese Notizen umkreisen nur eine Lücke. Es geht hier nicht darum, was ich in diesen schlimmen Jahren tat, es geht auch nicht um meine Gedanken, meine Arbeit, meine Ängste, meine Freuden, nicht um den gewaltigen Widerhall der äußeren Ereignisse, nicht um die unablässige Selbstbewährung am Prüfstein der Geschehnisse. Ich übergehe auch die Erfahrungen mit der Krankheit und andere, geheimere, die ihnen folgten, und verschweige die immerwährende Gegenwart der Liebe und die Suche nach ihr.

Gleichviel: vielleicht brauchte ich diese Aufhebung der Kontinuität, diesen Riß, diese Nacht der Seele, die so viele von uns damals erlitten, jeder auf seine Weise und oftmals tragischer und unwiderruflicher als ich, wie eine Verpflichtung, nicht nur den Abstand, der mich von Hadrian trennte, zu überwinden, sondern vor allem jenen von mir selbst.

Die Nützlichkeit all dessen, was man ohne Berechnung nur für sich selber tut. In den Jahren des Entwurzeltseins hatte ich die Lektüre der antiken Autoren fortgesetzt: Die grün oder rot gebundenen Bände der *Loeb-Heinemann*-Ausgaben waren mir eine Heimat geworden. Die beste Art, die Gedankenwelt eines Menschen nachzuschaffen: seine Bibliothek wiederherzustellen. Im Laufe jener Zeit hatte ich so, im voraus und ohne mein Wissen, daran gearbeitet, die Regale von Tibur wiederaufzufüllen. Mir blieb nur noch, die geschwollenen Hände eines Kranken auf den entrollten Manuskripten zu ersinnen.

Von innen nachschaffen, was die Archäologen des 19. Jahrhunderts von außen her getan haben.

Im Dezember 1948 bekam ich aus der Schweiz, wo ich ihn während des Krieges zurückgelassen hatte, einen Koffer mit Familienurkunden und zehn Jahre alten Briefen. Ich setzte mich ans Feuer, um mit dieser fürchterlichen Art von Nachlaßinventur zu Rande zu kommen; ich verbrachte so mehrere Abende allein. Ich nahm ganze Stöße von Briefen auseinander; ich überflog, bevor ich sie vernichtete, diese Anhäufung von Korrespondenz mit Leuten, die ich vergessen und die mich vergessen hatten, einige lebend, andere tot. Etliche dieser Papiere stammten aus der vorangegangenen Generation: selbst die Namen sagten mir nichts. Mechanisch warf ich diesen Austausch toter Gedanken mit einer Marie, einem François oder Paul, alle längst entschwunden, ins Feuer. Ich entfaltete vier, fünf maschinengeschriebene Blätter; das Papier war vergilbt. Ich las die Überschrift: *Mein lieber Marcus...* Marcus.... Von welchem entfernten Freund, Geliebten, Verwandten war hier die Rede? Ich erinnerte mich an keinen solchen Namen. Eine Weile brauchte ich, ehe ich mich entsann, daß mit *Marcus* Marc Aurel gemeint war und daß ich ein Fragment des verlorengegangenen Manuskripts vor Augen hatte. Von diesem Augenblick an ging es nur noch darum, dieses Buch neu zu schreiben, koste es, was es wolle.

In jener Nacht schlug ich zwei von den mir ebenfalls zurückerstatteten Büchern wieder auf, Reste einer verstreuten Bibliothek. Es waren Dio Cassius in dem schönen Druck von Henri Estienne und ein Band irgendeiner Ausgabe der ›Historia Augusta‹, die beiden wichtigsten Quellen zu Hadrians Leben. Ich hatte sie zu der Zeit gekauft, als ich mich mit dem Gedanken trug, dieses Buch zu schreiben. Alles, was die Welt und ich in der Zwischenzeit durchgemacht hatten, bereicherte diese Chroniken einer verflossenen Zeit, warf auf das kaiserliche Leben ein neues Licht, neue Schatten. Damals hatte ich hauptsächlich an den Gelehrten, den Reisenden, den Dichter und Liebhaber gedacht; nichts davon war verlorengegangen, nur sah ich zum ersten Mal unter all diesen Gesichtern jenes zugleich öffentlichste und verborgenste sich in aller Schärfe abzeichnen: das des Kaisers. Das Leben in einer auseinanderbrechenden Welt hatte mir die Bedeutung des Fürsten vor Augen geführt.

Ich fand Gefallen daran, dieses Porträt eines fast weisen Mannes zu erschaffen und wieder zu erschaffen.

Nur eine andere geschichtliche Persönlichkeit hat mich mit ähnlicher Macht angezogen: Omar Chaijam, der Dichter-Astronom. Aber Chaijams Leben ist Kontemplation und pure Verachtung; die Welt der Taten war ihm völlig fremd. Überdies kenne ich weder Persien noch seine Sprache.

Unmöglich auch, eine Frau zur Hauptfigur zu machen, zum Beispiel Plotina anstelle von Hadrian die Trägerrolle meiner Erzählung zu übertragen. Das Dasein der Frauen ist zu begrenzt und zu verborgen. Erzählte eine Frau ihr Leben, es träfe sie sogleich der Vorwurf, keine Frau mehr zu sein. Es ist schon schwer genug, einem Mann ein Quentchen Wahrheit in den Mund zu legen.

Ich fuhr nach Taos in Neu-Mexiko. Ich nahm die leeren Blätter mit, auf denen ich dieses Buch neu beginnen wollte: ein Schwimmer, der sich in die Fluten stürzt und nicht weiß, ob er das andere Ufer je erreichen wird. Von New York bis Chikago saß ich, begraben in meinem Schlafwagen wie in einer Katakombe, bis spät in die Nacht und arbeitete. Weiter den ganzen nächsten Tag in einem Chikagoer Bahnhofsrestaurant, wo ich auf einen Zug wartete, der durch Schneesturm aufgehalten worden war. Dann wieder bis zum Morgengrauen, allein im Aufsichtswagen des Eilzuges nach Santa Fe, begleitet von den schwarzen Bergrücken des Coloradogebirges und der ewigen Gestalt der Gestirne. In einem Atemzug wurden so die Abschnitte über das Essen, die Liebe, den Schlaf und die Kenntnis der menschlichen Natur niedergeschrieben. Ich erinnere mich kaum eines leidenschaftlicheren Tages noch lichterer Nächte.

Ich überspringe eiligst drei Jahre Forschungen, interessant nur für Fachleute, sowie die Ausarbeitung einer Methode des Phantasierens, die allenfalls Phantasten interessieren würde. Immer noch nimmt dieses Wort das schönste Moment der Romantik für sich in Anspruch: Sprechen wir lieber von einem beharrlichen und nach bestem Vermögen scharfsichtigen Beteiligtsein an Vergangenem.

Mit einem Bein in der Gelehrsamkeit, mit dem anderen in der Magie, genauer und unverblümter: in jener *sympathetischen Magie,* die darin besteht, sich gedanklich in das Innere eines anderen hineinversetzen zu können.

Abbild einer Stimme. Wenn ich mich entschieden habe, die Erinnerungen des Hadrian in der ersten Person zu schreiben, so deshalb, um möglichst jeglichen Vermittler auszuschalten, auch mich selbst. Hadrian war in der Lage, sicherer und scharfsinniger über sein Leben zu berichten als ich.

Diejenigen, die den historischen Roman als eine Sonderform ansehen, vergessen, daß der Schriftsteller stets nur, mit Hilfe zeitgemäßer Methoden, eine gewisse Anzahl vergangener Geschehnisse interpretiert, Erinnerungen, bewußte oder nicht, persönliche oder nicht, die aus gleichem Gewebe sind wie die Geschichte. Prousts Werk ist genauso eine Wiederherstellung einer verlorenen Vergangenheit wie ›Krieg und Frieden‹. Es ist wahr, der historische Roman von 1830 neigt zu Melodram und Mantel- und Degen-Stücken wie die erhabene ›Herzogin von Langeais‹ oder das erstaunliche ›Mädchen mit den Goldaugen‹. Flaubert baut emsig aus hundert kleinen Einzelheiten Hamilcars Palast neu; in gleicher Weise verfährt er mit Yonville. Heutzutage kann der historische Roman oder das, was man aus Bequemlichkeit so zu nennen pflegt, nur noch in wiedergefundener Zeit wurzeln, Inbesitznahme einer Innenwelt sein.

Die Zeit spielt dabei keine Rolle. Es überrascht mich jedesmal, daß meine Zeitgenossen, die glauben, das Weltall erobert und verwandelt zu haben, nicht vermuten, daß man den Abstand der Jahrhunderte nach Belieben verringern kann.

Alles entgleitet uns, alle und wir selbst. Das Leben meines Vaters ist mir fremder als das Hadrians. Mein eigenes Dasein, wenn ich es zu beschreiben hätte, wäre von mir von außen wiederherzustellen, mühselig wie das eines anderen. Ich müßte mich an Briefe halten, an die Erinnerungen anderer, um diesen flüchtigen Gedankenstrom zu bannen. Er ist selten mehr als ein Mauerrest, ein Nebelfetzen. Es einrichten, daß die Lücken im Text, dort, wo es um Hadrians Leben geht, übereinstimmen mit dessen eigenen möglichen Gedächtnislücken.

Was nicht bedeutet, daß, wie es allzuoft heißt, die geschichtliche Wahrheit immer und im ganzen ungreifbar sei. Es verhält sich mit dieser Wahrheit wie mit jeder anderen: Man täuscht sich *mehr oder weniger*.

Die Spielregeln: sich alles aneignen, alles lesen, alles zur Kenntnis nehmen und gleichzeitig die ›Exerzitien‹ des Ignatius von Loyola oder die Methode jenes hinduistischen Asketen, der sich jahrelang abmüht, das Bild unter seinen geschlossenen Lidern ein wenig zu schärfen, den eigenen Zwecken dienstbar machen. Hinter Tausenden von Karteikarten das Aktuelle der Geschehnisse ermitteln; diesen steinernen Gesichtern ihre Bewegtheit, ihre lebendige Weichheit zurückgeben. Eher Vergnügen daran finden, zwei Texte, zwei Behauptungen, zwei Gedanken widersprüchlicher Natur in Übereinstimmung zu bringen, als sie sich aufheben zu lassen; in ihnen zwei unterschiedliche Facetten, eine Abfolge zweier Zustände ein und derselben Erscheinung sehen, eine Wirklichkeit, die glaubwürdig ist, weil beziehungsreich, menschlich und vielgestaltig. Bemüht sein, einen Text des 2. Jahrhunderts mit den Augen, dem Geist und den Sinnen des 2. Jahrhunderts zu lesen; ihn in jener Mutterlauge baden lassen, die in den Zeitumständen besteht, alle zwischen uns und jenen Menschen gelagerten Gedanken- und Gefühlsschichten abtragen. Trotz allem Gebrauch machen – freilich klug, auf Vorstudien beschränkt – von den Möglichkeiten der Annäherung und Distanzierung, von den neuen Perspektiven, die nach und nach durch so viele Jahrhunderte oder Ereignisse ertrotzt wurden, die uns von diesem Text, diesem Ereignis, diesem Menschen trennen; sie in gewisser Weise nutzen wie Markierungen auf dem Weg zurück auf einen besonderen Punkt der Zeit zu. Sich die Schlagschatten untersagen; nicht erlauben, daß ein Atemhauch die Spiegelfläche beschlägt; nur nehmen, was es an höchst Beständigem, an Eigentlichem in uns, in den Erregungen der Sinne oder dem Wirken des Geistes, gibt als Brücke zu jenen Menschen, die wie wir Oliven knabberten, Wein tranken, sich die Finger mit Honig verklebten, die gegen schneidenden Wind und peitschenden Regen ankämpften und sommers den Schatten einer Platane suchten, die genossen und dachten und alt wurden und starben.

Des öfteren habe ich die kurzen Auslassungen der Chroniken über Hadrians Krankheit Ärzten zur Diagnose vorgelegt. Sie scheinen kaum anders, im ganzen gesehen, als die klinischen Beschreibungen von Balzacs Tod.

Um so besser zu erfassen, den Anfang einer Herzkrankheit verwenden.

Was Hekuba wohl für ihn bedeuten mag, fragt sich Hamlet angesichts des Wanderschauspielers, der sie beweint. Und Hamlet sieht sich zu der Einsicht gezwungen, daß dieser Mime mit seinen ehrlichen Tränen eine engere Verbindung zu der dreitausend Jahre Toten herzustellen vermocht hatte als er zu seinem kaum begrabenen Vater, dessen unglückliches Los er nicht einmal heftig genug nachempfindet, um unverzüglich fähig zu sein, ihn zu rächen.

Die Substanz, die Struktur des Menschen verändern sich kaum. Nichts Beständigeres als die Wölbung eines Fußknöchels, der Platz einer Sehne oder die Form einer Zehe. Doch gibt es Zeiten, da der Schuh in geringerem Maße verunstaltet. In dem Jahrhundert, von dem ich spreche, ist man der unverhüllten Wahrheit eines nackten Fußes noch sehr nahe.

Auch wenn ich Hadrian Ausblicke auf die Zukunft gestatte, bewege ich mich im Bereich des Wahrscheinlichen, immer vorausgesetzt, daß diese Prophezeiungen vage bleiben. Für gewöhnlich irrt sich der menschliche Belange unparteiisch Analysierende wenig, was den Fortgang der Ereignisse betrifft; dagegen häuft er Irrtümer, wenn es sich darum handelt, ihren genaueren Verlauf, ihre Einzelheiten und Wendepunkte vorauszusehen. Napoleon verkündete auf Sankt Helena, daß Europa ein Jahrhundert nach seinem Tode revolutionär oder kosakisch sein werde, er hob die beiden Enden des Problems sehr voneinander ab; überlagert konnte er sie sich nicht vorstellen. Aber eigentlich verwehren wir uns doch nur aus Hochmut, plumper Unwissenheit und Feigheit den Blick auf die Umrisse kommender Zeitalter, die sich unter der Gegenwart abzeichnen. Die freien Weisen der antiken Welt dachten wie wir in Begriffen der Physik und der allgemeinen Physiologie: Sie sahen das Ende der Menschheit und den Tod des Erdballs nahen. Plutarch und Marc Aurel wußten um die Vergänglichkeit der Götter und Zivilisationen. Wir sind nicht die einzigen, die einer unerbittlichen Zukunft ins Auge sehen.

Die Klarsicht, mit der ich Hadrian ausstattete, war übrigens nur ein Mittel, dem nahezu Faustischen dieser Gestalt, wie es sich beispielsweise in den ›Sibyllinischen Gesängen‹, in den Schriften des Aelius Aristides oder in dem Bild des alten Hadrian von Fronto offenbart, Geltung zu verschaffen. Zu Recht oder zu Unrecht sprach man dem sterbenden Kaiser übermenschliche Tugenden zu.

Hätte dieser Mensch der Welt nicht den Frieden erhalten und die Wirtschaft des Landes belebt, sein persönliches Glück oder Mißgeschick wären mir weniger wichtig gewesen.

Man wird sich nie genug der aufregenden Arbeit hingeben können, Texte miteinander in Beziehung zu setzen. Das Gedicht auf die Jagdtrophäe von Thespiae, das Hadrian dem Amor und der olympischen Venus *auf den Hügeln des Helikon, an Narciß' Quelle* widmete, stammt aus dem Herbst des Jahres 124; im gleichen Herbst weilte der Kaiser in Mantineia, wo er, wie Pausanias berichtet, das Grabmal des Epaminondas neu errichten und darin ein Gedicht einmeißeln ließ. Diese Inschrift ist uns nicht erhalten geblieben; Hadrians Geste aber erhält vielleicht nur ihren ganzen Sinn, wenn man sie im Zusammenhang mit einer Stelle aus Plutarchs ›Moralia‹ sieht, wo es heißt, daß man Epaminondas zusammen mit seinen zwei jungen Freunden begrub, die an seiner Seite fielen. Nimmt man als Zeitpunkt von Hadrians Begegnung mit Antinous seinen Aufenthalt in Kleinasien in den Jahren 123–124 an – ein Zeitpunkt von größter Wahrscheinlichkeit, für den die meisten ikonographischen Funde sprechen –, könnte man die zwei Gedichte einer Art Antinous-Zyklus zuordnen; beide von jenem gleichen, verliebten und heroischen Griechenland gespeist, wie Arrianus es später, nach dem Tod des Favoriten, beschwor, als er den jungen Mann mit Patroklos verglich.

Etliche Gestalten, die man hätte stärker profilieren mögen: Plotina, Sabina, Arrianus, Suetonius. Doch Hadrian konnte sie nur verzerrt sehen. Selbst Antinous kann nur durch das Prisma der kaiserlichen Erinnerungen wahrgenommen werden, das heißt mit leidenschaftlicher Akribie und manchen Irrtümern.

Alles, was man über das Wesen des Antinous zu sagen vermöchte, spricht schon aus dem geringsten seiner Bildnisse. *Eager and impassionated tenderness, sullen effeminacy*: Mit der bewundernswerten Unbefangenheit des Dichters drückt Shelley mit sechs Wörtern das Wesentliche aus, worüber sich die Historiker und Kunstkritiker des 19. Jahrhunderts in prüden Weitschweifigkeiten oder falschen, verschwommenen Beschönigungen verloren.

Darstellungen des Antinous: Ihre Fülle reicht vom Außergewöhnlichen bis hin zum Mittelmäßigen. Ungeachtet ihrer Verschiedenartigkeit, die der jeweiligen Kunstfertigkeit des Bildhauers, dem Alter des Modells oder dem Unterschied zwischen den zu Lebzeiten und den zu Ehren des toten Antinous geschaffenen Bildwerken zuzuschreiben ist, überwältigen alle durch den unglaublichen Wirklichkeitszug dieser immer unverkennbaren und doch so mannigfach gedeuteten Gestalt, durch das in der

Antike einmalige Beispiel für Überleben und Vervielfältigung eines Antlitzes in Stein, das weder das eines Staatsmannes noch das eines Philosophen war, sondern schlichtweg das eines geliebten Menschen. Von allen diesen Bildwerken sind die zwei schönsten zugleich die am wenigsten bekannten. Sie sind auch die einzigen, die uns den Namen des Bildhauers überliefern. Das eine ist das Basrelief mit dem Signum des Antonianus von Aphrodisias, das vor ungefähr fünfzig Jahren auf dem Gelände eines agronomischen Instituts, den *Fundi Rustici*, wiederentdeckt wurde und in dessen Sitzungssaal es sich heute befindet. Da kein Reiseführer von Rom seine Existenz in dieser schon mit Statuen vollgepfropften Stadt vermerkt, nehmen die Touristen keine Notiz von ihm. Das Werk des Antonianus ist in italienischen Marmor gehauen; es entstand also mit Sicherheit in Italien, zweifellos in Rom, wo der Künstler sich niedergelassen hatte oder wohin Hadrian ihn von einer seiner Reisen mitbrachte. Es ist von unendlicher Feinheit. Weinlaub umrankt in einer geschmeidigen Arabeske das junge, schwermütig geneigte Haupt: Unweigerlich denkt man an die Zeit der Ernte unseres kurzen Lebens, an die reife Atmosphäre eines Herbstabends. Das Relief trägt die Spuren der Jahre, in denen es während des letzten Krieges in einem Keller ausgelagert war: Das marmorne Weiß ist unter erdfarbenen Flecken verschwunden; drei Finger der linken Hand sind zerbrochen. So leiden die Götter durch den Wahnwitz der Menschen.

[Notiz von 1958. *Die vorstehenden Zeilen sind erstmals vor sechs Jahren erschienen; inzwischen hat ein römischer Bankier, Arturo Osio – ein merkwürdiger Mensch, der die Aufmerksamkeit Stendhals oder Balzacs erregt hätte –, das Basrelief des Antonianus erworben. Osio bringt für diesen schönen Gegenstand die gleiche Fürsorge auf wie für die freilebenden Tiere, die er auf einem Besitztum unweit von Rom hält, und für die Bäume, die er zu Tau senden um sein Landgut in Orbetello gepflanzt hat. Eine seltene Tugend: Die Italiener hassen die Bäume, stellte schon Stendhal 1828 fest. Was würde er heute sagen, da römische Makler die wunderschönen, vom Gesetz streng geschützten Schirmfichten durch Einspritzung von heißem Wasser abtöten, weil sie ihnen beim Bau ihrer Termitenburgen im Wege sind? Und ein seltener Luxus. Wie viele reiche Leute beleben schon ihre Wälder und Wiesen mit freilebendem Wild, nicht aus Vergnügen an der Jagd, sondern um eine Art herrliches Eden wiederherzustellen? Die Liebe zu den antiken Statuen, diesen großen, stillen, so zerbrechlichen und doch so beständigen Objekten, ist in unserem bewegten Zeitalter ohne Zukunft fast genauso selten bei den Kunstsammlern vorhanden. Nach Ansicht der Experten hat der neue Besitzer des Reliefs von Antonianus an ihm eine überaus behutsame, von geschickter Hand ausgeführte Säuberung vornehmen lassen. Durch langsames, leichtes Reiben mit den Fingerspitzen ist der Marmor von Schimmel und rostfarbenen Erdflecken befreit worden, so daß er seinen matten Glanz von Alabaster und Elfenbein wiedergewonnen hat.]*

Das zweite jener Meisterwerke ist der berühmte Sardonyx, Marlborough-Gemme genannt, weil er zu dieser heute verstreuten Sammlung gehörte. Dieses schöne Intaglio war über dreißig Jahre verschollen; es schien in den Schoß der Erde zurückgekehrt. Eine Versteigerung in London brachte es im Januar 1952 wieder ans Tageslicht; der mit verständigem Kunstsinn begabte große Sammler Giorgio Sangiorgi hat es nach Rom heimgeführt. Seinem Wohlwollen verdanke ich es, das einzigartige Stück gesehen und berührt zu haben. Eine unvollständige Signatur, die man sicherlich zu Recht als die des Antonianus von Aphrodisias ansieht, ist auf der Fassung zu erkennen. So meisterhaft hat der Künstler das vollendete Profil auf die engbegrenzte Fläche eines Edelsteins gebannt, daß dieses Stück Stein, einer Statue oder einem Relief gleichrangig, zum Zeugen einer großen, unwiederbringlich verlorenen Kunst wird. Das Ebenmaß des Kunstwerkes läßt einen das Maß des Gegenstandes vergessen. In der byzantinischen Epoche wurde die Rückseite des Meisterwerkes in einen Gangstein reinsten Goldes eingelassen. So wanderte es von einem unbekannten Sammler zum anderen bis nach Venedig, wo es im 17. Jahrhundert als Bestandteil einer großen Sammlung vermerkt wird. Gavin Hamilton, der berühmte Antiquitätenhändler, kaufte es und brachte es nach England; von dort hat es nun an seinen Ausgangspunkt Rom zurückgefunden. Von allen heute auf der Erde noch vorhandenen Gegenständen ist es der einzige, von dem man mit einiger Sicherheit annehmen darf, daß Hadrian ihn oft in seinen Händen gehalten hat.

Um die einfachsten, zugleich literarisch allgemein bedeutsamen Dinge zu entdecken, muß man bis in die geheimsten Winkel eines Stoffes vordringen. Erst als ich Phlegon las, habe ich erfahren, daß man dem in Vergessenheit geratenen Sekretär Hadrians die erste und eine der schönsten unter den großen Gruselgeschichten verdankt, jene düstere, wollüstige ›Braut von Korinth‹, die Goethe inspiriert hat und Anatole France zu seiner ›Korinthischen Hochzeit‹ veranlaßte. Phlegon zeichnete übrigens im gleichen Stil und mit der gleichen wahllosen Neugier für alles, was die Grenzen des Menschlichen überschreitet, unsinnige Geschichten von zweiköpfigen Monstren und gebärenden Hermaphroditen auf. So war, zumindest an manchen Tagen, der Gesprächsstoff an der kaiserlichen Tafel beschaffen.

Diejenigen, die ein *Tagebuch* den *Erinnerungen des Hadrian* vorgezogen hätten, übersehen, daß der Tatenmensch selten Tagebuch führt. Fast immer später erst, aus einer tatenlosen Zeit heraus, erinnert er sich, schreibt auf und staunt zumeist.

In Ermangelung anderer Zeugnisse genügte schon der Brief des Arrianus an Hadrian über die Umschiffung des Schwarzen Meeres, um in groben Zügen die Gestalt des Kaisers nachzuschaffen: peinliche Genauigkeit eines Oberhauptes, das von allem Kenntnis zu haben begehrt; Interesse für die Angelegenheiten des Friedens und des Krieges; Sinn für untadelig geratene, einander ähnliche Statuen; Leidenschaft für Gedichte und Legenden von einst. Auch um jene zu jeder Zeit seltene, nach Marc Aurel gänzlich verschwundene Welt nachzuschaffen, da der Gelehrte wie der Verwalter, bei allen feinen Schattierungen von Ehrerbietung und Respekt, sich noch an ihren Fürsten wandten wie an einen Freund. Alles ist in dem Brief enthalten: wehmütige Rückwendung zum Ideal der alten Griechen; leise Anspielung auf den toten Geliebten und auf den Trost, den der am Leben Gebliebene im Mystischen sucht; Besessenheit auf fremde Länder und rauhe Klimate. Die so zutiefst vorromantische Beschreibung jener öden, nur von Meeresvögeln bewohnten Gegenden erinnert an eine bewundernswerte, in der Villa Hadriana gefundene und heute im Museum der Thermen ausgestellte Vase, auf deren schneeigem Marmor ein Schwarm wilder Kraniche die Flügel zum Flug in einsame Weiten spreitet.

Notiz von 1949. Je größer mein Bemühen, des Kaisers Bild getreulich nachzuzeichnen, desto weiter entferne ich mich von einem Buch und einem Menschen, die Gefallen erzeugen könnten. Einzig Kenner menschlichen Schicksals werden verstehen.

Der Roman verschlingt heutzutage alle anderen Formen; man ist geradezu gezwungen, sich seinem Anspruch zu unterwerfen. Diese Studie über das Leben eines Menschen, der sich Hadrian nannte, wäre im 17. Jahrhundert eine Tragödie und zur Zeit der Renaissance ein Essay geworden.

Dieses Buch ist die Verdichtung eines gewaltigen Werkes, das ich allein für mich erarbeitete. Es war mir zur Gewohnheit geworden, Nacht für Nacht fast zwanghaft das Ergebnis langer, willentlich heraufbeschworener Vorstellungen niederzuschreiben, durch die ich mich ins Innere einer anderen Zeit versetzte. Jedes Wort, jede Geste, kaum wahrnehmbare Feinheiten hielt ich fest; Szenen, die in der Endfassung des Buches auf zwei Zeilen zusammenschrumpften, erschienen darin bis ins kleinste Detail und wie im Zeitlupentempo. Aneinandergereiht hätte diese Art Rechenschaft einen mehrere tausend Seiten starken Band ergeben. Aber ich verbrannte jeden Morgen, was ich in der Nacht geschrieben. So verfaßte ich eine stattliche Anzahl äußerst verworrener Meditationen und einige ziemlich obszöne Beschreibungen.

Für gewöhnlich ist der wahrheitsbesessene oder zumindest nach größter Genauigkeit strebende Mensch in der Lage, wie Pilatus zu erkennen, daß die Wahrheit nicht rein ist. Daher das den unmittelbarsten Behauptungen innewohnende Zögern, die Ausflüchte und Winkelzüge, die dem gemeinen Geiste fremd sind. In manchen Augenblicken – es sind ihrer wenige – geschah es sogar, daß ich empfand, der Kaiser log. Ich ließ ihn dann lügen wie jedermann.

Eine Dummheit, zu sagen: *Hadrian, das sind Sie.* Eine sicherlich ebenso große Dummheit, sich über die Wahl eines so abgelegenen und fremden Stoffes zu wundern. Der Zauberpriester, der sich in dem Augenblick, da er die Geister der Schattenwelt anruft, in den Daumen schneidet, weiß, daß diese seinem Ruf nur folgen werden, weil sie sein Blut lecken. Auch weiß oder sollte er wissen, daß die Stimmen, die zu ihm sprechen, weiser und seiner Aufmerksamkeit würdiger sind als der eigene Schrei.

Ich erkannte recht bald, daß ich das Leben eines großen Mannes aufschrieb. Daher: mehr Wahrheitsliebe, mehr Wachsamkeit und, von meiner Seite, mehr Zurückhaltung.

In einem gewissen Sinn ist jedes erzählte Leben beispielhaft; man schreibt, um eine bestimmte Weltordnung anzugreifen oder zu verfechten und die Methode zu definieren, die einem selbst gemäß ist. Nicht weniger wahr ist, daß sich fast jeder Biograph disqualifiziert, sei es, weil er beschönigt, sei es, weil er Kritik um jeden Preis betreibt, weil er das Detail plump aufbauscht oder weil er es ängstlich umgeht: Das Beschreiben einer Gestalt ersetzt das Verständnis für sie. Nie das Schaubild eines Menschenlebens aus dem Auge verlieren, das nicht, wie man meint, aus einer Horizontalen und zwei Senkrechten besteht, sondern vielmehr aus drei kurvenreichen, sich ins Unendliche verlängernden Linien, die ständig aufeinander zu und voneinander wegstreben: Der Mensch, was er zu sein vermeinte, was er sein wollte und was er war.

Was man auch unternimmt, man baut das Monument stets auf seine Weise nach. Jedoch bedeutet es schon viel, keinen unechten Stein verwendet zu haben.

Jedes Wesen, was auch immer das menschliche Abenteuer durchlebt hat, ist mir verwandt.

Dieses 2. Jahrhundert reizt mich, weil es für eine sehr lange Zeit jenes der letzten freien Menschen war. Was uns anbelangt, so haben wir uns wohl schon sehr weit von ihm entfernt.

Am 26. Dezember 1950, an einem frostigen Abend, versuchte ich in der fast polaren Stille der amerikanischen Insel Monts-Déserts am Rande des Atlantiks die erstickende Hitze eines Julitages im Baiae des Jahres 138 nachzuempfinden: das Gewicht der Decke auf geschwollenen, müden Beinen, das leise Rauschen eines gezeitenlosen Meeres, das dann und wann an das Ohr des vom Toben seines Todeskampfes beanspruchten Menschen schlägt. Ich habe versucht, bis zum letzten Schluck Wasser, dem letzten Mißbehagen, dem letzten Bild mitzugehen. Der Kaiser hatte nur noch zu sterben.

Dieses Buch ist niemandem gewidmet. Es hätte G. F. zugeeignet werden sollen und wäre es auch geworden, läge nicht etwas Anstößiges darin, gerade einem Werk, bei dem es mir darauf ankam, im Hintergrund zu bleiben, eine persönliche Widmung voranzustellen. Doch ist auch die längste Widmung immer noch eine zu mangelhafte und nichtssagende Form, um eine nicht alltägliche Freundschaft zu ehren. Wenn ich dieses Glück, das mir seit Jahren beschieden ist, zu benennen versuche, sage ich mir, daß es, wie selten auch immer, dennoch nicht einmalig sein kann; daß es zuweilen jemand Verborgenen geben muß in dem Erlebnis eines gelungenen Buches oder in einem glücklichen Schriftstellerdasein, jemand, der den falschen oder schlechten Satz, über den wir aus Müdigkeit hinwegsehen möchten, nicht durchgehen läßt; der, wenn es sein muß, zwanzigmal mit uns eine zweifelhafte Seite durchliest; jemand, der die dicken Bände, darin wir vielleicht einen nützlichen Hinweis finden, für uns aus den Regalen der Bibliotheken herunterholt und hartnäckig darauf besteht, daß wir sie auch dann noch durchblättern, wenn uns Müdigkeit sie längst aus der Hand hätte legen lassen; jemand, der uns beisteht, uns lobt und mitunter widerlegt; der mit gleicher Inbrunst an den Freuden der Kunst wie denen des Lebens teilhat, an ihren niemals öden und niemals leichten Belangen; jemand, der uns weder Schatten noch Spiegelbild, noch Ergänzung ist, sondern er selber bleibt; der uns eine göttliche Freiheit gewährt und uns dennoch zwingt, in vollem Maße zu sein, was wir sind. *Hospes comesque.*

Erfuhr im Dezember 1951 von dem frühen Tod des deutschen Historikers Wilhelm Weber und im April 1952 vom Ableben des Gelehrten Paul Graindor, deren Arbeiten mir von großem Nutzen waren. Unterhielt mich in jenen Tagen mit G. B. und J. F., zwei Personen, die in Rom den Kupferstecher Pierre Gusman kennengelernt hatten, als dieser voller Begeisterung die Anlage der Villa festhielt. Das Gefühl, einer Art *Gens Aelia* anzugehören, einer aus dem Gefolge von Sekretären des großen Mannes zu sein, teilzunehmen sozusagen an der Wachablösung der kaiserlichen Garde aus Dichtern und Humanisten, die, einander abwechselnd, über einem bedeutsamen Vermächtnis wachen. So bildet sich im Laufe der Zeit – und das trifft zweifellos auch auf die Napoleon-Kenner und Dante-Liebhaber zu – ein Kreis von Geistern, die gleiche Neigung einander zuführt und gleiche Fragen bewegen.

Noch gibt es solche wie Blasius und Vadius, auch ihren derben Vetter Basilius trifft man noch an. Einmal, nur ein einziges Mal habe ich mich diesem Gemisch aus Beschimpfungen und groben Scherzen unmittelbar ausgesetzt gesehen, diesen kunstvoll verstümmelten und verzerrten Zitaten, die unseren Satz einen Unsinn sagen lassen, den er gar nicht sagt, diesen verfänglichen Argumenten, gestützt von Behauptungen, die zu unbestimmt und zugleich zu entschieden klingen, als daß der Leser, dem es nicht an Ehrfurcht vor Titeln, wohl aber an Zeit und Lust für eigenes Quellenstudium mangelt, ihnen nicht aufs Wort glauben müßte. All das ist kennzeichnend für eine gewisse Gruppe und eine gewisse Sorte, die glücklicherweise nicht sehr verbreitet sind. Wieviel Wohlwollen dagegen von seiten zahlreicher Gelehrter, die in diesem extrem arbeitsteiligen Zeitalter mühelos jedes literarische Unterfangen in Bausch und Bogen verwerfen könnten, das Historisches nachgestaltet und damit dem Anschein nach wagt, ihre Hoheitsrechte zu verletzen ... Mancher von ihnen war so freundlich, sich freiwillig zu bemühen, nachträglich einen Irrtum zu berichtigen, eine Einzelheit zu bestätigen, einer Annahme beizupflichten oder eine neue Untersuchung zu erleichtern, so daß ich an dieser Stelle dem geneigten Leser meinen herzlichen Dank abstatte. Jedes wiederveröffentlichte Buch verdankt einiges den rechtschaffenen Leuten, die es lasen.

Sein Möglichstes tun. Von vorne anfangen. Schon Überarbeitetes unmerklich neu überarbeiten. *Indem ich meine Werke berichtige, berichtige ich mich selbst*, sagt Yeats.

Gestern in der Villa über all die stillen Leben nachgedacht, heimlich wie jene der Tiere, unbewußt wie die der Pflanzen: Bohemiens aus der Zeit Piranesis, Ruinenplünderer, Bettler, Ziegenhirten und in einer verfallenen Ecke leidlich wohnende Bauern, die hier zwischen Hadrian und uns aufeinanderfolgten. Am Rande eines Olivenhaines, in einem antiken, enttrümmerten Gang fanden sich G. und ich vor dem Schilfbett eines Hirten; zwischen zwei römische Zementblöcke eingeschlagen ein behelfsmäßiger Kleiderhaken; die Asche seines Feuers war noch warm. Ein Gefühl schlichter Vertrautheit, ähnlich dem, das man empfindet, wenn im Louvre nach Öffnungsschluß inmitten der Statuen die Gurtbetten der Wächter auftauchen.

[Nichts, was 1958 an vorstehenden Zeilen zu ändern wäre; wenn das Bett auch fehlt, der Kleiderhaken des Hirten ist noch da. Wieder rasteten G. und ich im Gras von Tempe zwischen Veilchen, in jener heiligen Jahreszeit, da den schweren Bedrohungen zum Trotz, die der Mensch unserer Tage allenthalben auf sich herabbeschworen hat, alles neu beginnt. Aber die Villa ist auf eine tückische Weise verändert worden. Freilich nicht vollständig: Man verfälscht so schnell nicht ein Ganzes, das Jahrhunderte sanft zerstört und geformt haben. Aufgrund eines in Italien nicht häufigen Irrtums wurden die Untersuchungen

und erforderlichen Befestigungsarbeiten von gefährlichen »Verschönerungen« begleitet. Olivenbäume wurden gefällt, um einem aufdringlichen Parkplatz und einer Imbißbude, wie man sie auf Ausstellungsgeländen antrifft, Platz zu machen; sie verwandeln die hehre Abgeschiedenheit der Bildhalle in einen öffentlichen Park. Ein Springbrunnen aus Zement stillt über einem unnützen, antikisierenden Kopf aus Gips den Durst der Vorübergehenden. Ein zweiter, erst recht überflüssiger Kopf ziert die Trennwand zum großen Schwimmbecken, das jetzt einer Flottille von Enten als Vergnügungsstätte dient. Auch ließ man Kopien, ebenfalls aus Gips, von nichtssagenden griechisch-römischen Gartenstatuen anfertigen, die man kürzlich bei Ausgrabungen hier zusammengetragen hat und die weder diese übertriebene Ehre noch eine so würdelose Behandlung verdienen; die nachgeahmten Figuren aus dem ebenso schäbigen, weichen wie prahlerischen Material, die der Zufall auf ihre Sockel setzte, verleihen dem einst sinnigen Canopus das Aussehen eines Filmstudios, darin das Leben der Cäsaren nachgestellt werden soll. Nichts ist verletzlicher als die Stimmigkeit eines schönen Ortes. Texte werden durch willkürliche Interpretationen nicht beschädigt und überdauern unsere Auslegungen; aber ein kleiner, unbedachter Eingriff in ein steinernes Kunstwerk, ein schmaler Kiesweg etwa, der eine Wiese zerteilt, auf der das Gras seit Jahrhunderten ungestört wuchs, bedeuten ein nie wiedergutzumachendes Vergehen. Das Schöne entschwindet; das Authentische ebenso.]

Heimstätten, die man sich auserwählt, unsichtbare Residenzen, jenseits der Zeit errichtet. Ich habe in Tibur gewohnt und werde vielleicht wie Hadrian auf Achills Insel sterben.

Nein. Ein weiteres Mal habe ich die Villa besucht, ihre für Ruhe und Intimität geschaffenen Pavillons, die Überreste einer prunklosen, so wenig kaiserlichen Pracht eines reichen Kenners, der sich bemüht, die Köstlichkeiten der Kunst mit dem Liebreiz der Landschaft zu vereinen; im Pantheon habe ich die genaue Stelle gesucht, darauf die Sonne am Morgen des 21. April einen Lichtfleck warf; mein Weg durch die Gänge des Mausoleums war wie das letzte Geleit, das Chabrias, Celer und Diotimos, die Freunde der letzten Tage, ihm gaben. Jedoch empfinde ich nicht mehr die greifbare Anwesenheit jener Gestalten, die Gegenwärtigkeit jener Ereignisse: Sie bleiben mir nah, doch sind sie abgegolten, nicht mehr und nicht weniger als die Erinnerungen meines eigenen Lebens. Unser Austausch mit dem anderen hat seine Zeit. Er hört auf, sobald Genugtuung sich einstellt, die Lektion gelernt, die Gefälligkeit erwiesen und das Werk vollendet ist. Was ich zu sagen fähig war, habe ich gesagt; was mir zu lernen gegeben war, habe ich gelernt. Wenden wir uns nun für eine Zeit anderem zu.

(Aus dem Französischen von Heidrun Werner)

Anmerkung

Obwohl das hier nachgezeichnete Lebensbild im Notfall der Belege entraten könnte, erhöht sich doch sein menschlicher Wert beträchtlich durch die historische Treue. Weiter unten wird der Leser die hauptsächlichen Texte angeführt finden, auf die sich die Darstellung stützen konnte. Wer ein eigentlich literarisches Werk dermaßen unterbaut, verfährt ähnlich wie Racine, der in den Vorreden seiner Tragödien sorgsam die Quellen nennt. Wir wollen aber zunächst, und um die dringendsten Fragen zu beantworten, auch darin Racines Beispiel folgen, daß wir einige der wenig zahlreichen Fälle angeben, wo durch Einfügungen oder vorsichtige Änderung von der historischen Überlieferung abgewichen wurde.

Die Gestalt des Marullinus ist geschichtlich, die Begleitumstände seines Todes aber sind erfunden. Gallus hat wirklich gelebt, doch sollte die Darstellung seiner Niederlage nur herhalten, um einen der am häufigsten erwähnten Charakterzüge Hadrians zu betonen: er war nachtragend. Die Einweihung in den Mithrasdienst ist erdichtet. Um diese Zeit war der Kult im Heere schon gang und gäbe, es ist also möglich, aber nicht erwiesen, daß Hadrian als junger Offizier auf den Gedanken kam, sich weihen zu lassen. Ebenso steht es natürlich mit dem rituellen Stieropfer, an dem Antinous sich in Palmyra beteiligt. Meles Agrippa, Castoras und Turbo sind, wohlgemerkt, historische Gestalten, aber ihre Teilnahme an den Weiheriten ist frei erfunden. Zwar wird über eine Begegnung Hadrians mit einem Gymnosophisten nichts berichtet, doch finden sich Episoden dieser Art in den Texten der ersten beiden nachchristlichen Jahrhunderte. Abgesehen von einigen Anspielungen auf sein Privatleben, von dem wir nichts wissen, sind alle Einzelheiten, die Attianus betreffen, richtig. Das Kapitel über seine

Liebschaften baut sich ganz auf den zwei Zeilen auf, die Spartianus (XI, 7) diesem Gegenstand widmet. Die Darstellung hielt sich hier im allgemeinen Rahmen der Wahrscheinlichkeit, den sie durch kleine Erfindungen ergänzt.

Pompejus Proculus war Statthalter von Bithynien, doch steht es nicht fest, daß er dort gerade im Jahre 123–24 amtierte, als der Kaiser durchkam. Straton von Sardes, ein erotischer Dichter und Sammler des zwölften Buches der *Anthologie,* lebte zwar wahrscheinlich zur Zeit Hadrians, doch ist nicht erwiesen, daß er mit dem Kaiser persönlichen Umgang pflog. Es schien indessen verlokkend, diese beiden Männer zusammenzubringen. Der Besuch des Lucius in Alexandria wurde einem schon von Gregorovius ähnlich herangezogenen, aber oft angezweifelten Text entnommen, dem *Brief Hadrians an Servianus,* wo die Stelle, die sich auf Lucius bezieht, zu dieser Auslegung nicht verpflichtet. Ob Lucius sich damals in Ägypten aufhielt, bleibt also mehr als ungewiß. Die ihn während dieser Zeitspanne angehenden Einzelheiten sind im Gegenteil meist seiner von Spartianus verfaßten Biographie entlehnt, dem *Leben des Aelius Caesar.* Die Darstellung des Opfers des Antinous ist herkömmlich (Dion, LXIX, II; Spartianus, XIV, 7); die Schilderung des Hexenzaubers beruht auf den magischen Vorschriften, die sich in ägyptischen Papyrustexten finden, während die nächtlichen Ereignisse in Kanopos erdichtet sind. Die Episode des Kindes, das im Laufe eines Festes vom Balkon fiel, ist einem *Papyrus von Oxyrhynchos* entlehnt: sie hat sich in Wirklichkeit vierzig Jahre nach Hadrians ägyptischer Reise zugetragen und nicht während seines Abstechers nach Philae. Es ist nicht erwiesen, daß Apollodor in Verbindung mit der Verschwörung des Servianus hingerichtet wurde, doch läßt diese Mutmaßung sich wohl vertreten.

Chabrias, Celer und Diotimos werden von Marc Aurel mehrfach erwähnt, der indessen nur ihre Namen und die Treue anführt, die sie dem Andenken Hadrians wahrten.

Uns dienten sie dazu, das Leben am Hof von Tibur in den letzten Jahren des Kaisers nachzukonstruieren. Chabrias vertritt den Kreis platonischer oder stoischer Philosophen, die Hadrian umgaben; Celer, den man wahrscheinlich nicht mit dem von Philostratos und Aristides erwähnten gleichnamigen Sekretär *ab epistulis Graecis* gleichsetzen darf, vertritt das militärische Element und Diotimos die Gruppe der kaiserlichen Eromenen. Die drei geschichtlichen Namen dienten also als Anknüpfung zur teilweisen Erfindung von drei Persönlichkeiten. Dagegen ist der Arzt Jollas historisch, nur daß sein Name nicht überliefert ist und seine Herkunft aus Alexandria ebensowenig. Der Freigelassene Onesimos hat gelebt, aber wir wissen nicht, ob er Hadrian Kupplerdienste leistete. Der Name des Crescens, Sekretär des Servianus, ist authentisch, doch sagt die Geschichte nicht, daß er seinen Herrn verriet. Der Kaufmann Opramoas hat existiert, aber daß er Hadrian an den Euphrat begleitet hätte, wird durch nichts erwiesen. Die Gattin des Arrianus ist historisch, doch wissen wir nicht, ob sie »fein und stolz« war, wie Hadrian sie hier nennt. Frei erfunden sind nur einige Komparsen, der Sklave Euphorion, die Schauspieler Olympos und Bathyll, der Arzt Leotychides, der junge britannische Militärtribun und der Führer Assar. Die beiden erdichteten Hexen in Britannien und in Kanopos vertreten die Welt der Schicksalsdeuter und Magier, mit denen Hadrian sich gern umgab. Der Name Arete entstammt einem authentischen Gedicht Hadrians (I. G. XIV, 1089), doch wird er hier der Oberaufseherin über die Villa willkürlich verliehen. Der Name des Kuriers Menckrates ist dem *Brief des Königs Fermes an den Kaiser Hadrian* entnommen, einem gänzlich apokryphen Text, der sich in einer mittelalterlichen Handschrift findet *(Bibliothèque de l'Ecole de Chartres,* 74, 1913). Die strenge Geschichtsschreibung kann sich auf den Text nicht stützen, doch mag er diese Einzelheit anderen, verlorengegangenen Dokumenten entlehnt haben.

Die kurz skizzierten Familienverhältnisse des Antinous sind nicht geschichtlich erhärtet, entsprechen jedoch dem, was wir über die damals in Bithynien vorherrschenden Lebensbedingungen wissen. Bei gewissen strittigen Punkten mußte zwischen verschiedenen historischen Theorien gewählt werden, wobei wir bemüht waren, uns nicht ohne guten Grund zu entscheiden. Dies gilt für die Gründe, aus denen Sueton verabschiedet wurde, für die freie oder unfreie Herkunft des Antinous, für die persönliche Teilnahme Hadrians am jüdischen Krieg, für den Zeitpunkt der Vergöttlichung der Sabina und der Beisetzung des Aelius Caesar in der Engelsburg. In anderen Fällen, wie bei der Adoption Hadrians durch Trajan und beim Tod des Antinous, versuchten wir den Schleier des Geheimnisses über unsere Darstellung zu breiten, der vermutlich schon über dem wirklichen Geschehen gelegen hat.

Erwähnen wir kurz, daß für unser Thema zwei Hauptquellen in Betracht kamen. Es sind dies der griechische Historiker Dion Cassius, der das Hadrian gewidmete Kapitel seiner *Römischen Geschichte* etwa vierzig Jahre nach dem Tode des Kaisers schrieb, und der lateinische Chronist Spartianus, der etwas mehr als ein Jahrhundert später seine *Vita Hadriani* verfaßte, einen der gediegensten Texte der *Historia Augusta*, ferner seine *Vita Aelii Caesaris*, ein kürzeres Werk, das ein erstaunlich einleuchtendes Bild vom Adoptivsohn Hadrians entwirft; es wirkt nur deshalb oberflächlich, weil die dargestellte Persönlichkeit es eben war. Diese beiden Autoren haben aus inzwischen verlorengegangenen Dokumenten geschöpft, darunter den *Erinnerungen*, die Hadrian unter dem Namen seines Freigelassenen Phlegon hatte veröffentlichen lassen, und einer Sammlung von Briefen des Kaisers, die dieser letztere zusammengestellt hatte. Dion und Spartianus waren weder große Historiker noch bedeutende Biographen, doch ist es gerade das Kunstlose ihrer Darstellung und, bis zu einem gewissen Grade, ihr Mangel an System, der sie so nahe bei der gelebten Wirklichkeit bleiben läßt; meist haben die neuzeitlichen Forschungen ihre Angaben überraschend bestätigt. Gerade auf dieser Häufung von kleinen Einzelzügen baut sich unsere Darstellung größtenteils auf. Ohne damit Vollständigkeit anzustreben, erwähnen wir noch die von Julius Capitolinus verfaßten *Vitae* des Antoninus und des Marc Aurel, aus denen wir manche Einzelheiten auflasen; einige Sätze entnahmen wir dem Aurelius Victor und dem Verfasser der *Epitome*, die vom Leben Hadrians schon einigermaßen mythische Vorstellungen haben, durch ihren glänzenden Stil aber eine Klasse für sich bilden. Zwei wenig bekannte Tatsachen werden den historischen Skizzen im griechischen Wörterbuch des Suidas verdankt: die von Noumenios an Hadrian gerichtete *Consolatio* und die nach dem Tode des Antinous von Mesomedes komponierten Trauerhymnen.

Von Hadrian selber rühren authentische Bekundungen her, die verwandt worden sind: Verwaltungskorrespondenz, Bruchstücke von Reden oder amtlichen Berichten, wie die berühmte *Adresse von Lambessa*, meist als Inschriften erhalten oder in der zweifelhafteren Form geistlicher Schriften auf uns gekommen, wie das *Reskript an Minicius Fundanus*, Entscheidungen, die uns die Legisten übermittelt haben; ferner Gedichte, die von den Schriftstellern der Zeit erwähnt werden, wie das berühmte *Animula vagula blandula*, das, ebenso wie die paar Verse auf die von Trajan im Heiligtum auf dem Mons Cassius niedergelegten Trophäen, in der *Anthologia Palatina* enthalten ist, und schließlich solche, die als Votivinschriften an Bauwerken erhalten blieben, wie das Gedicht an Amor und die Venus Urania, das in die Wand des Tempels von Thespiae gemeißelt ist (Kaibel, *Epigr.* Gr. 811). Die drei Briefe Hadrians, die sein persönliches Leben angehen *(Brief an Matidia, Brief an Servianus, Brief des sterbenden Kaisers an Antoninus)*, sind von anfechtbarer Authentizität. Sie entstammen der Sammlung des Dositheus beziehungsweise der des Vopiscus *(Vita Saturnini,* 8) beziehungsweise einem Fragment des Papyrus von Fayum (Grenfell and Hunt, *Fayum Towns and their Papyri,* 1900). Echt oder nicht, jedenfalls tragen sie alle drei im höchsten Maße den Stempel des Mannes, dem man sie zuschreibt, und einige der in ihnen enthaltenen Angaben wurden verwertet.

Erinnern wir uns daran, daß zahllose Erwähnungen Hadrians und seiner Umgebung, die sich bei fast allen Schriftstellern des 2. und 3. Jahrhunderts verstreut finden, die Chroniken ergänzen und ihre Lücken stopfen. So wurde zum Beispiel die Episode der Jagden in Libyen so, wie sie ist, einem Gedichtfragment des Pankrates entlehnt: *Die Jagden des Hadrian und Antinous,* das in Ägypten gefunden und 1911 in der Sammlung der *Papyri von Oxyrhynchos* veröffentlicht wurde. Athenaios, Aulus Gellius und Philostratos bringen zahlreiche Einzelheiten über die Sophisten und die Dichter des kaiserlichen Hofes, Plinius und Martial beleben die etwas verblaßten Bilder eines Voconius oder eines Licinius Sura durch einzelne Züge. Die Beschreibung des Schmerzes Hadrians beim Tode des Antinous schöpft aus den Historiographen der Zeit, aber auch aus gewissen Bemerkungen der Kirchenväter, die ihn natürlich tadeln, sich aber in dieser Hinsicht manchmal menschlicher und namentlich weniger einseitig verhalten, als man annehmen möchte. Stellen aus dem Bericht *des Arrianus an den Kaiser Hadrian über seine Umschiffung des Schwarzen Meers,* die Anspielungen an diesen Gegenstand enthalten, wurden dem Buch einverleibt. Die wenigen authentischen Einzelheiten über den Feldzug in Palästina, die sich im *Talmud* mit einem Wust von Legenden mischen, vereinen sich mit dem Bericht, den Eusebius in seiner *Kirchengeschichte* darüber gibt. Die Verbannung des Favorinus wird in einer von ihm herrührenden Schrift erwähnt, die von der Vatikanischen Bibliothek 1931 veröffentlicht worden ist *(Studi e Testi,* LIII); die schreckliche Szene, in der der Sekretär sein eines Auge einbüßt, entstammt einem Traktat des Galenus, der Leibarzt des Marc Aurel war; das Bild des sterbenden Hadrian geht auf die Beschreibung des alternden Kaisers zurück, die wir Frontonius verdanken.

Andere Einzelheiten, die von den Historikern nicht erwähnt werden, verdanken wir den Werken der bildenden Kunst oder Inschriften. Gewisse Kenntnisse von den Greueln der Daker- und Sarmatenkriege, die lebendig verbrannten Gefangenen oder die Ratgeber des Königs Decebalus, die sich kurz vor der Übergabe vergiften, entstammen den Reliefs der Trajanssäule (Froehner, *La Colonne Trajane*, 1865, I. A. Richmond, *Trajan's Army on Trajan's Column, Papers British School at Rome*, XIII, 1935); für die Schilderung mancher Örtlichkeiten, die der Kaiser bereist hat, lieferten die Münzen seiner Regierung Anhaltspunkte. Die von Julia Balbilla am Fuß der Memnonsäule eingeritzten Gedichte dienten als Ausgangspunkt für den Abstecher nach Theben (Cagnat, *Inscr. Gr. ad res Romanas pertinentes*, 1186–1187); die Genauigkeit, mit der der Geburtstag des Antinous bestimmt wurde, wird der Inschrift im Kollegium der Handwerker und Sklaven von Lanuvium verdankt, das sich ihn im Jahre 133 zum Schutzpatron erkor *(Corp. Inscr. Lat.* XIV, 2112), eine Zeitangabe, die zwar von Mommsen bestritten, seither aber von weniger kritischen Gelehrten angenommen worden ist. Die wenigen Sätze, die als auf dem Grabe des Günstlings stehend angeführt wurden, sind dem Hieroglyphentext des Obelisken auf dem Pincio entnommen, der von seiner Bestattung und über seinen Kult berichtet (Erman, *Obelisken Römischer Zeit, Mitt. Archäol. Inst.* Roem. Abt. XI. 1896, Marucchi, *Gli obelischi egiziani di Roma*, 1898). Für die Geschichte der göttlichen Ehren, die Antinous erwiesen wurden, sowie für seine leibliche und seelische Charakteristik überwiegt das Zeugnis der Inschriften, der bildenden Kunst und der Münzen bei weitem das der Geschichtsschreibung.

Es gibt noch immer keine gute und volkstümliche Biographie Hadrians, auf die man die Leser verweisen könnte. Das einzige nennenswerte und zugleich älteste Werk dieser Art, das von Gregorovius 1880 veröffentlichte, entbehrt zwar nicht des Lebens und der Farbe, ist aber, was den Herrscher und Verwalter anlangt, doch schwach und einigermaßen veraltet. Ebenso sind die glänzenden Essays eines Gibbon und eines Renan verblaßt. Doch herrscht an gediegenen Einzelbeiträgen kein Mangel, und die moderne Forschung hat Regierung und Verwaltungstätigkeit Hadrians in mehr als einer Hinsicht neu beleuchtet.

Die Arbeiten deutscher Gelehrter waren von besonderer Bedeutung für die Bewertung der Quellen und für die Chronologie des Prinzipates. Nennen wir hier Dürr, *Die Reisen des Kaisers Hadrian*, Wien, 1881; Plew, *Quellenuntersuchungen zur Geschichte Kaiser Hadrians*, Straßburg, 1890; O. Th. Schulz, *Leben des Kaisers Hadrian*, Leipzig, 1904; Kornemann, *Kaiser Hadrian und der letzte große Historiker von Rom*, Leipzig, 1905. Gipfelpunkt dieser fleißigen Arbeiten ist das Werk des großen deutschen Gelehrten Wilhelm Weber, noch heute die gründlichste Untersuchung über Regierung und Leben Hadrians, die wir besitzen. Erwähnen wir namentlich seine *Untersuchungen zur Geschichte des Kaisers Hadrian*, Leipzig, 1907, und die Gesamtschau in Webers 1936 publiziertem Artikel *The Imperial Peace, Hadrian*, im Band XI der *Cambridge Ancient History*, S. 294–324.

Von französischen, verhältnismäßig neuen und zugänglichen Werken von Rang seien erwähnt die Hadrian gewidmeten Kapitel in *Le Haut-Empire Romain* von Léon Homo, 1933, und im *Empire Romain* von E. Albertini, 1936; die Untersuchung über Trajans Partherfeldzüge und Hadrians Friedenspolitik im Orient in der *Histoire de l'Asie* von René Grousset, vol. I, 1921, der wir uns eng angeschlossen haben; die schöne Studie über Hadrians schriftstellerisches Werk in *Les Empereurs et les Lettres latines* von Henri Bardon, 1944; die zweckdienlichen Arbeiten von Paul Graindor, *Athènes sous Hadrien*, Kairo, 1934, und von Louis Perret, *La Titulature Impériale d'Hadrien*, 1929.

Von Arbeiten in englischer Sprache seien namentlich erwähnt: das wichtige Kapitel, das Rostovtzeff in seinem großen Werk *Social and Economic History of the Roman Empire*, 1926, den sozialen und wirtschaftlichen Reformen Hadrians widmete; die wertvollen Studien von R. H. Lacey, *The Equestrian Officials of Trajan and Hadrian, with some Notes on Hadrian's Reforms*, Princeton, 1917; Paul Alexander, *Letters and Speeches of the Emperor Hadrian, Harvard Studies in Classical Philology*, XLIX, 1938; W. D. Gray, *A Study of the Life of Hadrian Prior to his Acession*, 1919; A. Toynbee, *Roman Empire and Modern Europe, Dublin Review*, 1945. Um nichts zu verabsäumen, erwähnen wir auch die Arbeit von B. W. Henderson, *The Life and Principate of the Emperor Hadrian*, 1926, die wegen der Leichtigkeit ihres Tones und der Willkür in der Quellenbenutzung eher zum populären Schrifttum gerechnet werden muß. Das Buch von S. Ish-Kishor, *Magnificent Hadrian*, das hauptsächlich das Verhältnis zu Antinous behandelt, gehört offensichtlich zur psychoanalytischen Romanliteratur, und seine oft fehlerhafte Bibliographie darf nur mit Vorsicht benutzt werden.

Über Trajans Persönlichkeit und seine Kriege vgl. Paribeni, *Optimus Princeps*, 1927; Longden, *Nerva and Trajan* und *The Wars of Trajan, Cambridge Ancient History*, XI, 1936; ferner W. Weber, *Trajan und Hadrian, Meister der Politik*, 1923. Über Aelius Caesar vgl. Farquharson, *On the names of Aelius Caesar, Classical Quarterly*, II, 1908, und J. Carcopino, *L'Hérédité dynastique chez les Antonins*, 1950, dessen Theorien, weil wenig überzeugend, zugunsten der wörtlichen Auslegung der Texte außer acht gelassen wurden. Zur Angelegenheit der vier konsularischen Persönlichkeiten vgl. namentlich Premerstein, *Das Attentat der Konsulare auf Hadrian im Jahre*

118, Klio, 1908; Carcopino, *Lusius Quiétus, l'homme de Qwrnyn, Istros,* 1934; Alfero, *Su un preteso viaggio di Adriano e sulla congiura dei consulari nel 118,* Turin, 1912, und W. D. Gray, *New Light from Egypt on the Early Reign of Hadrian,* Chicago, 1923. Zu Hadrians nächster Umgebung vgl. Premerstein, *Julius Quadratus Bassus, Sitzungen d. Bayr. Akad. d. Wissensch.,* 1934; Eyssenhardt, *Hadrian und Florus,* Berlin, 1882; Graindor, *Un Milliardaire antique, Hérode Atticus et sa famille,* Kairo, 1930; L. Boulanger, *Aelius, Aristide et la Sophistique dans la Province d'Asie au 2e siècle de notre ère, Ec. Fr. d'Athènes,* 1923; Horna, *Die Hymnen des Mesomedes,* Leipzig, 1928; Martelotti, *Mesomede, Scuola di Filologia Class.,* Rom 1929; H. C. Puech, *Numénius d'Apamée, Mélanges Bidez,* Brüssel, 1934. Zu den jüdischen Angelegenheiten: Renan, *L'Eglise Chrétienne,* 1867; Derembourg, *Essai sur l'Histoire et la Géographie de la Palestine d'après le Talmud,* 1867; Geffcken, *Komposition und Entstehungszeit der Oracula Sibyllina,* Leipzig, 1902; Mc Elderly, *The Second Legionary Camp in Palestine, Classical Quarterly,* II. 1908; Krauss, *Talmudische Archäologie,* Leipzig, 1910; Premerstein, *Alexandrinische und jüdische Gesandte vor Kaiser Hadrian, Hermes,* 1922; W. D. Gray, *The Founding of Aelia Capitolina and the Chronology of the Jewish War under Hadrian, Amer. Journ. of Semitic Language and Literature,* 1923; R. Harris, *Hadrian's Decree of Expulsion of the Jews from Jerusalem, Harvard Theolog. Review,* XIX, 1929; Stinespring, *Hadrian in Palestine, Amer. Orient. Soc.* v. LIX, 1939; Lieberman, *Greek in Jewish Palestine,* 1942; A. L. Sachar, *A History of the Jews,* New York, 1950; und das sehr ungleichmäßige Buch von Finkelstein über *Akiba,* New York, 1950.

An Arbeiten, die Hadrians gesetzgeberische Tätigkeit und seine Provinzialverwaltung betreffen, wurden hauptsächlich zugrunde gelegt: Schulter, *Lex Hadriana de rudibus agris,* Leipzig, 1907; Petersen, *Hadrians Steuer-*

erlaß, *Arch. Inst. d. Deutsch. Reichs*, Rom, XIII, 1898; Jouguet, *Un Edit d'Hadrien, Revue des Etudes Grecques*, 1920; Pringsheim, *The Legal Policy of Hadrian, Journ. of Roman Studies*, 1934; J. M. Mecklin, *Hadrian's Rescript on Minicius Fundanus*, Leipzig; E. Cucq, *Le développement de l'Industrie Minière à l'époque d'Hadrien, Journal des Savants*, 1911; Rickard, *The Mining of the Roman in Spain, Journal of Rom. Stud.* XXIV, 1928; Cagnat, *Notes sur les Impôts de Palmyre, Bull. de Corr. Hell.* VI, 1882; Rostovtzeff, *Doura-Europos and its Art*, 1934; *Caravan Cities*, 1932; *Les classes rurales et les classes citadines dans le Haut-Empire Romain*, 1926 und H. Pirenne, *Bithynia, Pontus, Bosporus, British School of Athens*, XXII, 1916–1918. Ferner: W. Andrae, *Hatra*, Leipzig, 1912; Cumont, *Voyages d'exploration dans le Pont et la Petite-Arménie*, 1906; Grégoire, *Studia Pontica*, 1903; Perrot, *Mémoires sur quelques inscriptions inédites des côtes de la Mer Noire, Rev. Arch.* S. 2 v. XXVIII, 1874; Ramsay, *Monumenta Antiochena*, 1927, und *Summer in Phrygia, Journ. Hell. Stud.* 1897; Guidi, *Viaggio d'esplorazione in Caria, Scuola Arch. di Atene*, 1924; D. Robinson, *Ancient Sinope*, 1906; Ramsay, *The speed of the Imperial Roman Post, Journ. of Rom. Stud.* v. XV, 1924–1925; Breccia, *Alexandrea ad Egyptum*, Bergamo, 1914; Lumbroso, *Testi e commenti concernenti l'antica Alessandria*, Mailand, 1934, und *L'Egitto dei Greci e dei Romani*, Rom, 1895; Milne, *Egypt under the Roman*, 1898; Collingwood, *Roman Britain*, 1937; Cagnat, *Les deux Camps de la Legion III e Auguste à Lambèse*, 1908, und *L'Armée Romaine d'Afrique*, 1913; Brogan, *The Roman Limes in Germany, Arch. Journ.* XCII, 1935; Starr, *The Roman Imperial Navy, Cornell Univ. Stud.* 1941. Außer der sehr vollständigen Bibliographie in der *Cambridge Ancient History*, v. XI, pp. 869–883 vgl. auch die oben genannten Werke von Froehner, Richmond, Rostovtzeff, Graindor und Lacey.

Die Aufzählung der Werke, die sich mit der profanen

und sakralen griechisch-römischen Kunst der Zeit befassen, würde Seiten in Anspruch nehmen, selbst wenn die dem Antinous gewidmeten Statuen und Bildwerke unerwähnt blieben. Beschränken wir uns im großen Zusammenhang auf: E. Strong, *The Golden Age of Hadrian*, in *Art in Ancient Rome*, v. II, 1930; Rodenwaldt, *Hellas und Rom*, Propyläen, B. 3, 1930, und *Art from Hadrian to Commodus, Cambridge Anc. Hist.* v. XI, 1936; Walters, *The Art of the Romans*, 1911; Fletcher, *History of Architecture*, 1950. Über die ornamentale Kunst unterrichtet hauptsächlich das ausgezeichnete Buch von Jocelyn Toynbee, *The Hadrianic School*, 1934; Wadsworth, *Stucco Reliefs of the Ist and IInd Centuries in Rome, Amer. Acad. at Rome*, 1924; Wroth, *Imperial Cuirass Ornamentation and a Torso of Hadrian, Journ. Hell. Stud.* v. VII, 1886. Zur bildenden Kunst vgl. E. Strong, *Roman Sculpture*, v. II, 1907; Blümel, *Römische Bildnisse*, 1935; Graindor, *Bustes et Statues-Portraits de l'Egypte Romaine*, Kairo; Poulsen, *Greek and Roman Portraits in English Country-Houses*, 1923; Visconti, *Pompeia Plotina, Bull. Com. di Roma*, v. I, 1879; Picard, *D'un basrelief de la Villa Médicis, Mélanges Arch. Ecole Franc. de Rome* LVI, 1939; Snijder, *Der Trajansbogen in Benevent, Jahrb. Deutsch. Arch. Inst.* XLI, 1926; Bulle, *Ein Jagddenkmal des Kaisers Hadrian, Arch. Inst. Deutsch. Reichs*, XXXIV 1919; Buschor, *Die Hadrianischen Jagdbilder, Röm. Mitt.* XXXVIII–IX, 1923–1924; Bieber, *Die Medaillons am Konstantinsbogen, Röm. Mitt.* XXXVI, 1915; Reinach, *Les têtes des Médaillons de l'Arc de Constantin, Rev. Arch.* s. 4, v. XV, 1910; Walters, *Catalogue of the Bronzes, British Museum*, 1899; Visconti, *Iconografia Romana*, Mailand, 1899; G. Reinach, *Sur une statue d'Hadrien découverte à Pola, Rev. Arch.* s. IV, v. XXI-XXII, 1913.

Über die Bauten Hadrians im griechischen Orient vgl. hauptsächlich Graindor, *Athènes sous Hadrien*, Kairo, 1934; Fougères, *Mantinée*, 1898; Nicolaides, *Notes on* the Library built in Athens by Hadrian, Journ. Amer. Arch. v. V, 1889; Sisson, *The Stoa of Hadrian at Athens*, Brit. School in Rome, XI, 1925; Th. Reinach, *Le temple d'Hadrien à Kyzique, Revue Critique*, 1890. Über die Bauten in Rom vgl. Pierce, *The Mausoleum of Hadrian and Pons Aelius, Journ. Rom. Stud.* XV, 1925; Rodocanachi, *Le Chateau St-Ange*, 1908; Beltrami, *Il Panteone*, 1898; Rosi, *Il Panteone, dell. Boll. Com. Arch. Com. di Roma*, LIX, 1931. Über die Villa Hadriana bleiben Gaston Boissier, *Promenades Archéologiques*, 1886, und das große Werk von Pierre Gusman, *La villa Impériale de Tivoli*, 1904, noch immer maßgeblich; vgl. auch die neueren Arbeiten von Hülsen, *Der kleinere Palast in der Villa des Hadrian bei Tivoli, Akad. d. Wiss.* X, Heidelberg, 1919; Chillmann, *Casino of Semi-Circular Colonnade at Hadrian's Villa, Am. Ac. at Rome*, IV, 1924; Paribeni, *La Villa dell'Imperatore Adriano*, 1930; Kähler, *Hadrian und seine Villa bei Tivoli*, 1950. Ungeachtet seines Titels ist der Essay von E. Clark, *Hadrian's Villa, Kenyon Review*, 1950, eine dichterische Phantasie ohne wissenschaftlichen Hintergrund und gehört nicht hierher. Dagegen sollte man wegen der Stukkaturen der Villa den Band von Ponce, *Description abrégée des bains de Tibur, de la Villa Adrienne et de la Villa Madame* von 1788 nicht übersehen. Er enthält eine Darbietung der heute zerstörten Wanddekorationen. Vgl. hierzu auch die Anmerkungen unter den Stichen der Villa Hadriana, die Piranesi um 1756 verfertigt hat. Über die Münzen der Regierung Hadrians vgl. außer dem Werk von Cohen, *Médailles Impériales* II, 1880, die neueren deutschen Arbeiten von Paul Strack, und die englischen von Harold Mattingly und Jocelyn Toynbee.

Das Gesamtstudium der bildlichen Darstellungen des Antinous beginnt mit der meisterhaften Beschreibung, die Winckelmann in seiner *Geschichte der Kunst des Altertums* im Jahre 1764 von den damals in den römischen Sammlungen sichtbaren Bildwerken gab. In Anlehnung an den großen Ästheten tendierte die Kritik des 19. Jahrhunderts, namentlich in den deutschsprachigen Ländern, mehr nach der ästhetischen als nach der historischen Seite. Die Arbeit von F. Laban, *Der Gemütsausdruck des Antinous,* 1891, bietet eine Auslese der ästhetischen Wertungen bei der Darstellung des Antinous; das merkwürdige Buch von Dietrichson, *Antinous,* Christiania 1884, gibt eine Sammlung aller damals bekannten Texte, die sich auf den kaiserlichen Günstling bezogen. Die vom ikonographischen Standpunkt aus sehr schwache Arbeit ist in ihrem geschichtlichen Teil von einem romantisch verschwommenen Idealismus. Unter diesen älteren Arbeiten, die sich um das geschichtliche Bild des Antinous bemühen, muß man den seltsam eindrucksvollen, wenn auch im Ton etwas überlebten Artikel erwähnen, den J. A. Symonds dem Antinous in seinen *Sketches in Italy and Greece,* 1898, widmete, ferner eine wichtige Anmerkung des gleichen Verfassers in seinem bemerkenswerten, höchst seltenen Essay über die Inversion im Altertum, *A Problem in Greek Ethics* (zehn Exemplare erschienen außer Handel 1883, mit 100 Exemplaren wurde es 1901 neu gedruckt). Von den neueren Beiträgen über die bildliche Darstellung des Antinous ist der beste der von Pirro Marconi veröffentlichte, leider dem großen Publikum schwer zugängliche Essay *Saggio dell'eta adriana: Antinoo,* in Band XXIX der *Ac. dei Lincei,* 1923, der, obwohl immer noch unvollständig, in der Übersicht über die Darstellungen einen großen Fortschritt bedeutet, außerdem aber auch implicite manche geschichtlichen Fragen klärt. Wegen der Münzen vgl. die unentbehrliche *Numismatique d'Antinous* von Gustave Blum, *Journ. Intern. d'Arch. Numismatique,* 16, 1914. Für eine moderne Wertung des ästhetischen Problems, das durch die Darstellungen des Antinous aufgeworfen wird, vgl. hauptsächlich G. Rodenwaldt, *Propyläen,* 1934; E. Strong, *Art in Ancient Rome,* 1930, und Charles Seltman, *Approach to Greek Art,* 1948. Vgl. außerdem die merkwürdigen Essays von

Lanciani, *Boll. Com. di Roma*, 14, 1886, von G. Rizzo, *Antinoo-Silvano*, 1908, von P. Gauckler, *Le Sanctuaire syrien du Janicule*, 1912, und die neuere Arbeit von Bartoccini, *Le Terme di Leptis, Africa Italiana*, 1929. Über die so ungeklärten Umstände, unter denen Antinous starb, vgl. W. Weber, *Drei Untersuchungen zur ägyptisch-griechischen Religion*, 1911. Es sei noch bemerkt, daß die schöne Abhandlung des P. Festugière, *La Valeur Religieuse des Papyrus Magiques* in *l'Idéal Religieux des Grecs et l'Evangile*, 1904, besonders aber seine Analyse des Selbstopfers durch Untertauchen und der dadurch dem Opfer zuteil gewordenen Vergöttlichung, sich zwar nicht unmittelbar auf den Günstling Hadrians bezieht, gleichwohl aber gewisse Kulthandlungen beleuchtet, die wir bisher nur aus einer erstarrten literarischen Überlieferung kannten. So betrachtet, läßt sich dieser freiwillige Opfertod aus dem Requisitenschuppen epischer Tragik herausgelöst in den genau angemessenen Rahmen einer ganz bestimmten okkulten Überlieferung einordnen.

Wegen der Stadt Antinoë vgl. E. Kühn, *Ein Beitrag zur Geschichte des Hellenismus im römischen Ägypten*, Göttingen, 1913, und Kübler, *Antinoupolis, Aus dem alten Städteleben*, Leipzig, 1914. Auch der von Gayet in den *Annales du Musée Guimet* von 1897 bis 1908 veröffentlichte Bericht über die Ausgrabungen von Antinoë ist, wenn auch wenig methodisch, immer noch höchst nützlich. Im gleichen Zusammenhang sei an die herrlichen Stiche von Jomard in der *Description de l'Egypte* erinnert, dem auf Napoleons Befehl herausgegebenen Monumentalwerk. Sie enthält die eindrucksvollen Ansichten einer heute ganz zerstörten Ruinenlandschaft. Ein Satz in der Beschreibung von Antinoë wurde dem Bericht des Sieur Lucas entnommen, der die Gegend im 18. Jahrhundert bereist hat.

Inhalt

Ulla Hahn

bei DVA

Liebesarten
Erzählungen
240 Seiten
ISBN 3-421-05953-5

Dichter in der Welt
Mein Schreiben und Lesen
320 Seiten
ISBN 3-421-05951-9

Das verborgene Wort
Roman
608 Seiten
ISBN 3-421-04243-8

Unscharfe Bilder
Roman
288 Seiten
ISBN 3-421-05799-0

Ein Mann im Haus
Roman
190 Seiten
ISBN 3-421-06603-5

Gedichte fürs Gedächtnis
Ausgewählt und kommentiert
von Ulla Hahn
304 Seiten
ISBN 3-421-05147-X

Herz über Kopf
Gedichte
88 Seiten
ISBN 3-421-06073-8

Liebesgedichte
128 Seiten
ISBN 3-421-06655-8

Epikurs Garten
Gedichte
88 Seiten
ISBN 3-421-05009-0

Galileo und zwei Frauen
Gedichte
108 Seiten
ISBN 3-421-05073-2

So offen die Welt
Gedichte
104 Seiten
ISBN 3-421-05816-4

www.dva.de

Klassiker der französischen Literatur
im <u>dtv</u>

Charles Baudelaire
Les Fleurs du Mal
Die Blumen des Bösen
Zweisprachige Ausgabe
Hg. v. F. Kemp u. C. Pichois
in Zusammenarbeit mit
W. Drost u. R. Koch
Übers. v. Friedhelm Kemp
ISBN 978-3-423-**12349**-5

Pierre-Ambroise-François
Choderlos de Laclos
Gefährliche Liebschaften
oder Briefe gesammelt in
einer Gesellschaft und
veröffentlicht zur Unter-
weisung einiger anderer
Roman
Übers. v. Wolfgang Tschöke
ISBN 978-3-423-**13560**-3

Alexandre Dumas (Sohn)
Die Kameliendame
Roman
Übers. v. Michaela Meßner
ISBN 978-3-423-**12479**-9

Alexandre Dumas (Vater)
Der Graf von
Monte Christo
Roman
ISBN 978-3-423-**12619**-9

Die drei Musketiere
Roman
Übers. v. A. Zoller und
Michaela Meßner
ISBN 978-3-423-**20534**-4

Gustave Flaubert
Madame Bovary
Roman
Übers. v. Walter Widmer
ISBN 978-3-423-**12398**-3

André Gide
Die Falschmünzer
Roman
Hg. v. Raimund Theis
Übers. v. Ch. Stemmermann
ISBN 978-3-423-**12208**-5

Die Verliese des Vatikans
Roman
Hg. v. Peter Schnyder
Übers. v. Thomas Dobberkau
ISBN 978-3-423-**12285**-6

Der Immoralist
Roman
Hg. v. Raimund Theis
Übers. v. Gisela Schlientz
ISBN 978-3-423-**12345**-7

Die enge Pforte
Roman
Hg. v. Peter Schnyder
Übers. v. Andrea Spingler
ISBN 978-3-423-**12427**-0

Stirb und Werde
Hg. v. Raimund Theis
Übers. v. Johanna Borek
ISBN 978-3-423-**12859**-9

Der schlechtgefesselte
Prometheus
Hg. v. Raimund Theis
Übers. v. A. Spingler,
G. Kleineidam u. G. Scheffel
ISBN 978-3-423-**12651**-9

Bitte besuchen Sie uns im Internet: www.dtv.de

Klassiker der französischen Literatur
im dtv

André Gide
Die Schule der Frauen
Erzählungen
Hg. v. Peter Schnyder
Übers. v. Andrea Spingler
ISBN 978-3-423-**12772**-1

Isabelle
Erzählung
Hg. v. Peter Schnyder
Übers. v. Andrea Spingler
ISBN 978-3-423-**13442**-2

Joris-Karl Huysmans
Gegen den Strich
Roman
Übers. v. Brigitta Restorff
ISBN 978-3-423-**13098**-1

Trugbilder
Roman
Übers. v. Caroline Vollmann
ISBN 978-3-423-**13549**-8

Zuflucht
Roman
Übers. v. Michael Kleeberg
ISBN 978-3-423-**13550**-4

Madame de Pompadour
Briefe
Ich werde niemals vergessen,
Sie zärtlich zu lieben
Übers. v. Hans Pleschinski
ISBN 978-3-423-**13333**-3

Stéphane Mallarmé
Sämtliche Dichtungen
Zweisprachige Ausgabe
Übers. v. C. Fischer u. R. Stabel
ISBN 978-3-423-**12878**-0

Pierre Loti
Im Zeichen der Sahara
Hg. v. S. u. M. Farin
Übers. v. Dirk Hemjeoltmanns
ISBN 978-3-423-**12736**-3

Nach Isfahan
Übers. v. Dirk Hemjeoltmanns
ISBN 978-3-423-**12763**-9

Islandfischer
Roman
Übers. v. Dirk Hemjeoltmanns
und Otfried Schulze
ISBN 978-3-423-**13676**-1

Michel de Montaigne
**Von der Kunst, das Leben
zu lieben**
Hg. u. übers. v. Hans Stilett
ISBN 978-3-423-**13618**-1

Georges Perec
Ein Mann der schläft
Roman
Übers. v. Eugen Helmlé
ISBN 978-3-423-**12981**-7

Die Dinge
Roman
Übers. v. Eugen Helmlé
ISBN 978-3-423-**13181**-0

Arthur Rimbaud
Sämtliche Dichtungen
Zweisprachige Ausgabe
Hg. u. übers. v. Th. Eichhorn
ISBN 978-3-423-**12945**-9

Bitte besuchen Sie uns im Internet: www.dtv.de

Klassiker der französischen Literatur
im <u>dtv</u>

Ruth Klüger im dtv

»Jeder Tag ist wie ein Tor, das sich hinter mir
schließt und mich ausstößt.«
Ruth Klüger

weiter leben
Eine Jugend
ISBN 978-3-423-11950-4

»Mir ist keine vergleichbare Biographie bekannt, in der mit solcher
kritischen Offenheit und mit einer dichterisch zu nennenden
Subtilität auch die Nuancen extremer Gefühle vergegenwärtigt
werden.« (Paul Michael Lützeler in der ›Neuen Zürcher Zeitung‹)

Frauen lesen anders
Essays
ISBN 978-3-423-12276-4

Frauen lesen anders als Männer, weil sie anders leben. Daher kann
der weibliche Blick, in der Literatur wie im Leben, manches entdecken, woran der männliche vorübersieht. Ruth Klüger beweist
dies in elf ebenso ungewöhnlichen wie klugen Essays. Deutsche
Literatur in anderer Beleuchtung.

Italo Calvino im dtv

»Calvino ist als Philosoph unter die Erzähler gegangen,
nur erzählt er nicht philosophisch, er philosophiert
erzählerisch, fast unmerklich.«
W. Martin Lüdke

Die unsichtbaren Städte
Roman
Übers. v. Heinz Riedt
ISBN 978-3-423-10413-5

Sowenig wie Marco Polo in
diesem Buch eine historische
Figur ist, sowenig handelt es
sich auch bei den Städten, die
der fiktive Venezianer be-
schreibt, um reale Orte. Es
sind vielmehr Tummelplätze
der Imagination.

**Wenn ein Reisender in
einer Winternacht**
Roman
Übers. v. Burkhart Kroeber
ISBN 978-3-423-10516-3

Calvinos hintergründig-witzi-
ges Verwechslungsspiel läßt
den Leser des Romans auf
die Suche gehen nach einem
Roman. Der Leser, so beteiligt
am kriminalistischen Spiel,
wird zum Helden des Romans.

Der geteilte Visconte
Roman
Übers. v. Oswalt v. Nostitz
ISBN 978-3-423-10664-1

Dem Visconte hat das Leben
übel mitgespielt: Nur seine
schlechte Hälfte scheint aus dem
Krieg zurückgekommen zu sein.

Der Ritter, den es nicht gab
Roman
Übers. v. Oswalt v. Nostitz
ISBN 978-3-423-10742-6

Ein Muster an Kampfgeist
und Pflichtgefühl ist Agilulf,
der aber eine seltsame
Eigenschaft hat: es gibt ihn
nicht.

Zuletzt kommt der Rabe
Erzählungen
Übers. v. Nino Erné und
Julia M. Kirchner
ISBN 978-3-423-11143-0

Unter der Jaguar-Sonne
Erzählungen
Übers. v. Burkhart Kroeber
ISBN 978-3-423-11325-0

Ein Buch der Sinne: das letzte
erzählerische Werk Calvinos.

**Die Mülltonne und
andere Geschichten**
Übers. v. Burkhart Kroeber
ISBN 978-3-423-12344-0

**Die Braut, die von
Luft lebte**
und andere italienische
Märchen
Übers. v. Burkhart Kroeber
ISBN 978-3-423-12505-5

Bitte besuchen Sie uns im Internet: www.dtv.de

Umberto Eco im dtv

»Ein Phänomen ersten Ranges.«
Willi Winkler

Der Name der Rose
Roman
ISBN 978-3-423-10551-4 und
ISBN 978-3-423-21079-9
Anno Domini 1327: Ein Mord
erschüttert die Gemäuer des
Benediktinerklosters an den
Hängen des Apennin …

**Nachschrift zum
›Namen der Rose‹**
ISBN 978-3-423-10552-1

Über Gott und die Welt
Essays und Glossen
ISBN 978-3-423-10825-6

Das Foucaultsche Pendel
Roman
ISBN 978-3-423-11581-0 und
ISBN 978-3-423-21110-9
Drei Verlagslektoren stoßen
auf ein geheimnisvolles
Tempelritter-Dokument …

Platon im Striptease-Lokal
Parodien und Travestien
ISBN 978-3-423-11759-3

**Wie man mit einem Lachs
verreist und andere nütz-
liche Ratschläge**
ISBN 978-3-423-12039-5

Im Wald der Fiktionen
Sechs Streifzüge durch die
Literatur
ISBN 978-3-423-12287-0

Die Insel des vorigen Tages
Roman
ISBN 978-3-423-12335-8

Vier moralische Schriften
ISBN 978-3-423-12713-4

**Über Spiegel und
andere Phänomene**
ISBN 978-3-423-12924-4

Gesammelte Streichholzbriefe
ISBN 978-3-423-12970-1

Baudolino
Roman
ISBN 978-3-423-13138-4 und
ISBN 978-3-423-20954-0

**Die geheimnisvolle Flamme
der Königin Loana**
Illustrierter Roman
ISBN 978-3-423-13489-7

Alle Titel übersetzt von
Burkhart Kroeber

Bitte besuchen Sie uns im Internet: www.dtv.de

Antonio Tabucchi im dtv

»Tabucchi webt ein Gespinst von ›suspense‹, in dem
man sich beim Lesen gerne verfängt.«
Barbara von Becker in der ›Zeit‹

Indisches Nachtstück
ISBN 978-3-423-11952-8

Auf den Spuren eines Mannes,
der auf geheimnisvolle Weise
in Indien verschollen ist.
Forscht der Autor nach seinem
eigenen Ich oder nach einer
wirklichen Person?

Der Rand des Horizonts
Roman
ISBN 978-3-423-12302-0

In der Leichenhalle wird ein
junger Mann eingeliefert, der
bei einer Hausdurchsuchung
erschossen wurde. Amateur-
detektiv Spino will herausfin-
den, wer der Tote war...

Erklärt Pereira
Eine Zeugenaussage
ISBN 978-3-423-12424-9
und dtv großdruck
ISBN 978-3-423-25276-8

Pereira, ein in die Jahre gekom-
mener, politisch uninteressierter
Lokalreporter, gerät unverse-
hens auf die Seite des Widerstandes gegen Salazar...

**Kleine Mißverständnisse
ohne Bedeutung**
Erzählungen
ISBN 978-3-423-12502-4

Lissabonner Requiem
Eine Halluzination
ISBN 978-3-423-12614-4

Eine hinreißende Liebes-
erklärung an Lissabon.

**Der verschwundene Kopf des
Damasceno Monteiro**
Roman
ISBN 978-3-423-12671-7

Im Park liegt eine Leiche ohne
Kopf! Reporter Firmino wird
nach Porto geschickt, um das
Verbrechen aufzuklären...

Das Umkehrspiel
Erzählungen
ISBN 978-3-423-12851-3

Der schwarze Engel
Erzählungen
ISBN 978-3-423-12903-9

Es wird immer später
Roman in Briefform
ISBN 978-3-423-13206-0

Träume von Träumen
Erzählungen
ISBN 978-3-423-13422-4

Alle Titel wurden übersetzt
von Karin Fleischanderl

Bitte besuchen Sie uns im Internet: www.dtv.de

Historische Romane
im dtv

Elizabeth Marshall Thomas
Die Frau des Jägers
Roman
Übers. v. Götz Pommer und
Elfriede Peschel
ISBN 978-3-423-12004-3

»Ein Roman aus der Steinzeit
von seltener Tiefe und
Schönheit.« (New York Times
Book Review)

Robert von Ranke Graves
**Ich, Claudius,
Kaiser und Gott**
Roman
Übers. v. Hans Rothe
ISBN 978-3-423-01300-0

Augustus, Livia, Caligula,
Nero: eine Chronique scan-
daleuse, in der die ganze deka-
dente Welt des römischen
Imperiums lebendig wird.
»Ein zu Recht berühmtes,
meisterhaftes Werk.«
(Bayernkurier)

Marguerite Yourcenar
Ich zähmte die Wölfin
Die Erinnerungen des
Kaisers Hadrian
Übers. v. Fritz Jaffé
ISBN 978-3-423-12476-8

Ein Roman von außerge-
wöhnlicher Feinheit. Yourcenar zeichnet mit Hadrian
einen leidenschaftlichen und
tatkräftigen Mann.

Frans G. Bengtsson
Die Abenteuer des Röde Orm
Roman
Übers. v. Elsa Carlberg
ISBN 978-3-423-20055-4

Orm, Mutters Jüngster, ver-
zärtelt und hypochondrisch,
wird von plündernden Nach-
barwikingern verschleppt.

Andrzej Sapkowski
Narrenturm
Roman
Übers. v. Barbara Samborska
ISBN 978-3-423-24489-3

Lux perpetua
Roman
Übers. v. Barbara Samborska
ISBN 978-3-423-24636-1

Gottesstreiter
Roman
Übers. v. Barbara Samborska
ISBN 978-3-423-24571-5

Die Bestseller-Trilogie um den
schlesischen Medicus Reinmar
von Bielau.

Asta Scheib
Kinder des Ungehorsams
Die Liebesgeschichte des
Martin Luther und der
Katharina von Bora
ISBN 978-3-423-12231-3

»Die vielleicht skandalöseste
Liebesgeschichte Deutsch-
lands.« (Klaus Modick)

Bitte besuchen Sie uns im Internet: www.dtv.de

Historische Romane
im <u>dtv</u>

Dorothy Dunnett
Niccolòs Aufstieg
Roman
Übers. v. Britta Mümmler und
Mechtild Sandberg-Ciletti
ISBN 978-3-423-21037-9

Im Jahre 1459 beginnt der
rasante Aufstieg eines armen
Färberlehrlings zum Handel-
herrn ... Erster Band der großartigen Renaissance-Serie um
das Haus Niccolò.

Diana Norman
Die Piratenkönigin
Roman
Übers. v. Hanna Neves
ISBN 978-3-423-20879-6

Irland im 16. Jahrhundert. Im
Dienst der Königin wird die
junge Barbary auf die rebelli-
sche Insel geschickt. Inmitten
von politischen Intrigen, Frei-
heitskampf und Krieg erlebt
sie die Schönheit und Tragik
Irlands und ihre große Liebe.

Yves Jégo, Denis Lépée
1661
Roman
Übers. v. Gudrun Honke
ISBN 978-3-423-24631-6

Paris 1661. Der junge Sekretär
von Molières Theatertruppe
stößt auf geheimnisvolle ver-
schlüsselte Dokumente und
wird in den Kampf um die
Nachfolge von Kardinal
Mazarin hineingezogen.

Lea Singer
Das nackte Leben
Roman
ISBN 978-3-423-21022-5

Wer war Constanze Mozart
wirklich? Eine Geschichte von
Liebe und Leid an der Seite
eines Genies.

Eveline Hasler
Anna Göldin. Letzte Hexe
Roman
ISBN 978-3-423-10457-9

1780. Die schöne, eigenwillige
Dienstmagd Anna Göldin
wird des Kindsmords und der
Zauberei angeklagt. Die
Geschichte des letzten Hexen-
prozesses in Europa.

Mirosław Bujko
Der goldene Zug
Roman
Übers. v. Friedrich Griese
ISBN 978-3-423-24630-9

Russland 1918. Die
Revolution hat gesiegt, die
Zarenfamilie wird hingerich-
tet. Was bleibt, ist ein riesiger
Goldschatz ...